Resilição Unilateral dos Contratos

Resilição Unilateral dos Contratos

2023

Pedro Henrique Barbisan Bertuol

ALMEDINA

RESILIÇÃO UNILATERAL DOS CONTRATOS

AUTOR: Pedro Henrique Barbisan Bertuol

DIRETOR ALMEDINA BRASIL: Rodrigo Mentz
EDITORA JURÍDICA: Manuella Santos de Castro
EDITOR DE DESENVOLVIMENTO: Aurélio Cesar Nogueira
ASSISTENTES EDITORIAIS: Letícia Gabriella Batista Tacila da Silva Souza
ESTAGIÁRIA DE PRODUÇÃO: Natasha Oliveira

DIAGRAMAÇÃO: Almedina
DESIGN DE CAPA: Roberta Bassanetto

ISBN: 9786556279664
Novembro, 2023

Dados Internacionais de Catalogação na Publicação (CIP)
(Câmara Brasileira do Livro, SP, Brasil)

Bertuol, Pedro Henrique Barbisan
Resilição unilateral dos contratos / Pedro Henrique Barbisan Bertuol. – São Paulo : Almedina, 2023.

ISBN 978-65-5627-966-4

1. Contratos (Direito) – Brasil 2. Contratos (Direito civil) – Brasil 3. Rescisão (Direito) – Brasil I. Título.

23-169381 CDU-347.44(81)

Índices para catálogo sistemático:

1. Brasil : Contratos : Direito civil 347.44(81)

Eliane de Freitas Leite – Bibliotecária – CRB 8/8415

Coleção IDiP
Coordenador Científico: Francisco Paulo De Crescenzo Marino

Este livro segue as regras do novo Acordo Ortográfico da Língua Portuguesa (1990).

EDITORA: Almedina Brasil
Rua José Maria Lisboa, 860, Conj.131 e 132, Jardim Paulista | 01423-001 São Paulo | Brasil
editora@almedina.com.br
www.almedina.com.br

À Thais e ao Gustavo.

AGRADECIMENTOS

Este trabalho é resultado dos meus estudos desenvolvidos no Programa de Pós-Graduação em Direito da UFRGS e reflete, com algumas modificações e atualizações, a dissertação de mestrado que defendi em julho de 2020.

Tive o privilégio de ser orientado pelo Professor Dr. Luis Renato Ferreira da Silva, a quem agradeço pela confiança que depositou em mim e no meu projeto desde o início, pela disponibilidade e pela atenção dispensada ao longo do caminho, pelas essenciais contribuições a este trabalho, e pelo incentivo de publicá-lo.

Agradeço aos meus amigos e colegas do Lippert Advogados pelo incentivo e apoio durante a realização do mestrado. Agradeço especialmente ao Guilherme Lippert e ao Daniel Nether, pela compreensão e auxílio nas inevitáveis ausências exigidas pela dedicação com a pesquisa. Sem eles, não teria sido possível conciliar a vida acadêmica com a profissional. Agradeço também ao Fabrício Freitas, pelas frequentes e produtivas trocas de ideias.

Agradeço à minha família – aos meus pais, Adelar e Marta, e à minha irmã, Júlia – pelo amor e apoio incondicionais. Aos meus pais, agradeço também pelo exemplo e por, desde cedo, incentivarem o estudo e a busca de conhecimento, garantindo os meios e as oportunidades para que eu pudesse trilhar este caminho.

Por fim, agradeço de maneira especial à Thais, meu amor e minha companheira de vida, quem mais de perto me acompanhou neste caminho e que, do início ao fim, sempre com muita paciência, compreensão, amor e carinho, me incentivou, acreditou no meu potencial e, com seus valiosos ensinamentos de vida, me ajudou a superar as dificuldades e a chegar até aqui.

PREFÁCIO

O adimplemento é a forma de extinção da obrigação com a satisfação do credor e, por isso mesmo, o modo ideal das obrigações findarem. A origem da obrigação permite, entretanto, que essa forma seja a única, por exemplo, no caso daquela resultante de ato ilícito. Só com o adimplemento da indenização devida e seus consectários estará, a vítima, satisfeita.

Tratando-se de fonte contratual, a obrigação poderá ser extinta de forma não satisfativa na medida em que a intenção comum das partes, catalisada pelo adimplemento, não é atingida. Essas formas de extinção não satisfativas, repita-se, entendidas como as que não atendem ao interesse comum das partes que as levou a contratar, foram tratadas de forma bem mais técnica e detalhada no Código Civil de 2002 do que eram versadas no Código Civil de 1916.

Veem-se, agora, figuras distribuídas no Capítulo II do Título V do Livro I da Parte especial que elenca as figuras referentes à matéria. E o faz de certo modo em uma crescente de litigiosidade com que terminam o contrato e a relação contratual.

Tem-se o artigo 472 tratando do distrato, forma de extinção frustrante, ainda que pouco litigiosa. Na medida em que as partes, percebendo a impossibilidade ou o desinteresse recíproco no adimplemento, manifestam o *contrario consensus* e desfazem as obrigações que assumiram, frustra-se em certa medida a intenção de circulação de riqueza que o pacto poderia gerar entre os contratantes. Como decorre do acordo, há pouca litigiosidade depois do distrato.

Passa-se pelo artigo 473, tratando da resilição unilateral, um pouco mais frustrante do que o distrato, na medida em que não há mais um acordo para pôr fim ao contrato. Uma das partes, isoladamente, rompe a contratação em andamento, com isto parando de satisfazer, com os adimplementos sucessivos o interesse do credor. Há um grau de animosidade que pode ser maior dada a unilateralidade do direito formativo extintivo.

Até chegar-se aos artigos 474 e 475, com a forma mais frustrante e com mais intenso grau de insatisfação do credor, visto que contempla a resolução pelo inadimplemento do devedor. Gera-se uma litigiosidade mais extremada.

Com esses dispositivos, tecnicamente melhor redigidos e estruturados do que o solitário artigo 1092, parágrafo único, do Código Bevilaqua, o atual diploma buscou dar concretude a um dos seus princípios fundamentais, nas palavras de Miguel Reale. Trata-se da ideia de operabilidade que visa *"estabelecer soluções normativas de modo a facilitar sua interpretação e aplicação pelo operador do Direito"*.[1]

E não resta dúvida que, em muitos pontos, inclusive no que ora se menciona, os avanços não só ocorreram, mas foram extremamente úteis e sanadores ou minoradores de problemas[2].

Como diz Fernando Pessoa, porém, em seu poema "Padrão": *"a alma é divina e a obra é imperfeita"*. E o tratamento dado, por mais avançado que tenha sido em relação ao anterior, ainda assim deixa lacunas e dúvidas.

Revogação e renúncia não deveriam estar nesse capítulo? Exceção do contrato não cumprido e exceção de inseguridade, por sua vez deveriam? A figura da resilição unilateral, inserida como regra geral para uma variedade de contratos, é realmente forma de distrato? Qual o critério para definir-se em que casos há cabimento implícito da resilição? A regra é cogente ou dispositiva? O que são investimentos relevantes que permitam a extensão do contrato apesar da notificação tempestiva para exercício da resilição? Aliás, a notificação é a denúncia? A denúncia é sinônimo de resilição?

[1] "História do Código Civil", RT, SP, 2005, p. 40.

[2] O que não se poderia esperar diferente, levando em conta a estirpe da comissão encarregada do projeto, muito diferente de açodadas mudanças recentemente produzidas no corpo do Código que ainda engatinha na sua consolidação, como a da denominada Lei da Liberdade Econômica.

Esses são alguns dos instigantes problemas que a norma do artigo 473 e seu parágrafo único trouxe para o ordenamento de forma mais candente, visto que plasmada em artigo expresso de lei.

A enfrentá-los, bem como a outros pontos nos quais doutrina e jurisprudência divergem, é que se dedicou o Pedro Henrique Barbisan Bertuol nesse livro. O livro é fruto da dissertação de mestrado defendida pelo autor no Curso de Pós-Graduação da Faculdade de Direito da Universidade Federal do Rio Grande do Sul. Por ocasião da banca composta pelas Professoras Maria Claudia Cachapuz, Tula Wesendonck e pelo Dr. Guilherme Carneiro Monteiro Nitschke, que integrei sem voto, como orientador, deu-se a aprovação com nota máxima.

Lembro-me que em uma das nossas primeiras reuniões de orientação, o Pedro me indagou se o tema teria suficientes problemas para ser objeto de uma dissertação. Disse a ele que achava que sim, mas que cabia a ele pesquisar e ver quais desses problemas eram relevantes e mereceriam uma pesquisa. Ele queria fazer um trabalho denso, útil e bem escrito.

Entendi a dúvida, porque o tema eleito é um tema de dogmática jurídica. A dogmática é o exercício de uma ciência textual, daí a frequência da sua similitude com a filologia, os estudos literários, a própria história. Interpretar o texto, buscar as suas dobras e o que por trás dele se esconde, é o trabalho que assimila essas disciplinas. Esses temas, infelizmente, têm sido relegados para manuais e artigos que os tratam de forma superficial, muitas vezes com simples afirmação de que a lei diz assim ou assado. Como se a prática jurídica pudesse ser construída sem o trabalho da dogmática!

Como bem diz Eduardo Aubert, o trabalho dogmático é um "*trabalho expansivo*" porque busca elaborar os "*enunciados latentes do ordenamento jurídico*"[3].

O resultado mostra que o Pedro não só fez uma pesquisa relevante, como desvelou problemas práticos e teóricos de alta significação para o entendimento da resilição unilateral. Desenvolvendo problemas, enfrentando posições antagônicas e mostrando o que o texto insinua e não revela (quais são os contratos implicitamente suscetíveis de resilição, por exem-

[3] "Ensaio sobre a Dogmática Jurídica". Almedina, SP, 2022, p. 63.

plo); afastando contradições que possam surgir (resilição e denúncia não se contrapõem ou estão bem empregadas no texto); sugerindo preceitos que não estão claros (qual o período de amortização dos investimentos) o trabalho é uma obra de direito civil contratual profunda.

Se se pensar nos numerosos contratos que movem a economia moderna e que caracterizam as relações empresariais, ver-se-á que aqueles que o trabalho do Pedro identifica com os que a lei implicitamente permite o instituto estão os mais frequentes no dia a dia das empresas: representação comercial, distribuição, comissão mercantil, franquia, locação comercial, entre outros. Aqui o trabalho se mostra uma obra de direito civil contratual útil.

Percorrer as mais de 300 páginas de forma escorreita, límpida, com compreensão sempre fácil, com as características do bom escritor mostra um último e importante ponto: aqui o trabalho se mostra uma obra de direito civil muito bem escrita.

Se o tema do livro é uma das formas, que acima chamei, de extinção frustrante porque não satisfativa, a leitura do trabalho do Pedro é o adimplemento satisfatório por um jurista que construiu um trabalho dogmático profundo, útil e bom de ler. O que se pode pedir mais? Certamente mais desses trabalhos no futuro.

Que todos tenham a satisfação em ler esse texto que mais uma vez honra os estudos civilistas desenvolvidos na UFRGS.

Porto Alegre, 30 de setembro de 2023.

LUIS RENATO FERREIRA DA SILVA
Professor Associado do Departamento de Direito Privado e Processo Civil da Faculdade de Direito da Universidade Federal do Rio Grande do Sul.

SUMÁRIO

PARTE 2 – O EXERCÍCIO DO DIREITO DE RESILIÇÃO UNILATERAL DE CONTRATOS DE DURAÇÃO DIANTE DA REALIZAÇÃO DE INVESTIMENTOS CONSIDERÁVEIS

INTRODUÇÃO

Nenhuma relação obrigacional é eterna. Todas elas nascem e se desenvolvem destinadas a chegar ao seu fim, que tende a ser o adimplemento[4]. Costuma ser para o encerramento do contrato que o interesse das partes está voltado, justamente por ser esse o momento no qual serão satisfeitos os interesses e as necessidades que as levaram a contratar, com a sua liberação e extinção da relação que as unia. Considerando-se o contrato como um instrumento para que se atinjam esses objetivos concretos, pode-se dizer, ao menos quanto às relações de adimplemento pontual, que "tanto melhor quanto menos durarem"[5]. Os contratos de duração, por outro lado, obedecem a uma lógica e a um processo diferenciados[6], em razão da natureza, também duradoura, dos interesses a que visam satisfazer. Neles, o adimplemento não é pontual e não está no final, mas dura (ou se repete) continuadamente. Assim, o que os contratantes desejam não é propriamente o término da relação e a obtenção de um certo resultado final que ele traga, mas sua prolongação no tempo, que é útil a cada uma delas[7].

As relações duradouras não se extinguem pelo adimplemento, já que, a cada adimplemento parcial, os interesses duradouros se renovam, em

[4] SILVA, Clovis Veríssimo do Couto e. *A obrigação como processo*. São Paulo: Bushatsky, 1976, p. 5.

[5] PINTO, Fernando A. Ferreira. *Contratos de distribuição*: da tutela do distribuidor integrado em face da cessação do vínculo. Lisboa: Universidade Católica Editora, 2013, pp. 224-225.

[6] SILVA, *op. cit.*, p. 212.

[7] OPPO, Giorgio. *I contratti di durata*. Rivista del Diritto Commerciale e de Diritto Generale delle Obbligazioni, Milão, vol. 41, pp. 143-250, 1943, p. 245.

um ciclo que se repete pela vida da relação. A não ser que haja termo final estabelecido, o fim tampouco vem pela mera passagem do tempo. Logo, esses contratos, quando celebrados com prazo indeterminado de vigência, têm potencial para durar indefinidamente no tempo, o que, contudo, vai de encontro à regra da transitoriedade das relações obrigacionais. Restaria, é verdade, a possibilidade de distrato, mas condicionar a extinção contratual exclusivamente ao consentimento mútuo "seria deixar uma das partes à mercê da outra, que poderia, a seu critério, retê-la perpetuamente na relação contratual"[8]. Nesses casos, considerando que "relação jurídica duradoura a que não se pudesse pôr termo seria contrária às necessidades da livre atividade dos homens"[9], o ordenamento jurídico coloca à disposição das partes o direito de resilição unilateral, espécie de direito potestativo pelo qual qualquer delas, mediante simples declaração de vontade, independentemente da configuração de inadimplemento, pode colocar ponto final à relação, estancando seus efeitos para o futuro. Trata-se de instituto inerente a essas relações, que resguarda a liberdade das partes e impede que elas sejam obrigadas a permanecerem vinculadas indefinidamente.

Todavia, por mais que o encerramento esteja sempre no horizonte das partes, e ainda quando resulte de "*instrumento normal e fisiológico de sistematização dos interesses contratuais*"[10] – como o é a resilição unilateral – as peculiaridades das relações duradouras e da resilição podem fazer com que esse momento seja traumático, com potencial de causar danos a uma das partes, especialmente quando ocorrer de forma inesperada e abrupta. Com efeito, as relações contratuais duradouras geram, nos figurantes, a expectativa de sua continuidade no tempo. Além disso, frequentemente exigem intensa aproximação e colaboração entre os contratantes, a ponto de implicar, por vezes, em uma quase completa integração de um deles (o

[8] Azéma, Jacques. *La durée des contrats successifs*. Paris: Librairie Générale de Droit et de Jurisprudence, 1969, p. 145 (tradução nossa). No original: "*Exiger le consentement mutuel serait laisser l'une des parties à la merci de l'autre qui pourrait à son gré la retenir perpétuellement dans les liens contractuels*".

[9] Pontes De Miranda, Francisco Cavalcanti. *Tratado de direito privado*. 2. ed. Rio de Janeiro: Borsoi, 1959. t. XXV, p. 294.

[10] Roppo, Vincenzo. *Il contratto*. 2. ed. Milão: Giuffrè, 2011, pp. 509-510 (tradução nossa). No original: "[...] *strumento normale e fisiologico di sistemazione degli interessi contrattuali*".

franqueado, distribuidor ou prestador de serviço, por exemplo) à cadeia de comercialização controlada pelo outro (o franqueador ou fabricante), o que coloca o primeiro em situação de dependência econômica em relação ao segundo. Muitas vezes, a relação extinta constitui a única fonte de receita da parte, hipótese em que o direito de resilição unilateral pode se apresentar como verdadeiro "poder de vida e morte"[11]. Há ainda o fato de que a resilição unilateral (nos casos de denúncia vazia) depende exclusivamente da manifestação de vontade de uma das partes, motivo pelo qual o modo e o tempo de seu exercício dificilmente podem ser antecipados pela outra, que muitas vezes é tomada de surpresa. A depender do momento em que ocorra, a resilição pode interromper a execução do programa contratual antes que a parte destinatária da denúncia tenha a chance de retirar do contrato a utilidade que dele esperava.

Assim, ainda quando, na execução dos contratos de duração, os interesses das partes andem preponderantemente alinhados, a depender do grau de colaboração exigido pela relação, é frequente que, com o exercício do direito de resilição unilateral, "o paralelismo de interesses que se registrava durante a sua vigência se converta em antagonismo"[12]: o interesse do denunciante, de desvincular-se e retomar sua liberdade, contrapõe-se ao do denunciado, de manter vigente a relação ou, ao menos, de contar como uma extinção que não lhe cause danos que poderiam ser evitados com uma conduta responsável do denunciante e que lhe permita preparar-se e adaptar-se para o futuro de maneira ordenada.

Dada essa contraposição e a preocupação em proteger a "vítima" da resilição unilateral, que geralmente coincide com aquela vista como a parte mais fraca da relação, há tempos o reconhecimento do direito de resilição unilateral vem acompanhado da exigência de que seu exercício, ainda quando legalmente permitido, seja responsável, pautado pelo princípio da boa-fé objetiva, para evitar condutas "arbitrárias e caprichosas"[13].

[11] Paola, Leonardo Sperb de. *Sobre a denúncia dos contratos de distribuição, concessão comercial e franquia*. Revista Forense, Rio de Janeiro, vol. 343, pp. 115-148, jul./set. 1998, p. 118.
[12] Pinto, Fernando A. Ferreira. *Contratos de distribuição*: da tutela do distribuidor integrado em face da cessação do vínculo. Lisboa: Universidade Católica Editora, 2013, p 225.
[13] Martins-Costa, Judith. *A boa-fé no direito privado*: critérios para a sua aplicação. 2. ed. São Paulo: Saraiva Educação, 2018, p. 735.

Vale dizer, por mais que se reconheça o direito, a doutrina e a jurisprudência paulatinamente desenvolveram parâmetros de controle de seu exercício, atrelados principalmente à exigência de que a extinção não seja abrupta, ainda quando ausente previsão legal nesse sentido. O Código Civil de 2002, todavia, inovou nesse aspecto. Ao regular expressamente a resilição unilateral, em seu art. 473 – dispondo, no *caput*, que ela opera mediante denúncia notificada à outra parte, nos casos em que a lei expressa ou implicitamente o permita – trouxe, em seu parágrafo único, limitação específica ao exercício desse direito nos casos em que, dada a natureza do contrato, o denunciado houver feito investimentos consideráveis para a sua execução, determinando, nessa hipótese, que a resilição somente terá efeito após transcorrido prazo compatível com a natureza e o vulto do investimento.

Com isso, para além da construção doutrinária e jurisprudencial de que a resilição não pode ser abrupta e de que se deve conceder a outra parte tempo razoável de pré-aviso, para que possa se preparar para a extinção anunciada, percebe-se uma preocupação do legislador direcionada especificamente à proteção do contratante que realiza investimentos consideráveis para a execução do programa contratual. De fato, os investimentos configuram aspecto de significativa relevância nos contratos empresariais de duração, especialmente naqueles que "instrumentalizam a formação de grandes cadeias de comercialização"[14], como os de franquia e distribuição. Faz parte da lógica econômica desses contratos a transferência, ao franqueado ou distribuidor, dos ônus referentes à realização dos investimentos, os quais, por isso, "são um dos fatores que mais influenciam a decisão de contratar"[15] e, uma vez realizados, alteram a dinâmica contratual de forma sensível. Os investimentos, mormente se específicos àquela relação na qual foram feitos (idiossincráticos), sem valor alternativo fora dela, acentuam a dependência econômica da parte que os faz e, com isso, aumentam a importância que a relação contratual e sua permanência têm para ela.

[14] Paola, Leonardo Sperb de. *Sobre a denúncia dos contratos de distribuição, concessão comercial e franquia*. Revista Forense, Rio de Janeiro, vol. 343, pp. 115-148, jul./set. 1998, p. 119.

[15] Forgioni, Paula Andrea. *Contrato de distribuição*. 3. ed. rev., atual. e ampl. São Paulo: Revista dos Tribunais, 2014, p. 232.

Assim, o potencial que a extinção de uma relação duradoura geralmente tem de causar danos ao destinatário da denúncia é acentuado quando ele investiu consideravelmente para sua execução. São esses danos que a norma parece querer evitar, protegendo a parte contra uma resilição unilateral precoce e extemporânea, que ocorra em momento no qual ela não tenha tido ainda a possibilidade de extrair o retorno esperado desses investimentos. Contudo, percebe-se que a interpretação e a aplicação da norma são cercadas de indagações, muito em razão de sua redação, dotada de deliberada abertura semântica, com diversos elementos que carecem de maior concretização e que, por isso, dão margem a diferentes interpretações, como "natureza do contrato", "investimentos consideráveis" e "prazo compatível". A doutrina diverge principalmente quanto aos pressupostos de sua aplicação e aos seus efeitos, especialmente em relação à solução de suspensão da eficácia da denúncia, textualmente prevista no dispositivo. Há, ainda, a necessidade de conciliar o conteúdo da norma com a lógica dos contratos empresariais, em que o prejuízo e a perda dos investimentos realizados são riscos que fazem parte do jogo e que se considera que as partes, que se presume estarem em posição de igualdade, avaliaram e estão dispostas a suportar.

Um caso emblemático, julgado pelo Tribunal de Justiça do Paraná[16] e, posteriormente, pelo Superior Tribunal de Justiça[17], ilustra bem o conflito de interesses que a resilição unilateral de um contrato pode fazer surgir entre as partes, as consequências que ela traz à esfera jurídica de cada uma delas e a dificuldade envolvida na solução das controvérsias que dela se originam. O caso envolveu relação contratual de distribuição de bebidas, mantida entre a AMBEV e Bebidas Santiago Ltda., que perdurou por mais de duas décadas e que tinha por objeto a distribuição, com exclusividade, de produtos da marca "Antarctica", no estado do Paraná. A relação era formalizada mediante sucessivos instrumentos contratuais, com prazo determinado de vigência – sendo que o último

[16] PARANÁ. Tribunal de Justiça do Estado do Paraná. Apelação Cível nº 176131-7, 12ª Câmara Cível, Relator: Ivan Bortoleto, julgado em 15/03/2006.

[17] BRASIL. Superior Tribunal de Justiça. Recurso Especial nº 1.112.796/PR, Quarta Turma, Relator: Ministro Luis Felipe Salomão, Relator para o Acórdão: Ministro Honildo Amaral de Mello Castro (Desembargador Convocado do TJ/AP), julgado em 10/08/2010.

deles, assinado em 1996, estabelecia prazo de vigência de um ano, com possibilidade de resilição unilateral, por qualquer das partes, mediante a concessão de pré-aviso de 60 dias. Do relato dos acórdãos, consta que, a partir de 1995, a AMBEV implementou, em sua rede de distribuição, o chamado "Projeto Excelência 2000", que previa condições de produtividade e resultados e que exigiu do distribuidor paranaense a realização de vultosos investimentos, consistentes na padronização dos uniformes de seus funcionários, pintura de seus caminhões, aquisição de novos equipamentos, contratação e treinamento de mão de obra com padrão diferenciado de salários, implantação de sistema informatizado de controle de estoque, entre outros. Em 1998, depois de três anos da realização desses investimentos, a AMBEV resiliu unilateralmente o contrato, notificando o distribuidor da sua intenção de não mais renová-lo, e concedeu-lhe pré-aviso de seis meses. O distribuidor, alegando que a implementação do Projeto Excelência 2000 e a exigência de novos investimentos lhe geraram a legítima expectativa de que o contrato seguiria vigente pelo novo milênio, e que a resilição o privou da possibilidade de amortizar esses investimentos e obter o resultado esperado, pleiteou judicialmente a condenação da AMBEV ao pagamento de indenização.

Da análise deste caso, é possível extrair os diferentes aspectos jurídicos envolvidos na resilição unilateral e os relevantes argumentos que foram considerados na resolução da controvérsia. A fabricante, apoiada nos princípios da autonomia da vontade e da força obrigatória dos contratos, argumentou (i) que sua conduta foi respaldada pelo contrato, que previa expressamente a possibilidade de resilição unilateral por qualquer das partes, e (ii) que o exercício do direito foi acompanhado da concessão de pré-aviso com duração superior àquela exigida contratualmente, o que teria dado ao distribuidor a oportunidade de redirecionar seus negócios, concluindo ter se tratado, pois, de exercício regular de direito. Da leitura do acórdão do Recurso Especial, extraem-se, além disso, os argumentos de que os investimentos foram feitos também em função do interesse do distribuidor, foram diluídos ao longo do tempo e aproveitados por ele enquanto permaneceu em vigor o contrato. Por outro lado, o distribuidor sustentou a ilicitude da conduta da fabricante, que teria sido contraditória ao resilir unilateralmente o contrato em curto período após ter implementado o Projeto Excelência 2000 e exigido a realização dos investimentos, violando a legítima expectativa do distribuidor na continuidade do vínculo e incorrendo, assim, na proibição do *venire contra factum proprium*[18].

Percebe-se, a partir desse exemplo, os inúmeros aspectos que envolvem a análise da resilição unilateral dos contratos e a grande dificuldade envolvida na solução de casos como esse – que são frequentes na jurisprudência, como se perceberá pelos demais precedentes citados ao longo deste trabalho – dada a variedade de aspectos jurídicos e fáticos que devem ser sopesados e levados em consideração, e também pela complexidade da norma do art. 473, parágrafo único, do Código Civil.

Contextualizado dessa forma o problema, o objetivo deste trabalho é justamente analisar a norma do art. 473, parágrafo único, do Código Civil, e sua influência na estrutura do exercício do direito de resilição unilateral de contratos de duração, tratando de sua justificativa, racionalidade, fundamentos, pressupostos de aplicação e efeitos, a fim de buscar critérios e parâmetros objetivos para sua aplicação. O estudo justifica-se primeiro por sua relevância teórico-dogmática. Embora o tema da extinção dos contratos seja bastante estudado e debatido, a análise específica e aprofundada da resilição unilateral, com foco na norma do parágrafo único do art. 473 e de seus elementos, não tem merecido tanta atenção da doutrina. Há, assim, vasto campo a ser explorado. Além disso, é tema

[18] Na origem, os pedidos da autora (distribuidora) foram julgados improcedentes. Em grau de apelação, a sentença foi reformada e os pedidos foram julgados parcialmente procedentes, sendo a fabricante condenada ao pagamento de indenização pelos prejuízos causados em decorrência do rompimento unilateral do contrato (danos emergentes e lucros cessantes). No STJ, o Recurso Especial foi parcialmente conhecido e, nessa parte, provido, para o fim de cassar o acórdão recorrido e restabelecer a sentença. Entendeu a Corte, por maioria, que a resilição unilateral era exercício regular de direito, especialmente porque contratualmente prevista e permitida, não havendo falar em abusividade ensejadora da obrigação de indenizar. Em sentido contrário, o Ministro Luis Felipe Salomão, na fundamentação de seu voto vencido, entendeu (i) que a fabricante "agiu em flagrante comportamento contraditório, ao exigir, por um lado, elevados investimentos da autora para se adequar ao famigerado 'Projeto Excelência 2.000', e por outro, após três anos, sem qualquer justificativa juridicamente relevante, rescindir unilateralmente o contrato"; e (ii) que o prazo de seis meses de pré-aviso foi exíguo para a reestruturação da distribuidora, que por duas décadas atuou em prol da fabricante, motivos pelos quais a denúncia vazia, a seu entender, caracterizou quebra da confiança.

de notável relevância prática. Os contratos de duração são cada vez mais frequentes no meio empresarial e o momento de sua extinção se destaca como gerador de conflitos, o que se percebe pela considerável judicialização de casos envolvendo sua resilição unilateral, muitos deles – como o precedente citado acima – tendo por objeto relações que perduraram por décadas e que envolvem quantias significativas, cujo deslinde pressupõe o correto entendimento do instituto da resilição e a aplicação da norma do parágrafo único do art. 473.

O foco da exposição naturalmente está no parágrafo único do art. 473, e é a este ponto que se dedicará a maior parte do trabalho. Contudo, o estudo do tema demonstra que as controvérsias que cercam o instituto da resilição unilateral dos contratos começam já com sua nomenclatura e a sua relação com as demais causas extintivas do contrato, especialmente a resolução. Assim, para que se chegue ao núcleo da exposição, são imprescindíveis algumas considerações prévias, sem as quais o tema não estaria devidamente contextualizado e não poderia ser desenvolvido. O trabalho está dividido em duas partes. A primeira delas começa com um breve panorama da disciplina da extinção dos contratos, na forma positivada pelo Código Civil de 2002, para, em seguida, tratar dos aspectos gerais da resilição unilateral, desde a celeuma envolvendo sua nomenclatura, até sua definição e distinção de figuras afins – especificamente a rescisão, a resolução, a revogação, a renúncia e o arrependimento –, tudo para precisar seu conceito e contornos e, assim, delimitar o objeto de estudo, evitando confusões terminológicas. Em seguida, avança-se no estudo dos elementos do direito de resilição unilateral, incluindo sua natureza jurídica de direito potestativo, a forma de sua operacionalização, seus efeitos, fundamentos e pressupostos de incidência. Tratar-se-á aqui da norma do *caput* do art. 473 do Código Civil, incluindo a relação entre os termos resilição unilateral e denúncia e a delimitação das hipóteses de permissão legal expressa – momento no qual serão estabelecidas as diferenças entre a denúncia vazia e a denúncia cheia e se buscará identificar as diferentes funções que a resilição unilateral exerce, a partir da análise das hipóteses em que é expressamente prevista em lei – e de permissão legal implícita, quando se apresentará a categoria dos contratos de duração com prazo indeterminado de vigência, âmbito próprio da denúncia imotivada.

A segunda parte do trabalho, uma vez estabelecidos os elementos que configuram o direito de resilição unilateral, tratará dos aspectos relacionados ao seu exercício e às restrições procedimentais a que está submetido para que seja considerado lícito. A exposição parte do pressuposto de que existem duas exigências – ou restrições procedimentais – a que está vinculado o contratante que pretenda resilir unilateralmente o contrato, em atenção aos interesses da outra parte, as quais, embora intimamente conectadas, mantêm autonomia quanto aos seus pressupostos e finalidades. Assim, tratar-se-á, primeiro, do dever geral de pré-aviso para, em seguida, direcionar-se o foco especificamente à norma do parágrafo único do art. 473 do Código Civil, com o objetivo de perquirir sua justificativa, fundamentos, pressupostos de aplicação e efeitos.

O trabalho focará exclusivamente em contratos empresariais e, dentro dessa categoria, especialmente nos contratos de distribuição, prestação de serviço e franquia, onde o problema da resilição unilateral diante da existência de investimentos consideráveis se apresenta com maior relevância e frequência. Ficam de fora da análise os contratos de consumo, sujeitos a normas específicas. Pelo objetivo proposto, o estudo está restrito aos efeitos da resilição unilateral na relação (contratual) interna entre as partes, não sendo abordadas as possíveis consequências externas da cessação do vínculo, do ponto de vista do direito concorrencial. Como o trabalho tem por objeto precipuamente o estudo de dispositivo de Código Civil e sua aplicação pelo Judiciário, os subsídios virão primordialmente da análise da doutrina nacional que trata do tema, especialmente das obras posteriores à edição do código. Não obstante, buscar-se-ão contribuições da doutrina estrangeira, para enriquecer o estudo e fornecer subsídios adicionais para a interpretação da norma brasileira. Além disso, diante da notável importância prática do tema e do reconhecimento de que o estudo dos contratos empresariais não pode ser feito de forma descolada da realidade, as indagações teóricas serão acompanhadas, em paralelo, da exposição de casos que permitam verificar como os tribunais brasileiros vêm decidindo sobre os principais pontos levantados no trabalho.

PARTE 1

A RESILIÇÃO UNILATERAL COMO FORMA DE EXTINÇÃO DOS CONTRATOS

1.
A INDIVIDUALIZAÇÃO DA RESILIÇÃO UNILATERAL NA DISCIPLINA DA EXTINÇÃO DOS CONTRATOS

1.1 Considerações gerais sobre a extinção dos contratos

A resilição unilateral é uma das formas de extinção contratual previstas no capítulo do Código Civil de 2002 dedicado ao tema (Capítulo II do Título V do Livro I da Parte Especial). Está prevista no art. 473, ao lado do distrato (art. 472), da resolução por inadimplemento (arts. 474 e 475), da exceção de contrato não cumprido (arts. 476 e 477) e da resolução por onerosidade excessiva (arts. 478 a 480).

O caminho para a correta compreensão do instituto, portanto, passa necessariamente por individualizá-lo, diferenciando-o das demais hipóteses de extinção contratual no que diz respeito à sua natureza, aos seus pressupostos e aos seus efeitos. Não se trata de tarefa fácil, especialmente quando se analisa a questão do ponto de vista histórico e dos desenvolvimentos que, entre nós, culminaram nas regras referidas acima. Como afirma Alberto Gosson Jorge Junior, "talvez nenhum outro campo do Direito propicie tanta dificuldade de atribuir nomes a institutos e às funções que estes, por sua vez, desempenham no ordenamento jurídico quanto o que se relaciona com os meios de *extinção dos contratos*"[19]. O problema tampouco é novo. Pontes de Miranda, preocupado com a falta de rigor terminológico e ciente de que "na precisão dos termos empregados

[19] Jorge Junior, Alberto Gosson. *Resolução, rescisão, resilição e denúncia do contrato*: questões envolvendo terminologia, conceito e efeitos. Revista da Faculdade de Direito de São Bernardo do Campo, vol. 15, pp. 73-85, 2009, p. 73. Disponível em: https://revistas.direitosbc.br/index.php/fdsbc/article/view/177/127. Acesso em: 13.04.2019 (grifos no original).

assenta grande parte do aperfeiçoamento da doutrina"[20], já escrevia que "se há matéria, no direito das obrigações, em que se faz urgente limpar-se a linguagem de erros e ambiguidades lastimáveis, é a respeito dos modos de desconstituição das dívidas" e que "no fundo, são professores e juristas que não sabem distinguir revogar, resolver, resilir, denunciar, rescindir e distratar"[21-22].

O Código Civil de 1916 não continha uma sistematização da matéria da extinção dos contratos e tratava de algumas hipóteses de maneira dispersa em seu texto – por vezes, de forma deslocada, sem um critério definido, a exemplo do que ocorria com o distrato, previsto no art. 1.093 (cuja parte final tratava da forma da quitação), e da resolução por inadimplemento, que foi inserida no parágrafo único do art. 1.092 (cujo *caput* tratava da exceção do contrato não cumprido). Ademais, assim como a legislação esparsa, não mantinha consistência na utilização dos termos, o que certamente contribuiu para que diferentes teorias e propostas de classificação aflorassem e se desenvolvessem no campo doutrinário. Na análise de Araken de Assis, os esforços da doutrina para que se chegasse a uma precisão de conceitos foram honestos, mas produziram textos dúbios e de pouco resultado, muito em razão dessa inconstância do legis-

[20] Pontes De Miranda, Francisco Cavalcanti. *Tratado de direito privado*. 2. ed. Rio de Janeiro: Borsoi, 1962. t. XL, p. 315.

[21] Pontes De Miranda, Francisco Cavalcanti. *Tratado de direito privado*. 2. ed. Rio de Janeiro: Borsoi, 1959. t. XXV, p. 281.

[22] Não se trata apenas de preocupação doutrinária, já que a imprecisão terminológica pode ter consequências práticas, no julgamento de casos concretos, como reconhecido pelo Desembargador Relator em caso julgado pelo Tribunal de Justiça do Rio Grande do Sul: "Vê-se, pois, que o litígio origina-se, em parte, da equivocada terminologia adotada no contrato – e nas peças processuais apresentadas – acerca de seu desfazimento. Nessa linha, a cláusula 5.1 claramente prevê a hipótese de *resilição unilateral*, não se confundindo com os casos de *rescisão* ou *resolução*, estes, respectivamente, atinentes a vícios na formação do acordo de vontades e ao seu posterior inadimplemento (total ou parcial). Por sua vez, as cláusulas 9ª e seguintes descrevem as possibilidades de *resolução*" (RIO GRANDE DO SUL. Tribunal de Justiça do Estado do Rio Grande do Sul. Apelação Cível nº 70084025766, Vigésima Câmara Cível, Relator Dilso Domingos Pereira, julgado em 03/02/2021 – grifos acrescidos).

lador[23], a qual não é exclusividade brasileira e já foi notada por Mário Júlio de Almeida Costa em relação aos textos legais de Portugal[24], por Messineo[25] e Roppo[26] no que se refere às normas italianas, por Ghersi, na Argentina[27], e por Sophie Le Gac-Pech, na França[28]. De fato, o exame de direito comparado não soluciona a questão, já que "o problema terminológico respeita, em quase tudo, a cada ordenamento, porque as designações dos institutos podem variar uniformemente e, com isto, obrigar o intérprete a assumir a nomenclatura legal"[29]. A importação de institutos e de seus significados, nem sempre acertada, também contribuiu para acirrar as divergências[30].

O Código Civil de 2002 buscou avançar nesse aspecto, corrigindo equívocos de nomenclatura da codificação anterior e sistematizando a matéria, ainda que parcialmente, com a regulação explícita de algumas das causas extintivas do contrato. Mesmo assim, não encerrou por completo as discussões e não está livre de críticas. Por um lado, o capítulo específico do código não contém todas as hipóteses que levam ao fim do contrato, já que o adimplemento, a anulação, a impossibilidade superve-

23 Assis, Araken de. *Resolução do contrato por inadimplemento*. 4. ed. rev. e atual. São Paulo: Editora Revista dos Tribunais, 2004, p. 84.

24 Costa, Mário Júlio de Almeida. *Direito das obrigações*. 12. ed. rev. e atual. Coimbra: Almedina, 2011, p. 317.

25 Messineo, Francesco. *Doctrina general del contrato*. Buenos Aires: Ediciones Jurídicas Europa-América, 1952. Tomo II, p. 427.

26 Roppo, Vincenzo. *Il contratto*. 2. ed. Milão: Giuffrè, 2011, p. 830.

27 Ghersi, Carlos Alberto. *Contratos*: problemática moderna. Mendoza: Cuyo, 1996. vol. 1, p. 54.

28 Le Gac-Pech, Sophie. *Rompre son contrat*. Revue Trimestrielle de Droit Civil, Paris, n. 2, pp. 223-251, abr./jun., 2005, p. 224.

29 Assis, *op. cit.*, p. 83. Por exemplo, na Argentina, embora se reconheça a mesma origem ao termo "rescisão", vinculada a hipóteses de nulidade, o termo é utilizado de forma a abranger causas distintas de extinção contratual, como a denúncia e o distrato (GHERSI, *op. cit.*, pp. 56-57). Na Alemanha, o termo *Kündigung* é utilizado para tratar de hipóteses de extinção com fundamento distinto (§314 do BGB). Na França, a expressão *résiliation*, que deu origem à resilição do Direito brasileiro, é utilizada em pelo menos três sentidos, como se verá adiante.

30 Pontes De Miranda, Francisco Cavalcanti. *Tratado de direito privado*. 2. ed. Rio de Janeiro: Borsoi, 1959. t. XXV, p. 281.

niente da prestação, a revogação, a renúncia e o arrependimento, embora constituam modos de extinção contratual, estão reguladas em disposições esparsas. Por outro lado, está prevista ali a figura da exceção do contrato não cumprido (arts. 476 e 477), que não configura propriamente causa extintiva do contrato[31], já que leva "tão somente à paralisação total ou parcial dos efeitos do contrato, à suspensão temporária da exigibilidade das prestações, sem, contudo, levar à extinção"[32]. Ademais, ainda que tenha deixado clara sua opção terminológica a respeito dos conceitos de resolução e de resilição, por exemplo, o legislador não manteve a unicidade de critério ao longo do texto, usando os termos de forma indiscriminada. A rescisão, por sua vez, embora não tenha sido alçada expressamente à condição de categoria específica de extinção, permanece sendo utilizada em muitos dispositivos, com sentidos diversos. Portanto, ainda se faz necessário, em linhas gerais, sistematizar a matéria da extinção dos contratos para, em seguida, definir a resilição e diferenciá-la de figuras correlatas.

Adotar-se-á, neste trabalho, a posição de Orlando Gomes, que utiliza o vocábulo *extinção* para tratar, de maneira genérica, de todas as causas pelas quais o contrato deixa de existir, da qual são espécies a *execução* (modo normal de extinção), a *anulação* (extinção do contrato por causa contemporânea à formação do vínculo) e a *dissolução* (extinção do contrato por causa superveniente)[33]. Deve-se ressaltar que não se desconhece que as causas de *dissolução* operam, na verdade, não sobre o contrato em si, mas sobre a relação contratual dele decorrente[34], que são conceitos distintos. Como pontua Antônio Junqueira de Azevedo, a resolução de um contrato (i.e., da relação contratual básica que se origina

[31] Para Caio Mário da Silva Pereira, deve ser classificada como uma "*defesa oponível* pelo contratante demandado, contra o cocontratante inadimplente" (Pereira, Caio Mário da Silva. *Instituições de Direito Civil*, vol. III: Contratos. 17. ed. rev. e atual. por Caitlin Mulholland. Rio de Janeiro: Forense, 2013, p. 140 – grifos no original).

[32] Loureiro, Francisco Eduardo. *Extinção dos contratos*, p. 2. Disponível em: http://www.tjsp.jus.br/SecaoDireitoPrivado/Doutrina/Comunicado?codigoComunicado=669&pagina=3. Acesso em: 28.04.2019.

[33] Gomes, Orlando. *Contratos*. Rio de Janeiro: Forense, 2008, p. 202.

[34] Betti, Emilio. *Teoria generale del negozio giuridico*. Nápoles: Edizioni Scientifiche Italiane, 1994, p. 490.

do contrato) pode, mesmo assim, manter vivas certas obrigações contratuais, como as de confidencialidade e não-concorrência[35]. Em um contrato de longa duração (como o de locação, por exemplo), a resolução não alcança as prestações já executadas. Não obstante a correta distinção, o Código Civil trata das hipóteses como "extinção dos contratos" e, por isso, é a expressão também aqui utilizada.

A primeira distinção classificatória que se costuma fazer em matéria de extinção dos contratos é entre a extinção *normal* e a extinção dita *anormal* (patológica) do vínculo, divisão que tem por fundamento o binômio adimplemento-inadimplemento[36] e que parte da premissa "de que os contratos são celebrados para serem cumpridos e para que produzam seus efeitos durante todo o prazo de duração que as partes lhe outorgaram"[37]. Assim, por essa classificação, qualifica-se como normal a extinção do contrato que decorra de fato esperado (i.e., desejado) pelas partes no momento da constituição do vínculo (adimplemento e implemento do termo final), e, por anormal, a extinção que tenha como causa evento alheio ao programa contratual inicialmente estabelecido. Não se quer dizer, com essa classificação, que a possibilidade de inadimplemento, de onerosidade excessiva e de outras causas supervenientes de dissolução não sejam previstas e antecipadas pelas partes, no sentido de estarem fora de seu horizonte de cogitação quando celebram o contrato. O que se ressalta, para qualificá-las como causas "anormais" de extinção, é que não são o destino que as partes efetivamente desejam quando decidem se vincular.

[35] Azevedo, Antonio Junqueira de. *Natureza jurídica do contrato de consórcio. Classificação dos atos jurídicos quanto ao número de partes e quanto aos efeitos. Os contratos relacionais. A boa-fé nos contratos relacionais. Contratos de duração. Alteração das circunstâncias e onerosidade excessiva. Sinalagma e resolução contratual. Resolução parcial do contrato. Função social do contrato (Parecer).* Revista dos Tribunais, São Paulo, vol. 832, pp. 115-137, fev. 2005.

[36] Martins-Costa, Judith. *Comentários ao novo Código Civil*, vol. V, tomo II: do inadimplemento das obrigações. Rio de Janeiro: Forense, 2003, p. 2; e Martins-Costa, Judith. *A boa-fé no direito privado*: critérios para a sua aplicação. 2. ed. São Paulo: Saraiva Educação, 2018, p. 726.

[37] Ghersi, Carlos Alberto. *Contratos*: problemática moderna. Mendoza: Cuyo, 1996. vol. 1, p. 54. (tradução nossa). No original: "*que los contratos se celebran para ser cumplidos y para que produzcan sus efectos durante todo el plazo de duración que las partes le otorgaran*".

A classificação é seguida pela quase totalidade dos autores que pretendem sistematizar a matéria e é útil, ao menos inicialmente, para distinguir entre o término do contrato decorrente do adimplemento, que é, desde o início, o fim almejado pelas partes, e a extinção que tem por causa outros fatores, bem como para estabelecer a base para a compreensão da matéria. Todavia, assim como ocorre com muitas classificações jurídicas, ela nem sempre é capaz de apreender o objeto de estudo em todas as suas especificidades e, por isso, deve ser tomada com cautela. Exemplo da insuficiência dessa classificação é o fato de que, no geral, na forma como é tratada pela maioria dos autores, a resilição unilateral ingressa nessa sistematização como uma das espécies de dissolução anormal do vínculo contratual, ao lado da resolução, por exemplo, justamente porque foge da hipótese de adimplemento. Há que se ressaltar, contudo, como será visto com maior profundidade adiante, que, em contratos de duração com prazo indeterminado, que, portanto, não possuem termo final e que não podem ser extintos pelo adimplemento, a resilição "aparece como o modo *normal* de extinção, sem pressupor anomalia, mas meio de evitar a perpetuidade do vínculo"[38]. De todo modo, inicia-se por essa divisão para, em seguida, abordar essas peculiaridades.

Enzo Roppo já alertava para o fato de que os conceitos jurídicos – incluindo o de contrato – "refletem sempre uma realidade exterior a si próprios, uma realidade de interesses, de relações, de situações econômico-sociais, relativamente aos quais cumprem, de diversas maneiras, uma função instrumental"[39]. A instrumentalidade da relação contratual reside no fato de que ela não é constituída como um fim em si mesma, "mas sim com vista e em função da operação econômica, da qual representa, por assim dizer, o invólucro ou a veste exterior, e prescindindo da qual resultaria vazia, abstrata, e, consequentemente, incompreensível"[40]. Ou seja, o negócio jurídico só existe porque as partes têm um interesse subjacente, concreto e determinado, que pretendem ver satisfeito por

[38] AGUIAR JÚNIOR, Ruy Rosado de. *Comentários ao Código Civil*, vol. VI, tomo II: da extinção do contrato. Rio de Janeiro: Forense, 2011, p. 241 (grifo nosso).
[39] ROPPO, Enzo. *O contrato*. Coimbra: Almedina, 1988, p. 7.
[40] *Ibidem*, p. 9.

meio da relação obrigacional que estabeleceram entre si[41]; desejam obter um bem da vida mediante a prestação da outra parte. Paula Forgioni, valendo-se de frase originalmente cunhada por Giuseppe Chiovenda, resume muito bem essa relação, ao dizer que "as partes não contratam pelo mero prazer de trocar declarações de vontade, mas em vista de determinado fim [...], isto é, todo negócio tem uma função econômica e nessa função encontra sua razão de ser"[42].

O interesse das partes, portanto, justifica a existência da relação obrigacional contratual como estrutura jurídica. Primeiro, porque lhe fornece o fundamento e a razão de ser; segundo, porque a orienta, na medida em que a satisfação desse interesse é justamente o ponto final para o qual a relação caminha, segundo a concepção de obrigação como processo, proposta por Karl Larenz e posteriormente desenvolvida, entre nós, por Clovis do Couto e Silva. Nas palavras do autor alemão,

> [...] pelo fato mesmo de que em toda relação de obrigação está latente o fim da satisfação do interesse na prestação do credor, pode e deve considerar-se a relação de obrigação como um processo. Está desde o princípio encaminhada a alcançar um fim determinado e extinguir-se com a obtenção desse fim. [...] A relação de obrigação como um todo se extingue quando o seu fim haja sido alcançado totalmente, quer dizer, quando o credor (ou todo o que participa como credor) tenha sido totalmente satisfeito em seu interesse à prestação[43].

41 MARTINS-COSTA, Judith. *Comentários ao novo Código Civil*, vol. V, tomo II: do inadimplemento das obrigações. Rio de Janeiro: Forense, 2003, p. 48.

42 FORGIONI, Paula Andrea. *Contratos empresariais*: teoria geral e aplicação. 2. ed. rev., atual. e ampl. São Paulo: Revista dos Tribunais, 2016, p. 116.

43 LARENZ, Karl. *Derecho de obligaciones*. Madrid: Revista de Derecho Privado, 1958. vol. 1, p. 39 (tradução nossa). No original: "[...] *por el hecho mismo de que en toda relación de obligación late el fin de la satisfacción del interés en la prestación del acreedor, puede y debe considerarse la relación de obligación como un proceso. Está desde un principio encaminada a alcanzar un fin determinado y a extinguirse con la obtención de ese fin. [...] La relación de obligación como un todo se extingue cuando su fin haya sido alcanzado totalmente, es decir, cuando el acreedor (o todo el que participa como acreedor) haya sido totalmente satisfecho en su interés en la prestación*".

A satisfação dos interesses das partes se dá pelo adimplemento, isto é, "pelo cumprimento da prestação devida, de modo voluntário e exato, no tempo, lugar e forma convencionados"[44]. É o momento em que a conduta de cooperação imputada ao devedor (elemento subjetivo) encontra a utilidade que a prestação é chamada a trazer ao credor (elemento objetivo)[45], provocando a extinção do vínculo obrigacional e a liberação das partes[46]. Assim, na já consagrada expressão de Clovis do Couto e Silva, "o adimplemento atrai e polariza a obrigação. É o seu fim"[47]. É dessa forma, com o cumprimento fiel, espontâneo e voluntário, que o ciclo de existência do contrato tende a se encerrar, já que as partes, efetivamente querendo o resultado daquilo que foi avençado, empenham-se em alcançá-lo[48]. Por isso se diz que a execução do contrato, com a satisfação do interesse do credor e a liberação do devedor, é o seu modo normal de extinção; é sua "morte natural"[49].

O Código Civil não trata especificamente do adimplemento do contrato, mas apenas do adimplemento das obrigações (arts. 304 e seguintes). Embora sejam questões distintas, estão intimamente conectadas, pois, ainda que o cumprimento de determinada obrigação não signifique necessariamente a extinção do contrato do qual ela se origina, porque podem subsistir outras, é fato que "o cumprimento do complexo de obrigações resultantes do contrato implica, por via indireta, a extinção do próprio contrato, que se exaure e se esgota"[50]. Além do adimplemento do complexo de obrigações que resulta do contrato, também pode ser considerada causa natural de extinção do vínculo o implemento do termo final, que, por vontade das partes, limita a duração do contrato a aconteci-

[44] Martins-Costa, Judith. *Comentários ao novo Código Civil*, vol. V, tomo I: do adimplemento e da extinção das obrigações. Rio de Janeiro: Forense, 2003, p. 89.

[45] Betti, Emilio. *Teoria generale delle obbligazioni*. Milão: Giuffrè, 1953, p. 39.

[46] Martins-Costa, *op. cit.*, p. 82.

[47] SILVA, Clovis Veríssimo do Couto e. *A obrigação como processo*. São Paulo: Bushatsky, 1976, p. 5.

[48] Andrade, Darcy Bessone de Oliveira. *Do contrato*: teoria geral. 4. ed. São Paulo: Saraiva, 1997, pp. 183 e 247.

[49] Gomes, Orlando. *Contratos*. Rio de Janeiro: Forense, 2008, p. 202.

[50] Aguiar Júnior, Ruy Rosado. *Comentários ao Código Civil*, volume VI, tomo II: da extinção do contrato. Rio de Janeiro: Forense, 2011, pp. 26-27.

mento futuro certo e, assim, faz parte do curso programado do contrato, como ocorre nas relações de execução continuada submetidas a prazo determinado de vigência[51].

Como escreve Orlando Gomes, a extinção normal do contrato "não suscita qualquer problema em relação à forma e aos efeitos"[52], uma vez que "cumpridas as obrigações, o contrato está executado, seu conteúdo esgotado, seu fim alcançado"[53]. Contudo, há diversos fatores que podem influenciar a normalidade do andamento do contrato e interrompê-lo antes que ele possa alcançar o fim visado pelas partes e em razão do qual foi constituído[54]. Tem-se, então, o encerramento dito *anormal* do contrato, que pode ter como causa tanto fatores concomitantes[55] à formação do vínculo quanto a ele supervenientes, cada um dos quais com pressupostos e efeitos diversos.

Os fatores concomitantes à formação do vínculo (ditos vícios genéticos) atingem o contrato no plano da validade, gerando ou sua nulidade, como nos casos de incapacidade absoluta do agente e ilicitude do objeto ou do motivo determinante, comum a ambas as partes (arts. 104 e 166 do Código Civil), ou sua anulabilidade, como nos casos de incapacidade

[51] GOMES, Orlando. *Contratos.* Rio de Janeiro: Forense, 2008, pp. 202 e 222; MESSINEO, Francesco. *Doctrina general del contrato.* Buenos Aires: Ediciones Jurídicas Europa-América, 1952. Tomo II, pp. 204-205; MARTINS-COSTA, Judith. O caso dos produtos Tostines: uma atuação do princípio da boa-fé na resilição de contratos duradouros e na caracterização da supressio. *In*: FRAZÃO, Ana; TEPEDINO, Gustavo (coord.). *O Superior Tribunal de Justiça e a reconstrução do Direito privado.* São Paulo: Revista dos Tribunais, 2011. pp. 513-542, p. 529, nota de rodapé nº 5.

[52] GOMES, *op. cit.*, p. 203.

[53] *Ibidem*, p. 202.

[54] AGUIAR JÚNIOR, Ruy Rosado de. *Extinção dos contratos por incumprimento do devedor.* Rio de Janeiro: Aide, 1991, p. 18.

[55] Neste ponto, cabe trazer a ressalva de Ruy Rosado de Aguiar Júnior: "É comum a referência aos fatos existentes antes da celebração do contrato, mas isso não parece correto. Tirante os casos de responsabilidade pré-contratual, os fatos anteriores somente têm relevância para o direito obrigacional no momento em que surge a relação jurídica, com a celebração do contrato. Assim, a nulidade por incapacidade absoluta do contratante decorre de fato anterior ao contrato, mas só interessa porque presente no momento de sua celebração" (AGUIAR JÚNIOR, Ruy Rosado de. *Comentários ao Código Civil*, vol. VI, tomo II: da extinção do contrato. Rio de Janeiro: Forense, 2011, p. 36, nota de rodapé nº 112).

relativa do agente, erro, dolo, coação, estado de perigo, lesão ou fraude a credores (art. 171 e seguintes do Código Civil)[56]. Com a anulação, pode-se dizer que não houve negócio jurídico, já que ele é desfeito por inteiro, não apenas em relação aos seus efeitos[57]. As causas de extinção supervenientes à formação do vínculo, por outro lado, atingem o contrato no plano da eficácia. O negócio existiu, é válido, mas, por fatores diversos, deixa de produzir seus efeitos[58]. Situam-se entre essas causas extintivas do contrato a manifestação de vontade comum das partes ou de apenas uma delas, que levam, respectivamente, ao distrato (art. 472) ou então à resilição unilateral (art. 473), à revogação, à renúncia ou ao arrependimento; o inadimplemento do devedor (arts. 474 e 475), a onerosidade excessiva superveniente (arts. 478 a 480) e a impossibilidade superveniente inimputável, total e definitiva (arts. 234, 238, 248, 250 e 256), que levam à resolução do negócio; além da morte do devedor, nos contratos personalíssimos (a exemplo dos arts. 607, 626 e 682, II, CC)[59].

[56] Ruy Rosado inclui ainda, entre as hipóteses de extinção por fato concomitante à formação do vínculo, a redibição por vício ou defeito oculto existente ao tempo da celebração do contrato (arts. 441 a 446, CC) (Aguiar Júnior, Ruy Rosado de. Extinção dos contratos. *In*: Fernandes, Wanderley (Coord.). *Contratos empresariais:* fundamentos e princípios dos contratos empresariais. 2. ed. São Paulo: Saraiva, 2012. (Série GVlaw). pp. 475-518, p. 479). Orlando Gomes, por sua vez, entende tratar-se de modalidade especial de resolução, porque tem como causa "a inexecução parcial em forma específica, isto é, no cumprimento da obrigação de dar sem que a coisa tenha as qualidades próprias" (GOMES, *op. cit.*, p. 206).

[57] Pontes De Miranda, Francisco Cavalcanti. *Tratado de direito privado*. 2. ed. Rio de Janeiro: Borsoi, 1959. t. XXV, pp. 309-310.

[58] Aguiar Júnior, Ruy Rosado de. *Comentários ao Código Civil*, vol. VI, tomo II: da extinção do contrato. Rio de Janeiro: Forense, 2011, pp. 42-43.

[59] Como ressalta Orlando Gomes, a morte de um dos contratantes ocupa lugar à parte na matéria de extinção dos contratos. Em princípio, "a morte de uma das partes não constitui causa de dissolução do contrato [...], senão especialmente nos *contratos 'intuitu personae'*, já que, nos demais casos, as obrigações transmitem-se aos herdeiros. (Gomes, Orlando. *Contratos*. Rio de Janeiro: Forense, 2008, pp. 228-229). Para o autor, nesse caso específico dos contratos personalíssimos, a morte da parte certamente impossibilita sua execução e faz cessar o contrato, mas não se pode falar em resolução, porque não se está diante de uma inexecução involuntária, nem de resilição, porque não tem origem na manifestação de vontade de qualquer das partes. Segundo Orlando Gomes, ela estaria equiparada à incapacidade superveniente. Já para Ruy Rosado de Aguiar Júnior, trata-se de hipótese de caducidade, em que o contrato se extingue em decorrência de ato jurídico *stricto sensu*

É nesse contexto que está inserida a resilição unilateral: como uma das causas de extinção da relação contratual supervenientes à formação do vínculo, que atua no plano da eficácia. Estabelecido o cenário geral no qual ela se insere, cabe agora tratar do seu conceito e dos aspectos que a individualizam e a diferenciam das demais causas extintivas, para fins de delimitar o objeto de estudo.

1.2 O desenvolvimento do conceito de resilição e a opção terminológica do Código Civil de 2002

A figura jurídica da resilição tem origem no direito francês, no qual a expressão *résiliation* é utilizada para designar realidades múltiplas, com fundamentos distintos, o que, na visão de Sophie Le Gac-Pech, gera mal-estar e confusão a respeito do correto sentido do termo[60]. Percebe-se essa variedade de utilização, em primeiro lugar, na doutrina, que emprega a expressão para designar, por vezes, (i) a extinção do contrato que decorre da simples manifestação de vontade das partes ou de apenas uma delas[61]

(Aguiar Júnior, Ruy Rosado de. *Comentários ao Código Civil*, vol. VI, tomo II: da extinção do contrato. Rio de Janeiro: Forense, 2011, p. 43, nota de rodapé nº 126).

60 Le Gac-Pech, Sophie. *Rompre son contrat*. Revue Trimestrielle de Droit Civil, Paris, n. 2, pp. 223-251, abr./jun., 2005, p. 224.

61 Assim o faz, por exemplo, René Savatier: "Ao contrário da resolução, depois da qual é como se o contrato não tivesse jamais existido, a resilição põe um fim apenas às futuras obrigações decorrentes desse contrato. É, portanto, uma causa de extinção dessas obrigações. Em princípio, essa resilição exige um julgamento ou o consentimento de todas as partes. Contudo, certos contratos podem ser resilidos pela vontade de uma só das partes. Tais contratos são o mandato e o depósito, assim como todos os contratos firmados por tempo de duração indeterminado" (Savatier, René. *Cours de droit civil*. 2. ed. Paris: Librairie Générale de Droit et de Jurisprudence, 1949. vol. 2, p. 256 – tradução nossa). No original: "*A la différence de la résolution, après laquelle le contrat est censé n'avoir jamais existé, la résiliation ne met fin que pour l'avenir aux obligations nées de ce contrat. C'est donc une cause d'extinction de ces obligations. En principe, cette résiliation exige un jugement, ou le consentement de toutes les parties. Cependant, certains contrats peuvent être résiliés par la volonté d'une seule partie. Tels sont le mandat et le dépôt, ainsi que tous les contrats conclus pour une durée indéterminée*". A expressão é empregada nesse sentido também por Jacques Azéma, quando afirma que "o direito de resilição unilateral é a faculdade de qualquer das partes de colocar fim quando deseja ao contrato de duração indeterminada" (Azéma, Jacques. *La durée des contrats successifs*. Paris: Librairie Générale de Droit et de Jurisprudence, 1969, p. 144 – tradução nossa). No original: "*le droit de résiliation unilatérale est la faculté pour chacune des parties de mettre fin quand elle*

e, por outras, (ii) a dissolução do contrato decorrente de inadimplemento do devedor (*résiliation sanction*), nos casos em que o efeito da dissolução deva ocorrer apenas para o futuro, em razão da impossibilidade de restituição das prestações e de retorno das partes ao *status quo ante*[62].

le désire au contrat à durée indéterminée". Charles Georgin segue a mesma linha, mas faz uma distinção complementar, reservando a nomenclatura de résiliation à hipótese de extinção por manifestação de vontade mútua das partes e chamando de revogação (*révocation*) a extinção por manifestação unilateral de vontade de apenas uma delas: "na prática, damos o nome de resilição à dissolução que se opera pelo consentimento mútuo das partes ou, como se diz, pelo mútuo dissentimento; reserva-se o nome de revogação à dissolução que se opera pela vontade unilateral, pelas causas que a lei autoriza". [...] "A resilição é a dissidência mútua, que desfaz o que o consentimento mútuo fez. Uma vez que uma obrigação contratual surge do consentimento mútuo das partes, ela pode ser extinta por uma manifestação mútua de vontade contrária: o que as partes concordaram em impor, elas são livres para concordar em dispensar" (Georgin, Charles. *Notions élémentaires de droit civil.* Paris: Eyrolles, 1947, pp. 435-436 – tradução nossa) No original: «*en pratique, on donne le nom de résiliation à la dissolution qui s'opère par le consentement mutuel des parties ou, comme on dit encore, par le mutuel dissentiment; on réserve le nom de révocation à la dissolution qui s'opère par volonté unilatérale, pour des causes que la loi autorise".* [...] "*La résiliation, c'est le mutuel dissentiment qui défait ce qu'avait fait le mutuel consentement. Puisqu'une obligation contractuelle naît du mutuel consentement des parties, elle peut s'éteindre par une manifestation mutuelle de volonté contraire: ce que les parties ont consenti à s'imposer, elles sont libres de consentir à s'en dispenser"*.

62 Segundo Sophie Le Gac-Pech, "[...] os vocábulos resolução e resilição referem-se a realidades múltiplas sem que se possa falar de consenso sobre a terminologia empregada. Geralmente, servem para designar a sanção judiciária incorrida em caso de inexecução de contratos sinalagmáticos. Enquanto a resolução acarreta a destruição retroativa do contrato, a resilição somente opera para o futuro" (Le Gac-Pech, Sophie. *Rompre son contrat.* Revue Trimestrielle de Droit Civil, Paris, n. 2, pp. 223-251, abr./jun., 2005, p. 224 – tradução nossa). No original: "[...] *les vocables résolution et résiliation renvoient-ils à des réalités multiples sans que l'on puisse parler de consensus sur la terminologie employée. Généralement ils servent à désigner la sanction judiciaire encourue en cas d'inexécution de contrats synallagmatiques. Tandis que la résolution entraîne l'anéantissement rétroactif du contrat, la résiliation n'opère que pour l'avenir"*. Nesse sentido, Planiol e Ripert, ao abordarem o contrato de trabalho, afirmam que "o descumprimento da parte adversa não constitui, por si só, um caso de ruptura, mas justifica o exercício do direito de resilição" (Planiol, Marcel; Ripert, Georges. *Traité pratique de droit civil français.* 2. ed. Paris: Librairie Générale de Droit et de Jurisprudence, 1954. Vol. 11, parte 2, p. 100 – tradução nossa). No original: "*La faute de la partie adverse ne constitue pas par elle-même un cas de rupture, mais elle justifie l'exercice du droit de résiliation"*. O próprio Savatier, na mesma obra referida na nota de rodapé anterior, utiliza o termo também com esse significado, o que demonstra a maneira intercambiável e não excludente

O emprego da expressão em sentidos diversos ocorre também por parte do legislador, já que o *Code Civil*, em sua redação original, tratava da resilição ora como remédio à disposição do credor no caso de inadimplemento do devedor (art. 1760), ora como extinção decorrente de simples manifestação de vontade (arts. 1780 e 1794). O art. 1229, que trata da resolução, com a nova redação que lhe foi dada após a reforma de 2016, passou a definir expressamente que a resolução é qualificada como resilição quando tem efeitos apenas para o futuro, vale dizer, quando não acarreta a restituição das prestações já cumpridas e que tiveram sua contrapartida à medida que o contrato foi sendo reciprocamente cumprido pelas partes[63].

Assim, no Direito francês, a *résiliation* não tem sentido unívoco e "designa, ao mesmo tempo, a destruição judicial do contrato sem retroatividade, a revogação unilateral extrajudicial do contrato com duração indeterminada e a destruição convencional do contrato"[64]. Na verdade,

com a qual ele é utilizado: "Há certos contratos cujos efeitos anteriores não podem ser apagados, mesmo que uma das partes deixe de executá-los. Em vez de resolvê-los, os tribunais somente pronunciarão a resilição. É, portanto, para a maioria dos contratos que criam obrigações contínuas ou sucessivas [...]. Estes são, em particular, os contratos de locação de coisas, de locação de serviços, de sociedade, de seguro. Se o locatário, por exemplo, para de pagar o aluguel, ninguém pode destruir seu gozo anterior; e os aluguéis correspondentes permanecerão. Mesmo além de contratos contínuos ou sucessivos, os tribunais parecem reconhecer o direito de pronunciar apenas para o futuro a resolução de um contrato que não tenha sido executado [...]" (Savatier, René. *Cours de droit civil.* 2. ed. Paris: Librairie Générale de Droit et de Jurisprudence, 1949. vol. 2, pp. 97-98 – tradução nossa). No original: "*Résiliation judiciaire. Il est certains contrats dont il est impossible d'effacer les effets antérieurs, même si l'une des parties cesse de les exécuter. Au lieu de les résoudre, les tribunaux n'en prononceront donne que la résiliation. Il est ainsi pour la plupart des contrats créant des obligations continues ou successives [...]. Tels sont, notamment, les contrats de louage de choses, de louage de services, de société, d'assurance. Si le locataire, par exemple, cesse de payer ses loyers, nul ne peut anéantir sa jouissance antérieure; et les loyers y correspondant resteront acquis. Même en dehors des contrats continus ou successifs, les tribunaux paraissent se reconnaître le droit de ne prononcer que pour l'avenir la résolution d'un contrat inexécuté* [...]".

63 No original: "*Lorsque les prestations échangées ont trouvé leur utilité au fur et à mesure de l'exécution réciproque du contrat, il n'y a pas lieu à restitution pour la période antérieure à la dernière prestation n'ayant pas reçu sa contrepartie; dans ce cas, la résolution est qualifiée de résiliation*".

64 Le Gac-Pech, Sophie. *Rompre son contrat.* Revue Trimestrielle de Droit Civil, Paris, n. 2, pp. 223-251, abr./jun., 2005, p. 224 (tradução nossa). No original: "*la résiliation désigne à la*

o foco dos franceses, ao utilizar a expressão *résiliation*, parece estar mais nos efeitos (*ex nunc*) do que na causa da extinção (simples manifestação de vontade ou inadimplemento), como resumem os irmãos Mazeaud: "a resilição [...] põe fim ao contrato, mas sem retroatividade; ela opera apenas no futuro"[65].

No Brasil, o termo resilição é pouco usado pelo legislador[66]. Como referido, o Código Civil de 1916 não o mencionou expressamente e utilizou nomenclaturas diversas para tratar de hipóteses de resilição unilateral na concepção que veio a ser adotada pelo novo Código e que aqui é utilizada, ora qualificando-as como rescisão (arts. 1.221 e 1.247), ora como despejo (art. 1.197, parágrafo único), ora como simples aviso (art. 1.213). A legislação esparsa, ao prever hipóteses de extinção contratual tendo por fundamento a manifestação de vontade de um dos figurantes, utiliza com mais frequência o termo "denúncia", quando não emprega, equivocadamente, as expressões "resolução" ou "rescisão". De qualquer maneira, na falta de um referencial legislativo expresso que designasse o sentido de resilição, desenvolveram-se, antes da entrada em vigor do Código Civil de 2002, duas correntes doutrinárias, ambas inspiradas em autores franceses, que buscaram conceituar a resilição e que a inseriram de maneira diversa no quadro das figuras jurídicas de extinção dos contratos, principalmente no que se refere à sua distinção em relação à resolução. A primeira delas, adotada por Pontes de Miranda, individualizava a resilição, em relação à resolução, a partir de seus *efeitos*; a segunda, difundida principalmente por Orlando Gomes, a partir de seu *fundamento*.

fois l'anéantissement judiciaire du contrat sans rétroactivité, la révocation unilatérale extra-judiciaire des contrats à durée indéterminée et l'anéantissement conventionnel du contrat!"

65 Mazeaud, Henri; Mazeaud, Léon; Mazeaud, Jean. *Leçons de droit civil*. Paris: Éditions Montchrestien, 1955. vol. 1, p. 373 (tradução nossa). No original: "*La résiliation [...] met fin au contrat, mais sans rétroactivité; elle n'opère que dans l'avenir*".

66 Martins-Costa, Judith. O caso dos produtos Tostines: uma atuação do princípio da boa-fé na resilição de contratos duradouros e na caracterização da supressio. *In*: Frazão, Ana; Tepedino, Gustavo (coord.). *O Superior Tribunal de Justiça e a reconstrução do Direito privado*. São Paulo: Revista dos Tribunais, 2011. pp. 513-542, p. 530, nota de rodapé nº 7.

Para Pontes de Miranda, a resilição era espécie de resolução[67] e, portanto, também tinha seu fundamento no inadimplemento do devedor, que fazia nascer ao credor o direito formativo à resolução ou à resilição, conforme o caso[68]. O autor deixa clara sua posição ao afirmar que a norma do parágrafo único do artigo 1.092 do Código Civil de 1916 ("a parte lesada pelo inadimplemento pode requerer a rescisão do contrato com perdas e danos") garantia ao credor tanto o direito legal de resolução quanto o direito legal de resilição[69]. Logo, não reconhecia nenhuma diferença entre os dois institutos no que diz respeito ao seu fundamento, mas apenas "quanto ao momento em que se inicia a eficácia" de cada um deles[70]. Enquanto a resolução opera retroativamente, desconstituindo os efeitos já realizados, a resilição volta-se apenas para o futuro, mantendo íntegro o passado: "quem diz resilição diz resolução *ex nunc*. Quem diz resolução, em sentido estrito, diz desconstituição *ex tunc*"[71].

Como, por essa concepção, tanto o direito à resolução quanto o direito à resilição surgem do mesmo fato (i.e., do inadimplemento), o que determina a incidência de um ou de outro, em determinado caso, é a possibilidade ou impossibilidade, respectivamente, de desconstituição dos efeitos contratuais já concretizados. Assim, o descumprimento de obrigação no âmbito do contrato de locação, por exemplo, faz surgir ao credor o direito de resilição, com efeitos *ex nunc*, e não de resolução, já que aqui os efeitos do tempo são irreversíveis – "o locatário, que deixa de pagar o aluguer e usou o bem até esse momento e o vai usar até que

[67] "Resilição é apenas espécie de resolução, a resolução *ex nunc*. Resolver é solver, como dissolver; resilir é sair. Solve-se, resolve-se, sim, na resilição, mas saindo-se, saltando-se: o que restaria para a eficácia do contrato deixa de irradiar-se, porque o figurante saltou fora, e resolveu-se, *ex nunc*, o contrato (= desconstituiu-se o seu futuro eficacial)" (PONTES DE MIRANDA, Francisco Cavalcanti. *Tratado de direito privado*. 2. ed. Rio de Janeiro: Borsoi, 1959. t. XXV, pp. 305-306).

[68] PONTES DE MIRANDA, Francisco Cavalcanti. *Tratado de direito privado*. 2. ed. Rio de Janeiro: Borsoi, 1959. t. XXV, pp. 331 e 363.

[69] *Ibidem*, p. 377.

[70] *Ibidem*, p. 375.

[71] *Ibidem*, p. 340.

se decrete a resilição, não pode deixar de ter usado"[72]. A resilição opera, neste caso, para pôr termo final ao contrato daquele momento em diante, evitando a continuidade de sua eficácia, mas mantendo íntegro o que já se concretizou. É modalidade que se destina, portanto, à extinção por incumprimento do devedor em contratos duradouros[73]-[74].

A segunda corrente, também inspirada na doutrina francesa, designava por resilição a "dissolução do contrato por simples declaração de vontade de uma ou das duas partes contratantes"[75]. Por essa visão, a distinção entre a resilição e a resolução não está mais, então, apenas nos

[72] Pontes De Miranda, Francisco Cavalcanti. *Tratado de direito privado*. 2. ed. Rio de Janeiro: Borsoi, 1959. t. XXV, p. 377.

[73] Aguiar Júnior, Ruy Rosado de. *Comentários ao Código Civil*, vol. VI, tomo II: da extinção do contrato. Rio de Janeiro: Forense, 2011, p. 239, nota de rodapé nº 121.

[74] É o critério defendido hoje, por exemplo, por autores como Judith Martins-Costa (Martins-Costa, Judith. *A boa-fé no direito privado*: critérios para a sua aplicação. 2. ed. São Paulo: Saraiva Educação, 2018, p. 412, nota de rodapé nº 513), Gustavo Haical (Haical, Gustavo. Apontamentos sobre o direito formativo extintivo de denúncia no contrato de agência. *In*: Martins-Costa, Judith. *Modelos de direito privado*. São Paulo: Marcial Pons, 2014. pp. 294-331, p. 313), Rodrigo Leonardo Xavier (Leonardo, Rodrigo Xavier. *A denúncia e a resilição. Críticas e propostas hermenêuticas ao art. 473 do CC/20122 brasileiro*. Revista de Direito Civil Contemporâneo, São Paulo, vol. 7, n. 3, pp. 93-115, abr./jun. 2016, p. 112) e Araken de Assis (ASSIS, Araken de. *Resolução do contrato por inadimplemento*. 4. ed. rev. e atual. São Paulo: Editora Revista dos Tribunais, 2004, p. 82). Ruy Rosado de Aguiar Junior, em obra editada antes da entrada em vigor do Código Civil de 2002, compartilhava dessa orientação, mas, posteriormente, mudou seu entendimento, filiando-se à orientação que será vista adiante e que acabou sendo adotada pelo Código Civil de 2002: "No livro (Extinção dos contratos por incumprimento do devedor: resolução. 2. ed. rev. e atual. Rio de Janeiro, 2003), utilizei o termo resilição para os casos de desfazimento do contrato duradouro, com efeito *ex nunc*, para distinguir da resolução, que tem efeito *ex tunc* e se aplica aos contratos instantâneos, seguindo a classificação de Pontes de Miranda, sendo tanto a resilição como a resolução efeitos do inadimplemento do devedor. O Código Civil de 2002, porém, adotou a orientação francesa e a classificação entre nós difundida por Orlando Gomes: a 'resilição' é o termo empregado para designar a extinção do contrato pela vontade das partes, de ambas, na modalidade de distrato, ou de uma, nas hipóteses de resilição unilateral. É essa a classificação que, a partir do novo Código Civil, deve ser utilizada e aqui adotada, com abandono da orientação antiga" (Aguiar Júnior, Ruy Rosado de. *Comentários ao Código Civil*, vol. VI, tomo II: da extinção do contrato. Rio de Janeiro: Forense, 2011, p. 42, nota de rodapé nº 125).

[75] Gomes, Orlando. *Contratos*. Rio de Janeiro: Forense, 2008, p. 221.

efeitos de cada uma delas, mas no seu fundamento: enquanto a resolução decorre do incumprimento ou da onerosidade excessiva, a resilição tem por causa a mera manifestação de vontade.

É interessante notar que o Direito francês, que inspirou as duas teorias divergentes na doutrina brasileira, admite a utilização do termo resilição para abarcar tanto o significado que lhe foi dado por Pontes de Miranda quanto o que lhe atribuiu Orlando Gomes, como detalhado acima. Contudo, na tentativa de atribuir sentido único a vocábulo com pluralidade de significados, para fins de sistematização, cada uma das correntes nacionais optou por escolher apenas um desses significados, excluindo o outro, o que acabou por gerar essa controvérsia.

O Código Civil de 2002 acolheu a posição adotada por Orlando Gomes, vinculando a resilição à manifestação de vontade e afastando-a das hipóteses de inadimplemento. Além disso, na visão de autores como o próprio Orlando Gomes e Ruy Rosado de Aguiar Júnior, entre outros[76], disciplinou a resilição como gênero, do qual seriam espécies a *resilição bilateral*, que corresponde ao distrato e decorre da manifestação de vontade comum dos dois contratantes (art. 472), e a *resilição unilateral*, que se dá pela manifestação de vontade de apenas uma das partes (art. 473)[77]. Essa opção classificatória fica clara, segundo Ruy Rosado de Aguiar Júnior, pelo fato de o Código ter incluído o distrato e a resilição unilateral na mesma seção, dentro do capítulo da extinção dos contratos, e por ter se preocupado em qualificar a resilição do art. 473 como *unilateral*, para diferenciá-la do distrato, espécie de resilição bilateral[78]. Segundo o autor, "ao adjetivar uma espécie de resilição, dizendo-a unilateral, o Código implicitamente aceitou a existência de resilição bilateral, que só pode ser o distrato"[79]. Concorda-se com esse posicionamento, mas não se pode deixar de registrar a crítica de que, se a intenção foi mesmo designar duas

[76] Tepedino, Gustavo; Barboza, Heloisa Helena; Bodin De Moraes, Maria Celina. *Código Civil interpretado conforme a Constituição da República*. Vol. II. 2. ed. Rio de Janeiro: Renovar, 2012, p. 115.

[77] Aguiar Júnior, Ruy Rosado de. *Comentários ao Código Civil*, vol. VI, tomo II: da extinção do contrato. Rio de Janeiro: Forense, 2011, p. 239.

[78] *Ibidem*, p. 239, nota de rodapé nº 121.

[79] *Ibidem*, p. 191.

espécies de resilição, o título da Seção I do capítulo da extinção dos contratos ("Do Distrato") deveria, mais acertadamente, ter sido nomeado conforme o gênero ("Da Resilição"), e não conforme uma das espécies.

Nesses termos, segundo Francisco Loureiro, o Código Civil "explicitou o que entende por resilição e resolução", colocando "ponto final à dúvida semântica que apenas embaralhava conceitos e em nada contribuía para compreensão da matéria"[80]. Assim, a resilição bilateral se faz por meio do distrato – chamado também de trato em sentido contrário[81], mútuo dissenso[82] ou *contrarius consensus*[83] – "negócio jurídico pelo qual as partes, declarando conjuntamente a vontade de dar cabo do contrato, rompem o vínculo, extinguindo a relação jurídica"[84-85]. Já a resilição unilateral, objeto do presente estudo, está prevista no art. 473 e, na concepção aqui adotada, corresponde à dissolução do contrato decorrente do exercício de direito potestativo por uma das partes, pela simples manifestação de vontade, independentemente de inadimplemento, nas hipóteses previstas em lei ou no contrato, com efeitos *ex nunc*. Trata-se de figura que está prevista em outros ordenamentos jurídicos, sendo tratada, por

[80] LOUREIRO, Francisco Eduardo. *Extinção dos contratos*, p. 2. Disponível em: http://www.tjsp.jus.br/SecaoDireitoPrivado/Doutrina/Comunicado?codigoComunicado=669&pagina=3. Acesso em: 28.04.2019.

[81] PONTES DE MIRANDA, Francisco Cavalcanti. *Tratado de direito privado*. 2. ed. Rio de Janeiro: Borsoi, 1959. t. XXV, p. 281.

[82] Cabe registrar a crítica de Caio Mário da Silva Pereira a essa nomenclatura: "não nos parece adequada a designação, pois que *dissenso* sugere desacordo, e esta modalidade de ruptura do liame contratual resulta da harmonia de intenções, para a obtenção do *acordo liberatório*, tendo em vista obrigações não cumpridas (PEREIRA, Caio Mário da Silva. *Instituições de Direito Civil*, vol. III: Contratos. 17. ed. rev. e atual. por Caitlin Mulholland. Rio de Janeiro: Forense, 2013, p. 133 – grifos no original).

[83] AGUIAR JÚNIOR, Ruy Rosado de. *Extinção dos contratos por incumprimento do devedor*. Rio de Janeiro: Aide, 1991, p. 69.

[84] GOMES, Orlando. *Contratos*. Rio de Janeiro: Forense, 2008, p. 222.

[85] O Código Civil regula o distrato apenas do ponto de vista formal, impondo que se faça pela mesma forma exigida para o contrato (art. 472), e nada diz sobre seus pressupostos, âmbito de aplicação, conteúdo ou efeitos. Para análise desses pontos, vide, por todos: PEREIRA, *op. cit.*, p. 132; AGUIAR JÚNIOR, Ruy Rosado de. *Comentários ao Código Civil*, vol. VI, tomo II: da extinção do contrato. Rio de Janeiro: Forense, 2011, p. 189; e PONTES DE MIRANDA, *op. cit.*, p. 281.

exemplo, na França, como *résiliation*; na Itália, como *diritto di recesso*, *recesso unilaterale*[86] ou *disdetta*[87]; na Espanha, como *desistimiento unilateral*; e, em Portugal, como revogação unilateral[88].

Orlando Gomes e Caio Mário da Silva Pereira qualificam também como bilateral a resilição do vínculo que, embora seja levada a cabo por apenas uma das partes, tenha por fundamento cláusula contratual que a permita, sob o argumento de que, sendo a cláusula decorrente da manifestação de vontade mútua das partes, "a cessação do contrato é efeito da

[86] Art. 1373 do Código Civil italiano.

[87] DEVOTO, Luigi. *L'obbligazione a esecuzione continuata*. Pádua: CEDAM, 1943, p. 190. Cabe ressaltar que Enzo Roppo diferencia as figuras do *recesso* e da *disdetta*. Para o autor, *recesso* é "o negócio unilateral pelo qual a parte de um contrato promove sua dissolução" ("*negozio unilaterale con cui la parte di un contratto ne dispone lo scioglimento*"). Já a disdetta é a "declaração com a qual se exclui a renovação do contrato depois de seu término" ("*la dichiarazione con cui si esclude il rinnovo del contratto dopo la scadenza*"), como ocorre quando as partes preveem renovação automática do vínculo, salvo manifestação em contrário (no caso, essa manifestação seria a *disdetta*). Assim, enquanto o *recesso* incide sobre um contrato ainda em curso, sem prazo determinado ou então com prazo ainda não implementado, a *disdetta* incide sobre contrato já expirado, prevenindo sua prorrogação/renovação. O próprio autor reconhece, contudo, que os efeitos são os mesmos: em qualquer dos casos, o ato unilateral de uma das partes impede a continuação dos efeitos contratuais (ROPPO, Vincenzo. *Il contratto*. 2. ed. Milão: Giuffrè, 2011, pp. 509 e 610). Parece-nos que essa diferenciação não pode ser transportada para o Direito brasileiro, no qual a figura da resilição unilateral (ou da denúncia) abrange as duas hipóteses trazidas pelo autor italiano, conforme lição de Ruy Rosado de Aguiar Júnior: "Denúncia é a hipótese de extinção unilateral cabível para o desfazimento das obrigações duradouras, contra a sua renovação, recondução ou continuação, independentemente do inadimplemento da outra parte, nos casos permitidos na lei, expressa ou implicitamente" [...] "A denúncia é espécie de negócio jurídico extintivo que surge em três situações: a) no curso do contrato duradouro por tempo indeterminado, no qual o denunciante manifesta vontade contrária à continuidade; b) no curso do contrato duradouro por tempo determinado, nos casos especiais previstos na lei; c) antes do término do contrato por prazo determinado, com possibilidade de prorrogação, renovação ou recondução tácita em que a parte manifesta sua contrariedade à continuidade da relação". (AGUIAR JÚNIOR, Ruy Rosado de. *Comentários ao Código Civil*, vol. VI, tomo II: da extinção do contrato. Rio de Janeiro: Forense, 2011, pp. 285-287).

[88] AGUIAR JÚNIOR, Ruy Rosado de. *Comentários ao Código Civil*, vol. VI, tomo II: da extinção do contrato. Rio de Janeiro: Forense, 2011, p. 254.

vontade bilateralmente manifestada"[89]. Veja-se, nesse ponto, a lição de Orlando Gomes, que tem o cuidado de afastar a designação de "distrato", embora classifique a hipótese como resilição bilateral:

> mas também há *resilição convencional* quando no próprio contrato se atribui a *faculdade de resilir* a qualquer dos contratantes. Se eles estipulam que pode ser dissolvido antes da expiração do termo, assim o deseje uma das partes (como se verifica, por exemplo, no contrato de trabalho por tempo determinado em que se reservam o direito de resilir *ante tempus*, mediante aviso prévio), a *resilição*, apesar de se efetuar em virtude da declaração de vontade de um só dos estipulantes é, em verdade, *convencional*, porque resulta de acordo feito no momento da conclusão do contrato. Nessa hipótese, porém, não se pode falar propriamente em *distrato*, embora a *resilição* seja por *mútuo consentimento*[90].

Haveria, assim, duas espécies de resilição bilateral. Consideramos mais acertada, contudo, a posição contrária de Ruy Rosado de Aguiar Júnior, para quem, ainda que o exercício do direito de resilição esteja fundado em cláusula contratual originada da vontade comum dos contratos, permanece sendo ato unilateral, e não bilateral[91].

Essa tomada de posição do Código Civil de 2002 é criticada por alguns autores em diversos aspectos. No geral, há quem se oponha ao afastamento da resilição dos casos de inadimplemento e à junção topológica do distrato e da resilição unilateral sob a mesma seção. Nesse sentido, pode-se citar Ruy Rosado de Aguiar Júnior, que entende que a opção classificatória do Código Civil não é a melhor[92], embora reconheça que, diante da pluralidade de tentativas de classificação propostas pelos autores e da falta de consenso sobre o tema, ela deve ser seguida[93]:

[89] Pereira, Caio Mário da Silva. *Instituições de Direito Civil*, vol. III: Contratos. 17. ed. rev. e atual. por Caitlin Mulholland. Rio de Janeiro: Forense, 2013, pp. 135-136.

[90] Gomes, Orlando. *Contratos*. Rio de Janeiro: Forense, 2008, p. 222 (grifos no original).

[91] Aguiar Júnior, Ruy Rosado. *Comentários ao Código Civil*, volume VI, tomo II: da extinção do contrato. Rio de Janeiro: Forense, 2011, p. 193.

[92] *Ibidem*, p. 239, nota de rodapé nº 121.

[93] *Ibidem*, p. 25.

Agora, por força de lei, o vocábulo resilição não pode mais ser empregado para a extinção por incumprimento dos contratos duradouros, uma vez que passou a designar, no regime do Código Civil, modo de extinção por manifestação unilateral ou consensual das partes, não mais efeito do inadimplemento[94].

Especificamente em relação à resilição unilateral, as críticas concentram-se especialmente na (ao menos aparente) confusão feita entre os termos resilição, denúncia e notificação, tanto no *caput* quanto no parágrafo único do art. 473. Alberto Gosson Jorge Júnior, por exemplo, entende não ter sido adequada a opção do legislador de introduzir a resilição no Código Civil da forma como foi feita, diante da falta de consenso doutrinário quanto ao sentido do termo, tanto entre os autores nacionais quanto na própria França, onde teve origem. Segundo ele, tratando especificamente da resilição unilateral, "se o objetivo era como efetivamente foi inserir instituto que contemplasse o poder unilateral da parte de desvincular-se do contrato, bastaria a sistematização da *denúncia*, instituto este que já conta com tradicional aceitação em nosso meio" e que já estava presente na legislação especial, como na Lei nº 8.245/91[95]. Araken de Assis, no mesmo sentido, classifica como imprópria a utilização da palavra "resilição" no art. 473, que, na sua opinião, trata de hipótese de denúncia[96].

[94] *Ibidem*, nota de rodapé nº 121.

[95] Jorge Junior, Alberto Gosson. *Resolução, rescisão, resilição e denúncia do contrato*: questões envolvendo terminologia, conceito e efeitos. Revista da Faculdade de Direito de São Bernardo do Campo, vol. 15, pp. 73-85, 2009, p. 82. Disponível em: https://revistas.direitosbc.br/index.php/fdsbc/article/view/177/127. Acesso em: 13.04.2019. A crítica é endossada por Judith Martins-Costa (Martins-Costa, Judith. O caso dos produtos Tostines: uma atuação do princípio da boa-fé na resilição de contratos duradouros e na caracterização da supressio. *In*: Frazão, Ana; Tepedino, Gustavo (coord.). *O Superior Tribunal de Justiça e a reconstrução do Direito privado.* São Paulo: Revista dos Tribunais, 2011. pp. 513-542, p. 531, nota de rodapé nº 12).

[96] Assis, Araken de; Andrade, Ronaldo Alves de; e Alves, Francisco Glauber Pessoa. *Comentários ao Código Civil Brasileiro, vol. 5*: do direito das obrigações. Coordenadores Arruda Alvim e Thereza Alvim. Rio de Janeiro: Forense, 2007, pp. 563-564.

De fato, autores como Pontes de Miranda, Ruy Rosado de Aguiar Júnior[97] e Araken de Assis[98], que, antes da edição do Código Civil de 2002, tratavam a resilição como espécie de resolução, reservavam o vocábulo *denúncia* para designar o direito formativo de qualquer um dos figurantes de encerrar relações duradouras pela mera manifestação de vontade, nos casos expressa ou implicitamente autorizados por lei, com efeitos *ex nunc*, independentemente de inadimplemento. Ou seja, atribuíam o nome de denúncia à forma de extinção contratual que hoje o art. 473 define também como resilição unilateral. A nomenclatura, apesar de não estar presente no Código Civil de 1916, é frequente na legislação esparsa, podendo-se citar, por exemplo, o art. 34 da Lei nº 4.886/65 e diversos dispositivos da Lei nº 8.245/91 (arts. 6º, 46, §2º, 57, entre outros), que a utilizam exatamente com esse sentido que lhe era atribuído pelos autores acima referidos.

Portanto, referidos autores naturalmente diferenciavam a resilição da denúncia, já que, nessa concepção, cada um dos institutos tinha pressupostos e campo de aplicação distintos e bem definidos – em que pese os efeitos fossem bastante semelhantes, dirigidos apenas para o futuro, sem afetar o passado – como exemplifica a seguinte passagem de Pontes de Miranda: "mas resilir não é denunciar. Quando o locador de serviços por tempo indeterminado se afasta do contrato não é por ato de resilição, mas sim por ato de denúncia: não havia vínculo para o futuro"[99]. A resilição, como espécie de resolução, estava fundada no inadimplemento de uma das partes, enquanto a denúncia tinha como pressuposto a simples manifestação de vontade de um dos contratantes[100]. Em relação

[97] AGUIAR JÚNIOR, Ruy Rosado. *Extinção dos contratos por incumprimento do devedor*. Rio de Janeiro: Aide, 1991, p. 68-69.

[98] ASSIS, Araken de. *Resolução do contrato por inadimplemento*. 4. ed. rev. e atual. São Paulo: Editora Revista dos Tribunais, 2004, p. 82.

[99] PONTES DE MIRANDA, Francisco Cavalcanti. *Tratado de direito privado*. 2. ed. Rio de Janeiro: Borsoi, 1959. t. XXV, pp. 301-302.

[100] Vejam-se, nesse sentido, as palavras de Judith Martins-Costa: "[a denúncia] distingue-se da resilição embora a presença de pontos de semelhança. A *similitude* está em que ambas operam pelo exercício de direito formativo extintivo e tem efeito irretroativo (*ex nunc*); a *distinção* reside na circunstância de a denúncia fazer cessar a relação jurídica independentemente do inadimplemento, podendo ser motivada ('cheia', por 'justa causa') ou não

aos efeitos, embora fossem, em qualquer dos casos, sempre para o futuro, Pontes de Miranda estabelecia algumas diferenças sutis, afirmando que resilição desconstitui a relação contratual que constituída estava e que havia de continuar, como se, a partir daquele momento, não tivesse existido ("corta efeito" da relação), enquanto a denúncia não a desconstitui, mas apenas lhe põe termo, determinando que, a partir daquele ponto, não continue ("fecha o negócio jurídico")[101]. Nas palavras do autor, "quem resile faz cessar; [...] [q]uem denuncia apenas faz não continuar"[102]. A metáfora que ele utiliza é a seguinte: considerando-se que a relação contratual seja uma frase que, conforme está sendo escrita, está sendo lida, a resilição faz interromper a leitura, para sempre; a denúncia, por sua vez, permite a leitura da frase até o final, mas impede que se continue escrevendo dali em diante[103].

O art. 473 do Código Civil de 2002, todavia, seguiu corrente diversa e tratou conjuntamente dos conceitos de resilição e denúncia, determinando, em seu *caput*, que "a *resilição unilateral* [...] opera mediante *denúncia*" e, no parágrafo único, fazendo referência à "*denúncia unilateral*":

> Art. 473. A resilição unilateral, nos casos em que a lei expressa ou implicitamente o permita, opera mediante denúncia notificada à outra parte.
>
> Parágrafo único. Se, porém, dada a natureza do contrato, uma das partes houver feito investimentos consideráveis para a sua execução, a denúncia unilateral só produzirá efeito depois de transcorrido prazo compatível com a natureza e o vulto dos investimentos.

('vazia', 'imotivada'), enquanto a resilição, fundada necessariamente no inadimplemento grave e imputável ao devedor, além de fazer cessar os efeitos, também desconstitui o plano da eficácia do negócio jurídico, a partir do momento em que declarada. Sem propriamente 'desfazer' o contrato, a denúncia faz cessar os efeitos da relação jurídica duradoura advinda do contrato". (Martins-Costa, Judith. *A boa-fé no direito privado*: critérios para a sua aplicação. 2. ed. São Paulo: Saraiva Educação, 2018, p. 730).

101 Pontes De Miranda, *Op. cit.*, pp. 294 e 378.

102 *Ibidem*, p. 300.

103 *Ibidem*, p. 300.

A redação gerou compreensões diversas na doutrina, as quais devem ser endereçadas, ainda que brevemente, para fins de clareza e de compreensão do restante do trabalho. Há autores que se mantêm filiados à corrente difundida por Pontes de Miranda, diferenciando a resilição da denúncia por seus fundamentos, como visto acima[104]. Dentre aqueles que enxergam similitude funcional entre as duas figuras, Ruy Rosado de Aguiar Júnior classifica a denúncia como espécie de resilição unilateral[105], ao lado da revogação, renúncia e arrependimento, cujo campo de aplicação restringe-se às obrigações duradouras[106]. Já Caio Mário da Silva

[104] Dentre esses, Rodrigo Leonardo Xavier tem entendimento um pouco diverso. Para o autor, ainda que a resilição – além de ser utilizada como espécie de resolução – possa ser entendida como um poder unilateral de desligamento, exercido pela simples manifestação de uma das partes, seu campo de aplicação restringir-se-ia a contratos firmados a prazo determinado. Em suas palavras, "a função da resilição, no entanto, seria particular. Teria por objetivo permitir a um contratante *sair* da relação contratual, desvincular-se antes do prazo previsto contratualmente". Seria, assim, um poder extraordinário, com eficácia mais profunda se comparada à denúncia, porque atingiria o próprio contrato, e não apenas a relação contratual que dele se origina. A denúncia, a seu turno, designaria propriamente o poder ordinário de uma das partes de, por sua simples manifestação de vontade, pôr fim a uma relação contratual com prazo indeterminado, evitando que se perpetue. Alcançaria, assim apenas a eficácia da relação jurídica contratual (Leonardo, Rodrigo Xavier. *A denúncia e a resilição. Críticas e propostas hermenêuticas ao art. 473 do CC/20122 brasileiro.* Revista de Direito Civil Contemporâneo, São Paulo, vol. 7, n. 3, pp. 93-115, abr./jun. 2016, pp. 98-100). Com o devido respeito à posição manifestada pelo renomado autor, não nos parece que a separação entre resilição e denúncia pelos fundamentos apontados seja a mais adequada, uma vez que essa distinção quanto ao âmbito de aplicação de cada uma das figuras (i.e., contratos a prazo determinado, no caso da resilição, e contratos a prazo indeterminado, no caso da denúncia) não se verifica no texto legal nem na doutrina que aborda o tema. Com efeito, parece-nos que as passagens de Pontes de Miranda utilizadas pelo autor para diferenciar a resilição da denúncia foram escritas no contexto em que a figura da resilição é tratada como espécie de resolução e, portanto, a nosso ver, diferente do sentido que lhe buscou atribuir Rodrigo Xavier Leonardo.

[105] Aguiar Júnior, Ruy Rosado de. *Comentários ao Código Civil*, vol. VI, tomo II: da extinção do contrato. Rio de Janeiro: Forense, 2011, pp. 242 e 285.

[106] Nas palavras do autor, "denúncia é a hipótese de extinção unilateral cabível para o desfazimento das obrigações duradouras, contra a sua renovação, recondução ou continuação, independentemente do inadimplemento da outra parte" (*Ibidem*, p. 285).

Pereira parece tratar os institutos como sinônimos[107]. É o que afirma também Alberto Gosson Jorge Junior, para quem "*resilição* e *denúncia*, apesar das diferenciações expostas pela doutrina equivalem-se em termos práticos"[108-109]. Outros autores, diante do trecho do *caput* do art. 473 que diz que a resilição opera *mediante* denúncia, entendem haver uma relação de causa e efeito entre os dois institutos. A denúncia seria, assim, instrumento da resilição: manifestação de vontade unilateral de uma das partes que, notificada à outra, causa a resilição (extinção) do contrato[110]. É o

[107] PEREIRA, Caio Mário da Silva. *Instituições de Direito Civil*, vol. III: Contratos. 17. ed. rev. e atual. por Caitlin Mulholland. Rio de Janeiro: Forense, 2013, p. 134. No mesmo sentido: AZEVEDO, Álvaro Villaça. *Validade da denúncia em contrato de distribuição sem pagamento indenizatório (Parecer)*. Revista dos Tribunais, São Paulo, v. 737, pp. 97-111, mar. 1997, p. 6.

[108] JORGE JUNIOR, Alberto Gosson. *Resolução, rescisão, resilição e denúncia do contrato*: questões envolvendo terminologia, conceito e efeitos. Revista da Faculdade de Direito de São Bernardo do Campo, vol. 15, pp. 73-85, 2009, p. 83. Disponível em: https://revistas.direitosbc.br/index.php/fdsbc/article/view/177/127. Acesso em: 13.04.2019.

[109] Cabe registrar aqui a crítica do autor no sentido de que a redação do art. 473 poderia ter sido mais apurada, a fim de evitar essa confusão. Para ele, "se optou por inserir o instituto da *resilição*, o legislador deveria ter extraído todas as consequências da sua opção e não inserir denúncia como sucedâneo de notificação, o que na verdade não é". Em sua opinião, mais acertado seria se o texto do *caput* expressasse que "a resilição unilateral, nos casos em que a lei expressa ou implicitamente o permita, opera mediante *aviso prévio dirigido à outra parte*, ao invés de '*denúncia notificada à outra parte*'" (JORGE JUNIOR, *op. cit.* p. 83. Disponível em: https://revistas.direitosbc.br/index.php/fdsbc/article/view/177/127. Acesso em: 13.04.2019). Pode-se acrescentar ainda a essa crítica a desnecessidade de qualificar como unilateral a denúncia no parágrafo único. Para Judith Martins-Costa, o enunciado do art. 473 deve ser lido como "a denúncia, nos casos em que a lei expressa ou implicitamente o permita, opera mediante notificação à outra parte" (MARTINS-COSTA, Judith. *A boa-fé no direito privado*: critérios para a sua aplicação. 2. ed. São Paulo: Saraiva Educação, 2018, p. 729, nota de rodapé nº 308).

[110] Trata-se de entendimento adotado, por exemplo em precedente julgado pelo Tribunal de Justiça do Distrito Federal: "[n]o caso da resilição unilateral é necessário examinar a devida coerência entre os dispositivos que enunciam essa modalidade jurídica. Com efeito, esse modo de extinção da relação jurídica negocial, nos estritos termos do art. 473 do Código Civil, ocorre nos casos em que uma das partes, por meio de ato unilateral de comunicação à parte contrária, denuncia o contrato firmado" (DISTRITO FEDERAL. Tribunal de Justiça do Distrito Federal e dos Territórios. Apelação Cível nº 0715029-50.2018.8.07.0001, 3ª Turma Cível, Relator Alvaro Ciarlini, julgado em 18.11.2020).

posicionamento de Orlando Gomes[111] e de Antonio Junqueira de Azevedo[112]. Em obra editada antes da entrada em vigor do Código Civil de 2002, Clovis do Couto e Silva já fazia referência a essa relação de causa e efeito, ao dizer que, com o exercício da denúncia, opera-se a resilição[113].

Percebe-se, portanto, uma variedade considerável de entendimentos acerca do significado dos termos resilição e denúncia, e da relação entre as duas figuras, cada um deles com fundamentos sólidos e respaldados por autores de renome, e não há como se ter a pretensão de, neste espaço, resolver de forma definitiva a controvérsia. Entretanto, entende-se ser necessário tomar uma posição, não para desqualificar entendimentos contrários, mas sim por uma questão de clareza, para que se possa compreender a utilização dos termos ao longo do restante desta exposição.

Assim, neste trabalho, adota-se a nomenclatura utilizada pelo Código Civil, qualificando-se a resilição unilateral como a extinção promovida pela simples declaração de vontade de um dos contratantes, afastando-a, portanto, da noção de resolução e de inadimplemento[114]. Entende-se

[111] Gomes, Orlando. *Contratos*. Rio de Janeiro: Forense, 2008, p. 224.

[112] Azevedo, Antonio Junqueira de. (Parecer) Contrato atípico, complexo, com elementos de contratos de know-how, de gestão e de mandato com administração. Indenunciabilidade de contrato de duração determinada. Apuração das perdas e danos a partir da efetiva resilição, e não de anterior denúncia revogada por comportamento concludente do denunciante. *In*: ________ *Novos estudos e pareceres de direito privado*. São Paulo: Saraiva, 2009. pp. 136-161, p. 151.

[113] Silva, Clovis Veríssimo do Couto e. *A obrigação como processo*. São Paulo: Bushatsky, 1976, p. 215.

[114] Endossamos o posicionamento de Gustavo Haical de que a doutrina, em sua tarefa de deslindar conceitos, não deve modificá-los ou empregá-los de maneira equivocada com o único objetivo de entrar em consonância com a redação do texto legal (Haical, Gustavo. Apontamentos sobre o direito formativo extintivo de denúncia no contrato de agência. *In*: Martins-Costa, Judith. *Modelos de direito privado*. São Paulo: Marcial Pons, 2014. pp. 294-331, p. 310). Contudo, não enxergamos o emprego do vocábulo "resilição", na redação do art. 473, necessariamente como um erro do legislador que precise ser corrigido. Como visto, ao tempo da edição do código, conviviam na doutrina posicionamentos distintos acerca do significado de resilição, ambos importados do Direito francês, e o legislador optou por um deles, assim como poderia ter optado por outro. Logo, dada a variedade de posicionamentos possíveis sobre o tema, optou-se por adotar aquele que também foi usado pelo legislador, sem prejuízo de que se utilize o termo também na outra concepção anteriormente descrita.

também que a denúncia é o instrumento da resilição unilateral – i.e., a manifestação de vontade que, levada ao conhecimento da outra parte, gera a extinção (resilição) do contrato[115]. Por isso, e pelo fato de a utilização do termo denúncia, para designar a cessação do contrato pela vontade de uma das partes, já estar consagrada, tanto na doutrina quanto na legislação, entende-se que é possível utilizar qualquer das duas expressões no mesmo sentido, ainda que não sejam propriamente sinônimos. Ou seja, não há diferença prática em utilizar a expressão "denúncia do contrato" ou "resilição unilateral do contrato"; o que ocorre é apenas que, no primeiro caso, o foco está na causa (i.e., na manifestação de vontade), enquanto, no segundo, está no efeito (a extinção), mas a forma de dissolução do vínculo é a mesma[116].

1.3 Distinção de figuras afins

A última etapa deste esforço inicial de individualizar a resilição unilateral dentro do contexto geral da extinção dos contratos, antes de se discorrer sobre seus aspectos mais específicos, é diferenciá-la – principalmente do que diz respeito às suas causas e aos seus efeitos – dos institutos que com ela mais se assemelham e com os quais ela por vezes é confundida, como a rescisão, a resolução, a revogação, a renúncia e o arrependimento.

[115] O próprio Código Civil de 2002, em outros dispositivos (arts. 446, 614, §2º, e 754, parágrafo único) utiliza a denúncia com esse significado de comunicação. Cabe ressaltar, contudo, que a denúncia não se confunde com a notificação (JORGE JUNIOR, Alberto Gosson. *Resolução, rescisão, resilição e denúncia do contrato*: questões envolvendo terminologia, conceito e efeitos. Revista da Faculdade de Direito de São Bernardo do Campo, vol. 15, pp. 73-85, 2009, p. 83. Disponível em: https://revistas.direitosbc.br/index.php/fdsbc/article/view/177/127. Acesso em: 13.04.2019). Denúncia é negócio jurídico unilateral, declaração de vontade da parte a quem o contrato não mais interessa, a qual, por sua vez, é dirigida a outra parte por meio de notificação, ato jurídico *stricto sensu*. Assim, a denúncia do contrato, notificada a outra parte, gera sua extinção (resilição).

[116] Assim parece que o faz também o legislador, como se percebe, por exemplo, da redação do art. 6º da Lei nº 8.245/91, que, em seu *caput*, permite ao locatário *denunciar* a locação por prazo indeterminado, mediante aviso por escrito ao locador, com antecedência mínima de trinta dias, e, em seu parágrafo único, obriga-o, no caso de ausência de aviso, a pagar quantia equivalente a um mês de aluguel e encargos, vigentes quando da *resilição*.

1.3.1 Rescisão

O vocábulo *rescisão* vem do antigo direito francês. Como explica Mazeaud[117], a declaração de nulidade de determinado ato com fundamento em violação a um texto romano dependia de autorização do rei ou da chancelaria, que era outorgada por meio de "carta de rescisão", em oposição aos casos em que a nulidade tinha por origem violação de costume ou de ordenança real, em que o tribunal julgava imediatamente. Tratava-se, portanto, de distinção de ordem formal, destinada a submeter a aplicação do Direito Romano na França à prévia autorização real, por razões políticas. Mesmo com o desaparecimento posterior dessa formalidade, o vocábulo seguiu sendo utilizado e foi mantido pelo *Code Civil* para os casos de nulidade.

Entre nós, a utilização do termo "tem concorrido para sérias confusões"[118]: é amplamente utilizado na prática forense, porém sem maior apuro técnico, ora como sinônimo de resolução, ora como de resilição, e, às vezes, para indicar "a generalidade das ações destinadas à extinção do contrato"[119]. A utilização indiscriminada da expressão espelha o tratamento ambíguo que lhe vem sendo dado há muito pela legislação, que a ela faz frequente referência expressa, mas sem definição ou critério claro de distinção[120]. O Código Civil de 1916 previa a rescisão como remédio à disposição do credor no caso de inadimplemento do devedor, que é causa de extinção superveniente à formação do vínculo (art. 1.092, parágrafo único), e, ao mesmo tempo, como remédio para os casos de coação, erro, dolo, simulação ou fraude (art. 178, §9º, V), vícios contemporâneos à criação do negócio jurídico, "denotando, assim, a falta de sentido uní-

[117] Mazeaud, Henri; Mazeaud, Léon; Mazeaud, Jean. *Leçons de droit civil*. Paris: Éditions Montchrestien, 1955. vol. 1, p. 372.

[118] Pontes De Miranda, Francisco Cavalcanti. *Tratado de direito privado*. 2. ed. Rio de Janeiro: Borsoi, 1959. t. XXV, p. 208.

[119] Aguiar Júnior, Ruy Rosado de. *Comentários ao Código Civil*, vol. VI, tomo II: da extinção do contrato. Rio de Janeiro: Forense, 2011, p. 44.

[120] Jorge Junior, Alberto Gosson. *Resolução, rescisão, resilição e denúncia do contrato*: questões envolvendo terminologia, conceito e efeitos. Revista da Faculdade de Direito de São Bernardo do Campo, vol. 15, pp. 73-85, 2009, p. 77. Disponível em: https://revistas.direitosbc.br/index.php/fdsbc/article/view/177/127. Acesso em: 13.04.2019.

voco do termo"[121]. O mesmo acontece na legislação esparsa, como na Lei nº 4.886/65[122], que regula as atividades dos representantes comerciais autônomos, e na Lei nº 8.245/91[123], que dispõe sobre a locação de imóveis urbanos, nas quais a expressão é utilizada com o sentido de resolução por inadimplemento.

Diante desse cenário, autores como Pontes de Miranda, Orlando Gomes e Ruy Rosado de Aguiar Júnior, apoiados na doutrina estrangeira, buscaram atribuir sentido específico à rescisão, reservando-a para os casos de extinção do contrato por defeitos contemporâneos à formação do vínculo[124], especialmente a lesão[125], o estado de perigo[126] e o vício redibitório[127], como ocorre no direito italiano, por exemplo, em que o termo *rescissione* é utilizado para a extinção contratual baseada nessas duas primeiras hipóteses[128], conforme artigos 1.447 e 1.448 do *Codice Civile.* O Código Civil de 2002, contudo, não consagrou a rescisão como categoria autônoma de extinção contratual, e seguiu empregando o termo "em diversos contextos, sem um elemento comum que os una"[129], ora no sentido de resolução por inadimplemento (como nos arts. 570 e 810), ora no sentido de resilição unilateral (como no art. 607). Por outro lado, tratou da lesão e do estado de perigo como hipóteses de anulabilidade (arts.

121 Assis, Araken de. *Resolução do contrato por inadimplemento.* 4. ed. rev. e atual. São Paulo: Editora Revista dos Tribunais, 2004, p. 78.

122 Artigos 27, j e §1º, 35 e 36, entre outros.

123 Artigo 62, por exemplo.

124 Álvaro Villaça Azevedo, em sentido contrário, utiliza o termo para designar a extinção do contrato por inexecução culposa do devedor, reservando a resolução aos casos de "inexecução não culposa involuntária" (Azevedo, Álvaro Villaça. Contratos: disposições gerais, princípios e extinção. *In*: Junqueira De Azevedo, Antonio; Tôrres, Heleno Taveira; Carbone, Paolo (coord.). *Princípios do Novo Código Civil Brasileiro e Outros Temas* – Homenagem a Túlio Ascarelli. 2. ed. São Paulo: Quartier Latin, 2010, pp. 47-77, pp. 70-74).

125 Aguiar Júnior, Ruy Rosado de. *Extinção dos contratos por incumprimento do devedor.* Rio de Janeiro: Aide, 1991, p. 66.

126 Gomes, Orlando. *Contratos.* Rio de Janeiro: Forense, 2008, p. 228.

127 Pontes De Miranda, *op. cit.*, p. 391.

128 Messineo, Francesco. *Doctrina general del contrato.* Buenos Aires: Ediciones Jurídicas Europa-América, 1952. Tomo II, pp. 289-296.

129 Aguiar Júnior, Ruy Rosado de. *Comentários ao Código Civil,* vol. VI, tomo II: da extinção do contrato. Rio de Janeiro: Forense, 2011, p. 45, nota de rodapé nº 131.

156, 157 e 171, II), motivo pelo qual Ruy Rosado, escrevendo após a edição do novo código, afirma que "não há como usar o termo rescisão para denominar essa espécie de extinção" e que "não temos no Brasil a ação de rescisão empregada para o fim que lhe é próprio, relativo à lesão[130]".

Portanto, a resilição unilateral distingue-se da rescisão principalmente porque esta, nos sistemas legais que a admitem, extingue o contrato em decorrência de vício genético (lesão, estado de perigo ou de necessidade), enquanto aquela, nos casos permitidos expressa ou implicitamente por lei, pressupõe contrato validamente formado e tem como causa elemento superveniente à formação do vínculo – a manifestação de vontade de um dos contratantes.

1.3.2 Resolução

A resolução, por sua vez, é o modo de extinção contratual decorrente da lei ou do próprio contrato e que tem por fundamento (i) o incumprimento voluntário (inadimplemento do devedor) (arts. 474 e 475, CC); (ii) o incumprimento involuntário (impossibilidade superveniente inimputável)[131], cujas consequências estão reguladas de forma esparsa no Código Civil, conforme as diferentes modalidades de obrigações; ou (iii) a excessiva onerosidade superveniente da prestação, que surja em virtude de acontecimentos extraordinários e imprevisíveis, causando extrema vantagem à outra parte, ressalvada a possibilidade de revisão (arts. 478 a 480).

O Código Civil de 1916 previa a possibilidade de dissolução do contrato por inadimplemento do devedor no parágrafo único do artigo 1.092, inserido em capítulo dedicado aos contratos bilaterais, e cujo *caput* tratava da exceção de contrato não cumprido. Embora o texto do parágrafo único mencionasse que a parte lesada pelo inadimplemento podia requerer a *rescisão* do contrato com perdas e danos, a doutrina já apontava tratar-se, na verdade, de hipótese de resolução, e não de rescisão[132].

[130] *Ibidem*, pp. 44-45.

[131] Para Ruy Rosado, o incumprimento involuntário dá lugar à extinção por *caducidade*, por força de lei, e não por resolução. (*Ibidem*, p. 386).

[132] PONTES DE MIRANDA, Francisco Cavalcanti. *Tratado de direito privado*. 2. ed. Rio de Janeiro: Borsoi, 1959. t. XXV, p. 331.

O Código Civil de 2002 adotou técnica legislativa diversa: corrigiu a nomenclatura; conferiu autonomia ao instituto, separando-o da exceção do contrato não cumprido; alterou sua localização, inserindo-o no capítulo dedicado à extinção dos contratos; e distinguiu entre as hipóteses de cláusula resolutiva expressa e tácita[133]. Ainda assim, manteve silêncio sobre os pressupostos e efeitos da resolução.

Tradicionalmente, aponta-se que a resolução por inadimplemento supõe a interdependência de prestações[134] e, por isso, tem seu âmbito próprio de aplicação limitado aos contratos bilaterais, porque somente neles há "correspectividade ou reciprocidade entre as prestações, de tal sorte que a falta de uma delas quebra a equivalência que preside esse tipo de relação e gera o direito potestativo de resolução"[135]. Já nos contratos unilaterais, que somente produzem obrigações para uma das partes, seria inaplicável a resolução, porque ausente o sinalagma[136]. Em que pese essa distinção, Araken de Assis entende que é possível aplicar a resolução nos contratos unilaterais como o de depósito, por exemplo, desde que "se estabeleça alguma ordem de reciprocidade, ou que haja estipulação explícita a respeito"[137], sendo a interdependência e a reciprocidade de prestações o verdadeiro critério permissivo. Segundo o autor,

> Em larga síntese, o campo operativo da resolução se revela *menor* que o do inadimplemento das obrigações no contrato bilateral, pois nem todas se colocam em função recíproca, e, ao mesmo tempo, *maior* que essa categoria abstrata, porque em outras avenças, unilaterais na aparência, se convencionou a resolução ou se criou, ainda que em parte acessória ou lateral, a bilateralidade, de resto imprescindível à aplicabilidade da resolução[138].

[133] Assis, Araken de. *Resolução do contrato por inadimplemento*. 4. ed. rev. e atual. São Paulo: Editora Revista dos Tribunais, 2004, p. 17.
[134] *Ibidem*, pp. 16-17.
[135] Aguiar Júnior, Ruy Rosado de. *Comentários ao Código Civil*, vol. VI, tomo II: da extinção do contrato. Rio de Janeiro: Forense, 2011, p. 395.
[136] *Ibidem*, p. 514.
[137] Assis, *op. cit.*, p. 31.
[138] *Ibidem*, p. 31.

O Código Civil de 1916, como visto, indicava expressamente a limitação da resolução aos contratos bilaterais, haja vista a localização do instituto. O Código Civil de 2002 retirou a resolução do capítulo dos contratos bilaterais e "nada refere sobre a bilateralidade do contrato, que continua sendo pressuposto explícito apenas da exceção de contrato não cumprido (art. 476)"[139]. Mesmo assim, para Ruy Rosado de Aguiar Júnior, "é de se concluir que o novo Código não abandonou o princípio que inclui a bilateralidade do contrato como requisito da resolução, uma vez que a simples modificação estrutural dos dispositivos legais, sem nenhuma referência expressa em sentido contrário, não alterou o instituto"[140].

A cláusula resolutiva expressa é aquela prevista pelas partes no contrato, com a disposição de que o vínculo poderá ser resolvido se uma delas não cumprir determinada prestação. Nos termos do art. 474 do Código Civil, a cláusula resolutiva expressa "opera de pleno direito", o que, para Orlando Gomes, significa que sua aplicação é automática, sem que o credor tenha, à sua disposição, a possibilidade de optar pela execução do contrato diante do inadimplemento[141]. Em sentido contrário, Araken de Assis e Ruy Rosado de Aguiar Júnior entendem que a expressão utilizada pelo legislador não retira a faculdade do credor nem torna a aplicação da cláusula automática, mas apenas dispensaria a intervenção judicial para sua concretização[142]. Nesse caso, segundo Araken de Assis, caberia ao inadimplente buscar a via judicial para eliminar a dissolução com fundamento na inexistência de descumprimento ou na abusividade do exercício do direito resolutório, por exemplo[143].

[139] AGUIAR JÚNIOR, Ruy Rosado de. *Comentários ao Código Civil*, vol. VI, tomo II: da extinção do contrato. Rio de Janeiro: Forense, 2011, p. 507.

[140] *Ibidem*, p. 507.

[141] GOMES, Orlando. *Contratos*. Rio de Janeiro: Forense, 2008, p. 209.

[142] ASSIS, Araken de; ANDRADE, Ronaldo Alves de; e ALVES, Francisco Glauber Pessoa. *Comentários ao Código Civil Brasileiro, vol. 5*: do direito das obrigações. Coordenadores Arruda Alvim e Thereza Alvim. Rio de Janeiro: Forense, 2007; e AGUIAR JÚNIOR, Ruy Rosado. *Comentários ao Código Civil*, volume VI, tomo II: da extinção do contrato. Rio de Janeiro: Forense, 2011, p. 378.

[143] ASSIS, Araken de. *Resolução do contrato por inadimplemento*. 4. ed. rev. e atual. São Paulo: Editora Revista dos Tribunais, 2004, p. 51.

A cláusula resolutiva tácita, por sua vez, é imposta por lei e decorre da ideia de que "em todo contrato bilateral, a sua inexecução por uma das partes tem como consequência facultar à outra promover a sua resolução, se não preferir a alternativa de reclamar a prestação, muito embora não tenham sido ajustadas essas consequências"[144]. Segundo Orlando Gomes, o instituto tem origem na França, onde era tão comum a inclusão, em contratos bilaterais, de cláusula que autorizava a resolução do vínculo no caso de inexecução que, mesmo quando não fosse estipulada, era subentendida[145]. Há inúmeras teorias que pretendem explicar o fundamento da cláusula resolutiva tácita, mas a delimitação deste trabalho impede que se analise cada uma delas[146]. O artigo 474 do Código Civil estabelece que a cláusula resolutiva tácita, ao contrário do que ocorre com a cláusula resolutiva expressa, "depende de interpelação judicial", não operando de pleno direito[147].

[144] Pereira, Caio Mário da Silva. *Instituições de Direito Civil*, vol. III: Contratos. 17. ed. rev. e atual. por Caitlin Mulholland. Rio de Janeiro: Forense, 2013.

[145] Gomes, *op. cit.*, pp. 206-207.

[146] Ver, por todos: ASSIS, Araken de. *Resolução do contrato por inadimplemento*. 4. ed. rev. e atual. São Paulo: Editora Revista dos Tribunais, 2004, p. 59 e seguintes; Gomes, Orlando. *Contratos*. Rio de Janeiro: Forense, 2008, p. 206; e Pereira, Caio Mário da Silva. *Instituições de Direito Civil*, vol. III: Contratos. 17. ed. rev. e atual. por Caitlin Mulholland. Rio de Janeiro: Forense, 2013, p. 137.

[147] A literalidade da redação do art. 474 do Código Civil, segundo a qual a cláusula resolutiva expressa opera de pleno direito, enquanto a cláusula resolutiva tácita depende de interpelação judicial, leva à conclusão de que, havendo cláusula resolutiva expressa no contrato, seus efeitos independem de pronunciamento judicial. É esse inclusive o teor do Enunciado nº 436 da V Jornada de Direito Civil do CJF. Em que pese essa diferenciação feita pelo art. 474, é necessário destacar que a jurisprudência, especialmente no âmbito de contratos imobiliários, vinha entendendo que a resolução depende de pronunciamento judicial em qualquer caso, mesmo havendo cláusula resolutiva expressa, hipótese na qual o pronunciamento teria eficácia declaratória, com efeitos *ex tunc*. A necessidade de manifestação judicial se daria, entre outros, em nome da observância do princípio da boa-fé objetiva e para que possam ser analisadas judicialmente todas as questões relacionadas ao inadimplemento e à resolução, garantindo-se ao devedor o direito à ampla defesa e ao contraditório e a possibilidade de trazer elementos capazes de afastar o direito de resolução, como a ausência de responsabilidade pelo inadimplemento ou a configuração de adimplemento substancial ou de exceção de contrato não cumprido, por exemplo. Vejam-se, no que se refere à necessidade de manifestação judicial mesmo diante de cláu-

Em qualquer dos casos, a resolução é remédio facultativo, à escolha do credor, que pode optar entre dissolver o contrato ou exigir o seu cumprimento[148], sem que haja qualquer relação de subsidiariedade entre as opções[149]. Em regra, a resolução extingue o contrato retroativamente, apagando o que se executou e demandando a restituição recíproca das prestações e o retorno das partes ao *status quo ante*[150]. Nem por isso se confunde com as situações de anulação, já que, ao contrário daquelas, pressupõe um contrato válido e, ainda que opere retroativamente, "não faz abstração do negócio jurídico desfeito"[151]. Ademais, as causas da anulação são contemporâneas à formação do vínculo; as da resolução, supervenientes. Nos contratos de duração, todavia, a resolução tem efeitos *ex nunc*, pela impossibilidade de se voltar ao passado e de se restituírem as prestações já cumpridas[152]. Além disso, por expressa previsão legal (art. 475, CC), a resolução do contrato por inadimplemento pode ser cumulada com o pedido de indenização por perdas e danos. Os efeitos da resolução por inexecução involuntária são diversos e determinados por lei, "através de um conjunto de regras sistematizadas doutrinariamente na

sula resolutiva expressa, os seguintes precedentes do STJ: BRASIL. Superior Tribunal de Justiça. Agravo Interno no Agravo em Recurso Especial nº 1.278.57/SP, Quarta Turma, Relator: Ministro Luis Felipe Salomão, julgado em 18/09/2018; BRASIL. Superior Tribunal de Justiça. Agravo Interno no Agravo em Recurso Especial nº 1.329.000/RJ, Quarta Turma, Relatora: Ministra Maria Isabel Gallotti, julgado em 07/02/2019; BRASIL. Superior Tribunal de Justiça. Recurso Especial nº 620.787/SP, Quarta Turma, Relator: Ministro Luis Felipe Salomão, julgado em 15/06/2009. O STJ deu sinais de mudança nesse entendimento ao julgar o REsp nº 1.789.863/MS, no qual garantiu eficácia plena à cláusula resolutiva expressa, decidindo pela possibilidade de resolução extrajudicial de promessa de compra e venda contendo essa cláusula.

148 Andrade, Darcy Bessone de Oliveira. *Do contrato*: teoria geral. 4. ed. São Paulo: Saraiva, 1997, p. 254.

149 Aguiar Júnior, Ruy Rosado de. *Comentários ao Código Civil*, vol. VI, tomo II: da extinção do contrato. Rio de Janeiro: Forense, 2011, pp.485-486; e ASSIS, Araken de. *Resolução do contrato por inadimplemento*. 4. ed. rev. e atual. São Paulo: Editora Revista dos Tribunais, 2004, p. 33

150 Gomes, Orlando. *Contratos*. Rio de Janeiro: Forense, 2008, p. 210.

151 Pereira, Caio Mário da Silva. *Instituições de Direito Civil*, vol. III: Contratos. 17. ed. rev. e atual. por Caitlin Mulholland. Rio de Janeiro: Forense, 2013, p. 140.

152 Gomes, *op. cit.*, p. 210; Aguiar Júnior, *op. cit.*, p. 502.

chamada teoria dos riscos"[153], e variam conforme o contrato seja unilateral ou bilateral. Nesse caso, embora a resolução opere seus efeitos naturais (desconstituição do vínculo e retorno ao *status quo ante*), não pode ser cumulada com perdas e danos, porque ausente o pressuposto de culpa do devedor.

A resilição unilateral assemelha-se à resolução porque ambas têm natureza de direito formativo extintivo e porque são hipóteses de dissolução do contrato que têm por fundamento causa surgida posteriormente à formação do vínculo e, portanto, incidem sobre contrato existente, válido e eficaz, atingindo-o exclusivamente no plano da eficácia; contudo, na concepção aqui adotada, diferencia-se dela porque, enquanto a resolução extingue o contrato pela inexecução voluntária ou involuntária ou pela excessiva onerosidade superveniente, em regra com efeitos retroativos, a resilição unilateral o extingue pela simples manifestação de vontade de uma das partes, com efeitos *ex nunc*.

1.3.3 Revogação, renúncia e arrependimento

A revogação é figura prevista no Código Civil tanto como forma de extinção de contratos quanto como meio extintivo de atos unilaterais, como o testamento (art. 1.969, CC), a proposta (art. 428, IV, CC) e a promessa de recompensa (art. 856, CC). Em qualquer caso, a revogação significa a retirada unilateral da voz (i.e., da manifestação de vontade), por parte do sujeito que a havia proferido no momento da constituição do negócio jurídico ou do ato unilateral[154]. É declaração receptícia de vontade, que opera extrajudicialmente, retirando a manifestação de vontade do suporte fático necessário à constituição e à permanência do negócio, motivo pelo qual leva a sua extinção[155].

Como afirma Pontes de Miranda, "a revogabilidade das manifestações de vontade é excepcional"[156]. Segundo o autor, "na dimensão moral,

[153] Gomes, Orlando. *Contratos*. Rio de Janeiro: Forense, 2008, p. 212.

[154] Pontes De Miranda, Francisco Cavalcanti. *Tratado de direito privado*. 2. ed. Rio de Janeiro: Borsoi, 1959. t. XXV, p. 269.

[155] Aguiar Júnior, Ruy Rosado de. *Extinção dos contratos por incumprimento do devedor*. Rio de Janeiro: Aide, 1991, p. 69.

[156] Pontes De Miranda, *op. cit.*, p. 270.

os que costumam por e retomar a voz, são pessoas sem palavra, isto é, com quem não se pode contar. No mundo jurídico, se a palavra, a *vox*, não podia ser retirada, há sanções"[157]. Assim, o âmbito de incidência da revogação é restrito, condicionado à expressa ou implícita autorização legal, vinculada à natureza e às particularidades da relação contratual que se formou e que se pretende desfazer pela retirada da manifestação de vontade.

Essa autorização legal para a revogação normalmente está ligada a contratos unilaterais, isto é, que produzem obrigações apenas para um dos contratantes. Esse é o principal âmbito de aplicação da revogação, cujos pressupostos variam caso a caso, com autorização ampla e irrestrita em alguns e limitada em outros, a depender do contrato. Nesse contexto, normalmente admite-se a revogação dos contratos gratuitos – como a doação (art. 555, CC) e o mandato em que não haja sido fixada remuneração (art. 682, I, CC)[158] – e, excepcionalmente, dos contratos onerosos que tenham como elemento central da formação do vínculo a confiança ou fidúcia recíproca entre as partes, a exemplo do que ocorre com o mandato em que haja sido estipulada retribuição ao mandatário[159], na linha do que expõe Caio Mário da Silva Pereira:

> o mandato não subsiste à cessão ou arrefecimento da confiança depositada no mandatário. Em qualquer tempo, pois, e sem necessidade de justificar a sua atitude, o mandante tem a faculdade de *revogar ad nutum* os poderes, e unilateralmente por termo ao contrato. É uma peculiaridade deste, que vai assentar na razão mesma da formação fiduciária do vínculo (Espínola), como ainda na liberdade, reconhecida ao comitente, de assumir a direção do negócio, ou confiá-lo a outro procurador, a seu puro aprazimento[160].

[157] *Ibidem*, p. 269.

[158] Aguiar Júnior, Ruy Rosado de. *Comentários ao Código Civil*, vol. VI, tomo II: da extinção do contrato. Rio de Janeiro: Forense, 2011, p. 265.

[159] Gomes, Orlando. *Contratos*. Rio de Janeiro: Forense, 2008, p. 226.

[160] Pereira, Caio Mário da Silva. *Instituições de Direito Civil*, vol. III: Contratos. 17. ed. rev. e atual. por Caitlin Mulholland. Rio de Janeiro: Forense, 2013, p. 378 (grifos no original).

No que se refere aos pressupostos para seu exercício, o direito de revogação do contrato pode tanto ser livre, quando necessita de simples manifestação de vontade, a qualquer momento e imotivada, quanto dependente (ou vinculado), quando se faz necessária a ocorrência prévia de determinado fato que o justifique. Nas palavras de Pontes de Miranda, "manifestação de vontade que livremente se pode revogar é manifestação de vontade revogável desde que se fez", enquanto "manifestação de vontade dependentemente revogável é manifestação de vontade que, em princípio, não é revogável, mas que se torna revogável por se terem apresentado os pressupostos"[161]. Exemplo de revogação livre é a do mandato, o que ocorre porque se trata de contrato feito principalmente no interesse do mandante, que é o dono do negócio e que, por isso, fica autorizado por lei a revogá-lo de forma livre e ampla, unicamente por seu arbítrio e por sua própria vontade unilateral imotivada[162].

A natureza revogável do mandato não impede que as partes, no exercício de sua autonomia, insiram cláusula de irrevogabilidade, cujo efeito será distinto a depender do caso concreto: por um lado, quando a cláusula de irrevogabilidade for condição de um negócio bilateral ou tiver sido estipulada no exclusivo interesse do mandatário, a revogação será ineficaz (art. 684, CC); por outro lado, fora dessas hipóteses, a revogação será eficaz, mas sujeitará o mandante ao pagamento de indenização por perdas e danos ao mandatário (art. 683, CC). Outra hipótese em que a revogação não tem eficácia é no âmbito do mandato outorgado em causa própria (art. 685, CC), que, por suas características, sujeita-se a regras específicas. Contudo, a impossibilidade de revogá-lo não se trata propriamente de exceção à irrevogabilidade do mandato, mas sim de uma decorrência das características próprias do mandato em causa própria, que implica efetiva transferência de direitos, constituindo, na verdade, negócio dispositivo, como afirma Orlando Gomes: "a cláusula *in rem suam* desnatura a procuração, porque o ato deixa de ser *autorização representativa*. Transmitido o direito ao procurador em causa própria, passa este

[161] Pontes De Miranda, Francisco Cavalcanti. *Tratado de direito privado*. 2. ed. Rio de Janeiro: Borsoi, 1959. t. XXV, p. 271.

[162] Ghersi, Carlos Alberto. *Contratos*: problemática moderna. Mendoza: Cuyo, 1996. vol. 1, pp. 119-120.

a agir em seu próprio nome, no seu próprio interesse e por sua própria conta"[163].

Já a revogação da doação insere-se na segunda categoria, porque depende de ingratidão do donatário ou da inexecução do encargo. Segundo Ghersi, a restrição da revogação da doação visa a evitar que se crie situações de insegurança sobre os direitos dos donatários e de seus sucessores[164]. Há autores que enxergam que a diferença de pressupostos para o exercício do direito de renúncia chega a criar duas figuras jurídicas distintas, que não podem ser confundidas entre si, apesar de possuírem a mesma nomenclatura. Para Ruy Rosado de Aguiar Junior, Orlando Gomes e Alberto Gosson Jorge Junior, a revogação da doação, por estar fundada não na simples manifestação de vontade do doador, mas sim em ato imputável ao donatário, e por depender de decisão judicial, caracteriza verdadeira hipótese de resolução (especialmente quando se refere a descumprimento de encargo)[165]. Araken de Assis, a seu turno, afirma não haver a mínima possibilidade de confusão entre revogação e resolução, já que aquela, ao contrário desta, tem por fundamento uma declaração de vontade que retira a declaração primitiva que deu origem ao negócio e, portanto, diferencia-se da resolução em sua própria essência[166]. De fato, há diferenças importantes entre a resolução e a revogação, ainda quando esta esteja fundada em conduta do donatário. Como visto, a resolução opera principalmente em contratos bilaterais, enquanto a doação é contrato unilateral. Ademais, a resolução está fundada no sinalagma contratual e na interdependência entre as prestações e, por isso, justifica a extinção do vínculo quando uma dessas prestações falta. A revogação da doação, por sua vez, não diz respeito à quebra na interdependência de prestações. Com efeito, os motivos que levam à revogação por ingratidão (art. 557, CC) são externos ao vínculo contratual e, por isso, não confi-

[163] GOMES, Orlando. *Contratos*. Rio de Janeiro: Forense, 2008, p. 437.

[164] GHERSI, Carlos Alberto. *Contratos*: problemática moderna. Mendoza: Cuyo, 1996. vol. 1, p. 117.

[165] AGUIAR JÚNIOR, Ruy Rosado de. *Extinção dos contratos por incumprimento do devedor*. Rio de Janeiro: Aide, 1991, p. 69; GOMES, *op. cit.*, p. 226; JORGE JUNIOR, Alberto Gosson. *Direito dos contratos*. São Paulo: Saraiva, 2013, p.155.

[166] ASSIS, Araken de. *Resolução do contrato por inadimplemento*. 4. ed. rev. e atual. São Paulo: Editora Revista dos Tribunais, 2004, pp. 89-90.

guram propriamente inadimplemento do donatário. Já o encargo, cujo descumprimento autoriza a revogação, é obrigação acessória do donatário e, assim, não há vínculo de interdependência entre essa obrigação e a do doador[167].

Em relação aos efeitos, entende-se que a revogação da doação deve atuar retroativamente, porque, ao retirar elemento constituinte do suporte fático do negócio (a manifestação de vontade que lhe deu origem), resultaria em seu desfazimento desde a sua concepção, como se não houvesse existido. Acarreta, portanto, em regra, o retorno do bem doado ao patrimônio do doador. Todavia, a retroatividade não é rígida e há casos em que os efeitos já produzidos pelo negócio devem ser preservados, especialmente no que se referem a terceiros de boa-fé. Assim, por exemplo, a revogação da doação não prejudica os direitos adquiridos por terceiros ("não podendo o doador reivindicar o bem doado se o donatário o alienara validamente"[168]), nem obriga o donatário a restituir os frutos percebidos antes da citação válida (art. 563, CC). A revogação do mandato, por sua vez, tem efeitos apenas para o futuro, já que não invalida os atos praticados pelo mandatário na vigência do contrato e não pode ser oposta a terceiros que, de boa-fé, com ele contrataram (arts. 686 e 689, CC).

Pontes de Miranda ressalta que o exercício do direito de revogação não gera o dever de indenizar, "porque quem revoga só o faz porque pode revogar". Isto é, não há falar em indenizar o contratante pelo exercício infundado do direito de revogação porque "a revogação do irrevogável é sem qualquer eficácia"[169]. Parece excepcionar essa argumentação a norma do art. 683 do Código Civil, que obriga o mandante a indenizar o mandatário pela revogação de mandato com cláusula de irrevogabilidade. Contudo, como ressalta Orlando Gomes, a obrigação de indenizar, neste caso, decorre do descumprimento de uma obrigação de não fazer assumida espontaneamente pelo mandante[170].

[167] Gomes, Orlando. *Contratos*. Rio de Janeiro: Forense, 2008, p. 262.

[168] *Ibidem*, p. 263.

[169] Pontes De Miranda, Francisco Cavalcanti. *Tratado de direito privado*. 2. ed. Rio de Janeiro: Borsoi, 1959. t. XXV, p. 270.

[170] Gomes, Orlando. *Contratos*. Rio de Janeiro: Forense, 2008, p. 437.

A renúncia é ato unilateral abdicativo, destinado à extinção de relação jurídica pela autoeliminação de um de seus sujeitos[171]. Assim como a revogação, também depende unicamente da manifestação de vontade do titular do direito[172]. É forma extintiva prevista para o contrato de mandato (art. 682, CC), hipótese na qual configura a outra face da moeda do direito de revogação, distinguindo-se deste pelo sujeito que o exerce: "tanto o mandante pode desvincular-se do contrato, revogando os poderes do mandatário, como este, com a mesma liberdade de ação, se libera, renunciando-os"[173]. Nesse caso, a renúncia deve ser comunicada ao mandante, que, se for prejudicado pela sua inoportunidade, ou pela falta de tempo, a fim de prover à substituição do procurador, será indenizado pelo mandatário, salvo se este provar que não podia continuar no mandato sem prejuízo considerável, e que não lhe era dado substabelecer (art. 688, CC). As mesmas regras aplicam-se ao contrato de comissão (art. 709, CC).

À semelhança com o que ocorre com a revogação, a renúncia é figura jurídica que não se circunscreve ao âmbito dos contratos, sendo aplicável também em uma série de outros casos. Como ressalta Ruy Rosado de Aguiar Júnior, "fora do contrato, renuncia-se ao que se recebeu dos outros [...], ou que se constituiu com o decurso do tempo [...], que não se quer, ou que não se quer mais"[174]. Assim, a possibilidade de renúncia está prevista, por exemplo, em relação à prescrição (art. 191, CC), ao direito de crédito (art. 385, CC), ao direito de propriedade (art. 1.275, II), à servidão (art. 1.388, I, CC), ao usufruto (art. 1.410, I), à hipoteca (art. 1.499, CC) e à herança (arts. 1804 e 1.812, CC).

Já o arrependimento, na definição de Ruy Rosado, "é o modo pelo qual a parte sai do contrato e o extingue, exercendo o direito de retirar o consentimento dado"[175]. É, como a revogação e a renúncia, hipótese de extinção contratual decorrente da manifestação de vontade do contra-

[171] *Ibidem*, p. 226.

[172] Aguiar Júnior, Ruy Rosado de. *Comentários ao Código Civil*, vol. VI, tomo II: da extinção do contrato. Rio de Janeiro: Forense, 2011, p. 280.

[173] Gomes, *op. cit.*, p. 226.

[174] Aguiar Júnior, *op. cit.*, p. 282.

[175] *Ibidem*, pp. 291-292.

tante. Tem natureza de direito formativo extintivo[176]. O direito de arrependimento pode estar autorizado por lei – como ocorre nos contratos de consumo (art. 49 do Código de Defesa do Consumidor) – ou pelo contrato (seja ele definitivo, seja pré-contrato)[177]. Nesta segunda hipótese, usualmente (mas não necessariamente) está atrelado à estipulação de arras penitenciais, de modo que, se o arrependimento for exercido pela parte que deu as arras, ela as perde em favor da outra e, se o arrependimento vier de quem as recebeu, esta fica obrigada a devolvê-las, acrescidas do equivalente (art. 420, CC). As arras, neste caso, funcionam "como correlativo do direito de exercitar o arrependimento '*ad nutum*' (e a não execução) do contrato, sem que a contraparte possa legitimamente subtrair-se a esse arrependimento"[178].

Assim, estando contratualmente prevista a possibilidade de arrependimento, seu exercício por uma das partes é direito formativo extintivo, que implica sujeição da outra: "estipulada a *multa penitencial*, a parte que faz jus a seu recebimento não pode opor-se à resilição do contrato, visto que o arrependimento da outra parte é faculdade contratualmente assegurada. Pagando a multa, libera-se do vínculo. Não é outra sua função"[179]. Por isso é que Darcy Bessone afirma que as arras penitenciais fragilizam o vínculo contratual, que passa a depender exclusivamente da vontade de um dos contratantes[180]. Nesse caso, as arras têm função indenizatória e afastam o direito à indenização suplementar, por expressa previsão legal.

É importante notar que, nos casos em que não há autorização legal de arrependimento, a possibilidade de seu exercício depende, necessaria-

[176] Martins-Costa, Judith. *Comentários ao novo Código Civil*, vol. V, tomo II: do inadimplemento das obrigações. Rio de Janeiro: Forense, 2003, p. 507.

[177] Gomes, Orlando. *Contratos*. Rio de Janeiro: Forense, 2008, p. 225.

[178] Messineo, Francesco. *Doctrina general del contrato*. Buenos Aires: Ediciones Jurídicas Europa-América, 1952. Tomo II, p. 425 (tradução nossa). No original: "[...] *como correlativo del derecho de ejercitar el desistimiento 'ad nutum' (y la no ejecución) del contrato sin que la contraparte pueda legítimamente sustraerse a dicho desistimiento*".

[179] Gomes, *op. cit*, p. 225 (grifos no original).

[180] Andrade, Darcy Bessone de Oliveira. *Do contrato*: teoria geral. 4. ed. São Paulo: Saraiva, 1997, p. 186.

mente, de previsão contratual expressa[181], não decorrendo automaticamente de estarem previstas as arras. Isso porque, na ausência de previsão expressa, as arras são apenas confirmatórias (arts. 417 e 420, CC), e o negócio permanecerá irrevogável[182]. Nesse caso, ao contrário do que ocorre com as arras penitenciais, a opção pelo cumprimento do contrato cabe ao credor, que "tanto pode contentar-se com as arras recebidas, convertendo-as em indenização *à forfait* e, por essa forma, evitando a álea própria de toda lide, como pode exigir a prestação prometia, *in natura*, ou se não for possível, em equivalente"[183].

Para Judith Martins-Costa, a regra do art. 420 do Código Civil, que permite a estipulação do direito de arrependimento, deve ser interpretada restritivamente e admitida apenas nos chamados contratos paritários, isto é, "aqueles em que as partes estão efetivamente colocadas numa posição de relativa *igualdade substancial*, não havendo, portanto, a presunção de vulnerabilidade", o que por consequência exclui sua previsão em contratos de consumo[184-185]. Mesmo nos contratos paritários, o exercício do direito de arrependimento, se abusivo, deve conduzir ao reconhecimento de sua ilicitude, com fundamento no art. 187 do Código Civil[186].

A relação da resilição unilateral com as três figuras extintivas aqui expostas (revogação, renúncia e arrependimento) demanda análise mais detalhada. Para grande parte da doutrina, não há propriamente uma distinção de natureza, fundamentos e efeitos entre a resilição unilateral e esses outros institutos. Ruy Rosado de Aguiar Júnior, embora entenda que a revogação, a renúncia e o arrependimento sejam figuras distintas, "com

[181] Martins-Costa, Judith. *Comentários ao novo Código Civil*, vol. V, tomo II: do inadimplemento das obrigações. Rio de Janeiro: Forense, 2003, p. 508.
[182] Gomes, *op. cit.*, p. 290.
[183] Andrade, *op. cit.*, p. 186.
[184] Martins-Costa, *op. cit.*, p. 513.
[185] A impossibilidade de previsão ocorre apenas em favor do fornecedor, parte mais forte da relação, já que o arrependimento em benefício do consumidor é expressamente previsto pelo art. 49 do CDC, como referido.
[186] Martins-Costa, *op. cit.*, pp. 512-513.

características, pressupostos, efeitos e nomes diferentes"[187], considera que estão "todas unidas por um traço comum, que é a unilateralidade da manifestação extintiva do contrato"[188] e, assim, classifica-as como espécies de resilição unilateral[189]. Orlando Gomes compartilha do mesmo entendimento, afirmando que a resilição unilateral, "em determinados contratos assume feição especial, tomando, conforme o caso, o nome de *revogação, renúncia,* ou *resgate*"[190]. Seriam, portanto, ou espécies de resilição ou então meras variações terminológicas do mesmo instituto, cuja aplicação depende do caso concreto[191]. Pode-se citar ainda, no mesmo sentido, Álvaro Villaça Azevedo[192], Francisco Loureiro[193], Alberto Gosson Jorge Junior[194] e Gustavo Tepedino, Heloisa Helena Barboza e Maria Celina Bodin de Moraes[195].

[187] Aguiar Júnior, Ruy Rosado de. *Comentários ao Código Civil,* vol. VI, tomo II: da extinção do contrato. Rio de Janeiro: Forense, 2011, p. 240.

[188] *Ibidem,* p. 264.

[189] *Ibidem,* pp. 240 e 281.

[190] Gomes, Orlando. *Contratos.* Rio de Janeiro: Forense, 2008, p. 224 (grifos no original).

[191] Essa variação terminológica é percebida também por Jacques Azéma no direito francês. Segundo o autor, utiliza-se o termo "resilição unilateral" no âmbito de contratos de trabalho ou de locação, enquanto se reserva o termo "dissolução" (*dissolution*) para a extinção do contrato de sociedade e "denúncia" (*dénonciation*) para a extinção de convenção coletiva. Todavia, "sob palavras diferentes, é a mesma instituição que se esconde, é o mesmo direito de romper unilateralmente o contrato que se encontra" (Azéma, Jacques. *La durée des contrats successifs.* Paris: Librairie Générale de Droit et de Jurisprudence, 1969, p. 147 – tradução nossa). No original: "*Mais, sous des vocables différents, c'est la même institution qui se cache, c'est le même droit de rompre unilatéralement le contrat qui se trouve*".

[192] Azevedo, Álvaro Villaça. Contratos: disposições gerais, princípios e extinção. *In*: Junqueira De Azevedo, Antonio; Tôrres, Heleno Taveira; Carbone, Paolo (coord.). *Princípios do Novo Código Civil Brasileiro e Outros Temas* – Homenagem a Túlio Ascarelli. 2. ed. São Paulo: Quartier Latin, 2010, pp. 47-77, p. 72.

[193] Loureiro, Francisco Eduardo. *Extinção dos contratos,* p. 11. Disponível em: http://www.tjsp.jus.br/SecaoDireitoPrivado/Doutrina/Comunicado?codigoComunicado=669&pagina=3. Acesso em: 28.04.2019.

[194] Jorge Junior, Alberto Gosson. *Direito dos contratos.* São Paulo: Saraiva, 2013, p. 155.

[195] Tepedino, Gustavo; Barboza, Heloisa Helena; Bodin De Moraes, Maria Celina. *Código Civil interpretado conforme a Constituição da República.* Vol. II. 2. ed. Rio de Janeiro: Renovar, 2012, p. 117.

Esse posicionamento, contudo, é discutível. Por um lado, é verdade que a resilição unilateral se aproxima da renúncia, do arrependimento e, em alguns casos, da revogação, pelo fato de serem todas elas hipóteses de extinção contratual decorrentes da simples manifestação de vontade de um dos contratantes, que não depende do inadimplemento da outra parte ou, em regra, de outro fato que lhe preencha o suporte fático. Por outro, há diferenças importantes no que se refere à forma de atuação, ao campo de incidência e aos efeitos. A revogação, como coloca Pontes de Miranda, é volta ao passado "para se ir tirar a *vox* ao suporte fático e se fazer ruir o ato jurídico"[196]. Ela não se dirige, portanto, à cessação do negócio, mas ao seu próprio suporte fático, retirando um de seus elementos, o que, por consequência, faz ruir o negócio: "nega-se a continuidade do suporte fático; não o negócio jurídico. O negócio jurídico deixa de ser porque termina quando cessa de ser suficiente o suporte fático permanente"[197]. Assim, "se, *in casu*, não é revogável a manifestação de vontade que se inseriu no suporte fático do ato jurídico, e o manifestante tenta 'revogá-la', a manifestação de vontade fica incólume a essa investida. É ato jurídico *ineficaz*"[198]. Por isso, a revogação – assim como a renúncia – tem seu campo de incidência limitado aos contratos unilaterais, principalmente os gratuitos ou aqueles em que prepondera o elemento da confiança entre as partes. A resilição, por sua vez, não ataca a declaração de vontade constituinte do negócio jurídico. Ela pressupõe declaração válida e eficaz e atua no sentido de fazer cessar os efeitos a partir de determinado ponto. Ademais, opera no âmbito de contratos bilaterais, ao contrário da revogação. Veja-se, nesse sentido, a diferenciação feita por Luigi Devoto:

> enquanto a revogação opera o arrependimento do agente que tolhe os efeitos de um ato jurídico realizado com o escopo de perseguir um interesse próprio e, portanto, nega a vontade constituinte, a denúncia tende a determinar o conteúdo da relação em um ponto não especificado no momento da constituição e, portanto, integra a vontade constituinte. Daí deriva dire-

[196] PONTES DE MIRANDA, Francisco Cavalcanti. *Tratado de direito privado*. 2. ed. Rio de Janeiro: Borsoi, 1955. t. V, p. 8.
[197] *Ibidem*, p. 312.
[198] *Ibidem*, p. 9.

tamente que, enquanto a revogação pode ter lugar em qualquer relação, simples ou continuada, a denúncia pressupõe necessariamente uma relação continuada[199].

A revogação, por vezes, pode ter efeitos retroativos, como o retorno do bem à esfera jurídica do doador, no caso de revogação da doação. A resilição, ao contrário, como será especificado adiante, nunca tem efeitos retroativos e opera sempre para o futuro[200]. Destaca-se também que, em contraposição ao arrependimento, que precisa estar expressamente previsto na lei ou em contrato, a resilição, em determinados casos, vem permitida implicitamente por lei e pode ser exercida ainda que não esteja expressamente prevista no contrato.

199 Devoto, Luigi. *L'obbligazione a esecuzione continuata*. Pádua: CEDAM, 1943, pp. 193-194 (tradução nossa). No original: "[...] *mentre la revoca attua il pentimento dell'agente che toglie gli effetti ad un atto giuridico compiuto allo scopo di perseguire un proprio interesse e quindi nega la volontà costituente, la disdetta tende a determinare il contenuto del rapporto in un punto non precisato nel momento della costituzione e quindi integra la volontà costituente. Da ciò deriva in linea retta che mentre la revoca può trovar luogo in qualsiasi rapporto, semplice o continuato; la disdetta presuppone necessariamente un rapporto continuato*".

200 Ghersi, Carlos Alberto. *Contratos*: problemática moderna. Mendoza: Cuyo, 1996. vol. 1, p. 117.

2.
O DIREITO DE RESILIÇÃO UNILATERAL

2.1 Natureza, operacionalização e efeitos

Pelo fato de depender unicamente da manifestação unilateral de vontade de uma das partes e de ter por efeito a extinção do vínculo contratual, sem que a outra parte deva concordar ou sem que possa, de qualquer forma, influir nos efeitos dessa manifestação, a doutrina reconhece que o direito de resilição unilateral tem natureza de direito potestativo[201], também chamado de direito formativo[202]. Isto é, o "direito que corresponde a uma determinada pessoa de concluir uma relação jurídica entre ela e outra pessoa, de determinar especificamente seu conteúdo, modificá-la ou rescindi-la, mediante um ato constitutivo unilateral"[203].

[201] GOMES, Orlando. *Contratos.* Rio de Janeiro: Forense, 2008, p. 224; MESSINEO, Francesco. *Doctrina general del contrato.* Buenos Aires: Ediciones Jurídicas Europa-América, 1952. Tomo II, pp. 420-421; PONTES DE MIRANDA, Francisco Cavalcanti. *Tratado de direito privado.* 2. ed. Rio de Janeiro: Borsoi, 1955. t. V, p. 243; LORENZETTI, Ricardo Luis. *Tratado de los contratos.* Tomo I. Buenos Aires: Rubinzal – Culzoni, 1999, p. 543; MARTINS-COSTA, Judith. *Comentários ao novo Código Civil,* vol. V, tomo II: do inadimplemento das obrigações. Rio de Janeiro: Forense, 2003, p. 56.

[202] MARTINS-COSTA, Judith. O caso dos produtos Tostines: uma atuação do princípio da boa-fé na resilição de contratos duradouros e na caracterização da supressio. *In*: FRAZÃO, Ana; TEPEDINO, Gustavo (coord.). *O Superior Tribunal de Justiça e a reconstrução do Direito privado.* São Paulo: Revista dos Tribunais, 2011. pp. 513-542, p. 530, nota de rodapé nº 8. Pontes de Miranda e Gustavo Haical classificam os direitos formativos como espécie de direitos potestativos (PONTES DE MIRANDA, Francisco Cavalcanti. *Tratado de direito privado.* 2. ed. Rio de Janeiro: Borsoi, 1962. t. XL, p. 110; HAICAL, Gustavo. Apontamentos sobre o direito formativo extintivo de denúncia no contrato de agência. *In*: MARTINS-COSTA, Judith. *Modelos de direito privado.* São Paulo: Marcial Pons, 2014. pp. 294-331, p. 301).

[203] LARENZ, Karl. *Derecho civil*: parte general. Madrid: Revista de Derecho Privado, 1978,

Os direitos potestativos são espécie de direitos subjetivos. Tradicionalmente, os direitos subjetivos foram concebidos sob a ótica da fórmula *poder-dever*[204] ou *direito-obrigação*, representando, assim, um poder de seu titular (sujeito ativo) de exigir de outrem (sujeito passivo) o cumprimento de determinado dever, por meio da realização de uma prestação, positiva ou negativa (pagar, dar, fazer, não fazer). Tem-se, portanto, a ideia de direito a uma prestação[205] ou direito com pretensão, segundo a qual a própria noção de direito subjetivo só pode ser entendida em conjunto com a existência do dever que lhe corresponde:

> Correlata à ideia do direito subjetivo define-se ainda a do *dever jurídico*. A concepção do *poder jurídico* não está completa sem a correspondência de um *dever*. Se o direito subjetivo traduz um vínculo, é indispensável a noção de um ente abstratamente ligado àquele que tem o poder de realização do direito. Direito e dever se completam, um dependente do outro. Havendo na relação jurídica dois lados, um positivo e outro negativo, há de haver igualmente uma dualidade de sujeitos, um *ativo*, outro *passivo*; um que pode exigir a realização, outro contra quem é dirigida a vontade do primeiro[206].

Os direitos potestativos, por outro lado, fogem à concepção tradicional de direito subjetivo e geram uma vinculação jurídica distinta do sujeito passivo em relação ao sujeito ativo. Seu exercício, que depende de mera manifestação de vontade do sujeito ativo (em princípio, sem necessidade de apelo à via judicial) não cria para o sujeito passivo um correspondente dever de fazer ou deixar de fazer algo, tampouco exige sua cooperação ou concurso de vontade. Pelo contrário: resta ao sujeito passivo apenas sub-

p. 282 (tradução nossa). No original: "[...] *el derecho que corresponde a una determinada persona de llevar a cabo una relación jurídica entre ella y otra persona, o de determinarla específicamente en su contenido, modificarla o rescindirla, mediante un acto constitutivo unilateral*".

204 Pereira, Caio Mário da Silva. *Instituições de Direito Civil*, vol. I: Introdução ao Direito Civil. Teoria Geral de Direito Civil. 22. ed. rev. e atual. por Maria Celina Bodin de Moraes. Rio de Janeiro: Forense, 2013, p. 36.

205 Amorim Filho, Agnelo. *Critério científico para distinguir a prescrição da decadência e para identificar as ações imprescritíveis*. Revista dos Tribunais, São Paulo, vol. 836, pp. 733-763, jun. 2005, pp. 736-737.

206 Pereira, *op. cit.*, pp. 44-45 (grifos no original).

meter-se à manifestação unilateral de vontade do sujeito ativo, independentemente de sua própria vontade ou até mesmo contra a sua vontade, não podendo dela esquivar-se[207]. Cabe-lhe, nesse caso, aceitar e tolerar a modificação produzida em sua esfera jurídica[208]. Os direitos potestativos são, nesse sentido, direitos sem pretensão, expressos pela formulação *poder-sujeição*.

Justamente pelo fato de que ao seu exercício não corresponde um dever jurídico, os direitos potestativos, por muito tempo, não foram admitidos na categoria dos direitos subjetivos[209]. Houve inclusive quem criticasse a sua própria existência como direitos, afirmando que nada mais seriam do que meras faculdades jurídicas. Contudo, como pontua Agnelo Amorim Filho, ao contrário das faculdades (como a de testar ou a que tem o proprietário da coisa de vendê-la, por exemplo), o exercício do direito potestativo tem o fator distintivo de criar um estado de sujeição para terceiros, sem sua vontade[210]. Ademais, os direitos potestativos "não são sem sujeitos passivos: há sempre esfera jurídica alheia, em que se opera a eficácia do exercício de tais direitos"[211]. Ainda que não criem um dever aos sujeitos passivos, os direitos potestativos sem dúvida limitam sua esfera jurídica[212].

Os direitos potestativos podem influir na esfera jurídica alheia de diferentes formas, criando, modificando ou extinguindo direitos, pretensões, ações ou relações jurídicas. De acordo com seu efeito, são classificados em constitutivos, modificativos ou extintivos[213]. Pelo exercício do

[207] AMORIM FILHO, Agnelo. *Critério científico para distinguir a prescrição da decadência e para identificar as ações imprescritíveis*. Revista dos Tribunais, São Paulo, vol. 836, pp. 733-763, jun. 2005, p. 738.

[208] LARENZ, *op. cit.*, p. 282.

[209] JORGE JUNIOR, Alberto Gosson. *Resolução, rescisão, resilição e denúncia do contrato*: questões envolvendo terminologia, conceito e efeitos. Revista da Faculdade de Direito de São Bernardo do Campo, vol. 15, pp. 73-85, 2009, p. 74. Disponível em: https://revistas.direitosbc.br/index.php/fdsbc/article/view/177/127. Acesso em: 13.04.2019.

[210] AMORIM FILHO, *op. cit.*, pp. 738-739.

[211] PONTES DE MIRANDA, Francisco Cavalcanti. *Tratado de direito privado*. 2. ed. Rio de Janeiro: Borsoi, 1955. t. V, p. 245.

[212] *Ibidem*, p. 232.

[213] *Ibidem*, p. 242.

direito de resilição, um dos contratantes, por sua simples manifestação de vontade, põe fim à relação contratual já constituída. Trata-se, assim, de direito formativo extintivo[214]. Como se depreende da própria natureza desse direito, delineada acima, não cabe ao destinatário da manifestação de vontade (ou seja, ao contratante em relação ao qual é dirigida a intenção de resilição) dizer se aceita ou não a resilição. O efeito em sua esfera jurídica se produz, em regra, de imediato – observado o período de aviso prévio, se for o caso – sem que ele possa insurgir-se, ressalvada, em todo caso, a possibilidade de acesso ao Judiciário para discussão da oportunidade do exercício de direito de resilição e de seu eventual abuso, como será visto adiante. Com efeito, se a aceitação da contraparte fosse exigida como condição à implementação da resilição unilateral, o instituto perderia sua função de proteção da liberdade individual[215].

Como ressalta Gustavo Haical, há diferentes formas pela qual o direito potestativo pode ser exercido. Em regra, exerce-se pela declaração de vontade do titular[216], que pode ser receptícia ou não receptícia, embora por vezes o seja pela prática de ato-fato, por sentença judicial ou por declaração de vontade cumulada com a declaração de autoridade pública[217]. A resilição unilateral, como prescreve o texto do art. 473 do Código Civil, opera mediante denúncia notificada à outra parte, entendida esta como a manifestação de vontade unilateral de um dos contratantes dirigida ao outro, no sentido de que deseja pôr fim à relação contratual entre eles estabelecida. A denúncia tem natureza de negócio jurídico unilateral[218]. É negócio jurídico "pois a manifestação de vontade do denunciante,

[214] *Ibidem*, p. 243

[215] Azéma, Jacques. *La durée des contrats successifs*. Paris: Librairie Générale de Droit et de Jurisprudence, 1969, p. 161.

[216] No mesmo sentido: LARENZ, Karl. *Derecho civil*: parte general. Madrid: Revista de Derecho Privado, 1978, p. 282.

[217] Haical, Gustavo. Apontamentos sobre o direito formativo extintivo de denúncia no contrato de agência. *In*: Martins-Costa, Judith. *Modelos de direito privado*. São Paulo: Marcial Pons, 2014. pp. 294-331, p. 302.

[218] Pontes De Miranda, Francisco Cavalcanti. *Tratado de direito privado*. 2. ed. Rio de Janeiro: Borsoi, 1959. t. XXV, pp. 109 e 303; Boulos, Daniel Martins. Breves Comentários ao Artigo 473 do Código Civil brasileiro. *In*: Araken de Assis, Eduardo Pellegrini de Arruda Alvim, Nelson Nery Jr., Rodrigo Reis Mazzei, Teresa Arruda Alvim Wambier e

além de preencher o suporte fático, apresenta a virtualidade de escolher a categoria eficacial que lhe será determinante"; é unilateral "porque se constitui solitariamente por um ato de um dos *lados* ou *polos* da relação jurídica"[219], diferentemente do distrato, que, por depender da manifestação de vontade conjunta de todos os contratantes, é negócio jurídico bilateral[220]. Reitera-se que a denúncia não é sinônimo de notificação, tanto que o *caput* do art. 473 fala em "denúncia notificada"; assim, denúncia é a declaração de vontade que se leva ao conhecimento da outra parte por meio de uma notificação, ato jurídico *stricto sensu.*

Pelo fato de que deve ser levada ao conhecimento da outra parte para que produza seus efeitos, trata-se de declaração receptícia. Segundo Ruy Rosado, contudo, "não se exige que o notificado tome efetivo conhecimento da manifestação do proponente, pois pode acontecer que ele se recuse a ter ciência do conteúdo da notificação; basta que o notificante faça o comunicado chegar ao outro, colocando a mensagem à sua disposição"[221]. Ao contrário do que fez com o distrato, no art. 472, o Código Civil não chegou a tratar da forma da denúncia ou da notificação no caso da resilição unilateral, motivo pelo qual, segundo Ruy Rosado de Aguiar Junior, "há de se concluir que a forma é livre, salvo para as situações em que haja regra expressa, exigente de maior formalidade"[222]. É o que conclui também Araken de Assis, afirmando que "em princípio,

Thereza Celina Diniz de Arruda Alvim. (Org.). *Direito Civil e Processo*: Estudos em homenagem ao Prof. Arruda Alvim. 1. ed. São Paulo: Revista dos Tribunais, 2007, v. 1. pp. 25-35, pp. 26-27; Tomasetti Junior, Alcides. *Abuso de poder econômico e abuso de poder contratual (Parecer)*. Revista dos Tribunais, São Paulo, vol. 715, pp. 87-107, mai. 1995, p. 89; Haical, *op. cit.*, p. 303.

[219] Leonardo, Rodrigo Xavier. *A denúncia e a resilição. Críticas e propostas hermenêuticas ao art. 473 do CC/20122 brasileiro.* Revista de Direito Civil Contemporâneo, São Paulo, vol. 7, n. 3, pp. 93-115, abr./jun. 2016, p. 97 (grifos no original).

[220] Aguiar Júnior, Ruy Rosado. *Comentários ao Código Civil*, volume VI, tomo II: da extinção do contrato. Rio de Janeiro: Forense, 2011, p. 239; Gomes, Orlando. *Contratos.* Rio de Janeiro: Forense, 2008, p. 154.

[221] Aguiar Júnior, Ruy Rosado. *Comentários ao Código Civil*, volume VI, tomo II: da extinção do contrato. Rio de Janeiro: Forense, 2011, p. 245.

[222] *Ibidem*, p. 245.

nenhuma forma rígida governa a denúncia"[223] e reconhecendo que "a escolha da declaração por escrito atenderá, sobretudo, às futuras necessidades probatórias do denunciante"[224]. Uma das hipóteses específicas em que a lei exige expressamente que a denúncia seja feita de determinada forma é a do art. 6º, *caput*, da Lei nº 8.245/91, que impõe ao locatário o dever de notificar o locador "por escrito". Em princípio, nada impede também que as partes, no exercício de sua autonomia privada, disciplinem contratualmente a forma pela qual a notificação deve ser feita, exigindo, por exemplo, que se dê por escrito e que seja encaminhada a determinado endereço ou a determinada pessoa. Nesse caso, a estipulação das partes deve ser respeitada[225], desde que não viole norma cogente e desde que tenha por escopo eliminar dúvida ou incerteza, devendo ser reputada inválida, segundo Luigi Devoto, se se destinar exclusivamente a dificultar o exercício do direito por qualquer das partes[226]. De qualquer modo, é direito que se exerce extrajudicialmente, sem a necessidade de demanda judicial específica para declaração do término do contrato. Ainda no que se refere à operacionalização da denúncia, exige-se, em regra, que ela venha acompanhada da concessão de um pré-aviso, mas esse ponto será tratado com maior profundidade na segunda parte deste trabalho, por constituir uma das exigências que se impõe ao exercício lícito do direito de resilição unilateral.

Em relação aos seus efeitos, como visto, a resilição unilateral nada tem a ver com vícios genéticos do contrato e, consequentemente, não ataca o vínculo nos planos da existência ou da validade. Opera exclusivamente no plano da eficácia e extingue a relação contratual apenas para o futuro (tem efeitos *ex nunc*), a contar do recebimento da denúncia pela outra parte ou então do término do prazo do pré-aviso, quando for o caso. O contrato, portanto, permanece existente e válido, mantendo-se ínte-

223 ASSIS, Araken de; ANDRADE, Ronaldo Alves de; e ALVES, Francisco Glauber Pessoa. *Comentários ao Código Civil Brasileiro, vol. 5*: do direito das obrigações. Coordenadores Arruda Alvim e Thereza Alvim. Rio de Janeiro: Forense, 2007, p. 574.

224 *Ibidem*, p. 575.

225 *Ibidem*, p. 575; AZÉMA, Jacques. *La durée des contrats successifs*. Paris: Librairie Générale de Droit et de Jurisprudence, 1969, p. 169.

226 DEVOTO, Luigi. *L'obbligazione a esecuzione continuata*. Pádua: CEDAM, 1943, p. 201.

gros os efeitos já produzidos e as obrigações já cumpridas[227]. "Daí poderem subsistir deveres e obrigações, que a denúncia não atingiu, tais como dívida de alugueres atrasados ou pendentes"[228], como ressalta Pontes de Miranda, bem como outras obrigações que, por sua natureza, submetem-se a marcos temporais distintos das demais e devem permanecer vigentes mesmo após a extinção do contrato, a exemplo da cláusula de não concorrência e de confidencialidade[229]. Não há falar aqui em restituição das prestações nem em retorno das partes ao estado anterior[230]. Primeiro, por uma impossibilidade fática, como no caso do locatário que, uma vez tendo utilizado o bem pelo período de vigência contratual, não pode voltar ao passado e deixar de ter usado. Segundo, porque as prestações cumpridas, tratando-se de contrato de duração, tiveram a sua contraprestação e a sua justificativa. Continuando no exemplo da locação, a utilização do bem correspondeu ao pagamento dos aluguéis pelo tempo em que foi utilizado. Como afirma Giorgio Oppo, "nenhuma das partes pode, por outro lado, lamentar a manutenção de tais efeitos, já que o desenvolvimento da relação de duração é útil a ambas, como sabemos, em função e em proporção do decurso do tempo e não da obtenção de um certo resultado final"[231].

Por fim, há casos em que a lei expressamente subordina o exercício do direito de resilição ao pagamento de multa ou indenização ao outro

227 MARTINS-COSTA, Judith. O caso dos produtos Tostines: uma atuação do princípio da boa-fé na resilição de contratos duradouros e na caracterização da supressio. *In*: FRAZÃO, Ana; TEPEDINO, Gustavo (coord.). *O Superior Tribunal de Justiça e a reconstrução do Direito privado*. São Paulo: Revista dos Tribunais, 2011. pp. 513-542, p. 532; TOMASETTI JUNIOR, Alcides. *Abuso de poder econômico e abuso de poder contratual (Parecer)*. Revista dos Tribunais, São Paulo, vol. 715, pp. 87-107, mai. 1995, p. 89

228 PONTES DE MIRANDA, Francisco Cavalcanti. *Tratado de direito privado*. 2. ed. Rio de Janeiro: Borsoi, 1959. t. XXV, p. 295.

229 AGUIAR JÚNIOR, Ruy Rosado. *Comentários ao Código Civil*, volume VI, tomo II: da extinção do contrato. Rio de Janeiro: Forense, 2011, p. 253.

230 GOMES, Orlando. *Contratos*. Rio de Janeiro: Forense, 2008, p. 227.

231 OPPO, Giorgio. *I contratti di durata*. Rivista del Diritto Commerciale e de Diritto Generale delle Obbligazioni, Milão, vol. 41, pp. 143-250, 1943, p. 245 (tradução nossa). No original: "*Nessuna delle parti può d'altro canto lamentare il mantenimento di tali effetti, giacché lo svolgimento del rapporto di durata è utile ad entrambe, come sappiamo, in funzione e in proporzione del decorso del tempo e non del raggiungimento di un certo risultato finale*".

contratante, como se verá adiante. Para Araken de Assis, nesses casos, a resilição unilateral do vínculo tem o efeito de estabelecer uma relação de liquidação entre as partes, em substituição à relação jurídica dissolvida[232].

2.2 Fundamento e requisitos

De acordo com a redação do art. 473, *caput*, do Código Civil, o direito de resilição unilateral tem cabimento apenas "nos casos em que a lei expressa ou implicitamente o permita". A preocupação do legislador em inserir expressamente a ressalva da necessidade de prévia autorização legal indica o caráter restrito da aplicação do instituto. Para além dessa restrição, a vasta maioria dos autores que tratam da matéria apresentam o direito de resilição unilateral como exceção e como derrogação do princípio da força obrigatória do contrato, no sentido de que, se o contrato, por sua natureza, é formado pela vontade comum das partes, não pode, em regra, ser alterado ou desfeito pela vontade de apenas uma delas[233].

232 Assis, Araken de; Andrade, Ronaldo Alves de; e Alves, Francisco Glauber Pessoa. *Comentários ao Código Civil Brasileiro, vol. 5*: do direito das obrigações. Coordenadores Arruda Alvim e Thereza Alvim. Rio de Janeiro: Forense, 2007, pp. 578-579.

233 Nesse sentido, vide, por exemplo: Andrade, Darcy Bessone de Oliveira. *Do contrato*: teoria geral. 4. ed. São Paulo: Saraiva, 1997, pp. 236-237; Messineo, Francesco. *Doctrina general del contrato*. Buenos Aires: Ediciones Jurídicas Europa-América, 1952. Tomo II, p. 421; Pereira, Caio Mário da Silva. *Instituições de Direito Civil*, vol. III: Contratos. 17. ed. rev. e atual. por Caitlin Mulholland. Rio de Janeiro: Forense, 2013, p. 134; Gomes, Orlando. *Contratos*. Rio de Janeiro: Forense, 2008, p. 223; Assis, Araken de; Andrade, Ronaldo Alves de; e Alves, Francisco Glauber Pessoa. *Comentários ao Código Civil Brasileiro, vol. 5*: do direito das obrigações. Coordenadores Arruda Alvim e Thereza Alvim. Rio de Janeiro: Forense, 2007, p. 565; Azéma, Jacques. *La durée des contrats successifs*. Paris: Librairie Générale de Droit et de Jurisprudence, 1969, p. 144; Bonini, Paulo Rogério. *Resilição contratual – relações civis – empresariais – interpretação do art. 473, parágrafo único, CC – consequências do exercício da resilição unilateral – indenização x prolongamento do contrato*. Cadernos Jurídicos, São Paulo, vol. 16, n.39, pp. 191-199, jan./mar. 2015, p. 191; Martins-Costa, Judith. *A boa-fé no direito privado*: critérios para a sua aplicação. 2. ed. São Paulo: Saraiva Educação, 2018, p. 735. Sob outra perspectiva, Evelyn Balassiano afirma que "o princípio da força obrigatória dos contratos admite, sem correr o risco de parecer contraditório, que contratos de execução continuada, quando ajustados por prazo indeterminado, possam ser denunciados unilateralmente, a qualquer tempo, por qualquer das partes". (Balassiano, Evelyn. *Acordo de acionistas: possibilidade de resilição unilateral e suas restrições*. Revista Trimestral de Direito Civil, Rio de Janeiro, vol. 8, n. 30, pp. 27-52, abr./jun., 2007, p. 30).

Como afirma Caio Mário da Silva Pereira, "um dos efeitos do princípio da obrigatoriedade do contrato é, precisamente, a alienação da liberdade dos contratantes, nenhum dos quais podendo romper o vínculo, em princípio, sem a anuência do outro"[234].

É nesse sentido que Orlando Gomes diz que, se "o contrato é negócio jurídico formado por acordo de vontades, não deveria admitir-se a resilição unilateral. Contudo, admite-se"[235]. Não obstante essas considerações, Enzo Roppo alerta para o fato de que afirmar que a resilição (*il recesso*) derroga o princípio do vínculo contratual não pode levar à qualificação do instituto como sendo excepcional ou perigoso, sendo mais realista enxergá-lo como "um *instrumento normal e fisiológico de sistematização dos interesses contratuais*"[236], até porque está previsto expressamente na disciplina de vários contratos típicos. Além disso, como será visto adiante, a resilição é elemento natural de determinada categoria de contratos (i.e., os contratos duradouros com prazo indeterminado de vigência), não representando, por isso, ameaça à força obrigatória do vínculo.

Fato é que a força obrigatória do contrato não impede, em todas as circunstâncias, a extinção unilateral do vínculo pela manifestação de vontade de uma das partes, mas apenas quando essa manifestação não estiver fundamentada na lei ou no contrato ou quando o direito for exercido de maneira abusiva. É nesse contexto, portanto, que as hipóteses de permissão legal expressa e implícita indicadas pelo *caput* do art. 473 devem ser analisadas, a fim de delimitar o campo de aplicação da resilição unilateral e entender seu fundamento em cada caso.

2.2.1 Permissão legal expressa

Há diversos casos em que a lei expressamente trata da possibilidade de resilição unilateral de contratos típicos, ainda que, por vezes, não utilize a nomenclatura apropriada – fazendo referência, por exemplo, à rescisão ou à resolução – demonstrando a falta de critério já apontada. Não é

234 Pereira, Caio Mário da Silva. *Instituições de Direito Civil*, vol. III: Contratos. 17. ed. rev. e atual. por Caitlin Mulholland. Rio de Janeiro: Forense, 2013, p. 134.

235 Gomes, Orlando. *Contratos*. Rio de Janeiro: Forense, 2008, p. 223.

236 Roppo, Vincenzo. *Il contratto*. 2. ed. Milão: Giuffrè, 2011, pp. 509-510 (tradução nossa). No original: "[...] *un strumento normale e fisiologico di sistemazione degli interessi contrattuali*".

objeto do presente trabalho examinar em profundidade a resilição unilateral em cada espécie contratual específica, mas sim traçar um panorama de como ela vem regulada pela legislação e, a partir disso, buscar traços comuns presentes nesses casos, a fim de melhor caracterizar a resilição em seus contornos gerais.

O Código Civil traz alguns exemplos: o locatário pode resilir unilateralmente o contrato antes do termo final, devolvendo a coisa ao locador, desde que pagando, proporcionalmente, a multa prevista no contrato (art. 571); o contrato de comodato pode ser unilateralmente resilido pelo comodante, suspendendo-se o uso e gozo da coisa emprestada, antes de findo o prazo convencional, ou o que se determine pelo uso outorgado, se ele comprovar judicialmente necessidade imprevista e urgente (art. 581); o contrato de prestação de serviço sem prazo determinado pode ser resilido por qualquer das partes, a seu arbítrio, mediante prévio aviso, calculado de acordo com a periodicidade dos pagamentos ao prestador (art. 599); tratando-se de contrato a prazo determinado, a resilição, pelo prestador de serviço, sujeita-o ao pagamento de perdas e danos (art. 602, parágrafo único) e, pelo contratante do serviço, impõe-lhe a obrigação de pagar pela metade a remuneração que seria devida ao prestador até o termo do contrato (art. 603); o depositante pode, a qualquer tempo, resilir unilateralmente o contrato de depósito, exigindo de volta a coisa emprestada, ainda que antes do prazo fixado para a restituição (art. 633); o comitente que resilir unilateralmente, de forma imotivada, o contrato de comissão deve remunerar o comissário pelos trabalhos prestados e ressarci-lo pelas perdas e danos resultantes de sua dispensa (art. 705); o contrato de agência vigente a prazo indeterminado pode ser resilido unilateralmente por qualquer das partes, mediante aviso prévio de noventa dias, desde que transcorrido prazo compatível com a natureza e o vulto dos investimentos exigidos do agente (art. 720); no contrato de fiança, o fiador pode exonerar-se da fiança que tiver assinado sem limitação de tempo, sempre que lhe convier, ficando obrigado por todos os efeitos da fiança, durante sessenta dias após a notificação do credor (art. 835, CC).

Há também diversos casos de permissão legal expressa na legislação esparsa. A Lei nº 4.886/65, que disciplina o contrato de representação comercial, permite que qualquer das partes denuncie imotivadamente o contrato ajustado por tempo indeterminado e que haja vigorado por mais de seis meses, desde que conceda pré-aviso de trinta dias ou pague a outra parte indenização equivalente a um terço das comissões auferidas pelo representante nos três meses anteriores (art. 34). Além disso, se a denúncia imotivada partir do representado, este fica obrigado a pagar indenização ao representante, que, nos contratos a prazo determinado, corresponderá à importância equivalente à média mensal da retribuição auferida até a data da extinção, multiplicada pela metade dos meses resultantes do prazo contratual (art. 27, j, §1º) e, nos contratos a prazo indeterminado, não poderá ser inferior a um doze avos do total da retribuição auferida durante o tempo em que exercida a representação (art. 27, j).

A Lei nº 6.279/79, conhecida como Lei Ferrari, que dispõe sobre a concessão comercial entre produtores e distribuidores de veículos automotores de via terrestre, estabelece que, se o concedente denunciar o contrato vigente a prazo determinado no seu término, evitando a prorrogação por prazo indeterminado, fica obrigado, perante o concessionário, (i) a readquirir-lhe o estoque de veículos automotores e componentes novos, estes em sua embalagem original, pelo preço de venda à rede de distribuição, vigente na data de reaquisição; e (ii) a comprar-lhe os equipamentos, máquinas, ferramental e instalações à concessão, pelo preço de mercado correspondente ao estado em que se encontrarem e cuja aquisição o concedente determinara ou dela tivera ciência por escrito sem lhe fazer oposição imediata e documentada, excluídos desta obrigação os imóveis do concessionário; em outra hipótese, se o concedente resilir unilateralmente contrato já vigente a prazo indeterminado, deverá reparar o concessionário, (i) readquirindo-lhe o estoque de veículos automotores, implementos e componentes novos, pelo preço de venda ao consumidor, vigente na data da extinção do contrato; (ii) efetuando-lhe a compra descrita no item (ii) acima; (iii) pagando-lhe perdas e danos, à razão de quatro por cento do faturamento projetado para um período correspondente à soma de uma parte fixa de dezoito meses e uma variável de três meses por quinquênio de vigência da concessão, devendo a projeção tomar por base o valor corrigido monetariamente do faturamento de bens e serviços concernentes a concessão, que o concessionário tiver realizado nos dois anos anteriores à rescisão; e (iv) satisfazendo-lhe outras reparações que forem eventualmente ajustadas entre o produtor e sua rede de distribuição (art. 24). Por outro lado, se a resilição partir do concessionário, deve este pagar ao concedente indenização correspondente a cinco por cento do valor total das mercadorias que dele tiver adquirido nos últimos quatro meses de contrato (art. 26).

A Lei nº 8.245/91, que dispõe sobre a locação de imóveis urbanos, trata da possibilidade de resilição unilateral em diversos artigos. Em regra, vigente a locação por prazo indeterminado, tanto o locatário quanto o locador podem denunciar imotivadamente o contrato, mediante pré-aviso de trinta dias (arts. 6º, 46, §2º e 57). Uma das exceções é o contrato de locação residencial ajustado verbalmente ou por escrito e com prazo inferior a trinta meses, o qual, ao final do prazo, prorroga-se por tempo indeterminado, somente podendo ser denunciado pelo locador (i) se for pedido para uso próprio, de seu cônjuge ou companheiro, ou para uso residencial de ascendente ou descendente que não disponha, assim como seu cônjuge ou companheiro, de imóvel residencial próprio; (ii) se for pedido para demolição e edificação licenciada ou para a realização de obras aprovadas pelo Poder Público, que aumentem a área construída em, no mínimo, vinte por cento, ou, se o imóvel for destinado a exploração de hotel ou pensão, em cinquenta por cento; ou (iii) se a vigência ininterrupta da locação ultrapassar cinco anos (art. 47).

Vigente o contrato de locação por prazo determinado, o locador não pode denunciá-lo, a não ser para a realização de reparações urgentes determinadas pelo Poder Público, que não possam ser normalmente executadas com a permanência do locatário no imóvel ou, podendo, ele se recuse a consenti-las (art. 9º, IV); já o locatário pode denunciar o contrato imotivadamente, desde que pague a multa pactuada, proporcional ao período de cumprimento do contrato, ou, na sua falta, a que for judicialmente estipulada (art. 4º), a não ser que a denúncia decorra de transferência, pelo seu empregador, privado ou público, para prestar serviços em localidade diversa daquela do início do contrato, e se notificar, por escrito, o locador, com prazo de, no mínimo, trinta dias de antecedência, hipótese em que fica dispensado do pagamento da multa (art. 4º, parágrafo único). O contrato de locação pode também ser denunciado pelo terceiro adquirente do imóvel, com o prazo de noventa dias para a desocupação, salvo se a locação for por tempo determinado e o contrato contiver cláusula de vigência em caso de alienação e estiver averbado junto à matrícula do imóvel (art. 8º) e pelo nu-proprietário ou fideicomissário nos casos de extinção do usufruto ou do fideicomisso, com prazo de trinta dias para desocupação, salvo se eles houverem aquiescido por escrito à locação (art. 7º).

Da análise das hipóteses legais mencionadas acima, percebe-se, primeiro, que o direito de resilição unilateral aparece com frequência na disciplina legal dos contratos. Segundo, verifica-se que ele pode apresentar características diferentes em cada caso, principalmente no que se refere à sua lógica ou fundamento, aos pressupostos para o seu exercício e às suas consequências. São esses aspectos gerais, que dizem respeito ao instituto da resilição unilateral como um todo, que se pretende analisar.

No que toca aos seus pressupostos, há casos em que o exercício da denúncia depende exclusivamente de mera manifestação de vontade do contratante a quem a lei atribui tal direito, sem necessidade de qualquer fundamentação. É o que se verifica, por exemplo, na resilição unilateral de contrato de prestação de serviço sem prazo determinado (art. 599, CC). Por outro lado, há casos em que o suporte fático da denúncia exige, além da manifestação da vontade do denunciante, um fundamento específico, um "*plus* de alguma circunstância nova, ou mudança de circunstância, objetiva ou subjetivamente"[237]. É o que ocorre nos casos em que a lei permite ao locador denunciar o contrato de locação a fim de retomar o imóvel para uso próprio ou para demolição e edificação licenciada pelo Poder Público. Veja-se que aqui não basta a vontade do locador, sendo necessário que se concretize algum dos fatos elencados pela lei. O fundamento que se alia à manifestação de vontade, no caso, é "a comunicação de *fato futuro*, que o denunciante afirma, por ser o que está nos *seus* planos de vida, a respeito do prédio locado"[238].

Tem-se, na primeira situação, a chamada denúncia vazia e, na segunda, a denúncia cheia, em que o adjetivo "vazio ou cheio, portanto, diz respeito à necessidade de uma razão para a prática da denúncia, que

[237] Pontes De Miranda, Francisco Cavalcanti. *Tratado de direito privado.* 2. ed. Rio de Janeiro: Borsoi, 1959. t. XXV, pp. 294-295 (grifo no original).

[238] Pontes De Miranda, Francisco Cavalcanti. *Tratado de direito privado.* 2. ed. Rio de Janeiro: Borsoi, 1962. t. XL, p. 148 (grifos no original).

compõe o suporte fático do negócio jurídico"[239]. É importante ressaltar que o fato de a denúncia cheia não poder ser exercida pela mera manifestação de vontade imotivada de um dos contratantes e pressupor uma causa, superveniente à formação do vínculo, não significa que ela se afaste do conceito de resilição unilateral e que se aproxime da resolução ou com ela se confunda. Com efeito, os fatos que autorizam a resolução do contrato são o incumprimento do devedor e a excessiva onerosidade superveniente, enquanto os fatos autorizadores da denúncia cheia não dizem respeito propriamente à relação contratual interna das partes, e sim a elementos externos, como a necessidade imprevista e urgente do comodante e a transferência do locatário pelo seu empregador. Como ressalta Rodrigo Xavier Leonardo, o "enchimento" da denúncia geralmente está vinculado à proteção do contratante mais fraco em relações jurídicas assimétricas[240], como no caso da locação residencial utilizada de exemplo acima, em que se visa a resguardar o direito de moradia do locatário. Outras vezes, contudo, protege um interesse da parte denunciante, como o do comodante que se vê na necessidade imprevista e urgente de retomar a coisa dada em comodato. A denúncia vazia geralmente está ligada a contratos de duração vigentes a prazo indeterminado, com o fim de evitar sua perpetuação, e, assim, usualmente vem acompanhada da necessidade de concessão de pré-aviso (como na denúncia do contrato de representação comercial). Já a denúncia cheia "extingue o contrato antes do seu termo, baseado em justa causa, e, por tal motivo, sua eficácia é imediata"[241].

No que se refere ao seu fundamento, segundo Roppo, a resilição unilateral (*il recesso*) prevista expressamente em lei para diversas espécies contratuais típicas exerce, ao todo, três diferentes funções, às quais podem ser conduzidas cada uma das hipóteses legais. São elas: a função

[239] LEONARDO, Rodrigo Xavier. *A denúncia e a resilição. Críticas e propostas hermenêuticas ao art. 473 do CC/20122 brasileiro*. Revista de Direito Civil Contemporâneo, São Paulo, vol. 7, n. 3, pp. 93-115, abr./jun. 2016, pp. 97-98.

[240] *Ibidem*, pp. 97-98.

[241] ASSIS, Araken de; ANDRADE, Ronaldo Alves de; e ALVES, Francisco Glauber Pessoa. *Comentários ao Código Civil Brasileiro, vol. 5*: do direito das obrigações. Coordenadores Arruda Alvim e Thereza Alvim. Rio de Janeiro: Forense, 2007, pp. 566-568.

liberatória, a função de autotutela e a função de arrependimento[242]. Deve-se ter em mente, que, ao propor essas distintas funções à figura do *recesso*, o autor italiano está tratando-a de forma ampla, de modo a englobar outras figuras, como a *dimissioni*, o *licenziamento*, a *contrordine*, o *annullamento*, a *cancellazione*, a *rinunzia* e a *revoca*[243], o que, no Direito brasileiro, é discutível, como já tratado no capítulo anterior. Ainda assim, a divisão que ele propõe é útil e pode ser adotada – tendo-se presente essa ressalva, especialmente no que se refere à função de arrependimento –, para a compreensão da resilição unilateral tal qual prevista em nosso ordenamento.

Na sua função liberatória, a resilição unilateral é o poder concedido ao contratante para libertar-se de um vínculo contratual que, caso contrário, permaneceria vigente indefinidamente, em afronta à sua liberdade. Essa é a função que o instituto assume no contexto de contratos de duração vigentes a prazo indeterminado (a exemplo das hipóteses previstas nos arts. 6º e 46, §2º, da Lei nº 8.245/91)[244]. Na função de autotutela, a resilição unilateral permite que a parte reaja a eventos supervenientes que ameaçam seu interesse contratual. Nesse caso, corresponde a hipóteses de denúncia cheia, como a retomada da coisa dada em comodato antes do termo final do contrato, por necessidade urgente e imprevisível do comodante (art. 581, CC) ou a retomada, para uso próprio, de imóvel locado (art. 47, III, da Lei nº 8.245/91). Na função de arrependimento, segundo Roppo, corresponderia ao poder dado a uma das partes de mudar de ideia em relação ao contrato já concluído, em uma lógica de especial pro-

242 Roppo, Vincenzo. *Il contratto*. 2. ed. Milão: Giuffrè, 2011, p. 518.

243 *Ibidem*, p. 509.

244 Para Fernando Ferreira Pinto, a resilição unilateral, nos contratos vigentes a prazo indeterminado, não assume apenas uma função liberatória, no sentido de evitar a vinculação perpétua dos figurantes, mas é também o "instrumento técnico-jurídico que a ordem jurídica proporciona aos sujeitos de uma relação duradoura, sem horizonte temporal definido, para fazer face aos riscos de *imponderação* e *rigidez* que tais relações inevitavelmente comportam". Ou seja, é proteção também contra o "*agravamento da situação de risco* a que se expõe quem se proponha realizar prestações continuadas durante um prazo indefinido, dada a sua limitada capacidade de prever o futuro" (Pinto, Fernando A. Ferreira. *Contratos de distribuição*: da tutela do distribuidor integrado em face da cessação do vínculo. Lisboa: Universidade Católica Editora, 2013, pp. 360-361 – grifos no original).

teção[245] – o que, para Araken de Assis, ocorre, por exemplo, na permissão de desistência do contrato de transporte de pessoas (art. 740, CC)[246].

Por fim, observa-se que a menção legal expressa vem por vezes para permitir a resilição unilateral, como ocorre nos casos de contratos vigentes a prazo indeterminado, e, em outros casos, para estabelecer consequências pelo seu exercício inadequado, geralmente no âmbito de contratos a prazo determinado.

2.2.2 Permissão legal implícita: os contratos de longa duração com prazo indeterminado

A doutrina é unânime em reconhecer que a permissão legal implícita para o exercício do direito de resilição unilateral, mencionada no art. 473, *caput*, do Código Civil, está atrelada aos contratos de duração com prazo de vigência indeterminado[247]. Vale dizer: havendo contrato duradouro e estando ele vigente por tempo indeterminado, deve-se entender presente a possibilidade de resilição unilateral por qualquer das partes, ainda que ausente disposição legal ou cláusula contratual expressa nesse sentido. Por isso, é caso de permissão *implícita*, dada pela própria natureza da relação. É necessário, então, entender esses dois conceitos (contratos de duração e prazo indeterminado de vigência) para precisar o âmbito de aplicação próprio da resilição unilateral.

245 Roppo, Vincenzo. *Il contratto*. 2. ed. Milão: Giuffrè, 2011, p. 509.

246 Assis, Araken de; Andrade, Ronaldo Alves de; e Alves, Francisco Glauber Pessoa. *Comentários ao Código Civil Brasileiro, vol. 5*: do direito das obrigações. Coordenadores Arruda Alvim e Thereza Alvim. Rio de Janeiro: Forense, 2007, p. 570.

247 Pereira, Caio Mário da Silva. *Instituições de Direito Civil*, vol. III: Contratos. 17. ed. rev. e atual. por Caitlin Mulholland. Rio de Janeiro: Forense, 2013, p. 134; MESSINEO, Francesco. *Doctrina general del contrato*. Buenos Aires: Ediciones Jurídicas Europa-América, 1952. Tomo II, pp. 421-422; Costa, Mário Júlio de Almeida. *Direito das obrigações*. 12. ed. rev. e atual. Coimbra: Almedina, 2011, p. 322; Azevedo, Antonio Junqueira de. (Parecer) Contrato atípico, complexo, com elementos de contratos de know-how, de gestão e de mandato com administração. Indenunciabilidade de contrato de duração determinada. Apuração das perdas e danos a partir da efetiva resilição, e não de anterior denúncia revogada por comportamento concludente do denunciante. *In*: ________. *Novos estudos e pareceres de direito privado*. São Paulo: Saraiva, 2009. pp. 136-161; Aguiar Júnior, Ruy Rosado. *Comentários ao Código Civil*, volume VI, tomo II: da extinção do contrato. Rio de Janeiro: Forense, 2011, p. 259.

Orlando Gomes utiliza o modo de execução das prestações no tempo como critério para classificar os contratos em duas categorias distintas: os contratos de execução única e os contratos de duração[248]. Contratos de execução única (ou instantâneos) são aqueles no quais as prestações podem ser realizadas em um só instante, seja imediatamente após a formação do vínculo (contrato instantâneo de execução imediata ou instantâneo propriamente dito), seja em momento posterior (contrato instantâneo de execução diferida), e os quais são extintos uma vez cumpridas as prestações[249]. O diferimento da execução pode ocorrer pela própria natureza da prestação, que não é possível de ser satisfeita contemporaneamente à formação do contrato, ou por vontade das partes, que a submetem a termo – contratos a prazo. O importante para essa classificação de "contrato instantâneo", portanto, é que a prestação ocorra em um só momento (ainda que no futuro), e não que ela ocorra instantaneamente à formação do vínculo.

Já os contratos de duração caracterizam-se pela "*distribuição da execução no tempo*"[250]. São aqueles nos quais, embora a obrigação seja única, as prestações são fracionadas no tempo[251]. É importante notar que não basta o fracionamento da execução no tempo para que o contrato seja incluído nessa categoria; é preciso que a prestação seja fracionada *por sua própria natureza* (i.e., pelo fato de não poder ocorrer num só instante), e não por mera vontade das partes. Assim, incluem-se nessa categoria aqueles contratos nos quais as partes "estão adstritas ao cumprimento de prestações contínuas ou repetidas em intervalos estipulados, por tempo determinado ou indeterminado"[252]. Por outro lado, "se as partes renunciam à possibilidade de execução única, dividindo as prestações no tempo, o contrato não é de execução continuada"[253]. Ou seja, um contrato de compra e venda, que pode ser executado de forma instantânea, com pagamento à vista, não passa a ser de duração pelo simples fato de as

[248] GOMES, Orlando. *Contratos*. Rio de Janeiro: Forense, 2008, p. 94.
[249] *Ibidem*, p. 93.
[250] *Ibidem*, p. 95 (grifos no original).
[251] *Ibidem*, p. 95.
[252] *Ibidem*, p. 95.
[253] *Ibidem*, p. 94.

partes, por sua vontade, terem dividido o pagamento do preço em diferentes prestações, diferidas no tempo. Nesse caso, o contrato continuará sendo instantâneo, ainda que com execução diferida.

Tem-se, assim, um critério distintivo baseado na continuidade das prestações no tempo, isto é, no "*durar* da execução contratual"[254]. Orlando Gomes aponta as seguintes diferenças práticas justificadoras da classificação proposta: os efeitos da resolução e da anulação, nos contratos instantâneos, são retroativos, com retorno das partes ao *status quo ante*, enquanto nos contratos de execução duradoura são apenas para o futuro, não atingindo os efeitos já produzidos, pela impossibilidade de restituição das prestações; nos contratos de duração, a prescrição da ação para exigir o cumprimento das prestações começa a correr separadamente, a partir do vencimento de cada prestação individualmente considerada, diante de sua autonomia em relação às demais; além disso, a teoria da imprevisão e a possibilidade de resolução do contrato por excessiva onerosidade superveniente aplicam-se exclusivamente aos contratos de duração, não sendo cabíveis no âmbito de contratos instantâneos de execução imediata[255].

Como reconhecem Judith Martins-Costa e Guilherme Nitschke, a classificação de Orlando Gomes, à semelhança do que ocorre com proposições de outros autores que seguem o mesmo caminho, é útil pela clareza, mas não dá conta da inteira complexidade do fenômeno dos contratos de duração, porque considera apenas a execução das prestações[256]. É nesse sentido que assume relevo o trabalho de Giorgio Oppo, autor italiano que, a partir de estudos anteriores de Giuseppe Osti e de Otto von Gierke, pretendeu estabelecer o contrato de duração (*contratto di durata*) como categoria jurídica autônoma, precisando seu conceito e seus elementos característicos.

254 Martins-Costa, Judith; Nitschke, Guilherme Carneiro Monteiro. *Contratos duradouros lacunosos e poderes do árbitro*: questões teóricas e práticas. Revista Jurídica Luso-Brasileira, Lisboa, pp. 1247-1299, 2015 (grifos no original).

255 Gomes, Orlando. *Contratos*. Rio de Janeiro: Forense, 2008, p. 96.

256 Martins-Costa, Judith; Nitschke, Guilherme Carneiro Monteiro. *Contratos duradouros lacunosos e poderes do árbitro*: questões teóricas e práticas. Revista Jurídica Luso-Brasileira, Lisboa, pp. 1258-1259.

Oppo identifica o fato de que a doutrina geralmente diferencia os contratos de duração com base no critério da *execução* das prestações, contrapondo-os aos de execução imediata[257] (como o faz, por exemplo, Orlando Gomes). Contudo, adverte que nem todo contrato cuja execução se prolongue (ou possa se prolongar) no tempo pode ser, apenas por isso, incluído no conceito de contrato de duração[258], e que o exame deveria partir de critério distinto, isto é, da relação entre tempo e adimplemento. De acordo com esse critério, o essencial para caracterizar determinado contrato como sendo de duração não é a duração da relação contratual em si, nem da execução individualmente considerada, mas sim do adimplemento[259]. Para Oppo, há três formas pelas quais o tempo se relaciona com o contrato, mas, pelo critério distintivo que o autor propõe, apenas uma delas corresponde, de fato, à categoria dos contratos de duração[260].

Em primeiro lugar (situação "1"), o tempo pode servir apenas para determinar o momento em que o adimplemento (e, com ele, a satisfação do interesse do credor) deve ocorrer. Ou seja, tem por função indicar a distância (o intervalo) do ato de adimplemento em relação ao ato constitutivo da relação jurídica; há apenas o diferimento da execução no tempo. Pode-se pensar, por exemplo, em um contrato de compra e venda em que as partes estabeleçam que o pagamento do preço e a entrega da mercadoria ocorrerá apenas no mês seguinte à assinatura do instrumento. Em segundo lugar (situação "2"), o tempo pode ser necessário para preparação dos atos que levam ao momento do adimplemento. Há um processo formativo que se prolonga no tempo e que, em si mesmo, não satisfaz o interesse do credor, mas que é necessário para viabilizar determinado resultado final, o qual, por sua vez, será satisfativo. O ato de adimplemento, embora se perfectibilize em determinado momento, não se forma instantaneamente, mas progressivamente. Pense-se, por exemplo, no contrato de empreitada para construção de um edifício, em que o tempo é necessário para permitir as atividades do empreiteiro que

[257] Oppo, Giorgio. *I contratti di durata*. Rivista del Diritto Commerciale e de Diritto Generale delle Obbligazioni, Milão, vol. 41, pp. 143-250, 1943, p. 146.

[258] *Ibidem*, p. 147.

[259] *Ibidem*, p. 169.

[260] *Ibidem*, pp. 149 e seguintes.

possibilitem, ao final, a conclusão e entrega da obra. Por fim, em terceiro lugar (situação "3"), o tempo pode corresponder ao interesse das partes, "à satisfação continuada de um interesse duradouro"[261], como ocorre na locação, por exemplo.

Levando-se em conta o critério do adimplemento, pelo qual somente pode ser considerado duradouro o contrato no qual o adimplemento é, também, duradouro, pode-se excluir dessa categoria, desde logo, os contratos que correspondem à situação (1). Nesse caso, o tempo é juridicamente irrelevante para o adimplemento, que se dá de forma pontual, ainda que, por vontade das partes, possa ser diferido para momento futuro em relação à conclusão do contrato. Voltando ao exemplo da compra e venda acima, se o pagamento for dividido em várias parcelas, a *execução*, de fato, estender-se-á no tempo, até que todas as prestações sejam cumpridas, mas o *adimplemento* (isto é, o momento no qual o interesse das partes é satisfeito, com eficácia extintiva) seguirá sendo pontual, marcado pelo pagamento integral do preço e pela entrega da mercadoria. Vale dizer, "o contrato continua sendo instantâneo, simplesmente se difere o momento do cumprimento para certa data ou em certas parcelas"[262]. O tempo servirá apenas para marcar a distância entre o ato da conclusão e o do adimplemento, mas a duração entre os dois pontos não exerce, por si só, função satisfativa do interesse das partes. Como ressaltam Judith Martins-Costa e Guilherme Nitschke, a duração do contrato, nesse caso, é acessória, e não essencial, porque o adimplemento poderia ter sido realizado sem a dilação temporal imposta pelas partes e porque o interesse de ambas está voltado para o encerramento do contrato, para o momento extintivo, e não para a duração em si[263].

Pelo critério da execução das prestações, os contratos inseridos na situação (2) seriam classificados como contratos de duração. Contudo,

[261] Oppo, Giorgio. *I contratti di durata*. Rivista del Diritto Commerciale e de Diritto Generale delle Obbligazioni, Milão, vol. 41, pp. 143-250, 1943, p. 149 (tradução nossa). No original: "[...] *alla soddisfazione continuativa di un bisogno durevole*".

[262] Aguiar Júnior, Ruy Rosado. *Comentários ao Código Civil*, volume VI, tomo II: da extinção do contrato. Rio de Janeiro: Forense, 2011, p. 260.

[263] Martins-Costa, Judith; Nitschke, Guilherme Carneiro Monteiro. *Contratos duradouros lacunosos e poderes do árbitro*: questões teóricas e práticas. Revista Jurídica Luso-Brasileira, Lisboa, pp. 1247-1299, 2015, p. 1262.

pelo critério do adimplemento, o resultado é diverso. Tome-se por base aqui novamente o exemplo do contrato de empreitada mencionado anteriormente. Nesse caso, não há dúvida de que existe execução continuada, porque a atividade do devedor (empreiteiro) destinada a possibilitar, em momento futuro, a conclusão da obra e sua entrega ao credor necessariamente se estende no tempo. Não há, porém, adimplemento continuado, porque não é essa atividade em relação ao tempo – como tal e por si só – que satisfaz a necessidade do credor[264]; é apenas "o seu resultado final que, do ponto de vista econômico, satisfaz o interesse e, do ponto de vista jurídico, adimple a obrigação" [265]. Em outras palavras, a formação é sucessiva, mas a satisfação continua sendo instantânea e não corresponde a um interesse duradouro[266]. Ou seja, o adimplemento permanece sendo pontual, porque se perfectibiliza em um momento futuro específico (i.e., entrega da obra concluída), embora se forme progressivamente e não mais instantaneamente, como na situação (1)[267]. O tempo, aqui, serve unicamente para preparar o adimplemento, mas, em relação aos interesses perseguidos pelos contratantes, tem função *negativa*: embora, do ponto de vista fático, as partes precisem do tempo (porque não se constrói a obra instantaneamente), elas não o desejam, porque ele não lhes traz utilidade, no sentido de que o valor da obra, para o credor, não aumenta com o tempo utilizado na sua construção. O tempo não é querido pelas partes, mas apenas suportado, tanto que, se fosse possível, elas certamente optariam por executar o contrato instantaneamente. Assim, tanto na situação (1) quanto na situação (2), a duração não corresponde à satisfação de um interesse duradouro, mas à satisfação fracionada de um interesse instantâneo[268].

Veja-se, então, que os contratos de duração se restringem àqueles da categoria (3), nos quais o que dura não é o tempo que apenas separa a

[264] Oppo, Giorgio. *I contratti di durata*. Rivista del Diritto Commerciale e de Diritto Generale delle Obbligazioni, Milão, vol. 41, pp. 143-250, 1943, p. 166.

[265] *Ibidem*, p. 155 (tradução nossa). No original: "[...] *il suo risultato finale che dal punto di vista economico soddisfa l'interesse e dal punto de vista giuridico adempie l'obbligazione* [...]".

[266] *Ibidem*, p. 154.

[267] *Ibidem*, p. 155.

[268] *Ibidem*, p. 170.

conclusão do contrato do adimplemento, nem uma atividade de execução que tornará o adimplemento possível em determinado momento futuro, mas sim o próprio adimplemento. Isto é, "o ato de adimplemento não é diferido no tempo nem se aperfeiçoa com o tempo (depois de um certo tempo), mas dura continuadamente ou se repete continuadamente na sua eficácia solutória"[269]. Insere-se nessa categoria, por exemplo, o contrato de locação, em que o interesse das partes não está em um ponto específico no futuro, mas na própria duração em si do contrato: o locatário deseja ter o bem à sua disposição por determinado período de tempo, enquanto o locador deseja receber a remuneração pelo uso do bem durante esse tempo. Outro exemplo é o contrato de fornecimento, em que o fim buscado pelas partes não é a conclusão pontual de uma operação de compra e venda, mas sim o reiterado fornecimento de mercadorias de uma parte a outra, por certo tempo[270]. Em qualquer desses casos, o interesse dos contratantes é duradouro e, por isso, o tempo é indispensável para sua satisfação[271]. Ao contrário do que ocorre nas situações (1) e (2), os contratantes não teriam como optar por adimplir o contrato instantaneamente, ainda que isso fosse possível, porque o que eles desejam é justamente a prolongação do adimplemento no tempo.

Por isso, também em contraposição aos contratos da situação (2), exemplificada pelo contrato de empreitada, pode-se dizer que o tempo, nos contratos de duração, não é suportado pelas partes, mas efetivamente *desejado*. A duração deixa de ser modalidade acessória do contrato

[269] *Ibidem*, p. 156 (tradução nossa). No original: "[...] *l'atto di adempimento non è differito nel tempo né si perfeziona col tempo (dopo un certo tempo), ma dura continuativamente o si ripete continuativamente nella sua efficacia solutoria* [...]".

[270] Como bem ressalta Tania Siqueira, o interesse do comprador, no contrato de fornecimento, está justamente na continuidade: "Nessa esteira, se se for apontar uma distinção entre a compra e venda pura e o fornecimento, dever-se-á também entrar no campo da motivação das partes em estabelecer uma relação jurídica que, no caso do fornecimento, se inclina para a segurança do tomador em ter à disposição o bem necessário ao desempenho da sua atividade econômica, inclusive reduzindo custos de transação. A causa funcional do contrato de fornecimento é distinta da causa-função tipificadora do contrato de compra e venda" (Siqueira, Tania Bahia Carvalho. *O contrato de fornecimento em articulação com o tempo*. Revista de Direito Privado, São Paulo, vol. 18, n. 77, pp. 51-75, mai. 2017, p. 54).

[271] Aguiar Júnior, Ruy Rosado. *Comentários ao Código Civil*, volume VI, tomo II: da extinção do contrato. Rio de Janeiro: Forense, 2011, p. 261.

para tornar-se *essentialia negotii* e vincular-se à própria causa (objeto) da avença[272], em dois sentidos[273]: primeiro, "a duração do adimplemento por um certo tempo é condição para que o contrato produza o efeito desejado pelas partes e satisfaça as necessidades que as levaram a contratar" [274], ou seja, o contrato não atinge sua função econômica se ele não se prolongar no tempo; segundo, a utilidade que as partes retiram da relação é proporcional à sua duração.

Pode-se diferenciar os contratos de duração dos demais contratos também sobre outra perspectiva, levando-se em conta a relação entre os fatores do tempo e das prestações e a maneira como um determina o outro. Nos contratos de execução diferida ou continuada com adimplemento instantâneo (situações 1 e 2), a duração do contrato é determinada por seu escopo (*zielbestimmte Dauerverpflichtung*). Assim, o tempo que durará a relação contratual de compra e venda com pagamento parcelado será determinado pela vontade das partes, de acordo com as datas em que desejam estipular os pagamentos. O prazo do contrato de empreitada dependerá, por sua vez, da complexidade da obra e do tempo necessário para concluí-la. Ou seja, as prestações determinam a duração contratual. Por outro lado, nos contratos duradouros, a duração é determinada unicamente pelo tempo (*zeitbestimmte Dauerverpflichtung*) e as prestações, por sua vez, são determinadas em função da duração. Giorgio Oppo expõe essa diferença com as seguintes palavras:

> quando a duração é determinada pelo escopo, esta não tem evidentemente uma função autônoma e não é útil em si (não corresponde em si à satisfação de um interesse), mas em função do escopo; quando a duração é determinada somente em função do tempo e esta não encontra o limita do escopo, do resultado final ao qual a atividade solutória é dirigida, esta é útil em si,

[272] Lorenzetti, Ricardo Luis. *Tratado de los contratos*. Tomo I. Buenos Aires: Rubinzal – Culzoni, 1999, p. 119.

[273] Oppo, Giorgio. *I contratti di durata*. Rivista del Diritto Commerciale e de Diritto Generale delle Obbligazioni, Milão, vol. 41, pp. 143-250, 1943, p. 174.

[274] *Ibidem*, p. 157 (tradução nossa). No original: "[...] *il protrarsi dell'adempimento per uma certa durata è condizione perchè il contratto produca l'effetto voluto dalle parti e soddisfi i bisogni che le mossero a contrattare* [...]".

isto é, a relação é útil enquanto dure e pelo próprio fato de que dura com aquele determinado conteúdo obrigatório. Duração determinada em função do tempo significa duração determinada em função de si mesma, e, portanto, duração por si mesma útil e relevante[275].

Os contratos de duração podem ser divididos em duas subespécies: contratos de execução periódica (ou de trato sucessivo), que "se executam mediante prestações periodicamente repetidas"[276], cada uma delas satisfativa[277], e contratos de execução continuada, em que a prestação é única, mas ininterrupta, sem solução de continuidade. Exemplo de contrato de duração de execução periódica é o contrato de fornecimento de mercadorias pelo qual uma das partes vende mensalmente a outra determinada quantidade de matéria-prima; exemplo de contrato de execução continuada é o contrato de locação, em que o bem está, de forma contínua, à disposição do locatário. Embora essa distinção seja feita por boa parte da doutrina, Orlando Gomes reconhece que ela carece de maior importância prática[278]. Com efeito, o importante é que em qualquer das duas espécies o adimplemento dura no tempo e há a satisfação de um interesse duradouro[279], não havendo propriamente um regime jurídico diferenciado para cada uma delas. Ademais, a distinção não é tão estanque assim, e depende mais da perspectiva com que se olha para determinado contrato do que da espécie contratual em si, já que, se pensarmos o contrato de locação do ponto de vista do locador, por exemplo, a pres-

[275] Oppo, Giorgio. *I contratti di durata*. Rivista del Diritto Commerciale e de Diritto Generale delle Obbligazioni, Milão, vol. 41, pp. 143-250, 1943, p. 158 (tradução nossa). No original: "*quando la durata è determinata dallo scopo, essa non ha evidentemente una funzione autonoma e non è utile in se (non corrisponde in sé alla soddisfazione di un interesse) ma in funzione dello scopo; quando la durata è determinata solo in funzione del tempo ed essa non incontra il limite dello scopo, del risultato finale cui l'attività solutoria è diretta, essa è utile in sé, cioè il rapporto è utile sinché dura e per lo stesso fatto che dura con quel determinato contenuto obbligatorio. Durata determinata in funzione del tempo significa durata determinata in funzione di se stessa, e quindi durata per se stesse utile e rilevante*".

[276] Gomes, Orlando. *Contratos*. Rio de Janeiro: Forense, 2008, p. 94.

[277] Aguiar Júnior, Ruy Rosado. *Comentários ao Código Civil*, volume VI, tomo II: da extinção do contrato. Rio de Janeiro: Forense, 2011, p. 261.

[278] Gomes, *op. cit.*, p. 95.

[279] Oppo, *op. cit.*, 1943, p. 228.

tação que ele recebe do locatário é reiterada, e não continuada, embora a sua própria prestação, configurada pela colocação do bem à disposição do locatário, seja continuada.

Considerando que o contrato de duração visa à satisfação de um interesse duradouro e que a utilidade que as partes retiram do contrato tem relação direta com sua duração, ele "tem o *potencial* de durar indefinidamente e não encontra algum limite necessário de tempo"[280], ao contrário do que ocorre com os contratos de adimplemento instantâneo. Trata-se, todavia, de possibilidade meramente abstrata de duração ilimitada do interesse que é causa do contrato, que não impede que, concretamente, tanto esse interesse quanto o próprio contrato tenham sua duração limitada pelas partes[281]. Há casos em que a lei regula expressamente a questão da duração contratual. Assim, por exemplo, o art. 598 do Código Civil limita a convenção da prestação de serviços ao prazo de quatro anos; o art. 21 da Lei nº 6.279/79 prevê a regra geral de que os contratos de concessão comercial entre produtor e distribuidor de veículos automotores deve ser de prazo indeterminado, podendo as partes inicialmente ajustá-lo por prazo determinado, desde que respeitado o período mínimo de cinco anos; e os arts. 95 e 96 da Lei nº 4.504/64 dispõem que se presumem firmados pelo prazo de três anos os contratos de arrendamento rural e de parceria rural, respectivamente, que forem firmados pelas partes por prazo indeterminado. Em outros casos, a lei prevê exigências específicas a depender da duração, como a necessidade de vênia conjugal para contratos de locação de imóveis urbanos ajustados por prazo superior a dez anos (art. 3º da Lei nº 8.245/91) ou então consequências específicas decorrentes da duração, como as diferentes hipóteses de extinção de contratos de locação residencial, dependendo de terem sido firmados com prazo superior ou inferior a trinta meses.

Contudo, na maioria dos casos, as partes são livres para, na conclusão do contrato, determinar ou não sua duração. Quando o fazem, tem-se um

[280] Oppo, Giorgio. *I contratti di durata*. Rivista del Diritto Commerciale e de Diritto Generale delle Obbligazioni, Milão, vol. 41, pp. 143-250, 1943, p. 227 (tradução nossa – grifos no original). No original: "*ha potenza di durare indefinitamente e non incontra alcun limite necessario di tempo*".

[281] *Ibidem*, p. 227.

contrato a prazo determinado; caso contrário, a prazo indeterminado[282]. A escolha por uma ou outra dessas opções não submete o contrato a regras substancialmente diversas no que se refere a sua formação ou execução, com algumas exceções pontuais, a exemplo daquelas já apontadas. Todavia, "as particularidades de cada qual justificam, no que tange à sua extinção, a aplicação de princípios diferentes"[283], com reflexos significativos no que se refere à resilição unilateral. Por isso, cabe diferenciar as duas situações.

Jacques Azéma conceitua os contratos por prazo determinado (ou por tempo determinado) como sendo aqueles que, por vontade das partes ou pelas circunstâncias, têm sua duração subordinada a um acontecimento futuro certo, cuja realização não dependa exclusivamente da vontade das partes[284]. Orlando Gomes vai além e estende a classificação também para aqueles contratos submetidos a uma condição resolutiva (vinculada, por definição, a evento futuro incerto)[285]. Para Azéma, a determinação da duração do vínculo pode ocorrer tanto de forma expressa, direta ou indiretamente, quanto implícita[286]. Tem-se determinação expressa da duração do contrato quando as partes, de uma maneira ou de outra, manifestam sua vontade de limitar no tempo a relação contratual. Essa determinação expressa é direta quando as partes fixam, no instrumento contratual, um termo final para a relação, indicando o dia exato em que cessará a vigência contratual, ou então quando preveem prazo definido de duração (um mês, um ano, etc.). Por outro lado, é indireta (ou mediata) quando as partes, em vez de indicar o termo ou o prazo de duração, fazem referência, de uma forma mais ou menos precisa, a algum elemento que auxiliará a indicar a duração do contrato – fazendo constar, por exemplo, que o contrato de seguro vigerá enquanto estiver vigente o contrato de locação do veículo.

282 Azéma, Jacques. *La durée des contrats successifs*. Paris: Librairie Générale de Droit et de Jurisprudence, 1969, p. 4.
283 Gomes, Orlando. *Contratos*. Rio de Janeiro: Forense, 2008, p. 155 (grifos no original).
284 Azéma, *op. cit.*, p. 65.
285 Gomes, *op. cit.*, pp. 152-153.
286 Azéma, *op. cit.*, p. 69.

Segundo Azemá, "quando as partes determinam a duração de sua relação contratual, visam a um duplo objetivo: garantir a estabilidade do seu acordo até o termo e recuperar automaticamente sua liberdade ao final"[287]. Contudo, ainda quando as partes não tenham se manifestado expressamente sobre a duração do contrato, não se pode presumir tratar-se de contrato a prazo indeterminado, já que é possível pensar-se em uma determinação tácita (ou implícita)[288], deduzida a partir de elementos do próprio mecanismo contratual, isto é, do objeto do contrato, da natureza do negócio ou da prestação, ou então de elementos externos, como o local da execução ou os usos e costumes[289]. O artigo 581 do Código Civil prevê hipótese de determinação implícita da duração do contrato, ao afirmar que, se o comodato não tiver prazo convencional, presumir-se-lhe-á o necessário para o uso concedido. Tem-se aqui um exemplo do que Jacques Azéma chama de determinação intrínseca da duração, vinculada à causa (i.e., finalidade) do contrato[290]. Outra hipótese de determinação implícita do prazo é a do art. 599 do Código Civil, que prevê a possibilidade de se inferir o prazo da prestação de serviços da natureza do contrato ou do costume lugar.

Em sentido contrário, contrato por prazo indeterminado (ou por tempo indeterminado) "é aquele em que as partes não estipulam, direta ou indiretamente, sua duração"[291]. A indeterminação do prazo pode resultar dos usos, de disposição legal[292] ou da vontade das partes[293],

[287] *Ibidem*, p. 189 (tradução nossa). No original: "*Lorsque les parties déterminent la durée de leur rapport contractuel elles visent un double but : assurer la stabilité de leur convention jusqu'au terme, recouvrer automatiquement leur liberté à l'échéance*".

[288] Pontes De Miranda, Francisco Cavalcanti. *Tratado de direito privado*. 2. ed. Rio de Janeiro: Borsoi, 1955. t. V, p. 186.

[289] Azéma, *op. cit.*, p. 81.

[290] *Ibidem*, p. 81.

[291] Gomes, Orlando. *Contratos*. Rio de Janeiro: Forense, 2008, p. 152.

[292] Como ocorre, por exemplo, no caso de contrato de representação comercial firmado inicialmente a prazo determinado e que, uma vez prorrogado, tácita ou expressamente, torna-se a prazo indeterminado, ou no caso de contrato de representação comercial que suceda, dentro de seis meses, a outro contrato, com ou sem determinação de prazo (art. 27, §2º e §3º, da Lei nº 4.886/65).

[293] Gomes, *op. cit.*, p. 152.

porque não sabiam ou não tinham como estimar quanto tempo deveria durar sua relação, porque não queriam se comprometer desde logo com um prazo (não queriam alienar sua liberdade) ou até mesmo por terem esquecido de fixar o termo[294]. Cabe ressaltar ainda que um contrato inicialmente celebrado com prazo determinado de vigência pode transformar-se em um contrato com prazo indeterminado, seja por manifestação expressa das partes, seja por manifestação tácita, quando continuam a executar normalmente suas obrigações após o advento do termo final preestabelecido[295].

Postas essas diferenças, cabe analisar como elas afetam a resilição unilateral do contrato. Como visto na primeira parte deste trabalho, as relações contratuais, por sua natureza, são marcadas sempre pela transitoriedade; nascem e se desenvolvem voltadas à extinção, que se dá, de maneira natural, ou pelo adimplemento ou pelo advento do termo final. As relações duradouras não fogem à regra e, enquanto relações obrigacionais, também são concebidas desde o início como transitórias[296]. Entretanto, não podem ser extintas pelo adimplemento, justamente porque ele não está em um ponto final determinado, mas na própria duração do contrato. O cumprimento de cada prestação e o adimplemento parcial não geram uma correspondente liberação parcial do devedor nem extinguem a obrigação em parte ou proporcionalmente (como no caso do pagamento de uma parcela do preço de um contrato de compra e venda a prazo); pelo contrário, deixam a obrigação integralmente viva[297] e o contrato se conserva tal qual era no início. A cada adimplemento parcial, o interesse do credor se renova, porque é duradouro, em um ciclo que se repete pela vida da relação. Somente há adimplemento integral do contrato e a consequente extinção da obrigação "com a execução prolongada por toda a duração do contrato"[298].

[294] Azéma, *op. cit.*, p. 8.

[295] Gomes, *op. cit.*, p. 158.

[296] Larenz, Karl. *Derecho civil*: parte general. Madrid: Revista de Derecho Privado, 1978, p. 251.

[297] Oppo, Giorgio. *I contratti di durata*. Rivista del Diritto Commerciale e de Diritto Generale delle Obbligazioni, Milão, vol. 41, pp. 143-250, 1943, p. 237.

[298] *Ibidem*, p. 238.

Contudo, os contratos de duração a prazo indeterminado, por definição, não têm uma duração previamente estabelecida pela qual o adimplemento deva ocorrer para que tenha eficácia extintiva. Da mesma forma, não têm um termo final cuja implementação leve a sua extinção. Portanto, não podem ser extintos de nenhuma das duas formas "normais" ou "naturais" até então apontadas e aplicáveis aos contratos de adimplemento pontual. Ainda assim, como salienta Larenz, essas relações devem ser limitadas de alguma forma, caso contrário violariam frontalmente a natureza transitória ínsita às relações obrigacionais[299].

Por essa razão é que se reconhece a qualquer das partes de um contrato de duração com prazo indeterminado o direito de, a qualquer momento (observadas as restrições que serão abordadas adiante), pôr fim à relação, mediante simples manifestação de vontade, por meio de denúncia notificada a outra parte[300]. A possibilidade de denúncia, neste caso, supre a falta de termo final de vigência como remédio à perpetuidade do vínculo. Essa é precisamente a hipótese de permissão legal implícita prevista no art. 473 do Código Civil, na linha do que expõe Judith-Martins Costa:

> Diz-se ser frequente a extinção de contratos duradouros por via da resilição justamente porque, muitas vezes, tais ajustes não têm termo pré-fixado pelos figurantes ou então, quando ultrapassado o prazo originalmente definido, transforma-se a relação contratual – por sua continuidade no tempo, com a concordância, expressa ou tácita, dos contraentes – e uma relação como termo indeterminado. Como não existem contratos eternos, ninguém sendo obrigado a permanecer indefinidamente vinculado ao contrato, a técnica jurídica prevê, para tais situações, a resilição, 'desligando-se' os contraentes justamente mediante o exercício, por uma das partes, do poder formativo de resilir[301].

[299] LARENZ, Karl. *Derecho civil*: parte general. Madrid: Revista de Derecho Privado, 1978, p. 42.

[300] GOMES, Orlando. *Contratos*. Rio de Janeiro: Forense, 2008, pp. 153-154.

[301] MARTINS-COSTA, Judith. O caso dos produtos Tostines: uma atuação do princípio da boa-fé na resilição de contratos duradouros e na caracterização da supressio. *In*: FRAZÃO, Ana; TEPEDINO, Gustavo (coord.). *O Superior Tribunal de Justiça e a reconstrução do Direito privado*. São Paulo: Revista dos Tribunais, 2011. pp. 513-542, p. 530.

Para Orlando Gomes, o fundamento da resilição unilateral, neste caso, estaria na vontade presumida das partes[302]. Isto é, haveria que se reconhecer a existência de uma cláusula implícita em todos os contratos de duração a prazo indeterminado, decorrente da presunção legal de que as partes "não quiseram se obrigar perpetuamente e, portanto, que se reservaram a faculdade de, a todo tempo, resilir o contrato"[303]. Por outro lado, segundo Judith Martins-Costa, "[...] não se pode concordar com o fundamento atribuído a essa forma de desate contratual, qual seja, a 'vontade presumida', pois se trata de direito formativo extintivo"[304].

Com efeito, a maior parte da doutrina enxerga que o fundamento da resilição unilateral neste caso está na proteção da liberdade individual das partes contra a vinculação obrigacional eterna[305], como resume Pontes de Miranda: "nas relações jurídicas duradouras, é preciso que possa ter ponto final o que se concebeu em reticência. Porque relação jurídica duradoura a que não se pudesse pôr termo seria contrária às necessidades da livre atividade dos homens"[306]. Nesse mesmo sentido, vale transcrever a lição de Jacques Azéma:

> O princípio do direito de resilição unilateral apresentado como um temperamento à força obrigatória do contrato é unanimemente considerado como corolário da proibição de vinculação perpétua e constitui a indispensável proteção da liberdade individual. Com efeito, livres para não determinar a duração de seu contrato desde a constituição, as partes devem poder unilate-

[302] Gomes, *op. cit.*, p. 223.

[303] *Ibidem*, p. 223.

[304] Martins-Costa, Judith. O caso dos produtos Tostines: uma atuação do princípio da boa-fé na resilição de contratos duradouros e na caracterização da supressio. *In*: Frazão, Ana; Tepedino, Gustavo (coord.). *O Superior Tribunal de Justiça e a reconstrução do Direito privado*. São Paulo: Revista dos Tribunais, 2011. pp. 513-542, p. 53, nota de rodapé nº 7.

[305] Nesse sentido: Aguiar JÚNIOR, Ruy Rosado. *Comentários ao Código Civil*, volume VI, tomo II: da extinção do contrato. Rio de Janeiro: Forense, 2011, p. 240; Costa, Mário Júlio de Almeida. *Direito das obrigações*. 12. ed. rev. e atual. Coimbra: Almedina, 2011, p. 322; Leonardo, Rodrigo Xavier. *A denúncia e a resilição. Críticas e propostas hermenêuticas ao art. 473 do CC/20122 brasileiro*. Revista de Direito Civil Contemporâneo, São Paulo, vol. 7, n. 3, pp. 93-115, abr./jun. 2016, p. 96.

[306] Pontes De Miranda, Francisco Cavalcanti. *Tratado de direito privado*. 2. ed. Rio de Janeiro: Borsoi, 1959. t. XXV, p. 294.

ralmente evadir-se dele. Exigir o consentimento mútuo seria deixar uma das partes à mercê da outra, que poderia, a seu critério, retê-la perpetuamente na relação contratual. Este fundamento indiscutível da regra permite, por um lado, circunscrever seu domínio e, por outro lado, justifica seu caráter imperativo[307].

Tem-se aqui o que Roppo denomina *recesso di liberazione*, isto é, o poder dado à parte de "liberar-se de um vínculo contratual que, de outra forma, pesaria de modo intolerável sobre sua liberdade: como ocorre, tipicamente, com os contratos de duração a prazo indeterminado"[308]. Na falta desse poder, a parte "estaria sujeita a um vínculo cujo fim não se vislumbraria; sua liberdade seria excessivamente comprimida"[309]. Dessa fundamentação decorre a conclusão de que o direito de resilição unilateral é inerente a todos os contratos de duração com prazo indeterminado de vigência, ainda que não haja previsão legal expressa ou contratual específica, já que qualquer desses contratos tem o potencial de vigorar indefinidamente (tem-se aqui a permissão implícita referida no artigo 473 do Código Civil). Nesse contexto, como se observa, a resilição não tem caráter de exceção, tampouco é forma anormal ou patológica de extinção. Pelo contrário, é efeito natural dos contratos de duração com prazo inde-

[307] Azéma, Jacques. *La durée des contrats successifs*. Paris: Librairie Générale de Droit et de Jurisprudence, 1969, p. 145 (tradução nossa). No original: "*Le principe du droit de résiliation unilatérale présenté comme un tempérament à la force obligatoire du contrat est unanimement considéré comme le corollaire de la prohibition de l'engagement perpétuel et constitue l'indispensable protection de la liberté individuelle. En effet, libres de ne pas déterminer la durée de leur contrat dès sa conclusion, les parties doivent pouvoir unilatéralement s'en évader. Exiger le consentement mutuel serait laisser l'une des parties à la merci de l'autre qui pourrait à son gré la retenir perpétuellement dans les liens contractuels. Ce fondement indiscuté de la règle d'une part permet d'en circonscrire le domaine, d'autre part justifie son caractère impératif*".

[308] Roppo, Vincenzo. *Il contratto*. 2. ed. Milão: Giuffrè, 2011, pp. 518-519 (tradução nossa). No original: "[...] *sottrarsi a un vincolo contrattuale che diversamente peserebbe in modo intollerabile sulla sua libertà: come accade, tipicamente, con i contratti di durata a tempo indeterminato*".

[309] *Ibidem*, pp. 518-519 (tradução nossa). No original: "[...] *sarebbe soggetta a un vincolo di cui non si vedrebbe la fine; la sua libertà sarebbe eccessivamente compressa*".

terminado[310], é o modo natural típico pelo qual podem ser extintos[311]; é, na expressão de Roppo já utilizada, instrumento normal e fisiológico da relação contratual.

Por outro lado, o fundamento do direito de resilição unilateral permite também circunscrever o seu âmbito de aplicação e afastar, da permissão legal implícita do art. 473 do Código Civil, os contratos de duração por tempo determinado, que obedecem a uma lógica diversa. Nesses contratos, "a regra consiste na impossibilidade de o figurante desligar-se *ante tempus*, vez que não existe o risco de vinculação permanente, que o instituto da denúncia busca contrabalançar"[312]. Nas palavras de Ruy Rosado de Aguiar Júnior,

> Nos contratos duradouros por tempo indeterminado há uma relação direta entre a indeterminação e a possibilidade de resilição unilateral, independentemente de motivação. Já nos contratos duradouros por tempo determinado não há margem, em princípio, para a resilição unilateral imotivada, porquanto a própria limitação temporal constante do contrato afasta a hipótese de vinculação perpétua[313]

A liberdade das partes, aqui, é protegida de outra forma, ou seja, pela predeterminação da duração do vínculo contratual, o que, por si só, impede-o de prender as partes indefinidamente. Ademais, a determinação do prazo ou do termo final não deixa de ser uma cláusula contratual, que, em regra, considera-se pactuada a favor de ambas as partes, e, como tal, à semelhança do que ocorre com qualquer outra cláusula, deve ser respeitada por elas e não pode ser alterada unilateralmente, em decor-

[310] Lorenzetti, Ricardo Luis. *Tratado de los contratos*. Tomo I. Buenos Aires: Rubinzal – Culzoni, 1999, p. 552; Assis, Araken de; Andrade, Ronaldo Alves de; e Alves, Francisco Glauber Pessoa. *Comentários ao Código Civil Brasileiro, vol.* 5: do direito das obrigações. Coordenadores Arruda Alvim e Thereza Alvim. Rio de Janeiro: Forense, 2007, p. 572; Betti, Emilio. *Teoria generale del negozio giuridico*. Nápoles: Edizioni Scientifiche Italiane, 1994, p. 251; Azéma, *op. cit.*, p. 146.

[311] Roppo, *op. cit.*, p. 606.

[312] Assis, *op. cit.*, p. 572.

[313] Aguiar Júnior, Ruy Rosado. *Comentários ao Código Civil*, volume VI, tomo II: da extinção do contrato. Rio de Janeiro: Forense, 2011, p. 264.

rência do princípio *pacta sunt servanda*[314]. Não se pode esquecer também – conforme a já mencionada lição de Jacques Azéma – que a estipulação de uma duração determinada ao contrato garante estabilidade à relação enquanto não se implementar o termo final, justamente porque obriga as partes a cumprir a avença durante todo o período acordado. Ao contratar mediante a estipulação de uma duração determinada, as partes alienaram parcela de sua liberdade durante o tempo preestabelecido, e somente a recuperam ao final do período programado de vigência, quando os efeitos do contrato cessarão automaticamente, estando, desde o início, cientes do prazo. É o que afirma Orlando Gomes:

> Enquanto dura, nenhuma das partes pode desvincular-se da outra, pois a cláusula mediante a qual se apõe o *termo* tem por fim, precisamente, garantir a eficácia do contrato por certo tempo, sendo, no fundo, medida de segurança. O que visam as partes é a se prenderem[315].

Por isso, segundo o autor, "o *aviso prévio* é estranho aos *contratos por tempo determinado*"[316]. Nesse caso, ao contrário do que ocorre nos contratos de prazo indeterminado, o poder de desligamento não seria fisiológico, e sim (ao menos usualmente) patológico[317]. Por isso, a resilição unilateral, nessa hipótese, é tida como descumprimento contratual, com as consequências daí decorrentes[318].

[314] Nas palavras de Luiz Gastão Leães: "Enquanto durar o prazo, nenhuma das partes poderá desvincular-se da outra, pois a cláusula mediante a qual se apõe o termo tem por finalidade, precisamente, garantir a eficácia do contrato pelo tempo ajustado. A aposição de um termo a um contrato representa, por conseguinte, a expressão a mais lídima do exercício da autonomia de vontade, na autorregulação dos interesses dos particulares". (Leães, Luiz Gastão Paes de Barros. *Denúncia de contrato de franquia por tempo indeterminado (Parecer)*. Revista dos Tribunais, São Paulo, vol. 719, pp. 83-96, set. 1995, p. 85).

[315] Gomes, Orlando. *Contratos*. Rio de Janeiro: Forense, 2008, p. 154 (grifos no original).

[316] *Ibidem*, p. 154 (grifos no original).

[317] Leonardo, Rodrigo Xavier. *A denúncia e a resilição. Críticas e propostas hermenêuticas ao art. 473 do CC/20122 brasileiro*. Revista de Direito Civil Contemporâneo, São Paulo, vol. 7, n. 3, pp. 93-115, abr./jun. 2016, pp. 109-110.

[318] Aguiar Júnior, Ruy Rosado. *Comentários ao Código Civil*, volume VI, tomo II: da extinção do contrato. Rio de Janeiro: Forense, 2011, p. 264; Azéma, Jacques. *La durée des contrats successifs*. Paris: Librairie Générale de Droit et de Jurisprudence, 1969, p. 183. Vejam-se,

Confirmado essa lógica, há diversos dispositivos legais que preveem a impossibilidade de resilição unilateral imotivada de contratos a prazo determinado ou que sancionam o exercício desse direito com a obrigação de pagamento de multa ou de reparação por perdas e danos, indicando, com isso, sua inadequação. Nesse sentido, por exemplo: o artigo 571 do Código Civil, que proíbe o locador de reaver a coisa alugada antes do vencimento do prazo estipulado à duração do contrato, ao mesmo tempo em que condiciona a devolução prematura, pelo locatário, ao pagamento da multa contratualmente prevista (e, no mesmo sentido, o art. 4º da Lei nº 8.245/91, no âmbito de contratos de locação de imóveis urbanos); o art. 581 do Código Civil, que impede o comodante, salvo necessidade imprevista e urgente, reconhecida pelo juiz, de suspender o uso e gozo da coisa emprestada antes de findo o prazo convencional ou o que se determine pelo uso outorgado; os arts. 602 e 603 do Código Civil, que determinam, respectivamente, o pagamento de perdas e danos pelo prestador de serviço que resilir prematuramente o contrato de prestação de serviços contrato por tempo certo ou obra determinada e o pagamento, pelo contratante dos serviços que resilir imotivadamente o contrato, de metade da retribuição a que o prestador teria direito até o termo final; e o art. 27, §1º, da Lei nº 4.886/65, que, embora permita a denúncia imotivada de contrato de representação comercial firmado a prazo determinado, condiciona-o ao pagamento de indenização, denotando sua ilicitude[319].

nesse mesmo sentido, as palavras de Antônio Junqueira de Azevedo: "Ao contrário, *no campo dos contratos de duração determinada vigora o princípio da indenunciabilidade.* Nestes contratos, e com particular ênfase nos de prazo mínimo, as partes têm a justa expectativa de que a relação contratual perdure pelo lapso temporal convencionado, que, repetimos, é elemento essencial nos contratos de duração. Qualquer denúncia antes do advento do termo final é, nesse contexto, infração aos preceitos contratuais; é ilícito contratual, ato prejudicial aos interesses da contraparte". (Azevedo, Antônio Junqueira de. *Qualificação jurídica de 'acordo operacional' (contrato atípico, complexo, com fortes elementos dos contratos de know how e de mandato com administração) – contratos de duração e não denunciabilidade dos contratos de duração determinada – denúncia ilícita (Parecer).* Revista Forense, Rio de Janeiro, vol. 380, pp. 239-255, jul. 2005, p. 249 – grifos no original).

319 Nesse sentido: Haical, Gustavo. Apontamentos sobre o direito formativo extintivo de denúncia no contrato de agência. *In*: Martins-Costa, Judith. *Modelos de direito privado.* São Paulo: Marcial Pons, 2014. pp. 294-331, p. 317.

Por outro lado, afirmar que a permissão *implícita* a que faz referência o art. 473 do Código Civil está vinculada aos contratos de duração por prazo indeterminado não significa dizer que, em casos específicos, o legislador não possa autorizar a resilição unilateral de contratos a prazo determinado sem impor qualquer penalidade ao contraente que exerce o direito potestativo de encerrar a relação. Segundo Jacques Azéma, quando o legislador assim o faz é porque entende estar presente algum interesse superior, seja geral, seja particular da parte a quem outorga o direito de resilir[320]. Ele ilustra sua afirmação com dispositivos legais do ordenamento jurídico francês que autorizam o locador a resilir o contrato de locação firmado a prazo determinado a fim de construir, de reconstruir ou de expandir o imóvel já existente, ou de executar trabalhos prescritos ou autorizados no contexto de uma operação de restauração imobiliária (no que o autor enxerga interesse geral da França de melhoria do seu patrimônio imobiliário) e o arrendador a resilir o contrato de arrendamento e retomar o bem objeto do contrato para uso de um descendente seu que explore pessoalmente a propriedade, desde que essa faculdade esteja expressamente prevista em contrato (interesse particular)[321].

Situações como estas estão presentes também no ordenamento jurídico brasileiro e configuram hipóteses de denúncia cheia. A Lei do Inquilinato é repleta de exemplos: à semelhança da norma citada por Azéma, autoriza a denúncia da locação pelo locador para a realização de reparações urgentes determinadas pelo Poder Público, que não possam ser normalmente executadas com a permanência do locatário no imóvel ou, podendo, ele se recuse a consenti-las (art. 9º, IV); autoriza a denúncia pelo locatário, dispensando-o expressamente do pagamento de multa, quando a devolução do imóvel decorrer de transferência, pelo seu empregador, privado ou público, para prestar serviços em localidades diversas daquela do início do contrato, e se notificar, por escrito, o locador com prazo de, no mínimo, trinta dias de antecedência (art. 4º, parágrafo único); autoriza a denúncia por terceiro adquirente do imó-

320 AZÉMA, Jacques. *La durée des contrats successifs*. Paris: Librairie Générale de Droit et de Jurisprudence, 1969, p. 197.
321 *Ibidem*, p. 199.

vel, com o prazo de noventa dias para desocupação, exceto se o contrato, além de ser a prazo determinado, contiver cláusula de vigência em caso de alienação e estiver averbado junto à matrícula do imóvel (art. 8º)[322]. O Código Civil também traz alguns exemplos: no art. 581, admite que o comodante suspenda o uso e gozo da coisa emprestada (e, portanto, que exerça o direito de resilição unilateral) antes de findo o prazo convencional, ou o que se determine pelo uso outorgado, se comprovar judicialmente necessidade imprevista e urgente; no art. 633, permite que o depositante exija de volta a coisa depositada (e, portanto, que exerça o direito de resilição unilateral) antes do prazo fixado para a restituição. Contudo, situações como essas configuram permissões *explícitas* e, assim, não invalidam a regra da permissão *implícita*, vinculada aos contratos a prazo indeterminado.

2.2.3 Permissão contratual: possibilidade e limites

Para além da permissão expressa ou implícita mencionada no art. 473 do Código Civil, diversos autores admitem que as partes regulem contratualmente a possibilidade de resilição unilateral[323], embora muitas

[322] Há outras hipóteses previstas na Lei do Inquilinato que não tratam especificamente de denúncia de contratos a prazo determinado, mas que seguem a mesma lógica. Por exemplo, o art. 47 abre exceção à impossibilidade de denúncia de contratos de locação vigentes por prazo indeterminado e que tenham sido firmados inicialmente com prazo determinado inferior a trinta meses se o imóvel for pedido (i) para uso próprio do locador, de seu cônjuge ou companheiro, ou para uso residencial de ascendente ou descendente que não disponha, assim como seu cônjuge ou companheiro, de imóvel residencial próprio ou (ii) para demolição e edificação licenciada ou para a realização de obras aprovadas pelo Poder Público, que aumentem a área construída, em, no mínimo, vinte por cento ou, se o imóvel for destinado a exploração de hotel ou pensão, em cinquenta por cento. O art. 52 isenta o locador da obrigação de renovar o contrato que preencha os requisitos do art. 51 (i) se, por determinação do Poder Público, tiver que realizar no imóvel obras que importarem na sua radical transformação; ou para fazer modificações de tal natureza que aumente o valor do negócio ou da propriedade; ou (ii) se o imóvel vier a ser utilizado por ele próprio ou para transferência de fundo de comércio existente há mais de um ano, sendo detentor da maioria do capital o locador, seu cônjuge, ascendente ou descendente.

[323] Martins-Costa, Judith. O caso dos produtos Tostines: uma atuação do princípio da boa-fé na resilição de contratos duradouros e na caracterização da supressio. *In*: Frazão, Ana; Tepedino, Gustavo (coord.). *O Superior Tribunal de Justiça e a reconstrução do Direito*

vezes o façam por meio de uma referência genérica a uma permissão contratual[324] ou a uma fonte convencional[325] para o exercício do direito, por exemplo, sem aprofundar o tema. Admitindo-se essa possibilidade, a questão que se coloca é determinar concretamente o alcance da permissão negocial da resilição unilateral e os limites a que estão sujeitas as partes, o que envolve perquirir se elas podem prever essa modalidade extintiva em qualquer hipótese, inclusive nos casos em que a lei não a admite, expressa ou implicitamente, ou se estão necessariamente vinculadas a essa permissão legal expressa ou implícita, podendo, no máximo, ajustar aspectos secundários referentes ao exercício do direito.

A possibilidade de as partes disporem sobre os aspectos relacionados ao pré-aviso e à sanção pelo descumprimento das restrições temporais incidentes sobre o exercício da resilição unilateral será vista adiante, na segunda parte do trabalho. Neste momento, o problema que se pretende analisar é o de saber se as partes podem estabelecer cláusula permitindo a resilição unilateral imotivada em contrato com prazo determinado de vigência. Viu-se que o direito de denúncia vazia está intimamente ligado aos contratos a prazo indeterminado, como mecanismo de proteção da liberdade dos contratantes, os quais, se não fosse por essa permissão legal implícita, estariam vinculados perpetuamente. Já nos contratos a prazo determinado, a liberdade dos contratantes está protegida pela existência

privado. São Paulo: Revista dos Tribunais, 2011. pp. 513-542, p. 530, nota de rodapé nº 6, e p. 532; Azevedo, Antônio Junqueira de. *Qualificação jurídica de 'acordo operacional' (contrato atípico, complexo, com fortes elementos dos contratos de know how e de mandato com administração) – contratos de duração e não denunciabilidade dos contratos de duração determinada – denúncia ilícita (Parecer)*. Revista Forense, Rio de Janeiro, vol. 380, pp. 239-255, jul. 2005, p. 250; Bonini, Paulo Rogério. *Resilição contratual – relações civis – empresariais – interpretação do art. 473, parágrafo único, CC – consequências do exercício da resilição unilateral – indenização x prolongamento do contrato*. Cadernos Jurídicos, São Paulo, vol. 16, n.39, pp. 191-199, jan./mar. 2015, p. 191; Botrel, Sérgio. *Reflexos da teoria contratual contemporânea na resilição unilateral da representação comercial*. Revista de Direito Mercantil: Industrial, Econômico e Financeiro, São Paulo, vol. 44, n. 140, pp. 39-51, out./dez. 2005, p. 45; Azevedo, Álvaro Villaça. *Validade da denúncia em contrato de distribuição sem pagamento indenizatório (Parecer)*. Revista dos Tribunais, São Paulo, v. 737, pp. 97-111, mar. 1997, p. 7.

[324] Martins-Costa, *op. cit.*, p. 530, nota de rodapé nº 6.

[325] Lorenzetti, Ricardo Luis. *Tratado de los contratos*. Tomo I. Buenos Aires: Rubinzal – Culzoni, 1999, p. 553.

de um termo final de vigência, que exclui a possibilidade de vinculação permanente. Diante da existência de cláusula que preveja termo final de vigência, e que deve ser respeitada por ambas as partes, a previsão de resilição unilateral imotivada antes do implemento desse termo parece – ao menos à primeira vista – contraditória. Ainda assim, como indica a análise da jurisprudência, trata-se de situação bastante comum na prática contratual, o que demanda algumas considerações.

Ao enfrentar o tema do alcance da permissão contratual para o exercício do direito de resilição unilateral, Ruy Rosado de Aguiar Júnior afirma que, embora as partes possam regulá-lo, sua liberdade é restrita aos limites da previsão legal, expressa ou implícita. Isto é, naquelas hipóteses em que a lei prevê o direito de resilição unilateral, podem as partes convencionar sobre o modo de exercício desse direito, prevendo, por exemplo, "a forma, a oportunidade, o tempo de pré-aviso, a extensão dos efeitos no tempo, a reposição das situações ou a restituição das parcelas executadas"[326]. Segundo o autor, essas disposições contratuais devem ser respeitadas, desde que não contrariem a lei ou os princípios que regem o direito obrigacional. A regulação contratual, por essa perspectiva, é vista apenas como um complemento à permissão legal, e não pode existir por si só, nas hipóteses em que a lei não permite a resilição unilateral. Araken de Assis parece trilhar o mesmo caminho, ao afirmar que "o art. 473, *caput*, do CC brasileiro, não exclui a possibilidade de os figurantes estipularem cláusula de denúncia, naquelas hipóteses em que a lei 'implicitamente' admita o desligamento unilateral do vínculo"[327]. Por essa linha, a cláusula de resilição unilateral em contrato a prazo determinado não seria admissível.

Por outro lado, há quem admita, ao menos em tese, a estipulação de uma cláusula com esse conteúdo em contratos a prazo determinado, sem prejuízo do posterior controle da forma como o direito é exercido. É o que sustenta Lorezentti, ao afirmar que uma cláusula como essa é

[326] Aguiar Júnior, Ruy Rosado. *Comentários ao Código Civil*, vol. VI, tomo II: da extinção do contrato. Rio de Janeiro: Forense, 2011, pp. 250-251.

[327] Assis, Araken de; Andrade, Ronaldo Alves de; e Alves, Francisco Glauber Pessoa. *Comentários ao Código Civil Brasileiro, vol. 5*: do direito das obrigações. Coordenadores Arruda Alvim e Thereza Alvim. Rio de Janeiro: Forense, 2007, p. 570.

comum e, ainda que desnature o prazo, deve ser considerada válida, desde que o prazo não tenha sido imposto por lei em favor de uma das partes[328]. Antônio Junqueira de Azevedo também admite a previsão de denúncia vazia em contratos a prazo determinado, mas com ressalvas, desde que sua estipulação obedeça a "alguma razão lógica"[329], sob pena de tornar sem sentido o prazo de vigência. Para Bergstein, a cláusula deve ser admita, e quem contrata sabendo de sua existência deve ficar vinculado aos seus efeitos, por uma questão de segurança jurídica e de autorresponsabilidade[330].

Na jurisprudência também não há consenso sobre o tema. Por um lado, há precedentes em que se reconheceu a invalidade da cláusula de denúncia lançada em contratos com prazo de vigência determinado, especialmente sob os argumentos de que ela se mostra desvantajosa à parte mais frágil da relação, que tem a legítima expectativa de que o vínculo será respeitado até o termo final estabelecido, e que afronta a boa-fé objetiva[331]. Nesses casos, diante do exercício do direito de denúncia por uma das partes, e da irresignação do denunciado, decidiu-se ora por condenar o denunciante ao pagamento dos lucros cessantes correspon-

328 LORENZETTI, Ricardo Luis. *Tratado de los contratos*. Tomo I. Buenos Aires: Rubinzal – Culzoni, 1999, p. 552.

329 AZEVEDO, Antônio Junqueira de. *Qualificação jurídica de 'acordo operacional' (contrato atípico, complexo, com fortes elementos dos contratos de know how e de mandato com administração) – contratos de duração e não denunciabilidade dos contratos de duração determinada – denúncia ilícita (Parecer)*. Revista Forense, Rio de Janeiro, vol. 380, pp. 239-255, jul. 2005, p. 251.

330 BERGSTEIN, Jonás. *La extinción del contrato de distribución*. Montevidéu: Fundación de Cultura Universitaria, 1996, p. 167.

331 Vejam-se, nesse sentido, os seguintes casos: SÃO PAULO. Tribunal de Justiça do Estado de São Paulo. Agravo de Instrumento nº 0174717-74.2012.8.26.0000, 31ª Câmara de Direito Privado, Relator: Antonio Rigolin, julgado em 04/09/2012; SÃO PAULO. Tribunal de Justiça do Estado de São Paulo. Agravo de Instrumento nº 0200615-89.2012.8.26.0000, 34ª Câmara de Direito Privado, Relatora: Cristina Zucchi, julgado em 02/12/2012; SÃO PAULO. Tribunal de Justiça do Estado de São Paulo. Apelação Cível nº 0134251-29.2012.8.26.0100, 31ª Câmara de Direito Privado, Relator: Francisco Casconi, julgado em 05/04/2016; RIO DE JANEIRO. Tribunal de Justiça do Estado do Rio de Janeiro. Apelação Cível nº 0000114-12.2007.8.19.0026, Décima Oitava Câmara Cível, Relatora Célia Maria Meliga Pessoa, julgado em 21/09/2010.

dentes ao restante do prazo de vigência contratualmente previsto[332], ora por modular os efeitos da denúncia, prorrogando o contrato por tempo compatível com os investimentos, ainda que não até o termo final contratualmente previsto[333].

Por outro lado, há diversos precedentes que admitiram a cláusula. Em um desses casos, o Tribunal de Justiça do Estado de São Paulo decidiu que, havendo cláusula contratual nesse sentido, "o fato de o contrato ser por prazo determinado por si só não afasta a possibilidade de ser resilido por uma das partes por força do princípio do *pacta sunt servanda* que deve nortear os contratos"[334]. O tribunal chegou à mesma conclusão ao julgar a legalidade da denúncia de contrato de prestação de serviço de transporte, com cláusula prevendo a resilição com aviso prévio de noventa dias, entendendo que "a resilição unilateral é possível mesmo em contratos firmados por prazo determinado, desde que notificada à parte contrária"[335]. Em outra oportunidade, o tribunal decidiu que, "em que pese o fato de a resilição ser mais utilizada para contratos por prazo indeterminado, isso não impede que haja disposição contratual para que contratos por prazo determinado possam receber o mesmo amparo"[336]. Em caso envolvendo a

[332] SÃO PAULO. Tribunal de Justiça do Estado de São Paulo. Apelação Cível nº 0134251-29.2012.8.26.0100, 31ª Câmara de Direito Privado, Relator: Francisco Casconi, julgado em 05/04/2016; RIO DE JANEIRO. Tribunal de Justiça do Estado do Rio de Janeiro. Apelação Cível nº 0000114-12.2007.8.19.0026, Décima Oitava Câmara Cível, Relatora Célia Maria Meliga Pessoa, julgado em 21/09/2010.

[333] SÃO PAULO. Tribunal de Justiça do Estado de São Paulo. Agravo de Instrumento nº 0174717-74.2012.8.26.0000, 31ª Câmara de Direito Privado, Relator: Antonio Rigolin, julgado em 04/09/2012; e SÃO PAULO. Tribunal de Justiça do Estado de São Paulo. Agravo de Instrumento nº 0200615-89.2012.8.26.0000, 34ª Câmara de Direito Privado, Relatora: Cristina Zucchi, julgado em 02/12/2012.

[334] SÃO PAULO. Tribunal de Justiça do Estado de São Paulo. Apelação Cível 0120801-55.2008.8.26.0004, 18ª Câmara de Direito Privado, Relator: Roque Antonio Mesquita de Oliveira, julgado em 29/11/2011.

[335] SÃO PAULO. Tribunal de Justiça do Estado de São Paulo. Apelação Cível nº 1003150-41.2015.8.26.0100, 11ª Câmara de Direito Privado, Relator: Marino Neto, julgado em 12/08/2019.

[336] SÃO PAULO. Tribunal de Justiça do Estado de São Paulo. Apelação Cível nº 1011710-45.2017.8.26.0344, 16ª Câmara de Direito Privado, Relator: Mauro Conti Machado, julgado em 02/08/2019.

denúncia imotivada de contrato de prestação de serviço de carregamento e transporte de minério, vigente a prazo determinado, o Tribunal de Justiça de Santa Catarina, embora tenha reconhecido que "a resilição unilateral, também denominada denúncia vazia, é da natureza dos contratos bilaterais firmados comumente por prazo indeterminado", entendeu que "nada impede que as partes, em contrato por prazo determinado, pactuem a possibilidade de haver a resilição, prestigiando, por conseguinte, o princípio da autonomia da vontade"[337]. O que se percebe, em vários desses casos, é que se fundamenta a validade da cláusula não só nos princípios do *pacta sunt servanda* e da autonomia da vontade, mas também na constatação (i) de que ela é estabelecida igualmente em favor de ambas as partes, podendo qualquer delas valer-se desse direito[338], e (ii) de que as partes, ao entabular a contratação, sabiam desde o início da possibilidade de denúncia imotivada antes do implemento do termo final, motivo pelo qual não podem, posteriormente, alegar sua abusividade[339].

[337] SANTA CATARINA. Tribunal de Justiça do Estado de Santa Catarina. Apelação Cível nº 2013.020467-7, Sexta Câmara de Direito Civil, Relator: Eduardo Mattos Gallo Júnior, julgado em 25/08/2015.

[338] Vejam-se, nesse sentido, os seguintes trechos, retirados de acórdãos que julgaram casos de denúncia em contratos a prazo determinado: "Logo, a uma, não se pode falar em desequilíbrio contratual porque a possibilidade de resilição foi conferida a ambas as partes, sem ressalvas" (SÃO PAULO. Tribunal de Justiça do Estado de São Paulo. Apelação Cível 0120801-55.2008.8.26.0004, 18ª Câmara de Direito Privado, Relator: Roque Antonio Mesquita de Oliveira, julgado em 29/11/2011); "A cláusula contratual que autoriza a resilição unilateral (cláusula 9.1, fl. 38) não se revela abusiva, em especial porque atribui tal direito a ambas as partes, impondo como exigência apenas a denúncia escrita com antecedência de 30 dias, o que de fato foi observado pela apelada" (SÃO PAULO. Tribunal de Justiça do Estado de São Paulo. Apelação Cível nº 9146797-11.2008.8.26.0000, 3ª Câmara Extraordinária de Direito Privado, Relator: Hélio Nogueira, julgado em 27/11/2013); "A partir da análise do "Contrato de Franquia Serv-Lar" (cf. fls. 28-31), verifica-se claramente que era possível a denúncia do contrato antes do término de sua vigência de 5 anos, por qualquer das partes" [...]. "Tal faculdade, como se vê, poderia ser exercida por qualquer das contraentes, o que prejudica em grande medida a tese de abusividade sustentada pela autora" (SÃO PAULO. Tribunal de Justiça do Estado de São Paulo. Apelação Cível nº 0937371-38.1998.8.26.0100, 20ª Câmara de Direito Privado, Relator: Álvaro Torres Júnior, julgado em 02/06/2014).

[339] "Deste modo, ante essa reserva de direito a que se atribuíram as contratantes, se houve investimento vultoso por parte da apelante em decorrência da expectativa de que o con-

Colocado o problema dessa forma, o que se percebe é que se está diante de duas cláusulas contratuais contraditórias entre si: uma estipulando um prazo determinado de vigência – cuja função seria justamente assegurar às partes uma duração mínima do contrato, durante a qual nenhuma delas poderia, em regra, por mera manifestação de vontade, liberar-se – e outra permitindo a denúncia imotivada, que tem por função justamente permitir a desvinculação das partes antes desse prazo[340]. Parece-nos que há duas opções ao intérprete ou julgador que se depara com essa situação para resolver a contradição, e cada uma delas exige, necessariamente, que se priorize uma das cláusulas em detrimento da outra: (i) ou se desconsidera a cláusula de denúncia, privilegiando-se o termo inicialmente estabelecido, e, diante do exercício desse direito, garante-se ao denunciado a prorrogação do vínculo até o fim do prazo contratualmente estabelecido ou então se indeniza o denunciado pelo que razoavelmente deixou de ganhar pelo tempo de vigência que lhe foi tolhido; ou (ii) se admite a validade da cláusula de denúncia e se considera que ela, ao menos de certa forma, desnatura o prazo de vigência contratualmente previsto, sobrepondo-se a ele.

Já se expôs que a denúncia imotivada de contratos com prazo determinado é patológica e vista como descumprimento contratual, o que pode ser demonstrado inclusive pelo fato de que, quando a lei a permite, invariavelmente faz decorrer do exercício do direito uma obrigação de pagamento de multa ou de reparação por perdas e danos, como ocorre em contratos de locação (art. 4º da Lei nº 8.245/91) e de representação

trato permaneceria em vigor por maior tempo, o fez por sua conta e risco. Afinal, era de seu domínio e ciência a possibilidade de seu término a qualquer momento, desde que observado o prazo de 30 dias" (SÃO PAULO. Tribunal de Justiça do Estado de São Paulo. Apelação Cível nº 9146797-11.2008.8.26.0000, 3ª Câmara Extraordinária de Direito Privado, Relator: Hélio Nogueira, julgado em 27/11/2013); "Tal expectativa, todavia, não merece compensação. A extinção do contrato faz parte do risco do negócio da autora e a rescisão unilateral do contrato constituiu para a ré o exercício regular de seu direito, pois no próprio contrato foi conferida tal possibilidade a ambas as partes" (SÃO PAULO. Tribunal de Justiça do Estado de São Paulo. Apelação Cível nº 1003150-41.2015.8.26.0100, 11ª Câmara de Direito Privado, Relator: Marino Neto, julgado em 12/08/2019).

[340] Bergstein, Jonás. *La extinción del contrato de distribución*. Montevidéu: Fundación de Cultura Universitaria, 1996, p. 156.

comercial (art. 27, j, parágrafo único, da Lei nº 4.886/65), por exemplo. Por outro lado, embora seja essa a racionalidade aplicável *a priori* aos contratos a prazo determinado, pode-se argumentar que a ausência de previsão legal não impede que as partes estabeleçam, por si mesmas, uma permissão contratual, e não lhes retira a liberdade de, em contratos atípicos, ou em contratos típicos não sujeitos a disposições como as mencionadas, estabelecer racionalidade diversa daquela prevista em lei, até mesmo porque não existe, a rigor, uma proibição genérica nesse sentido.

Assim, em respeito à vontade manifestada pelas partes, que quiseram resguardar para si o direito de se desvincular do contrato antes do prazo estabelecido – por mais contraditório que isso possa parecer – entendemos que a cláusula de denúncia imotivada não deve ser considerada inválida *a priori*, a não ser que exista disposição legal expressa que proíba o exercício do direito de resilição unilateral ou que imponha a observância do prazo pactuado, como ocorre no contrato de locação de prédios urbanos, em relação ao locador (art. 4º da Lei nº 8.245/91). Nos demais casos, deve-se levar em conta a situação concreta e o contexto em que a cláusula está inserida, incluindo o tipo do vínculo, a qualidade das partes, a natureza das prestações e a finalidade e economia do contrato[341]. Logo, será mais fácil admitir a cláusula em contratos empresariais que tenham sido amplamente negociados do que em contratos celebrados por adesão. Segundo Jacques Azéma, o que ocorre, em casos como esses, é que a existência da cláusula submete a relação a um regime híbrido: como existe a possibilidade de denúncia imotivada a qualquer momento, ela deve ser tratada, ao longo de sua execução, como sendo a prazo indeterminado; a transformação, contudo, não é completa, pois permanece subjacente o regime próprio de contratos a prazo determinado, que se manifestará no momento do implemento do termo final, quando o contrato se extinguirá automaticamente[342].

[341] LORENZETTI, Ricardo Luis. *Tratado de los contratos*. Tomo I. Buenos Aires: Rubinzal – Culzoni, 1999, p. 551; GHERSI, Carlos Alberto. *Contratos*: problemática moderna. Mendoza: Cuyo, 1996. vol. 1, p. 61.

[342] No mesmo sentido: COSTA, André Brandão Nery. *Protection of specific contractual investments in Italian and Brazilian law*. Tese (Dottorato in Autonomia Privata, Impresa, Lavoro

Nas palavras do autor, "o regime do contrato de duração determinada, eclipsado no curso do contrato, reaparece na expiração do prazo"[343]. Dito de outro modo, o contrato submetido a esse regime deve ser entendido como um contrato com prazo máximo de duração, que, como tal, pode ser denunciado antes do implemento do termo final[344]. Ao ser denunciado, ele deve ser tratado como se contrato a prazo indeterminado fosse. Com essa solução, privilegia-se a vontade das partes de poder se desvincular do contrato, ao mesmo tempo em que não se retiram por completo os efeitos da manifestação de vontade das partes para que o contrato cesse no prazo definido.

É preciso ressaltar, todavia, que considerar possível, em tese, a inserção de cláusula de denúncia vazia em contrato com duração determinada de vigência não significa que a cláusula deva ser aplicada em sua literalidade, sem qualquer possibilidade de controle sobre o seu conteúdo, sob o argumento de privilegiar-se a autonomia de vontade das partes ou o caráter vinculante do contrato. Essa ressalva é feita pelos autores que admitem, em tese, a existência da cláusula[345]. A conclusão, presente em diversos julgados, de que a cláusula de denúncia imotivada em contratos a prazo determinado é sempre válida, na forma como prevista, pelo fato de que é estabelecida em favor dos dois contratantes, é demasiadamente simplista e desconectada da realidade, pois as partes nem sempre estão em uma posição de igualdade e porque as consequências decorrentes da extinção contratual nem sempre serão as mesmas para cada uma delas. Há uma falsa simetria na bilateralidade da cláusula, como bem ressaltou o Ministro Luis

e Tutela dei Diritti nella Prospettiva Europea ed Internazionale) – Facoltà di Giurisprudenza, Università Degli Studi di Roma "La Sapienza", 2019, p. 158.

343 Azéma, Jacques. *La durée des contrats successifs*. Paris: Librairie Générale de Droit et de Jurisprudence, 1969, p. 194.

344 Bergstein, Jonás. *La extinción del contrato de distribución*. Montevidéu: Fundación de Cultura Universitaria, 1996, p. 166; PAOLA, Leonardo Sperb de. *Sobre a denúncia dos contratos de distribuição, concessão comercial e franquia*. Revista Forense, Rio de Janeiro, vol. 343, pp. 115-148, jul./set. 1998, p. 121.

345 Nesse sentido, veja-se Leonardo, Rodrigo Xavier. *A denúncia e a resilição. Críticas e propostas hermenêuticas ao art. 473 do CC/20122 brasileiro*. Revista de Direito Civil Contemporâneo, São Paulo, vol. 7, n. 3, pp. 93-115, abr./jun. 2016, p. 108; Ghersi, Carlos Alberto. *Contratos*: problemática moderna. Mendoza: Cuyo, 1996. vol. 1, pp. 62-63;

Felipe Salomão, em voto proferido no julgamento de caso envolvendo a denúncia, pelo fabricante, de contrato de distribuição de bebidas:

> Efetivamente, a possibilidade de denúncia 'por qualquer das partes' gera uma falsa simetria entre os contratantes, um sinalagma cuja distribuição obrigacional é apenas aparente. Para se verificar a equidade derivada da cláusula, na verdade, devem ser investigadas as consequências da rescisão desmotivada do contrato, e, assim, descortina-se a falácia de se afirmar que a resilição unilateral era garantia recíproca na avença. A resilição unilateral para a indústria de bebidas, hoje uma potência no seguimento na américa latina, não acarretaria maiores danos, porquanto esta poderia facilmente arregimentar novos distribuidores, o que, aliás, foi comprovadamente realizado à revelia da recorrida, de forma clandestina e em desrespeito à exclusividade antes pactuada com a distribuidora. Porém, a resilição unilateral para a distribuidora de bebidas, parte incontroversamente mais frágil na relação, significa o encerramento da empresa[346].

Além disso, o argumento de que, por estar previamente estabelecida em contrato, a cláusula deva ser respeitada sem maiores considerações, por ser conhecida dos contratantes, também não impressiona. Basta lembrar que, em contratos a prazo indeterminado, a possibilidade de denúncia imotivada é implícita e, assim, também é conhecida pelos contratantes. Nem por isso ela não pode ser (como de fato é) objeto de controle. Se, quando a denúncia é fisiológica – isto é, quando faz parte natural da estrutura contratual –, seu exercício pode (e deve) ser controlado, não há razão para que não se possa controlá-lo também nos casos em que ela é contratualmente prevista, em casos nos quais, a rigor, essa forma extintiva é patológica.

Assim, quando a natureza e as demais características concretas da relação permitirem a existência da cláusula de denúncia, o conteúdo da cláusula e o exercício desse direito devem ser submetidos ao crivo da boa-

[346] BRASIL. Superior Tribunal de Justiça. Recurso Especial nº 1.112.796/PR, Quarta Turma, Relator: Ministro Luis Felipe Salomão, Relator para o Acórdão: Ministro Honildo Amaral de Mello Castro (Desembargador Convocado do TJ/AP), julgado em 10/08/2010 (grifo acrescido).

-fé objetiva e aos demais parâmetros que balizam o exercício do direito de resilição unilateral em contratos a prazo indeterminado, que serão vistos a seguir[347]. Portanto, se o contrato estipular a possibilidade de denúncia imotivada com aviso prévio de cinco dias, e se este prazo, na prática, for insuficiente para cumprir a função do pré-aviso, o denunciante deve ser responsabilizado. Ou seja, havendo cláusula contratual que permita a denúncia imotivada em contrato vigente a prazo determinado, a questão passa a ser vista exatamente como a denúncia (legalmente permitida) de contratos a prazo indeterminado: não é porque a existência do direito (neste caso, decorrente de cláusula contratual) é admitida que o seu exercício será sempre lícito, devendo pautar-se também pela obediência às regras procedimentais ínsitas à resilição unilateral[348].

[347] Nesse sentido, vejam-se as palavras de Lorenzetti: "Apliquemos estas regras a um caso concreto, em que haja uma cláusula de rescisão unilateral. Se o contrato é rescindido em um período curto, é claro que viola a causa do mesmo ao não permitir que produz os efeitos duráveis desejados pelas partes, e que isso foi possível porque houve um abuso. Suponhamos agora que o contrato durou vinte anos e foi rescindido. A parte distribuidora pode sustentar que houve abuso da liberdade no momento genético, mas dificilmente possa dizer que ele se manteve durante vinte anos, sem que tenha podido recorrer a outros vínculos alternativos. Além disso, tampouco pode dizer que o contrato não produziu seus efeitos próprios, já que não houve desnaturalização da causa" (tradução nossa). No original: "*Apliquemos estas reglas a un caso concreto, en el que hay una cláusula de rescisión unilateral. Si el contrato es rescindido en un tiempo breve, es claro que se viola la causa del mismo al no permitir que produzca los efectos durables deseados por las partes, y que ello fue posible porque hubo un aprovechamiento. Supongamos ahora que el contrato duró veinte años y se rescinde. La parte distribuidora puede sostener que hubo aprovechamiento de la libertad en el momento genético, pero difícilmente pueda decir que ello se mantuvo durante veinte años, sin que haya podido recurrir a otros vínculos alternativos. Asimismo, tampoco puede decirse que el contrato no produjo sus efectos proprios, ya que no hubo desnaturalización de la causa*" (LORENZETTI, Ricardo Luis. *Tratado de los contratos.* Tomo I. Buenos Aires: Rubinzal – Culzoni, 1999, p. 559).

[348] Nesse sentido, cabe referir caso julgado pelo Tribunal de Justiça de São Paulo, envolvendo a resilição unilateral de contrato de prestação de serviço de transporte celebrado pelo prazo determinado de vinte e quatro meses, com cláusula permitindo a denúncia imotivada a qualquer momento, mediante pré-aviso de 90 dias. Na ocasião, o tribunal reconheceu que a resilição foi feita conforme previsão contratual, mas, mesmo assim, diante da constatação da realização de investimentos consideráveis, pelo contratado, determinou a suspensão da eficácia da denúncia até o termo final do contrato (SÃO PAULO. Tribunal de Justiça do Estado de São Paulo. Agravo de Instrumento nº 2121450-80.2017.8.26.0000, 24ª Câmara de Direito Privado, Relator: Salles Vieira, julgado em 25/10/2017).

PARTE 2

O EXERCÍCIO DO DIREITO DE RESILIÇÃO UNILATERAL DE CONTRATOS DE DURAÇÃO DIANTE DA REALIZAÇÃO DE INVESTIMENTOS CONSIDERÁVEIS

3. REGRAS PROCEDIMENTAIS PARA O EXERCÍCIO LÍCITO DO DIREITO DE RESILIÇÃO UNILATERAL NA PRESENÇA DE INVESTIMENTOS CONSIDERÁVEIS

3.1 A possibilidade e necessidade de controle do exercício do direito de resilição unilateral

Na primeira parte deste trabalho, tratou-se do conceito da resilição unilateral e do seu lugar na disciplina da extinção dos contratos, diferenciando-a das demais figuras extintivas, e delimitou-se seu campo de atuação e os pressupostos que devem estar presentes para que seu exercício seja possível. Nesta segunda parte, focar-se-á especificamente no modo de exercício do direito de resilição unilateral e nas exigências procedimentais para que ele seja considerado lícito, especialmente nos casos em que o denunciado, dada a natureza do contrato, houver feito investimentos consideráveis para a sua execução. Isto é, enquanto antes tratou-se principalmente das normas gerais de extinção dos contratos e dos aspectos do *caput* do art. 473 do Código Civil, a análise agora se desenvolverá para que se possa tratar mais detidamente da norma do parágrafo único.

Nas hipóteses de denúncia cheia, permitidas expressamente em lei, a própria disposição legal já exige o implemento de determinado requisito a permitir o exercício do direito, que dependerá da espécie contratual e da função que a resilição exerce em cada situação específica. Nesses casos, o controle do exercício do direito se faz pela constatação da efetiva implementação, em concreto, do elemento que compõe o suporte fático da norma e autoriza o exercício do direito, como, por exemplo, na hipótese de denúncia motivada de contrato de locação em virtude da retomada do imóvel locado para uso próprio (art. 47, III, da Lei nº 8.245/91).

Assim, quando se estiver diante de situação em que essa denúncia é possível (locação residencial vigente a prazo indeterminado), e comprovar-se que a retomada realmente se deu pela necessidade de uso próprio do locador, a denúncia será lícita. O foco deste capítulo não estará nesses casos, mas sim naqueles de denúncia vazia, em que a resilição unilateral, por previsão legal expressa ou implícita, pode ser exercida imotivadamente, tendo por função liberar o denunciante de contrato de duração vigente a prazo indeterminado.

Pelo fato de, nesse contexto, a resilição unilateral depender exclusivamente de declaração de vontade do denunciante, sem a necessidade de declinação dos motivos ou de comprovação do implemento de qualquer elemento externo, e pelo fato – já estabelecido acima – de que não se trata de uma forma patológica, e sim natural de extinção contratual, que resguarda interesse legítimo do denunciante, poder-se-ia pensar, à primeira vista, que não cabe maior controle do seu exercício. Entretanto, isso não é verdade, e dizer que o direito de resilição depende de mera manifestação de vontade, quando houver permissão legal expressa ou implícita, não significa atribuir-lhe um caráter absoluto, a ponto de dizer que, preenchido esse pressuposto, ele possa ser exercido a qualquer momento e de qualquer maneira, sem consequências jurídicas adversas ao denunciante. O fato de a denúncia poder ser sem causa não significa que será sempre sem custo[349]. Vale dizer, a análise do direito de resilição unilateral não se esgota no aspecto formal de estabelecer os pressupostos que autorizam a sua existência e o seu exercício; é necessário verificar também o modo pelo qual se dá esse exercício, o qual, "embora *prima facie* lícito, por vezes, pode ser ilícito ('abusivo'), isto é: disfuncional aos fins concretos do contrato, à sua causa, às expectativas que, legitimamente, tenha gerado acerca de sua continuidade"[350].

Deve-se partir da constatação de que a resilição unilateral, por sua natureza de direito potestativo, que sujeita o denunciado ao seu efeito extintivo

[349] Miravalls, Jaume Martí. *Desistimiento unilateral e indemnización por daños en los contratos de distribución*: estudio de la naturaleza jurídica de la indemnización por inversiones no amortizadas. Revista de Derecho Mercantil, n. 285, pp. 95-136, jul/set 2012, p. 102.

[350] Martins-Costa, Judith. *A boa-fé no direito privado*: critérios para a sua aplicação. 2. ed. São Paulo: Saraiva Educação, 2018, p. 731.

independentemente de sua vontade, e pelo fato de decorrer de manifestação unilateral imotivada de uma das partes, desvinculada de qualquer outro pressuposto (ao contrário do que ocorre com a resolução, por exemplo, que depende da configuração do inadimplemento) é um "energético poder de desligamento"[351], capaz de causar danos graves ao denunciado e conduzir a situações de grande injustiça, ainda nos casos em que seja regularmente admitida. De fato, mesmo estando a possibilidade do exercício do direito prevista em lei ou no contrato, não há como o outro contratante prever com antecedência e com precisão o momento em que o direito será exercido, de forma que sempre haverá o risco de ser pego de surpresa. Além disso, pelo mesmo motivo, o juízo quanto ao momento e oportunidade do exercício do direito fica a cargo exclusivo do contratante denunciante, enquanto o destinatário da denúncia, além de ser tomado de surpresa, está necessariamente sujeito ao seu efeito extintivo, nada podendo fazer para impedi-lo, já que se trata de direito potestativo.

É preciso levar em conta também que a denúncia, nesses casos, tem por efeito pôr termo final a contratos de duração, nos quais o tempo de vigência tem especial relevância, por estar intimamente ligado à satisfação dos interesses dos contratantes, e os quais muitas vezes demandam consideráveis investimentos para a sua execução. Assim, a depender do momento e da forma do exercício do direito, pode frustrar-se a expectativa que o contratante tinha a respeito da continuidade do vínculo e da recuperação dos investimentos feitos. Soma-se a isso o fato de que a parte que recebe a denúncia frequentemente está em uma posição de dependência econômica em relação ao denunciante, podendo ter, na relação contratual resilida, sua principal (senão única) fonte de manutenção.

Como ressalta André Costa, a resilição unilateral do vínculo tende a ser o momento em que se evidencia com maior clareza a desproporção entre o poder contratual de uma das partes e a vulnerabilidade da outra[352], tanto que, muitas vezes, a mera ameaça de rompimento é capaz de sujeitar a parte mais fraca da relação aos desígnios da mais forte, espe-

[351] Leonardo, Rodrigo Xavier. *A denúncia e a resilição. Críticas e propostas hermenêuticas ao art. 473 do CC/20122 brasileiro*. Revista de Direito Civil Contemporâneo, São Paulo, vol. 7, n. 3, pp. 93-115, abr./jun. 2016, p. 94.

[352] Costa, André Brandão Nery. *Os contratos que viabilizam o processo de distribuição e os efeitos*

cialmente quando exista entre elas relação de dependência econômica[353]. Por isso é que se reconhece que, embora o exercício do direito de resilição unilateral deva ser garantido, como forma de proteção da liberdade contratual das partes, o legítimo interesse do denunciante de se desvincular do contrato deve necessariamente ser equilibrado com a consideração à posição do denunciado e aos seus interesses, também legítimos, como bem coloca Ruy Rosado de Aguiar Júnior:

> O término da relação negocial duradoura, em que todas as partes estavam até ali envolvidas, certamente influirá sobre a situação do notificado, com possíveis danos aos seus interesses, como acontece nos contratos de franquia, de concessão, de agência. Por isso, é preciso atentar para os dois lados da questão. Se, de um lado, as partes devem conservar a sua liberdade de dar por findo um negócio sem prazo determinado, de outro, impende considerar que a extinção da relação pode significar o fim da fonte exclusiva de renda do cocontratante, que para isso pode ter feito investimentos e perdido outras oportunidades, confiando na continuidade do contrato[354].

Principalmente em atenção à intensidade do direito de resilição unilateral e aos graves danos que ele pode causar ao denunciado, desenvolveu-se o entendimento de que seu exercício deve ser de certa forma controlado ou limitado, impondo-se um mínimo de exigências ao denunciante[355], para evitar "condutas arbitrárias e caprichosas"[356].

de sua denúncia unilateral. 2013. Dissertação (Mestrado em Direito) – Faculdade de Direito, Universidade do Estado do Rio de Janeiro, 2013, p. 94.

353 Forgioni, Paula Andrea. *Contrato de distribuição*. 3. ed. rev., atual. e ampl. São Paulo: Revista dos Tribunais, 2014, p. 298.

354 Aguiar Júnior, Ruy Rosado de. Extinção dos contratos. *In*: Fernandes, Wanderley (Coord.). *Contratos empresariais*: fundamentos e princípios dos contratos empresariais. 2. ed. São Paulo: Saraiva, 2012. (Série GVlaw). pp. 475-518, p. 499.

355 Azéma, Jacques. *La durée des contrats successifs*. Paris: Librairie Générale de Droit et de Jurisprudence, 1969, p. 169 (tradução nossa). No original: "*La rupture unilatérale du contrat à durée indéterminée est un acte trop grave pour ne pas l'entourer d'un minimum d'exigences de nature à éviter au contractant victime de la rupture un préjudice trop important*".

356 Martins-Costa, Judith. *A boa-fé no direito privado*: critérios para a sua aplicação. 2. ed. São Paulo: Saraiva Educação, 2018, p. 735.

Como ressaltou o Ministro Luis Felipe Salomão, no julgamento do REsp nº 1.555.202, "o que o ordenamento impõe é a resilição unilateral responsável, é a observância da boa-fé até mesmo no momento de desfazimento do pacto, principalmente quando contrário aos interesses de uma das partes". Assim, "há permissão para resilição, mas o ordenamento, de maneira escorreita, sábia e coerente, contempla a parte que deseja a resilição, com essa possibilidade e, ao mesmo tempo, não deixa a outra desamparada"[357].

De fato, de uma forma geral, "há muito tempo se reconhece que os direitos devem ser exercidos *dentro de determinados limites estabelecidos pelo sistema jurídico*"[358], sob pena de configurar-se abuso de direito. Esse entendimento desenvolveu-se ainda durante a vigência do Código Civil de 1916, em que pese esse diploma legal, editado na esteira do pensamento liberal então dominante, que marcou as codificações europeias que o precederam, não tenha cuidado "estruturalmente, de sistematizar o regramento do *exercício jurídico*"[359] e não tenha disciplinado expressamente a figura do abuso de direito[360]. O Código Civil de 2002 avançou no

[357] BRASIL. Superior Tribunal de Justiça. Recurso Especial nº 1.555.202/SP, Quarta Turma, Relator: Ministro Luis Felipe Salomão, julgado em 13/12/2016.

[358] AZEVEDO, Antônio Junqueira de. (Parecer) Contrato de distribuição por prazo determinado com cláusula de exclusividade recíproca. Configuração de negócio jurídico per relationem na cláusula de opção de compra dos direitos do distribuidor pelo fabricante e consequente restrição da respectiva eficácia. Exercício abusivo do direito de compra, equivalente a resilição unilateral, sem a utilização do procedimento pactuado, com violação da boa-fé objetiva. *In*: ________. *Novos estudos e pareceres de Direito Privado*. São Paulo: Saraiva, 2009. pp. 287-310, p. 301 (grifos no original).

[359] MARTINS-COSTA, Judith. Os avatares do abuso do direito e o rumo indicado pela boa-fé. *In*: TEPEDINO, Gustavo José Mendes (org.). *Direito civil contemporâneo*: novos problemas à luz da legalidade constitucional: anais do Congresso Internacional de Direito Civil-Constitucional. São Paulo: Atlas, 2008. pp. 57-95, p. 59 (grifos no original).

[360] O reconhecimento da possibilidade de exercício irregular (e abusivo) de direito decorria principalmente de uma interpretação *a contrario sensu* da regra do art. 160, I, do Código Civil de 1916, que, fazendo menção ao exercício regular de direito, levava à conclusão de que deveria haver, portanto, um exercício que não fosse regular (SOUZA, Sylvio Capanema de. *Locação não residencial. Denúncia vazia. Duração centenária do contrato. Teoria do abuso de direito e da vedação dos atos emulativos. Figuras parcelares da boa-fé objetiva: venire contra factum proprium e supressio. Aplicação à espécie. Função social dos contratos, da propriedade e da empresa.*

regramento da matéria e instituiu, nas palavras de Judith Martins-Costa, um "*sistema de ordenação do exercício jurídico lícito* (ou, inversamente, de um sistema de coibição do exercício jurídico ilícito)"[361], tendo como eixo o art. 187. Esse dispositivo legal, segundo a autora, tem alcance mais amplo do que a figura do abuso do direito, abarcando mais de uma forma de *exercício jurídico inadmissível*[362], dentre os quais "*(i)* o exercício *contraditório*, quando desleal; *(ii)* o exercício *disfuncional* (pois divorciado da função atribuída ao direito subjetivo, potestativo ou faculdade); e *(iii)* o exercício *desmesurado* ou desmedido de direito subjetivo, potestativo ou faculdade"[363].

O art. 187 consagrou expressamente três balizas para aferição da licitude no exercício jurídico: os bons costumes ("noção fortemente sociológica, de conteúdo variável, remetendo ao sentido ético imperante na comunidade social"[364]), o fim econômico ou social do direito ("aduzindo os elementos substancial e finalístico como constitutivos do direito subjetivo, em sentido amplo"[365]) e a boa-fé, que é a principal delas[366]. Trata-se, aqui, da boa-fé objetiva[367], que impõe um *standard* ou modelo comporta-

Prazo para desocupação (Parecer). Revista Semestral de Direito Empresarial, Rio de Janeiro, n. 5, pp. 351-383, jul./dez. 2009, p. 357).

361 Martins-Costa, Judith. Os avatares do abuso do direito e o rumo indicado pela boa-fé. *In*: Tepedino, Gustavo José Mendes (org.). *Direito civil contemporâneo*: novos problemas à luz da legalidade constitucional: anais do Congresso Internacional de Direito Civil-Constitucional. São Paulo: Atlas, 2008. pp. 57-95, p. 88 (grifos no original).

362 *Ibidem*, p. 58 (grifos no original).

363 Martins-Costa, Judith. *A boa-fé no direito privado*: critérios para a sua aplicação. 2. ed. São Paulo: Saraiva Educação, 2018, p. 669 (grifos no original).

364 Martins-Costa, Judith. Os avatares do abuso do direito e o rumo indicado pela boa-fé. *In*: Tepedino, Gustavo José Mendes (org.). *Direito civil contemporâneo*: novos problemas à luz da legalidade constitucional: anais do Congresso Internacional de Direito Civil-*Constitucional*. São Paulo: Atlas, 2008. pp. 57-95, p. 87.

365 *Ibidem*, p. 87.

366 *Ibidem*, p. 85.

367 Em contraposição à boa-fé subjetiva (ou o "agir de boa-fé"), que designa uma crença subjetiva, uma condição psicológica, "um estado de fato (ignorância escusável, crença escusável na juridicidade ou na aparência de certa situação)" (Martins-Costa, Judith. *A boa-fé no direito privado*: critérios para a sua aplicação. 2. ed. São Paulo: Saraiva Educação, 2018, p. 281).

mental ideal "de lisura, correção, probidade, lealdade, honestidade"[368] que deve ser seguido e perseguido pelos contratantes. Nessa função, a boa-fé objetiva atua no plano da eficácia e age tanto negativamente, limitando os poderes das partes e vedando, por exemplo, o exercício arbitrário, desequilibrado, contraditório ou desleal, quanto positivamente, impondo deveres de agir com moderação à parte que exerce o direito e protegendo "expectativas legítimas de quem crê e confia na conduta alheia, naquelas situações em que é justificável, a um dos contraentes, depositar um 'investimento de confiança' na regularidade ou no significado da conduta da outra parte"[369]. Assim, ainda que o contratante seja titular de determinado direito ou esteja investido em determinada posição jurídica, o exercício desse direito, ou a atuação a partir dessa posição, somente serão lícitos se respeitarem as balizas impostas pela boa-fé objetiva. Caso contrário, ainda que o exercício do direito esteja previsto e seja *formalmente* possível e lícito, o seu exercício será *materialmente* ilícito. Esses limites impostos pela boa-fé objetiva incidem também sobre a resilição unilateral, como proteção ao denunciado:

> Incide, então, o princípio da boa-fé como limite ao exercício da denúncia, pois, em vista das características dos contratos contendo prestações duradouras, podem ser configuradas situações de extremada injustiça para aquele contraente que, contando com a continuidade da relação jurídica obrigacional advinda de determinado contrato que se desenvolvia desde muito tempo, sem termo determinado para a sua extinção, não se preparou para o desligamento, seja redirecionando os seus negócios, seja buscando outro fornecedor; ou, ainda, o que fez investimentos de monta para poder prover a

[368] Martins-Costa, Judith. Os avatares do abuso do direito e o rumo indicado pela boa-fé. *In*: Tepedino, Gustavo José Mendes (org.). *Direito civil contemporâneo*: novos problemas à luz da legalidade constitucional: anais do Congresso Internacional de Direito Civil-Constitucional. São Paulo: Atlas, 2008. pp. 57-95, p. 81.

[369] Martins-Costa, Judith. O caso dos produtos Tostines: uma atuação do princípio da boa-fé na resilição de contratos duradouros e na caracterização da supressio. *In*: Frazão, Ana; Tepedino, Gustavo (coord.). *O Superior Tribunal de Justiça e a reconstrução do Direito privado*. São Paulo: Revista dos Tribunais, 2011. pp. 513-542, pp. 536-537.

execução contratual, mas vê a relação jurídica extinta sem que tivesse corrido tempo necessário para viabilizar a possibilidade de um retorno financeiro[370].

Vale ressaltar ainda que, nas relações duradouras, o princípio da boa-fé objetiva incide com ainda mais intensidade do que nos contratos instantâneos, tendo em vista a alta carga de pessoalidade e a necessidade de estreita colaboração que elas geralmente exigem para a consecução de seu objeto[371]. Todavia, não é suficiente dizer, genericamente, que o direito de resilição unilateral é balizado pelo princípio da boa-fé objetiva e que não se admite exercício abusivo. A boa-fé objetiva é uma cláusula geral, de conteúdo deliberadamente indeterminado, e que não se apresenta pronta para imediata aplicação, demandando um esforço prévio de concretização[372]. A questão, como coloca Bergstein, é "indagar quais são as exigências concretas do princípio da boa-fé no âmbito da resilição unilateral"[373], para, então, verificar quando seu exercício é lícito e quando é ilícito. Como expõe Leonardo Sperb de Paola, "condena-se, sim, a ruptura abusiva da relação contratual, sem, muitas vezes, esclarecer-se quando isso se dá[374]".

Nesse sentido, cabe esclarecer, em primeiro lugar, que o controle do exercício do direito de resilição unilateral pela boa-fé objetiva não se manifesta no aspecto subjetivo, no sentido de investigar o ânimo do agente ao denunciar o contrato ou de perquirir a existência da intenção

370 MARTINS-COSTA, Judith. *A boa-fé no direito privado*: critérios para a sua aplicação. 2. ed. São Paulo: Saraiva Educação, 2018, pp. 731-732.

371 MARTINS-COSTA, Judith. O caso dos produtos Tostines: uma atuação do princípio da boa-fé na resilição de contratos duradouros e na caracterização da supressio. *In*: FRAZÃO, Ana; TEPEDINO, Gustavo (coord.). *O Superior Tribunal de Justiça e a reconstrução do Direito privado*. São Paulo: Revista dos Tribunais, 2011. pp. 513-542, pp. 532-534; LARENZ, Karl. *Derecho de obligaciones*. Madrid: Revista de Derecho Privado, 1958, vol. 1, p. 45.

372 COSTA, Mário Júlio de Almeida. *Direito das obrigações*. 12. ed. rev. e atual. Coimbra: Almedina, 2011, pp. 122-123.

373 BERGSTEIN, Jonás. *La extinción del contrato de distribución*. Montevidéu: Fundación de Cultura Universitaria, 1996, p. 93 (tradução nossa). No original: "*indagar cuáles son las exigencias concretas del principio de la buena fe en sede del desistimiento unilateral*".

374 PAOLA, Leonardo Sperb de. *Sobre a denúncia dos contratos de distribuição, concessão comercial e franquia*. Revista Forense, Rio de Janeiro, vol. 343, pp. 115-148, jul./set. 1998, p. 141.

de lesar o denunciado (*animus nocendi*)[375]. Pelo contrário, a denúncia imotivada permanece sendo imotivada, e a atuação da boa-fé se dá de forma objetiva, impondo ao denunciante a observância de deveres procedimentais no momento do exercício do direito de denúncia. Há um padrão de conduta que deve ser observado pelo denunciante em consideração aos interesses do denunciado. Em segundo lugar, o controle do exercício do direito de resilição unilateral não tem por finalidade evitar que o denunciado sofra qualquer dano. Ao permitir a denúncia imotivada de contratos de duração a prazo indeterminado, o ordenamento jurídico protege o interesse do denunciante de se desvincular e, com isso, sacrifica, de certa forma e em certa medida, o interesse do denunciado na permanência do vínculo. É inevitável que a extinção traga ao denunciado algum prejuízo, e a finalidade do controle do exercício do direito de resilição não é eliminar por completo esse prejuízo, mas sim reduzi-lo, para que seja o menor possível, e fazer com que a extinção seja a menos traumática possível[376].

Em concreto, entende-se que o ordenamento estabelece duas exigências – regras procedimentais ou limitações temporais – distintas que devem ser observadas pelo denunciante para que o exercício do direito de resilição unilateral seja considerado lícito. A primeira delas, genérica, derivada diretamente do princípio da boa-fé objetiva e aplicável a todas as situações nas quais se permite a resilição unilateral imotivada, é a concessão de um pré-aviso, que postergue a eficácia extintiva da denúncia por período razoável após o seu recebimento pelo denunciado, que lhe permita preparar-se para o fim do contrato e adaptar-se à nova situação. A segunda exigência, prevista no parágrafo único do art. 473 do Código Civil, e aplicável especificamente aos casos em que a parte denunciada fez investimentos consideráveis para a execução do contrato, consiste na observância de "prazo compatível com a natureza e o vulto dos

[375] Boulos, Daniel Martins. Breves Comentários ao Artigo 473 do Código Civil brasileiro. *In*: Araken de Assis, Eduardo Pellegrini de Arruda Alvim, Nelson Nery Jr., Rodrigo Reis Mazzei, Teresa Arruda Alvim Wambier e Thereza Celina Diniz de Arruda Alvim. (Org.). *Direito Civil e Processo*: Estudos em homenagem ao Prof. Arruda Alvim. 1. ed. São Paulo: Revista dos Tribunais, 2007, v. 1. pp. 25-35, p. 32.

[376] Klein, Michele. *El desistimiento unilateral del contrato*. Madrid: Civitas, 1997, p. 158.

investimentos"[377]. A seguir, tratar-se-á, de forma detalhada, de cada uma dessas exigências, de seus pressupostos, finalidades e peculiaridades, bem como da forma como se relacionam, a fim de que se tenha um panorama completo dos requisitos necessários ao exercício lícito do direito de

[377] Embora se considere que as duas exigências aqui referidas sejam pressupostos para o exercício lícito do direito de resilição unilateral, a gerar sua ilicitude ou abusividade quando não forem respeitadas, cabe ressaltar que há autores que diferenciam as duas hipóteses e que não veem propriamente uma ilicitude na denúncia intempestiva, que desrespeite a norma do parágrafo único do art. 473. Nesse sentido, Judith Martins-Costa parece diferenciar a hipótese do 473, parágrafo único, da abusividade da denúncia: "No exame da regra legal [do art. 473, § único], é preciso anotar a inconfundibilidade de três aspectos: *(i)* o da postergação da eficácia da denúncia, na hipótese prevista no parágrafo único que não exige seja a denúncia abusiva, situando requisito de ordem objetiva; *(ii)* sua distinção relativamente à indenizabilidade decorrente da violação dessa regra; e *(iii)* sua distinção diante da indenizabilidade decorrente do exercício imotivado ou imoderado do direito formativo de denúncia" (Martins-Costa, Judith. *A boa-fé no direito privado*: critérios para a sua aplicação. 2. ed. São Paulo: Saraiva Educação, 2018, p. 734 – grifos no original). No mesmo sentido, Evelyn Balassiano: "Note-se, portanto, que a disciplina do art. 473, parágrafo único e a disciplina do art. 187, ambos do Código Civil, não se excluem. Enquanto a teoria da duração razoável do contrato mitiga a resilição unilateral súbita com fulcro na natureza do contrato, numa perspectiva eminentemente objetiva, a teoria do abuso de direito, subsidiada pela boa-fé, adota uma perspectiva precipuamente subjetiva, visando a proteger imediatamente a confiança legítima das partes" (Balassiano, Evelyn. *Acordo de acionistas: possibilidade de resilição unilateral e suas restrições.* Revista Trimestral de Direito Civil, Rio de Janeiro, vol. 8, n. 30, pp. 27-52, abr./jun., 2007, p. 50). Há também autores estrangeiros que não qualificam a denúncia inoportuna como abusiva: "'Inoportuno' não é equivalente a 'abusivo'. 'Inoportuno' significa que seu exercício não permite à contraparte que, em condições normais, possa amortizar os investimentos realizados, ocasionando-lhe, portanto, um dano que a duração do pré-aviso não poderia mitigar. A inoportunidade do exercício do direito de resilição se constitui, portanto, na causa da indenização por investimentos não amortizados nos contratos de distribuição de duração indeterminada" (Miravalls, Jaume Martí. *Desistimiento unilateral e indemnización por daños en los contratos de distribución*: estudio de la naturaleza jurídica de la indemnización por inversiones no amortizadas. Revista de Derecho Mercantil, n. 285, pp. 95-136, jul/set 2012, p. 112 – tradução nossa). No original: "*'Inoportuno' no es equivalente a 'abusivo'. 'Inoportuno' significa que su ejercicio no permite a la contraparte que, en condiciones normales, pueda amortizar las inversiones realizadas, ocasionándole, por tanto, un dano que la duración del preaviso no podía mitigar. La inoportunidad del ejercicio del derecho de desistimiento se constituye, por tanto, en la causa de la indemnización por inversiones no amortizadas en los contratos de distribución de duración indeterminada*".

resilição unilateral de contratos de duração quando se estiver diante de caso no qual o denunciado tenha feito investimentos consideráveis para sua execução.

3.2 A observância do dever geral de pré-aviso

A primeira exigência, imposta pela boa-fé objetiva, à parte que pretenda exercer o direito de resilição unilateral do contrato, para que esse exercício seja considerado lícito, é que não o faça de forma abrupta, isto é, que garanta a outra parte um intervalo de tempo razoável entre o recebimento da notificação de denúncia e a efetiva extinção do contrato. Trata-se do dever de conceder pré-aviso, ou seja, de inserir termo inicial à denúncia, a fim de suspender, até determinado momento futuro, a sua eficácia extintiva – que, se não fosse por isso, atuaria imediatamente[378].

Como ressalta Gustavo Haical, "não há uma obrigação, em sentido técnico, do figurante que irá exercer o direito de denúncia, nem há a correlata pretensão do figurante em estado de sujeição à concessão do prazo à eficácia da denúncia"[379]; o que se tem é um dever lateral de proteção, derivado do princípio da boa-fé objetiva, que faz com que o denunciante, ao exercer o direito de resilição unilateral, tenha que levar em conta os interesses da outra parte e a legítima expectativa que esta tinha na continuidade do vínculo, sob pena de esse exercício ser considerado abusivo, nos termos do art. 187 do Código Civil[380].

[378] Martins-Costa, Judith. *A boa-fé no direito privado*: critérios para a sua aplicação. 2. ed. São Paulo: Saraiva Educação, 2018, p. 736; e Haical, Gustavo. Apontamentos sobre o direito formativo extintivo de denúncia no contrato de agência. *In*: Martins-Costa, Judith. *Modelos de direito privado*. São Paulo: Marcial Pons, 2014. pp. 294-331, pp. 307-308.

[379] Haical, *op. cit.*, p. 306.

[380] A abusividade da resilição unilateral abrupta, sem a concessão de pré-aviso, é amplamente reconhecida pela jurisprudência, como se depreende dos seguintes trechos de acórdãos do Tribunal de Justiça do Estado de São Paulo: "Não se nega o direito da apelada de se desvincular da relação contratual com o apelante, por meio da resilição. O que se veda é o exercício abusivo do direito de denúncia, sem aviso prévio necessário para impedir a surpresa e arbitrariedade do denunciante" (SÃO PAULO. Tribunal de Justiça do Estado de São Paulo. Apelação Cível nº 9120259-90.2008.8.26.0000, 32ª Câmara de Direito Privado, Relator: Hamid Bdine, julgado em 20/06/2013); "Evidente que não se poderia obrigar a ré a perpetuar a relação, mas a quebra abrupta impõe que se fixe a indenização por, pelo menos, três anos de lucros cessantes, tempo que permitiria que a autora se reorganizasse"

Como o momento de exercício da denúncia é imprevisível e geralmente toma o denunciado de surpresa, a implementação imediata de seus efeitos extintivos tem potencial de causar-lhe danos graves, a depender da importância do contrato no contexto de suas atividades empresariais. No limite, o denunciado, que até então se encontrava em situação de certa estabilidade, poderá ver-se, da noite para o dia, sem sua única fonte de receita. O dever de pré-aviso tem por finalidade evitar (ou ao menos atenuar) as consequências do rompimento brusco do contrato, fazendo com que a extinção seja a menos traumática possível ao denunciado. No intervalo compreendido entre o recebimento da denúncia e o termo inicial de seu efeito extintivo, com o contrato ainda vigente, o denunciado terá um tempo de transição (uma "fase de descontinuação da relação contratual"[381]) para se preparar de forma ordenada para a extinção do contrato, quando poderá tomar medidas necessárias para diminuir seu prejuízo com o encerramento do vínculo (concluindo as obrigações pendentes, notificando terceiros com quem mantenha relações que também deverão ser extintas, vendendo os produtos em estoque e realocando funcionários, por exemplo) e para adaptar-se à nova realidade e reorganizar suas atividades para o futuro, buscando novos negócios e novas fontes de renda, e iniciando tratativas para a celebração de outros contratos para substituir o extinto. Em suma, o dever de pré-aviso tutela o interesse do denunciado de não ser tomado de surpresa com a denúncia e de ter à sua disposição um período razoável para reorganizar suas atividades e

(SÃO PAULO. Tribunal de Justiça do Estado de São Paulo. Apelação Cível nº 9101555-05.2003.8.26.0000, 23ª Câmara de Direito Privado, Relator: Rizzatto Nunes, julgado em 13/12/2011); "A indenização pleiteada, como fartamente consolidado pela doutrina e jurisprudencial atual, não deriva do simples ato de rescindir, mesmo porque inexiste obrigatoriedade das partes permanecerem contratadas infindavelmente quando não mais lhes convém [...] O dever indenizatório origina, em verdade, da denúncia abusiva, 'assim entendida aquela que é efetivada sem aviso prévio dado com prazo razoável" (SÃO PAULO. Tribunal de Justiça do Estado de São Paulo. Apelação Cível nº 9158384-64.2007.8.26.0000, 28ª Câmara de Direito Privado, Relator: Mello Pinto, julgado em 21/11/2011).

[381] Costa, André Brandão Nery. *Os contratos que viabilizam o processo de distribuição e os efeitos de sua denúncia unilateral.* 2013. Dissertação (Mestrado em Direito) – Faculdade de Direito, Universidade do Estado do Rio de Janeiro, 2013, p. 103.

se programar para a extinção do contrato[382]. Liga-se, portanto, à ideia de adaptação da atividade econômica do denunciado[383].

É importante ressaltar, novamente, que não se trata aqui de evitar todos os danos decorrentes da denúncia em si, nem de eliminar o risco empresarial. A extinção de um contrato inevitavelmente trará prejuízos ao denunciado, que serão mais ou menos graves a depender do caso concreto, e muitos dos quais fazem parte do risco do negócio e da atividade econômica desenvolvida pelo denunciado. O foco está nos danos injustos decorrentes da denúncia *abrupta*, que podem ser evitados ou ao menos mitigados pelo denunciante que orientar seu comportamento pelo *standard* da boa-fé objetiva. Assim, eventual abuso não estará no exercício do direito de denúncia em si, mas na privação do período de transição entre a notificação da denúncia e a extinção do contrato[384].

Durante o transcurso do prazo do pré-aviso, em que o efeito extintivo da denúncia fica suspenso, o contrato permanece integralmente vigente, e as partes continuam obrigadas ao cumprimento de suas prestações, até o momento indicado para o término da relação, quando enfim estarão liberadas. Sob essa perspectiva, portanto, pode-se dizer que a relação permanece normalmente em vigor, motivo pelo qual eventual descum-

[382] Veja-se a disposição expressa nesse sentido no art. 22, §2º, da Lei Ferrari, que, ao tratar do prazo de pré-aviso, não inferior, no caso, a cento e vinte dias, faz constar que ele tem por função permitir a extinção das relações das partes e das operações do concessionário.

[383] Messineo, Francesco. *Doctrina general del contrato*. Buenos Aires: Ediciones Jurídicas Europa-América, 1952. Tomo II, p. 422; Bonini, Paulo Rogério. *Resilição contratual – relações civis – empresariais – interpretação do art. 473, parágrafo único, CC – consequências do exercício da resilição unilateral – indenização x prolongamento do contrato*. Cadernos Jurídicos, São Paulo, vol. 16, n.39, pp. 191-199, jan./mar. 2015, p. 192; Bergstein, Jonás. *La extinción del contrato de distribución*. Montevidéu: Fundación de Cultura Universitaria, 1996, p. 96; Haical, Gustavo. Apontamentos sobre o direito formativo extintivo de denúncia no contrato de agência. *In*: Martins-Costa, Judith. *Modelos de direito privado*. São Paulo: Marcial Pons, 2014. pp. 294-331, p. 30; Ghersi, Carlos Alberto. *Contratos*: problemática moderna. Mendoza: Cuyo, 1996. vol. 1, p. 76; Paola, Leonardo Sperb de. *Sobre a denúncia dos contratos de distribuição, concessão comercial e franquia*. Revista Forense, Rio de Janeiro, vol. 343, pp. 115-148, jul./set. 1998, p. 141; Azéma, Jacques. *La durée des contrats successifs*. Paris: Librairie Generale de Droit et de Jurisprudence, 1969, p. 174.

[384] Martins-Costa, Judith. *A boa-fé no direito privado*: critérios para a sua aplicação. 2. ed. São Paulo: Saraiva Educação, 2018, p. 736.

primento pode ainda dar lugar ao direito de resolução, assim como as obrigações continuam suscetíveis à superveniência de eventual impossibilidade ou onerosidade excessiva, por exemplo. Por outro lado, há que se reconhecer que a relação já não será mais exatamente a mesma, pois, enquanto antes vinha sendo mantida por prazo indeterminado, possivelmente com expectativa de continuidade, agora, a partir da denúncia, tem termo final estabelecido. Essa proximidade do fim da relação naturalmente terá significativas consequências no comportamento das partes durante esse prazo do aviso prévio, que não podem ser desconsideradas. Como ressalta Fernando Ferreira Pinto, "a ordem jurídica terá, necessariamente, de passar a valorar a conduta exigível em função da *alteração da natureza do vínculo* e das *finalidades do prazo de pré-aviso*"[385].

Primeiro, o cumprimento do contrato em si deverá adequar-se ao período que resta de sua vigência, motivo pelo qual algumas obrigações possivelmente precisarão ser mitigadas. Por exemplo, ainda que, contratualmente, determinado distribuidor esteja obrigado a adquirir uma quantidade mensal mínima de produtos do fabricante, não parece lógico

[385] PINTO, Fernando A. Ferreira. *Contratos de distribuição*: da tutela do distribuidor integrado em face da cessação do vínculo. Lisboa: Universidade Católica Editora, 2013, p. 383 (grifos no original). Merecem destaque as seguintes palavras do autor: "A declaração de denúncia desencadeia, em suma, um estado de *proto-extinção* do vínculo que implica, forçosamente, uma *modificação do respectivo conteúdo* em aspectos importantes. Dir-se-á, mesmo, que a relação obrigacional entra numa *fase de pré-liquidação*, em que a intensidade da vinculação pode sofrer algum abrandamento, em função da necessidade da sua adequação às novas circunstâncias. Dependendo da duração do prazo de pré-aviso e do lapso de tempo que faltar cumprir até a efetiva dissolução do contrato, certos deveres de prestar ficarão sujeitos a uma acomodação funcional ou teleológica, podendo também surgir novos deveres para os sujeitos envolvidos. Assim acontece, por exemplo, com algumas sequelas do dever de não concorrência *stante pacto*: durante o período de pré-aviso, é natural que o distribuidor inicie contatos com fornecedores alternativos ou que comece a preparar-se para iniciar uma atividade concorrente com a do seu atual integrador. Pode, inclusivamente, chegar a celebrar os correspondentes contratos, desde que o início da sua vigência ocorra em data subsequente à da efetiva extinção do vínculo atual. Comportamento que nada tem de censurável, desde que, evidentemente, o contrato em vias de finalização não preveja uma válida proibição de concorrência pós-contratual, mas que mereceria, certamente, uma diferente valoração, caso o vínculo não tivesse sofrido a alteração em apreço" (PINTO, Fernando A. Ferreira. *Contratos de distribuição*: da tutela do distribuidor integrado em face da cessação do vínculo. Lisboa: Universidade Católica Editora, 2013, p. 384).

que se exija dele a compra de estoque que sabidamente não conseguirá comercializar durante o período restante da relação[386]. Segundo, a execução do contrato "deve permitir que paralelamente se cumpra a finalidade a que está destinado o período do pré-aviso"[387]. Ou seja, como afirma Gustavo Haical, "há que se permitir ao denunciado proteger os seus interesses e evitar maiores danos decorrentes do encerramento do vínculo obrigacional", autorizando, por exemplo, que estabeleça tratativas com terceiros para concluir novo contrato para substituir a relação que está chegando ao fim[388]. Deve-se buscar o melhor encerramento para a relação contratual, evitando prejuízos desnecessários a qualquer das partes.

Além disso, a iminência da extinção da relação contratual invariavelmente e naturalmente levará as partes a concentrar seus esforços – ou ao menos parte considerável deles – em outras oportunidades e em outros negócios. Nessa fase, tenderão a se ressaltar os interesses individuais de cada uma das partes, já que não haverá mais o mesmo incentivo de cooperação com vistas à continuidade do vínculo[389]. Como exemplifica Bergstein, o distribuidor, que antes investia regularmente em campanhas publicitárias para promoção dos produtos que comercializa, já não terá o mesmo incentivo a fazê-lo, tampouco a dar andamento a eventuais obras de ampliação de sua estrutura que pudessem beneficiar ambas as partes,

386 Klein, Michele. *El desistimiento unilateral del contrato*. Madrid: Civitas, 1997, p. 218.

387 *Ibidem*, p. 217.

388 Haical, Gustavo. Apontamentos sobre o direito formativo extintivo de denúncia no contrato de agência. *In*: Martins-Costa, Judith. *Modelos de direito privado*. São Paulo: Marcial Pons, 2014. pp. 294-331, pp. 308-309. Veja-se, nesse sentido, o que disse o Tribunal de Justiça do Rio Grande do Sul ao julgar caso envolvendo denúncia de contrato de distribuição em que se reconheceu a insuficiência do pré-aviso dado pelo fabricante ao distribuidor: "Poderia [a fabricante] ter adotado forma transitória para o encerramento do contrato, quem sabe autorizando o exercício de outra representação, ainda que não de produtos concorrentes, permitindo uma melhor adaptação da autora para enfrentar o período de recessão do contrato" (RIO GRANDE DO SUL. Tribunal de Justiça do Estado do Rio Grande do Sul. Apelação Cível nº 70019570597, Nona Câmara Cível, Relator: Tasso Caubi Soares Delabary, julgado em 02/07/2008).

389 Costa, André Brandão Nery. *Os contratos que viabilizam o processo de distribuição e os efeitos de sua denúncia unilateral*. 2013. Dissertação (Mestrado em Direito) – Faculdade de Direito, Universidade do Estado do Rio de Janeiro, 2013, p. 103.

diante da falta de perspectiva de colher os frutos desses investimentos[390]. Tendo em vista todos esses fatores, em especial a necessidade de adequar o contrato ao período de vigência que falta e o possível desestímulo ao cumprimento do contrato que pode acompanhar a denúncia, reconhece-se que devem incidir com ainda mais intensidade os deveres decorrentes da boa-fé objetiva[391], para compensar a possível perda de confiança entre as partes e evitar que elas "adotem a política de terra arrasada"[392] e prejudiquem os interesses da outra.

Para alguns contratos típicos, o dever de concessão de pré-aviso vem previsto em lei, que já fixa o prazo que deve ser respeitado pelo denunciante. Assim, por exemplo, o contrato de prestação de serviço vigente a prazo indeterminado pode ser resilido por qualquer das partes, mediante aviso prévio calculado de acordo com a periodicidade dos pagamentos ao prestador: de oito dias, se o salário houver sido fixado por tempo de um mês ou mais; de quatro dias, se o salário se tiver ajustado por semana, ou quinzena; e de um dia, quando se tenha contratado por menos de sete dias (art. 599, CC). O contratante que denuncia o contrato de agência vigente a prazo indeterminado deve observar aviso prévio de noventa dias, desde que transcorrido prazo compatível com a natureza e o vulto dos investimentos exigidos do agente (art. 720); o contrato de representação comercial ajustado por tempo indeterminado e que haja vigorado por mais de seis meses pode ser denunciado por qualquer das partes desde que concedido pré-aviso de trinta dias (art. 34 da Lei nº 4.886/65); vigente a locação de prédio urbano por prazo indeterminado, tanto o locatário quanto o locador podem denunciar o contrato, mediante pré-aviso de trinta dias (arts. 6º, 46, §2º e 57 da Lei nº 8.245/91).

[390] Bergstein, Jonás. *La extinción del contrato de distribución*. Montevidéu: Fundación de Cultura Universitaria, 1996, pp. 127-128.

[391] Klein, Michele. *El desistimiento unilateral del contrato*. Madrid: Civitas, 1997, p. 218; Costa, André Brandão Nery. *Os contratos que viabilizam o processo de distribuição e os efeitos de sua denúncia unilateral*. 2013. Dissertação (Mestrado em Direito) – Faculdade de Direito, Universidade do Estado do Rio de Janeiro, 2013, p. 103.

[392] Aguiar Júnior, Ruy Rosado. *Comentários ao Código Civil*, vol. VI, tomo II: da extinção do contrato. Rio de Janeiro: Forense, 2011, p. 246.

Isso não significa dizer, todavia, que o dever de pré-aviso dependa necessariamente de previsão legal expressa. Pelo contrário, a concessão de pré-aviso é dever lateral de proteção derivado diretamente da boa-fé objetiva e decorrente da própria estrutura das relações duradouras passíveis de denúncia, destinadas a perdurar no tempo[393]. Portanto, é dever que configura a regra, e não a exceção, devendo ser respeitado pelo denunciante, em consideração aos legítimos interesses da contraparte, ainda que ausente previsão legal que o estabeleça[394], somente podendo ser dispensado se a lei expressamente assim o fizer[395].

Havendo prazo de pré-aviso definido em lei, a questão que se coloca é se as partes, no exercício de sua autonomia privada, podem alterá-lo e, em caso positivo, até que ponto podem fazê-lo. Por um lado, a doutrina parece unânime em afirmar que as partes podem estabelecer contratualmente um período de pré-aviso mais extenso do que aquele previsto em lei ou que o denunciante, unilateralmente, pode optar por conceder pré-aviso superior ao que está contratualmente ou legalmente obrigado[396]. Por outro lado, quando se trata de reduzir contratualmente o período legal de pré-aviso, há divergência. Alguns autores entendem que as normas que estipulam a duração do pré-aviso são dispositivas, o que permite

[393] Viégas, Francisco de Assis. *Denúncia contratual e dever de pré-aviso*. Belo Horizonte: Fórum, 2019, p. 133.

[394] Paola, Leonardo Sperb de. *Sobre a denúncia dos contratos de distribuição, concessão comercial e franquia*. Revista Forense, Rio de Janeiro, vol. 343, pp. 115-148, jul./set. 1998, p. 141.

[395] Aguiar Júnior, Ruy Rosado. *Comentários ao Código Civil*, vol. VI, tomo II: da extinção do contrato. Rio de Janeiro: Forense, 2011, p. 285.

[396] Haical, Gustavo. Apontamentos sobre o direito formativo extintivo de denúncia no contrato de agência. *In*: Martins-Costa, Judith. *Modelos de direito privado*. São Paulo: Marcial Pons, 2014. pp. 294-331, p. 308; Tepedino, Gustavo. *Comentários ao Novo Código Civil*, vol. X: das várias espécies de contrato, do mandato, da comissão, da agência e distribuição, da corretagem, do transporte. Coordenador: Sálvio de Figueiredo Teixeira. Rio de Janeiro: Forense, 2008, p. 373; Requião, Rubens Edmundo. *O contrato de representação comercial e o novo Código Civil. O contrato de agência e distribuição. O poder de denunciar o contrato sem prazo determinado e o dever de indenizar os investimentos realizados pelo representante ou pelo agente*. Revista do Instituto dos Advogados do Paraná, Curitiba, n. 31, pp. 206-221, 2001, p. 212; Costa, André Brandão Nery. *Os contratos que viabilizam o processo de distribuição e os efeitos de sua denúncia unilateral*. 2013. Dissertação (Mestrado em Direito) – Faculdade de Direito, Universidade do Estado do Rio de Janeiro, 2013, p. 105.

às partes estabelecer intervalo mais curto, segundo seus interesses[397]. Em sentido contrário, há quem sustente que se trata de normas cogentes e que o prazo legal é o mínimo necessário, não podendo ser reduzido por vontade das partes, como o fazem Gabriel de Figueiredo[398], Rubens Requião[399] (ao tratar do contrato de agência), e Gustavo Tepedino[400] e André Costa[401] (ao abordarem o contrato de distribuição).

Nesse ponto, parece-nos que não se pode pretender chegar a uma resposta geral, aplicável *a priori* a todos os possíveis cenários, até porque cada um dos autores citados acima está analisando a questão a partir de um determinado contrato típico. Com efeito, parece-nos que a análise deva ser feita caso a caso, e que a solução dependerá principalmente do tipo contratual em questão e das circunstâncias concretas, incluindo as características das partes. Assim, em contratos de locação (especialmente residenciais) e de representação comercial, em regra, será mais difícil sustentar a possibilidade de redução do prazo legal de pré-aviso previsto na legislação de regência, ao menos nos casos em que a denúncia opera em desfavor do locatário ou do representante, respectivamente, pelo notório caráter protetivo que lhes é dado por essa legislação – e, no caso da locação, também pelo conteúdo da norma do art. 45 da Lei nº 8.245/91. Já em contratos de distribuição, em princípio, a liberdade das partes tende a ser maior. Assim, tratando-se de contrato firmado entre duas partes empresárias, que tenham negociado o contrato de forma paritária, pode-se argumentar que o prazo de pré-aviso, ainda que reduzido, deve ser observado, pois desde o início é de conhecimento de ambas as

[397] Viégas, *op. cit.*, pp. 150-151 e 159; Bergstein, Jonás. *La extinción del contrato de distribución*. Montevidéu: Fundación de Cultura Universitaria, 1996, pp. 149-150.

[398] Figueiredo, Gabriel Seijo Leal de. *Denúncia imotivada dos contratos civis e suspensão de sua eficácia*. 2016. Tese (Doutorado em Direito Civil) – Pontifícia Universidade Católica de São Paulo, São Paulo, 2016, p. 118.

[399] Requião, *op. cit.*, p. 212.

[400] Tepedino, Gustavo. *Comentários ao Novo Código Civil*, vol. X: das várias espécies de contrato, do mandato, da comissão, da agência e distribuição, da corretagem, do transporte. Coordenador: Sálvio de Figueiredo Teixeira. Rio de Janeiro: Forense, 2008, p. 373.

[401] Costa, André Brandão Nery. *Os contratos que viabilizam o processo de distribuição e os efeitos de sua denúncia unilateral*. 2013. Dissertação (Mestrado em Direito) – Faculdade de Direito, Universidade do Estado do Rio de Janeiro, 2013, p. 105.

partes, que o aceitaram, sopesando os riscos envolvidos. Isso não significa dizer, contudo, que essa liberdade seja irrestrita e que a convenção das partes não possa ser objeto de controle judicial se o seu conteúdo for desproporcional, manifestamente contrário à boa-fé ou se as circunstâncias do caso concreto o exigirem[402].

Em contrapartida, quando se está diante de contrato para o qual não exista disposição legal estabelecendo o pré-aviso que deva acompanhar a denúncia, a questão que se coloca é como definir o período razoável que deve separar os momentos do recebimento da denúncia e da extinção do contrato. Nesse caso, o primeiro critério para o qual a doutrina aponta é a vontade das partes[403], no sentido de que, existindo regulamentação contratual do pré-aviso, esta deve ser levada em conta, e o prazo definido pelas partes deve, ao menos em princípio, ser considerado razoável, por ter sido fixado em comum acordo. Trata-se de "privilegiar, tanto quanto possível, a auto-regulamentação privada do prazo de pré-aviso, tendo em vista tratar-se de exercício legítimo da autonomia privada na gestão dos riscos inerentes ao programa contratual"[404]. Com efeito, por meio da previsão contratual, as partes têm a vantagem de definir por elas mesmas o que entendem por razoável, evitando a incerteza de, com seu silêncio, deixar a definição da questão inteiramente a critério de terceiro. Contudo, como já se ressaltou, eventual previsão contratual do pré-aviso não pode ser tomada como presunção absoluta da razoabilidade do prazo, o que significa que a vontade das partes, mais do que a linha de chegada dessa avaliação, deve ser o ponto de partida, a ser analisada à luz da boa-fé objetiva e sopesada com outros elementos do caso concreto. Em qualquer caso, a revisão judicial para alteração do prazo de pré-aviso acordado pelos contratantes implicará ônus probatório maior para a parte

[402] Viégas, Francisco de Assis. *Denúncia contratual e dever de pré-aviso*. Belo Horizonte: Fórum, 2019, pp. 158 e 165.

[403] Aguiar Júnior, Ruy Rosado. *Comentários ao Código Civil*, vol. VI, tomo II: da extinção do contrato. Rio de Janeiro: Forense, 2011, p. 246; Viégas, *op. cit.*, p. 158; Figueiredo, Gabriel Seijo Leal de. *Denúncia imotivada dos contratos civis e suspensão de sua eficácia*. 2016. Tese (Doutorado em Direito Civil) – Pontifícia Universidade Católica de São Paulo, São Paulo, 2016, p. 118.

[404] Viégas, Francisco de Assis. *Denúncia contratual e dever de pré-aviso*. Belo Horizonte: Fórum, 2019, pp. 156-157.

que a postula, além de maior ônus argumentativo, tanto para ela quanto para o julgador, ao fundamentar sua decisão[405].

Ausente qualquer previsão contratual, o intérprete poderá tomar como parâmetro os prazos de pré-aviso previstos em lei para contratos semelhantes[406]. Assim, por exemplo, o prazo de noventa dias do art. 720 do Código Civil pode servir de parâmetro para a definição do prazo razoável de pré-aviso na extinção de um contrato de franquia. Não se defende aqui a simples e automática aplicação por analogia dessas normas, até porque cada espécie contratual é fundada em uma racionalidade específica, mas tão somente sua utilização como um dos possíveis elementos a serem levados em conta.

De qualquer forma, a definição do prazo razoável de pré-aviso deve ser feita naturalmente à luz de sua função, isto é, de permitir ao denunciado que tome as medidas necessárias para encerrar de forma organizada suas obrigações ainda pendentes e para buscar o redirecionamento de suas atividades, fazendo com que a extinção seja a menos traumática possível. Não se trata, contudo, de conceder o tempo absoluto do qual necessita realmente o contratante em cada caso para liquidar suas obrigações e restabelecer-se, mas sim o período teoricamente razoável, considerando um contratante com diligência média[407]. Deve ser garantida a possibilidade, portanto, e não a certeza[408]. Além disso, a preocupação com o interesse legítimo do denunciado de não sofrer danos desnecessários com a extinção não pode fazer com que se perca de vista o também legítimo interesse do denunciante de se liberar do contrato. Assim, o prazo não poderá nem ser tão longo, a ponto de inviabilizar o exercício do direito de denúncia conferido pelo ordenamento ao denunciante, nem tão curto, a ponto de não ser suficiente para cumprir sua função[409].

[405] *Ibidem*, p. 158.

[406] AGUIAR JÚNIOR, Ruy Rosado. *Comentários ao Código Civil*, vol. VI, tomo II: da extinção do contrato. Rio de Janeiro: Forense, 2011, p. 286.

[407] KLEIN, Michele. *El desistimiento unilateral del contrato*. Madrid: Civitas, 1997, p. 207.

[408] LORENZETTI, Ricardo Luis. *Tratado de los contratos*. Tomo I. Buenos Aires: Rubinzal – Culzoni, 1999, p. 569.

[409] VIÉGAS, Francisco de Assis. *Denúncia contratual e dever de pré-aviso*. Belo Horizonte: Fórum, 2019, p. 181.

Como as medidas necessárias para o cumprimento da finalidade do pré-aviso serão diferentes a depender da relação que está sendo denunciada, não se pode pretender estabelecer, de antemão, um prazo genérico e abstrato, aplicável a qualquer contrato, diante da imensa variedade de relações contratuais e de situações possíveis. A análise deverá ser feita caso a caso, e precisará levar em conta tanto a natureza em abstrato da relação que está sendo denunciada (i.e., o tipo contratual específico, com suas obrigações e racionalidade próprias), quanto as características e elementos concretos, já que, dentro de uma mesma espécie de contrato (como o de distribuição, por exemplo), o período razoável de pré-aviso pode ser diferente, a depender dos elementos que se observe na prática daquela relação específica (espécie de produto distribuído, vulto da operação, etc.). Ao final, na ausência de consentimento entre as partes, fatalmente incumbirá ao juiz determinar a razoabilidade do prazo, não havendo como afastar por completo certa margem de discricionariedade. Contudo, há elementos que podem servir como norte para essa definição, com a ressalva de que não devem ser tomados à risca nem considerados isoladamente.

O primeiro elemento que se costuma apontar para a definição do período de pré-aviso é a antiguidade da relação contratual denunciada, no sentido de que, quanto maior for o tempo de vigência do contrato já transcorrido até o momento da denúncia, mais longo deve ser o pré-aviso[410]. Argumenta-se que um tempo maior de duração traz consigo maior envolvimento e confiança entre as partes, além de uma maior expectativa na continuidade da relação, o que justificaria a necessidade de um período mais extenso até o implemento da eficácia extintiva da

[410] LORENZETTI, Ricardo Luis. *Tratado de los contratos.* Tomo I. Buenos Aires: Rubinzal – Culzoni, 1999, p. 569; PAOLA, Leonardo Sperb de. *Limites ao exercício do poder de denúncia e não-renovação nos contratos de distribuição, concessão comercial e franquia.* Repertório IOB de Jurisprudência, São Paulo, 3/13901, pp. 496-493, 1997, p. 495; COSTA, André Brandão Nery. *Os contratos que viabilizam o processo de distribuição e os efeitos de sua denúncia unilateral.* 2013. Dissertação (Mestrado em Direito) – Faculdade de Direito, Universidade do Estado do Rio de Janeiro, 2013, p. 107; GHERSI, Carlos Alberto. *Contratos*: problemática moderna. Mendoza: Cuyo, 1996. vol. 1, p. 76; BERGSTEIN, Jonás. *La extinción del contrato de distribución.* Montevidéu: Fundación de Cultura Universitaria, 1996, p. 112.

denúncia[411-412]. Entretanto, Bergstein e Francisco Coelho alertam para a necessidade de analisar esse critério em conjunto com outros fatores e de temperar sua aplicação se, na prática, considerando os elementos do caso concreto, verificar-se que ele não é relevante, quando considerado à luz do vetor já mencionado, isto é, do tempo necessário para o restabelecimento comercial do denunciado. Assim, por exemplo, ressaltam que o tempo maior de duração do contrato não deve acarretar período de pré-aviso mais extenso quando, justamente pelo tempo em que esteve vigente, a relação tenha gerado ao contratante maior conhecimento sobre o meio empresarial em que atua, que lhe permita realocar-se mais facilmente[413], ou então quando, apesar de ter durado por bastante tempo, a relação (i) verse sobre a distribuição de um produto simples, corrente ou

[411] VIÉGAS, *op. cit.*, p. 183.

[412] Esse é um critério que está presente de forma explícita em algumas legislações europeias, a exemplo da Diretiva 86/653/CEE, do Conselho de 18.12.1986, que prevê medidas de harmonização às disposições legislativas, regulamentares e administrativas dos Estados-membro que regem as relações entre os agentes comerciais e os seus comitentes. O artigo 15º, 2, da Diretiva, ao tratar da denúncia, prevê prazos de pré-aviso diretamente proporcionais ao período de vigência do contrato denunciado, à razão de um mês para cada ano, até o máximo de três meses. Adicionalmente, permite aos Estados-membro fixarem o prazo de quatro meses para o quarto ano, de cinco meses para o quinto ano e de seis meses para o sexto ano e seguintes. Leis internas da Alemanha, Itália e Portugal, que tratam do contrato de agência ou representação comercial, seguem essa mesma linha, com pequenas diferenças. Assim, o parágrafo 89 do Código Comercial alemão (*Handelsgesetzbuch*), ao tratar da possibilidade de denúncia do contrato de representação comercial celebrado com prazo indeterminado, estabelece prazo de pré-aviso de um mês para contratos denunciados no primeiro ano de vigência; de dois meses para contratos denunciados no segundo ano de vigência; de três meses para contratos denunciados entre o terceiro e o quinto anos de vigência; e de seis meses para contratos vigentes a mais de cinco anos. Já o art. 1750 do Código Civil italiano prevê prazos mínimos de pré-aviso de um mês para cada ano de vigência do contrato, até o limite de seis meses. Em Portugal, o Decreto-Lei nº 178/86 estabelece pré-aviso mínimo de um mês, se o contrato durar há menos de um ano; de dois meses, se já houver iniciado o segundo ano de vigência; e de três meses nos demais casos. Cabe mencionar ainda o Código Civil argentino, que, ao tratar da extinção do contrato de agência (art. 1.492), também está alinhado a essas legislações europeias citadas, determinando que o prazo de pré-aviso deverá ser de um mês para cada ano de vigência do contrato.

[413] COELHO, Francisco Pereira. Cessação dos contratos duradouros: regime específico e contrato de agência. *In*: *Actas do Colóquio Distribuição Comercial nos 30 anos da Lei do Contrato*

de uso ordinário, para qual o distribuidor destinatário da denúncia possa facilmente encontrar fabricantes alternativos, ou (ii) não tenha gerado elevado grau de integração entre as estruturas empresariais das partes, de modo que permita um desfazimento e a realocação da parte de forma não traumática[414].

Outros elementos importantes para a definição do período que deva ser concedido até a extinção do contrato são a relevância econômica que a relação contratual denunciada tem para a parte que recebe a denúncia e o grau de integração e de dependência entre as duas partes[415]. Assim, por

de Agência. Coimbra: Instituto Jurídico, 2017, p. 234, *apud* Viégas, Francisco de Assis. *Denúncia contratual e dever de pré-aviso*. Belo Horizonte: Fórum, 2019, p. 186, nota de rodapé nº 494.

[414] Bergstein, Jonás. *La extinción del contrato de distribución*. Montevidéu: Fundación de Cultura Universitaria, 1996, p. 112.

[415] Esses elementos foram considerados expressamente, para fixação do prazo concreto de pré-aviso, no julgamento dos seguintes casos: SÃO PAULO. Tribunal de Justiça do Estado de São Paulo. Apelação Cível nº 9191011-87.2008.8.26.0000, 33ª Câmara de Direito Privado, Relator: Mario A. Silveira, julgado em 29/06/2015; SÃO PAULO. Tribunal de Justiça do Estado de São Paulo. Apelação Cível nº 0113113-17.2009.8.26.0001, 8ª Câmara Extraordinária de Direito Privado, Relator: Fábio Podestá, julgado em 01/10/2014; SÃO PAULO. Tribunal de Justiça do Estado de São Paulo. Apelação Cível nº 9120259-90.2008.8.26.0000, 32ª Câmara de Direito Privado, Relator: Hamid Bdine, julgado em 20/06/2013; SÃO PAULO. Tribunal de Justiça do Estado de São Paulo. Apelação Cível nº 0112498-89.2007.8.26.0100, 28ª Câmara de Direito Privado, Relator: Cesar Lacerda, julgado em 28/01/2013; RIO GRANDE DO SUL. Tribunal de Justiça do Estado do Rio Grande do Sul. Apelação Cível nº 70073604829, Décima Oitava Câmara Cível, Relatora: Marlene Marlei de Souza, julgado em 10/10/2017. Em caso envolvendo a denúncia de contrato de distribuição de sorvetes da marca Kibon, o Tribunal de Justiça de São Paulo considerou, em conjunto, os dois critérios até aqui citados, conforme demonstram os seguintes trechos do acórdão: "A razoabilidade ou não do prazo entre a denúncia e a resilição do contrato há de ser sopesada tendo em conta, entre outros fatores, a duração do vínculo contratual e a relevância econômica maior ou menor do contrato em relação à atividade negocial do distribuidor" [...] "Logo, a longa duração do contrato e a sua importância econômico-financeira para a autora, notadamente se consideradas em conjunto, estavam a reclamar um aviso prévio com a antecedência que permitisse que a distribuidora redirecionasse seus negócios, fosse passando a distribuir sorvetes de outra origem, fosse substituindo o sorvete por outro produto como objeto de sua atividade comercial" (SÃO PAULO. Tribunal de Justiça do Estado de São Paulo. Apelação com Revisão nº 9146298-76.1998.8.26.0000, Nona Câmara de Direito Privado de Férias, Relator: Aldo Magalhães, julgado em 24/10/2000).

exemplo, o fabricante que denunciar contrato de distribuição cujo objeto represente a única atividade do distribuidor deverá, em regra, conceder pré-aviso mais extenso do que se o contrato corresponder a uma pequena fração da operação do distribuidor, tanto pelo maior prejuízo que este último pode sofrer pelo término repentino do contrato, quanto pela maior dificuldade que ele terá para se preparar e encontrar outro fabricante que lhe ofereça as mesmas condições[416]. Nesse contexto, tem especial relevância a presença de eventual cláusula de exclusividade – como a que obriga o distribuidor a comercializar apenas os produtos adquiridos de determinado fabricante – que, assim, automaticamente torna o contrato sua única fonte de receita, ao mesmo tempo em que o coloca em situação de dependência econômica em relação ao fabricante[417], como ressalta Francisco Viégas:

> Com efeito, quando uma das partes possui, por obrigação contratual – conhecida, portanto, pela parte que efetua a denúncia –, toda a sua atividade vinculada à execução do contrato, o juízo de razoabilidade do pré-aviso não deve ignorar este aspecto. Se o período de pré-aviso, como já observado, destina-se a proporcionar o tempo necessário à reorganização ou redirecionamento das atividades e dos bens antes afetados ao contrato denunciado, revela-se importante aferir a gravidade da extinção do contrato para a parte que recebe a denúncia, a justificar tempo maior de pré-aviso para que esta possa ter efetivamente a possibilidade de se preparar para o término da relação contratual[418].

[416] Bergstein, Jonás. *La extinción del contrato de distribución*. Montevidéu: Fundación de Cultura Universitaria, 1996, p. 114.

[417] Como ressalta Paula Forgioni, a nomenclatura "cláusula de exclusividade" abrange diferentes realidades, que protegem interesses distintos. Nesse ponto, trata-se da exclusividade como obrigação de uma das partes de negociar exclusivamente com a outra (*exclusive dealing*), e de abster-se de concorrer com ela (*non compete*), e não da exclusividade de território (*territorial limitation*), que garante ao distribuidor, por exemplo, o direito de ser o único a comercializar o produto em determinada área ou a determinados consumidores (Forgioni, Paula Andrea. *Contrato de distribuição*. 3. ed. rev., atual. e ampl. São Paulo: Revista dos Tribunais, 2014, p. 163-165).

[418] Viégas, Francisco de Assis. *Denúncia contratual e dever de pré-aviso*. Belo Horizonte: Fórum, 2019, p. 199.

Como afirma Leonardo Sperb de Paola, a existência de uma cláusula de exclusividade nesses termos, embora seja benéfica ao denunciante durante a vigência do contrato, também lhe impõe maior responsabilidade no momento da denúncia e um dever mais acentuado de consideração com o denunciado, tendo em vista que a extinção do contrato terá por efeito solapar toda a sua base econômica[419].

Um terceiro elemento apontado pela doutrina diz respeito às características e às especificidades do mercado em que atuam as partes, bem como à situação em que se encontra esse mercado no momento da denúncia. Trata-se aqui de levar em conta fatores relacionados ao produto objeto do contrato ou ao setor econômico e à área geográfica em que se insere a relação contratual, que sejam relevantes para determinar o tempo razoável para permitir a possibilidade de reorganização das atividades empresariais da parte que recebeu a denúncia, como o grau de restrição do mercado, a eventual necessidade de altos investimentos para recolocação, o grau de dificuldade para celebrar contratos semelhantes, em razão da quantidade de agentes alternativos atuantes e disponíveis, a situação de crescimento ou de recessão do mercado em questão, entre outros[420]. Assumem especial relevo neste ponto os usos e costumes de cada mercado. Como ressalta Francisco Viégas, a análise deve valer para os dois lados e é preciso levar em conta também a influência que esses fatores possam ter no legítimo interesse do denunciante de se liberar do vínculo, já que "em mercado altamente dinâmico, por exemplo, a rápida desvinculação da relação contratual pode ser essencial para evitar prejuízos"[421].

A doutrina elenca ainda outros elementos que podem se mostrar relevantes, exigindo tempo maior de reestruturação, como o porte econômico do denunciado e o tamanho de sua estrutura[422], a complexidade do

[419] Paola, Leonardo Sperb de. *Sobre a denúncia dos contratos de distribuição, concessão comercial e franquia*. Revista Forense, Rio de Janeiro, vol. 343, pp. 115-148, jul./set. 1998, pp. 143-144.
[420] Viégas, Francisco de Assis. *Denúncia contratual e dever de pré-aviso*. Belo Horizonte: Fórum, 2019, p. 201; Bergstein, Jonás. *La extinción del contrato de distribución*. Montevidéu: Fundación de Cultura Universitaria, 1996, p. 115.
[421] Viégas, *op. cit.*, p. 200.
[422] Lorenzetti, Ricardo Luis. *Tratado de los contratos*. Tomo I. Buenos Aires: Rubinzal – Culzoni, 1999, p. 569.

negócio e a magnitude das relações econômicas envolvidas[423] e "o comportamento do denunciante no curso da relação obrigacional a importar em aumento do grau de confiança do denunciado de que o contrato teria maior duração"[424]. Além disso, como será visto com mais detalhes adiante, os investimentos feitos pelo destinatário da denúncia – especialmente aqueles de natureza recuperável, que ainda não tenham sido amortizados ao longo da relação – também podem influenciar no período do pré-aviso.

Todos esses elementos fáticos, além de servirem como norte para a fixação do prazo de pré-aviso diante da ausência de previsão legal ou contratual que o defina, devem também ser considerados nos casos em que exista essa previsão legal ou contratual, para fins de estender o prazo definido *a priori*, quando este, à luz da situação concreta da relação contratual individualmente considerada, mostrar-se insuficiente[425]. Isto é, o fato de haver determinação prévia do período de pré-aviso, seja na lei, seja no contrato, não afasta a necessidade de analisar sua razoabilidade, considerando os elementos concretos da relação contratual denunciada, tampouco a possibilidade de estendê-lo, quando essas circunstâncias assim o exigirem[426].

Por fim, a falta de pré-aviso, ou a sua fixação em patamar inferior ao que seria razoável para o caso concreto, não impedirão a eficácia extin-

[423] AGUIAR JÚNIOR, Ruy Rosado. *Comentários ao Código Civil*, vol. VI, tomo II: da extinção do contrato. Rio de Janeiro: Forense, 2011, p. 246.

[424] HAICAL, Gustavo. Apontamentos sobre o direito formativo extintivo de denúncia no contrato de agência. *In*: MARTINS-COSTA, Judith. *Modelos de direito privado*. São Paulo: Marcial Pons, 2014. pp. 294-331, p. 322.

[425] Veja-se, nesse sentido, caso envolvendo contrato de distribuição que estava vigente há 21 anos, denunciado pelo fabricante com a concessão de pré-aviso de 50 dias, quando o contrato estipulava a necessidade de pré-aviso de 30 dias. Mesmo assim, diante das peculiaridades do caso, especialmente do longo tempo de vigência contratual, o Tribunal de Justiça do Rio Grande do Sul entendeu que o prazo de aviso foi insuficiente, e que deveria ser de, no mínimo, três meses (RIO GRANDE DO SUL. Tribunal de Justiça do Estado do Rio Grande do Sul. Apelação Cível nº 70019570597, Nona Câmara Cível, Relator: Tasso Caubi Soares Delabary, julgado em 02/07/2008).

[426] VIÉGAS, Francisco de Assis. *Denúncia contratual e dever de pré-aviso*. Belo Horizonte: Fórum, 2019, p. 151.

tiva da denúncia, que ocorrerá da mesma forma[427], mas sujeitarão o denunciante à obrigação de indenizar o denunciado pelos danos que lhe foram causados em decorrência da supressão ou da fixação equivocada do pré-aviso[428]. Para alguns contratos típicos, a legislação de regência já estabelece de antemão a indenização devida. É o caso, por exemplo, da representação comercial, em que a parte que denuncia o contrato sem observar o pré-aviso de trinta dias fica obrigada a pagar ao denunciado, a título de indenização, importância igual a um terço das comissões auferidas pelo representante nos três meses anteriores (art. 34 da Lei nº 4.886/65), e da locação, em que o locatário que não observa o pré-aviso de trinta dias fica obrigado a pagar ao locador quantia correspondente a um aluguel e encargos (art. 6º da Lei nº 8.245/91). Quando se está diante de contrato atípico ou de contrato típico para o qual não exista norma pré-fixando a indenização, a jurisprudência tende a fixá-la considerando o valor que o denunciado razoavelmente teria recebido em razão do contrato se houvesse sido respeitado o período adequado de pré-aviso. Costuma-se considerar, para esse cálculo, a média dos ganhos do denunciado

[427] GOMES, Orlando. *Contratos.* Rio de Janeiro: Forense, 2008, p. 224. Entendemos que a tutela específica de suspensão da eficácia da denúncia e de manutenção da vigência contratual tem aplicação restrita, dependendo de expressa previsão legal, e, portanto, limitada a casos que se enquadrem no suporte fático da norma do parágrafo único do art. 473 do Código Civil – isto é, nos quais o denunciado houver feito investimentos consideráveis para a execução do contrato – e, mesmo assim, com as ressalvas que serão feitas nos capítulos seguintes. Veja-se, nesse mesmo sentido, o que diz Gabriel de Figueiredo: "Apenas em caráter excepcional, se reunidos os pressupostos do art. 473, parágrafo único, do Código Civil, a lei admite que o destinatário obtenha a postergação jurisdicional da dissolução do contrato". [...] "o cabimento da tutela específica contra a denúncia abrupta não é generalizado. Ao contrário do que ocorre com as obrigações de fazer em geral, aqui a indenização continua a ser a sanção ordinária. Apenas se forem comprovadas inversões consideráveis e a ausência de tempo para recuperá-las ou amortizá-las, é que o juiz ou árbitro poderá suspender a eficácia da denúncia a pedido do destinatário". (FIGUEIREDO, Gabriel Seijo Leal de. *Denúncia imotivada dos contratos civis e suspensão de sua eficácia.* 2016. Tese (Doutorado em Direito Civil) – Pontifícia Universidade Católica de São Paulo, São Paulo, 2016, pp. 122-123 e 139).

[428] BONINI, Paulo Rogério. *Resilição contratual – relações civis – empresariais – interpretação do art. 473, parágrafo único, CC – consequências do exercício da resilição unilateral – indenização x prolongamento do contrato.* Cadernos Jurídicos, São Paulo, vol. 16, n.39, pp. 191-199, jan./mar. 2015, pp. 192-193.

nos meses anteriores, multiplicada pelo período de pré-aviso que teria sido o adequado naquele caso específico e que não foi respeitado pelo denunciante[429].

3.3 A observância de período mínimo de vigência do contrato, compatível com os investimentos consideráveis realizados: a norma do parágrafo único do art. 473 do Código Civil

Não obstante o reconhecimento do dever geral de pré-aviso, decorrente da boa-fé objetiva e aplicável a todos os casos de denúncia imotivada, o Código Civil de 2002 foi além, e trouxe, no parágrafo único do artigo 473, regra específica para a resilição unilateral de contratos nos quais a outra parte, destinatária da denúncia, tenha feito investimentos consideráveis para a execução do contrato, em razão de sua natureza. Estabelece o Código, nessa hipótese, que a "denúncia unilateral só produzirá efeito depois de transcorrido prazo compatível com a natureza e o vulto dos investimentos".

O conteúdo do parágrafo único do art. 473, inserido nas disposições aplicáveis de forma geral à extinção dos contratos, é praticamente reproduzido, com pequenas diferenças, no artigo 720 do Código Civil, aplicável especificamente aos contratos de agência, segundo o qual, "vigente o contrato por tempo indeterminado, qualquer das partes poderá resolvê-lo [na verdade, denunciá-lo ou resili-lo], mediante aviso prévio de noventa dias, *desde que transcorrido prazo compatível com a natureza e o vulto do investimento exigido do agente*". Percebe-se, nas duas normas, a preocupação do legislador em proteger, contra a denúncia imotivada do contrato,

[429] Vejam-se, nesse sentido, os seguintes casos: RIO GRANDE DO SUL. Tribunal de Justiça do Estado do Rio Grande do Sul. Apelação Cível nº 70019570597, Nona Câmara Cível, Relator: Tasso Caubi Soares Delabary, julgado em 02/07/2008; RIO GRANDE DO SUL. Tribunal de Justiça do Estado do Rio Grande do Sul. Apelação Cível nº 70073604829, Décima Oitava Câmara Cível, Relatora: Marlene Marlei de Souza, julgado em 10/10/2017; RIO DE JANEIRO. Tribunal de Justiça do Estado do Rio de Janeiro. Apelação Cível nº 0016546-65.1999.8.19.0001, Décima Primeira Câmara Cível, Relator Joé Carlos de Figueiredo, julgado em 28/05/2003; SÃO PAULO. Tribunal de Justiça do Estado de São Paulo. Apelação Cível nº 0112498-89.2007.8.26.0100, 28ª Câmara de Direito Privado, Relator: Cesar Lacerda, julgado em 28/01/2013.

por determinado período, o contratante que realizou investimentos consideráveis[430].

Nas palavras de Carlos Roberto Barbosa Moreira, trata-se de garantir um prazo razoável de "vida mínima" ao contrato, durante o qual o contratante que fez investimentos consideráveis possa permanecer "imune aos efeitos de uma denúncia imotivada (em tese, admissível), que lhe subtraia, de uma hora para a outra, a perspectiva dos frutos do contrato"[431-432]. Da

[430] A estreita relação entre os dois dispositivos do Código Civil, bem como sua racionalidade comum, é ressaltada por diversos autores. Dentre eles, cabe citar, por exemplo, Rubens Edmundo Requião, para quem "o conteúdo do art. 720, aplicável especificamente ao contrato de agência e distribuição, foi reproduzido no art. 473 como princípio genérico contratual (Requião, Rubens Edmundo. *O contrato de representação comercial e o novo Código Civil. O contrato de agência e distribuição. O poder de denunciar o contrato sem prazo determinado e o dever de indenizar os investimentos realizados pelo representante ou pelo agente.* Revista do Instituto dos Advogados do Paraná, Curitiba, n. 31, pp. 206-221, 2001, p. 209). No mesmo sentido entendem Araken de Assis, que afirma que a disposição do art. 720 "repete-se, genericamente, no art. 473, parágrafo único" (Assis, Araken de; Andrade, Ronaldo Alves de; e Alves, Francisco Glauber Pessoa. *Comentários ao Código Civil Brasileiro*, vol. 5: do direito das obrigações. Coordenadores Arruda Alvim e Thereza Alvim. Rio de Janeiro: Forense, 2007, pp. 576-577) e André Costa, segundo o qual a norma do art. 720, por força do art. 473, é extensível aos demais contratos de duração (Costa, André Brandão Nery. *Os contratos que viabilizam o processo de distribuição e os efeitos de sua denúncia unilateral.* 2013. Dissertação (Mestrado em Direito) – Faculdade de Direito, Universidade do Estado do Rio de Janeiro, 2013, p. 117, nota de rodapé nº 382).

[431] Moreira, Carlos Roberto Barbosa. *Contrato de fornecimento de mercadoria em consignação. Considerações genéricas sobre o art. 473 do Código Civil de 2002 (Parecer).* Revista Forense, Rio de Janeiro, v. 416, p. 305-322, jul./dez. 2012, p. 309.

[432] No mesmo sentido, vale citar Rodrigo Xavier Leonardo, para quem a norma do parágrafo único do art. 473 impõe um "temporário congelamento eficacial da denúncia" (Leonardo, Rodrigo Xavier. *A denúncia e a resilição. Críticas e propostas hermenêuticas ao art. 473 do CC/20122 brasileiro.* Revista de Direito Civil Contemporâneo, São Paulo, vol. 7, n. 3, pp. 93-115, abr./jun. 2016, p. 111) e Francisco Viégas, que denomina esse período mínimo de vigência de "prazo estabilizador" (Viégas, Francisco de Assis. *Denúncia contratual e dever de pré-aviso.* Belo Horizonte: Fórum, 2019, p. 142). Em sentido contrário, André Costa entende que não se pode interpretar a norma do parágrafo único do art. 473, que é aplicável a todos os contratos, como sendo uma imposição de duração contratual mínima, compatível com os investimentos feitos pelo denunciado. Para o autor, essa duração não pode ser fixada tendo em vista apenas os investimentos, porque a relação contratual contém outros elementos relevantes que também devem ser considerados (Costa, *op. cit.*, pp. 271-272).

análise sistemática do ordenamento, pode-se sustentar, então, que existem duas exigências procedimentais (ou limitações temporais) distintas, ambas, em última análise, derivadas do princípio da boa-fé objetiva, que devem ser observadas pelo contratante denunciante para que o exercício do direito de denúncia imotivada seja considerado lícito[433]: a primeira, genérica e aplicável a qualquer caso, independentemente da realização de investimentos consideráveis, consiste no dever de inserir pré-aviso na denúncia, suspendendo sua eficácia extintiva por prazo razoável, a fim de permitir que o denunciado se prepare para o fim do contrato, concluindo suas obrigações pendentes e buscando o redirecionamento de suas atividades empresariais; a segunda, aplicável especificamente aos casos em que a outra parte, dada a natureza do contrato, tenha realizado investimentos consideráveis para a sua execução, consiste no dever de respeitar um prazo de vigência mínimo do contrato, compatível com a natureza e o vulto dos investimentos, para garantir ao denunciado a chance de obter o retorno do investimento feito.

Portanto, havendo investimentos consideráveis, essas duas exigências se somam e se complementam, de forma que o denunciante deverá respeitar o prazo mínimo de vigência do contrato, compatível com os investimentos, e, adicionalmente, mesmo depois de os investimentos já estarem amortizados, deverá ainda conceder pré-aviso. Isso significa dizer que, em princípio, tanto as disposições contratuais quanto as regras legais específicas previstas para a denúncia de cada contrato típico, que tratam do prazo de pré-aviso, devem ser conciliadas e interpretadas em conjunto com a norma geral do parágrafo único do art. 473. Assim, por exemplo, em contratos de prestação de serviço em que o prestador, dada a natureza do contrato, tenha realizado investimentos consideráveis para a sua execução, o denunciante deve respeitar não apenas os prazos mínimos de pré-aviso previstos no art. 599 do Código Civil, mas também o período mínimo de vigência do contrato, compatível com os investimen-

[433] Assis, *op. cit.*, pp. 576-577; Theodoro Júnior, Humberto; Mello, Adriana Mandim Theodoro de. *Responsabilidade civil da denúncia dos contratos de distribuição, franquia e concessão comercial*: apontamentos. Revista Magister de Direito Empresarial, Concorrencial e do Consumidor, Porto Alegre, vol. 3, n. 15, pp. 54-97, jun./jul. 2007, p. 76; Costa, *op. cit.*, p. 126; Viégas, *op. cit.*, p. 144.

tos[434]. Nos contratos de agência, essa aplicação conjunta é ainda mais evidente, já que a norma do parágrafo único do art. 473 vem praticamente reproduzida no art. 720, como já se comentou. O mesmo deve ocorrer quando se estiver diante de contratos de distribuição e de franquia que contenham disposição acerca do prazo de pré-aviso para a denúncia.

Contudo, isso não ocorre em todos os casos. Tende-se a reconhecer que a norma não se aplica, por exemplo, a contratos de representação comercial[435] e de concessão comercial, por estarem submetidos a leis especiais que já estabelecem um modelo próprio no que se refere às consequências da denúncia imotivada da relação contratual – inclusive quanto ao aspecto indenizatório – e que, por isso, afastariam a aplicação do art. 473, parágrafo único, do Código Civil. Os contratos de locação também obedecem a uma lógica própria. Não se pode dizer que o locatário faça investimentos propriamente para a execução do contrato. Os investimentos do locatário geralmente consistem em benfeitorias no imóvel, que, embora estejam relacionadas com o contrato, não são propriamente investimentos necessários para viabilizar a sua execução. Além disso, a

[434] Nesse sentido: "Caberia indagar, nesse ponto, como conciliar o dispositivo especial com a regra geral do art. 473, parágrafo único, haja vista a possibilidade de o aviso prévio previsto no art. 599 não ser suficiente, dada a natureza do acordo e os investimentos porventura realizados pelo prestador. Afigura-se possível, excepcionalmente, invocar a regra geral e exigir aviso prévio mais dilatado, desde que estejam presentes os investimentos consideráveis a que alude o art. 473, parágrafo único, do Código Civil" (GOMES, Orlando. *Contratos*. Rio de Janeiro: Forense, 2008, p. 357).

[435] Vide, nesse sentido, as palavras de Rubens Edmundo Requião: "Pode-se, portanto, deduzir validamente que o art. 34 da Lei nº 4.886/65 não foi revogado pelo Código Civil, mantendo o modelo próprio de denúncia do contrato de representação comercial. Permitindo-se a denúncia a qualquer tempo neste contrato (e por isso não sendo necessário aguardar o prazo de amortização dos investimentos aplicados pelo representante). E permanecendo o contrato, com menos de seis meses de transcurso, na condição de contrato de experiência, cuja denúncia, sem motivo justo, não carece sequer de aviso prévio. Nesta situação, nem o art. 720 nem o art. 473 e seu parágrafo único, do Código Civil, serão aplicados ao contrato de representação comercial" (REQUIÃO, Rubens Edmundo. *O contrato de representação comercial e o novo Código Civil. O contrato de agência e distribuição. O poder de denunciar o contrato sem prazo determinado e o dever de indenizar os investimentos realizados pelo representante ou pelo agente*. Revista do Instituto dos Advogados do Paraná, Curitiba, n. 31, pp. 206-221, 2001, pp. 209-210).

legislação aplicável possui regras específicas relacionadas à indenização dessas benfeitorias e ao direito de retenção derivado de sua realização (artigos 35 e 36 da Lei nº 8.245/91)[436]. Por outro lado, há casos em que o locador realiza investimentos para a execução do contrato, quando procede à prévia aquisição, construção ou substancial reforma, por si mesmo ou por terceiro, do imóvel então especificado pelo pretendente à locação, a fim de que seja a este locado por prazo determinado (locação *built to suit*). Nesse caso, a lei também já traz mecanismos próprios de proteção do investimento feito pelo locador, como a maior liberdade de disposição do conteúdo contratual, a possibilidade de convenção da renúncia ao direito de revisão dos alugueis durante o prazo da locação e a possibilidade de estipulação da multa por denúncia antecipada em patamar equivalente à soma dos alugueis vincendos, como hipótese de exceção à regra do art. 4º, de que a multa deve ser reduzida proporcionalmente ao período de cumprimento do contrato (art. 54-A, *caput*, e parágrafos 1º e 2º, da Lei nº 8.245/91).

A afirmação de que se trata de duas limitações distintas, que se complementam, suscita a questão de como exatamente essa complementação deve ocorrer, quando cabível – isto é, de como se relacionam os dois prazos e de como orientam a conduta do denunciante. A redação do art. 720 do Código Civil, em razão da presença da locução conjuntiva "desde que", parece indicar que o transcurso de tempo mínimo de duração do contrato, compatível com os investimentos feitos pelo denunciado, é pressuposto para o exercício da denúncia, ou seja, é uma limitação temporal prévia a cujo implemento o exercício da denúncia, com pré-aviso de noventa dias, está subordinado. Isto é, o denunciante deveria primeiro respeitar integralmente o transcurso do período mínimo de vigência do contrato para então poder denunciá-lo, concedendo aviso prévio de, no

[436] Veja-se, nesse sentido, caso julgado pelo TJRS, no qual se ressaltou que "o art. 473, parágrafo único, do CC – que versa sobre prazo para produzir efeito em denúncia unilateral, quando uma das partes houver feito investimentos consideráveis para execução do contrato – é inaplicável ao caso em apreço, regido por legislação especial – Lei n° 8.245/91. Logo, não cabe sua invocação para pleitear majoração do prazo concedido para desocupação do espaço comercial" (RIO GRANDE DO SUL. Tribunal de Justiça do Estado do Rio Grande do Sul. Agravo de Instrumento nº 70042847327, Décima Sexta Câmara Cível, Relator: Marco Aurélio dos Santos Caminha, julgado em 19/05/2011).

mínimo, noventa dias. É essa a leitura que parece fazer Gustavo Tepedino, por exemplo, para quem "o legislador subordina a legitimidade da resilição à concessão de aviso prévio e ao pressuposto de que já se deu a amortização do capital investido pelo agente ou distribuidor"[437].

Já a redação do art. 473, parágrafo único, não necessariamente faz essa distinção e, ao afirmar que a denúncia "*só produzirá efeito* depois de transcorrido prazo compatível com a natureza e o vulto dos investimentos", sugere a interpretação de que ela pode ser exercida a qualquer tempo, ainda que não transcorrido o prazo compatível com os investimentos, mas, neste caso, terá sua eficácia extintiva protraída até que esse prazo se implemente[438]. Ou seja, diante da realização de investimentos consideráveis pelo outro contratante, o denunciante não estaria impedido de exercer seu direito de denúncia durante o período mínimo de vigência do contrato compatível com esses investimentos, mas, ao exercê-lo, seria obrigado a conceder pré-aviso mais extenso do que o necessário caso

[437] Tepedino, Gustavo. *Comentários ao Novo Código Civil*, vol. X: das várias espécies de contrato, do mandato, da comissão, da agência e distribuição, da corretagem, do transporte. Coordenador: Sálvio de Figueiredo Teixeira. Rio de Janeiro: Forense, 2008, p. 372. Vejam-se, nesse mesmo sentido, as palavras de Rubens Requião: "Cumpre examinar com profundidade a regra [do art. 720, CC]. Esta determina que só poderá haver denúncia do contrato com prazo indeterminado, por via do aviso prévio, com espaço de noventa dias, *após o transcurso do tempo necessário para compensar o custo do investimento aplicado para a execução do contrato*, ou, este aviso poderá ser concedido a qualquer tempo, *mas seus efeitos só ocorrerão após o contrato percorrer o tempo necessário para amortizar os investimentos havidos?* Está contida na mensagem do legislador a primeira hipótese. O direito de denunciar o contrato de agência só poderá ser exercido após o transcurso do tempo necessário para a amortização dos investimentos, tempo que será fixado pelas partes ou pelo juiz" (Requião, Rubens Edmundo. *O contrato de representação comercial e o novo Código Civil. O contrato de agência e distribuição. O poder de denunciar o contrato sem prazo determinado e o dever de indenizar os investimentos realizados pelo representante ou pelo agente.* Revista do Instituto dos Advogados do Paraná, Curitiba, n. 31, pp. 206-221, 2001, p. 209 – grifos no original).

[438] É o que parece sustentar, por exemplo, Custódio Miranda, quando afirma que, na denúncia de contratos em que haja investimentos de vulto, decorridos da própria natureza do contrato, este "*continua em vigor* e só termina quando o denunciado se tenha ressarcido, através do próprio exercício da atividade contratual, de todas as despesas com os *investimentos feitos*" (Miranda, Custódio de Piedade Ubaldino. *Comentários ao código civil*: dos contratos em geral (Arts. 421 a 480). São Paulo: Saraiva, 2013, pp. 420-421 – grifos no original).

esses investimentos não houvessem sido feitos. Seguindo essa linha, há quem sustente, por ótica diversa, que a norma do parágrafo único do art. 473 do Código Civil não estabelece propriamente uma exigência distinta ou adicional ao dever de concessão de pré-aviso, mas fornece apenas mais um elemento (i.e., a existência de investimentos consideráveis) a ser considerado na fixação do próprio pré-aviso[439]. Veja-se, a propósito, o que diz Gustavo Haical, ao tratar do contrato de agência e do art. 720:

> Igualmente, importa afirmar que o regramento disposto na parte final do *caput* do art. 720 do Código Civil deve ser entendido não como um dever distinto do aviso prévio. Trata-se, na verdade, de mais um pressuposto à fixação do próprio aviso prévio. O prazo de 90 dias é o mínimo fixado pelo legislador ao diferimento da eficácia do exercício da denúncia vazia, que há de ser ampliado pelo denunciante, se não for suficiente a evitar os danos decorrentes de uma denúncia vazia[440].

Como exposto, quando um dos contratantes denuncia o contrato, concedendo um prazo de pré-aviso, o contrato permanece sendo executado até que o efeito extintivo se implemente, ao término do prazo concedido. Portanto, o período de pré-aviso, a rigor, também conta como período de vigência do contrato[441], para todos os efeitos, inclusive para fins de cumprimento da norma do parágrafo único do art. 473 – ou seja, para fins de verificação de observância de prazo de vigência compatível com a natureza e o vulto dos investimentos feitos pelo denunciado. Com efeito, não se pode negar que, embora o prazo de pré-aviso não tenha por função

[439] Como afirma Leonardo Sperb de Paola, "a importância dos investimentos realizados pela parte é um dos aspectos que deve ser considerado na quantificação do aviso prévio" (PAOLA, Leonardo Sperb de. *Contratos de Distribuição*: vida e morte da relação contratual. 2002. Tese (Dourado em Direito das Relações Sociais). Universidade Federal do Paraná, Curitiba, 2002. Disponível em: https://acervodigital.ufpr.br/handle/1884/57922. Acesso em 20.01.2019, p. 182, nota de rodapé nº 576).

[440] HAICAL, Gustavo. Apontamentos sobre o direito formativo extintivo de denúncia no contrato de agência. *In*: MARTINS-COSTA, Judith. *Modelos de direito privado*. São Paulo: Marcial Pons, 2014. pp. 294-331, p. 321.

[441] "O prazo do aviso prévio se inclui no cômputo do tempo total de duração da relação jurídica" (*Ibidem*, p. 309).

permitir a amortização de investimentos – e sim preparar o denunciado para a extinção do contrato que se aproxima – ele invariavelmente, ainda que indiretamente, cumprirá também essa função, pelo simples fato de que permite a continuidade do contrato e, assim, a manutenção do ingresso das receitas que dele advêm para o denunciado. Logo, quando o denunciante, observando o dever geral que lhe impõe o princípio da boa-fé, concede período de pré-aviso ao denunciado, mantendo vigente o contrato por um período razoável para que ele possa se organizar e redirecionar sua atividade, estará, indiretamente, concedendo prazo adicional de vigência, que acabará servindo também para amortização dos investimentos feitos, ainda que não seja esse o objetivo do pré-aviso.

Nesse sentido, entende-se que o período mínimo de vigência do contrato a que se refere o parágrafo único do art. 473, compatível com a natureza e o vulto dos investimentos feitos pelo denunciado, deve ser calculado de forma a abranger a existência da relação contratual como um todo, desde a sua celebração (ou desde a realização do investimento, se ela for posterior) até o seu término, computando-se, inclusive, o período do pré-aviso, subsequente ao envio da notificação de denúncia. Por isso, não nos parece haver ilicitude no caso do denunciante que exerça o direito de denúncia antes de transcorrido o prazo mínimo necessário de vigência do contrato, compatível com os investimentos, mas que conceda pré-aviso tão extenso a ponto de abarcar esse prazo compatível, de modo a permitir o tempo razoável para amortização dos investimentos, ao mesmo tempo em que concede tempo razoável para preparação e reorganização do denunciado[442]. Ou seja, não é necessário – como parece indicar a redação literal do art. 720, por exemplo – que o denunciante primeiro cumpra o período mínimo de vigência do contrato, compatível com os investimentos, para somente então poder denunciá-lo, desde que, cumulativamente: (i) o prazo total de vigência do contrato, incluindo o do pré-aviso, seja compatível com a natureza e o vulto dos investimentos realizados; e (ii) o prazo de pré-aviso, individualmente considerado, seja suficiente para cumprir sua função primordial de preparar o denun-

[442] Costa, André Brandão Nery. *Os contratos que viabilizam o processo de distribuição e os efeitos de sua denúncia unilateral.* 2013. Dissertação (Mestrado em Direito) – Faculdade de Direito, Universidade do Estado do Rio de Janeiro, 2013, p. 118.

ciado para o fim do contrato. O exemplo de Francisco Viégas ilustra bem o entendimento aqui exposto:

> Assim, por exemplo, imagine-se o contrato que deveria durar por no mínimo cinco anos – sendo este o prazo usual de duração de contratos da mesma natureza na região em que foi celebrado o contrato. Se, passados oito anos de execução do contrato, uma das partes exerce o direito à denúncia, subordina-se apenas à observância do prazo de pré-aviso, o qual, suponha-se, é de dois meses. Por outro lado, se uma das partes denuncia o contrato após apenas dois anos de execução contratual, à outra deve-se garantir o direito à execução do contrato por mais três anos. Se, contudo, o denunciante efetua a denúncia após quatro anos, onze meses e três semanas de execução contratual, deve-se reconhecer o direito ao prazo de dois meses do pré-aviso, e não apenas o prazo de uma semana – que seria o tempo faltante para atingir o prazo estabilizador. Isso porque, nessa última hipótese, o prazo de uma semana frustraria a função do pré-aviso, do mesmo modo que, na hipótese em que o contrato fora executado por apenas dois anos, o prazo de dois meses frustraria a *ratio* do prazo estabilizador[443].

Por essa linha, percebe-se que as duas exigências para o exercício lícito do direito de resilição unilateral não são completamente separadas, podendo haver sobreposição parcial entre os dois prazos quando a denúncia ocorrer antes de transcorrido o prazo mínimo de vigência do contrato, hipótese na qual o período de pré-aviso contará também no cômputo do prazo mínimo. Por isso, essa distinção não é tão nítida, o que talvez explique o fato de que, na prática, as duas questões muitas vezes acabem sendo tratadas em conjunto, no sentido de se considerar a realização de investimentos consideráveis como mais um elemento a ser levado em conta na fixação do prazo de pré-aviso[444]. Não nos parece, contudo, que isso signifique que a exigência do art. 473, parágrafo único, do Código Civil, perca sua autonomia e que não deva ser tratada de forma diferente do dever geral de pré-aviso.

[443] Viégas, Francisco de Assis. *Denúncia contratual e dever de pré-aviso*. Belo Horizonte: Fórum, 2019, pp. 146-147.
[444] *Ibidem*, p. 180.

Pelo contrário, entende-se que é adequado, do ponto de vista metodológico, além de útil e conveniente, do ponto de vista prático, tratá-las de forma separada, como deveres distintos impostos ao denunciante. Primeiro, porque cada uma dessas limitações ao exercício lícito do direito de resilição unilateral tem pressupostos diferentes de incidência: enquanto o dever geral de pré-aviso deve sempre acompanhar a denúncia vazia, o dever de respeitar um prazo mínimo de vigência do contrato surge exclusivamente nos casos que preencham pressupostos específicos relacionados à existência de investimentos consideráveis, conforme se abordará com mais detalhes adiante[445]. Segundo, porque elas possuem finalidade diversa e tutelam interesses diferentes do destinatário da denúncia: enquanto o dever geral de pré-aviso o protege da denúncia *abrupta*, que o tome de surpresa, e tem por finalidade permitir que se prepare para o fim do contrato, concluindo suas obrigações e buscando o redirecionamento de sua atividade econômica, o dever específico contido na norma do parágrafo único do art. 473 visa a protegê-lo da denúncia *prematura* e *inoportuna*, que o surpreenda com a extinção contratual em momento anterior ao implemento do tempo mínimo necessário para que tenha a possibilidade razoável de buscar o retorno esperado dos investimentos feitos. Ainda que o período de pré-aviso possa, incidentalmente, permitir a recuperação de investimentos durante o seu transcurso, esse será efeito secundário e colateral, e não o seu objetivo principal, de modo que não é suficiente para transformá-lo em um período destinado a permitir a recuperação dos investimentos[446].

[445] Veja-se, nesse sentido: "O que releva no tema, a justificar a distinção, é a necessidade de fundamentar a razoabilidade do prazo em critérios relativamente seguros, que levem em devida conta os respectivos interesses subjacentes ao prazo de pré-aviso e ao prazo estabilizador e, consequentemente, os diferentes aspectos fáticos que devem influenciar na dimensão do prazo para que este possa ser considerado razoável. Importa, por exemplo, distinguir o suporte fático em que a denúncia ocorreu após o decurso do prazo estabilizador daquele em que a denúncia ocorreu antes do tempo mínimo pelo qual deveria ter sido executado o contrato" (*Ibidem*, pp. 180-181).

[446] Costa, André Brandão Nery. *Os contratos que viabilizam o processo de distribuição e os efeitos de sua denúncia unilateral*. 2013. Dissertação (Mestrado em Direito) – Faculdade de Direito, Universidade do Estado do Rio de Janeiro, 2013, pp. 106-107.

Terceiro, porque, em razão de suas distintas finalidades, cada um desses deveres obedece a uma lógica diversa para apuração do que é "prazo razoável" ou "prazo compatível": no dever geral de pré-aviso, a análise é principalmente prospectiva, com vistas ao futuro do denunciado após a extinção do contrato; no caso da limitação específica decorrente dos investimentos, a análise é principalmente retrospectiva, a fim de verificar se houve ou não o transcurso de prazo que permitisse a recuperação dos investimentos. Por fim, a norma do parágrafo único prevê, como consequência à denúncia prematura, a suspensão de sua eficácia, o que indica a possibilidade (que será melhor tratada na parte final deste capítulo) de remédio distinto do indenizatório nessa hipótese específica, o que não é previsto expressamente para os casos de descumprimento das normas que tratam do dever geral de pré-aviso em cada contrato típico[447].

3.3.1 Justificativa, racionalidade e fundamentos jurídicos da norma do parágrafo único do art. 473 do Código Civil

Delineado, em linhas gerais, o dever que se impõe ao denunciante de observar o transcurso de um prazo mínimo de vigência, compatível com os investimentos consideráveis realizados pela outra parte, e estabelecida sua diferença em relação ao dever geral de pré-aviso, pretende-se agora aprofundar a análise da justificativa, da racionalidade e dos fundamentos jurídicos da norma do art. 473, parágrafo único, do Código Civil – embora já se tenha mencionado que decorra do princípio da boa-fé objetiva – e

[447] Evelyn Balassiano parece fazer essa distinção ao diferenciar a denúncia abusiva, que vai de encontro à norma do art. 187 do Código Civil, da denúncia que fere a norma do parágrafo único do art. 473 do Código Civil: "Os efeitos da aplicação de um e de outro dispositivo também são distintos. O art. 473, parágrafo único, obriga a manutenção do contrato pelo prazo razoável, impedindo os efeitos imediatos da rescisão unilateral. [...] Já a resilição unilateral que caracteriza exercício abusivo de direito não tem o condão de manter a relação contratual pelo tempo necessário para que sejam recuperados os investimentos realizados. Por outro lado, por caracterizar um ato ilícito, gera para a parte que resiliu abusivamente o direito de ressarcir as perdas e danos sofridos pela outra parte da relação contratual" (BALASSIANO, Evelyn. *Acordo de acionistas: possibilidade de resilição unilateral e suas restrições.* Revista Trimestral de Direito Civil, Rio de Janeiro, vol. 8, n. 30, pp. 27-52, abr./jun., 2007, p. 50).

avaliar por que essa situação específica mereceu a atenção do legislador na disciplina do exercício do direito de resilição unilateral.

É preciso reconhecer que, em contratos empresariais de duração, especialmente os de distribuição *lato sensu*[448], incluídos, por exemplo, os de franquia, concessão comercial e distribuição em sentido estrito, a necessidade de realização de investimentos, por ao menos uma das partes (geralmente o franqueado, concessionário ou distribuidor), é uma constante, seja pela própria natureza do contrato, seja por exigência da outra parte, muitas vezes como um pressuposto do acesso à rede de distribuição que ela controla. O grau de investimento necessário depende de uma série de fatores, que vão desde o nível de integração entre as partes – que exigirá uma maior ou menor adaptação do contratado à estrutura e às particularidades do contratante – até as peculiaridades do produto que se pretende comercializar. Assim, o franqueado invariavelmente precisará de uma estrutura física personalizada com a estrutura, marca, cores e *layout* determinados pelo franqueador, além de investir em treinamento de seus funcionários; o distribuidor, dependendo das características do produto que comercialize, precisará investir em estrutura de depósito, equipe e ferramentas para assistência técnica, além de precisar manter uma frota de veículos. A transferência dos custos, ônus e responsabilidade pelos investimentos ao parceiro contratual é justamente uma das vantagens dos sistemas de distribuição indireta para o fornecedor (franqueador, concedente, fabricante)[449].

Pode-se dizer que essa realidade de realização de investimentos altera a dinâmica contratual de diversas formas, gerando consequências na execução das obrigações das partes e no término do vínculo. A nosso ver, foi essa constatação que levou o legislador nacional a positivar a proteção dos investimentos na denúncia imotivada do contrato por duas vezes no Código Civil, tanto na norma geral do parágrafo único do art. 473 quanto

[448] Paola, Leonardo Sperb de. *Sobre a denúncia dos contratos de distribuição, concessão comercial e franquia*. Revista Forense, Rio de Janeiro, vol. 343, pp. 115-148, jul./set. 1998, p. 118.
[449] Paola, Leonardo Sperb de. *Contratos de Distribuição*: vida e morte da relação contratual. 2002. Tese (Dourado em Direito das Relações Sociais). Universidade Federal do Paraná, Curitiba, 2002. Disponível em: https://acervodigital.ufpr.br/handle/1884/57922. Acesso em 20.01.2019, pp. 177-178.

na norma específica do art. 720. Não se trata de particularidade do nosso ordenamento, já que essa proteção está presente também em outros países, como na Itália[450], na Espanha[451] e na Áustria[452], por exemplo[453].

[450] Artigo 3, item 3, da Lei nº 129/2004, que regula os contratos de franquia: "Se o contrato for por tempo determinado, o franqueador deve, em qualquer caso, garantir ao franqueado uma duração mínima suficiente para a amortização do investimento e, em qualquer caso, não inferior a três anos. Ressalva-se a hipótese de resolução antecipada por inadimplemento de uma das partes" (tradução nossa). No original: "*Qualora il contratto sia a tempo determinato, l'affiliante dovrà comunque garantire all'affiliato una durata minima sufficiente all'ammortamento dell'investimento e comunque non inferiore a tre anni. È fatta salva l'ipotesi di risoluzione anticipata per inadempienza di una delle parti*".

[451] Artigo 29 da Lei nº 12/1992, que regula os contratos de agência: "Indenização de danos e prejuízos. Sem prejuízo da indenização por clientela, o empresário que denuncie unilateralmente o contrato de agência de duração indeterminada será obrigado a indenizar os danos e prejuízos que, no seu caso, a extinção antecipada tenha causado ao agente, sempre que ela não permita a amortização dos gastos que o agente, instruído pelo empresário, tenha realizado para a execução do contrato. (tradução nossa). No original: "*Artículo 29. Indemnización de daños y perjuicios. Sin perjuicio de la indemnización por clientela, el empresario que denuncie unilateralmente el contrato de agencia de duración indefinida, vendrá obligado a indemnizar los daños y perjuicios que, en su caso, la extinción anticipada haya causado al agente, siempre que la misma no permita la amortización de los gastos que el agente, instruido por el empresario, haya realizado para la ejecución del contrato*".

[452] §454, (1), do UGB (*Unternehmengesetzbuch*) – Código Comercial da Áustria: "Um empresário que participe de um sistema vertical de distribuição, como empresário vinculado ou como representante autônomo (§ 1 HVertrG), tem, no encerramento da relação contratual com o empresário vinculante, o direito à compensação dos investimentos que, nos termos do contrato, estava obrigado a realizar, com vista ao estabelecimento de um sistema de distribuição uniforme, desde que, nesse momento, tais investimentos não se encontrem amortizados ou não sejam razoavelmente utilizáveis". (tradução nossa). No original: "*Ein Unternehmer, der an einem vertikalen Vertriebsbindungssystem als gebundener Unternehmer oder als selbständiger Handelsvertreter (§ 1 HVertrG) teilnimmt, hat bei Beendigung des Vertragsverhältnisses mit dem bindenden Unternehmer Anspruch auf Ersatz von Investitionen, die er nach dem Vertriebsbindungsvertrag für einen einheitlichen Vertrieb zu tätigen verpflichtet war, soweit sie bei der Vertragsbeendigung weder amortisiert noch angemessen verwertbar sind*". Deve-se ressaltar que o direito à indenização não se configura se o encerramento do contrato (i) partiu do empresário vinculado (distribuidor), sem fundamento em causa imputável ao empresário vinculante (fornecedor) ou (ii) teve por causa inadimplemento do distribuidor, nem se o distribuidor cedeu a terceiro o contrato, com anuência do fornecedor.

[453] Cabe ressaltar ainda o caso dos Estados Unidos, onde se desenvolveu a chamada "*recoupment doctrine*" ou "*Missouri Rule*", exceção à regra da "*termination at will*" dos contratos

Além disso, mesmo em sistemas que não possuem norma expressa nesse sentido, há autores que reconhecem a necessidade de tutelar os investimentos feitos pelo denunciado como decorrência direta do princípio da boa-fé objetiva[454].

Anteriormente, quando se discorreu sobre as características dos contratos de duração, demonstrou-se que o tempo, neles, mais do que um fator acessório, é *essentialia negotii* e vincula-se à própria causa (objeto) da avença. Isto é, esses contratos somente são capazes de satisfazer os interesses e as necessidades (também duradouros) das partes, que as levaram a contratar, se o adimplemento se prolongar por certo tempo. Caso contrário, o contrato não atinge a sua função econômica nem seu efeito próprio desejado pelas partes. Assim, o exercício do direito de denúncia

de duração indeterminada, segundo a qual, na ausência de regulamentação específica, "quando um contrato de agência, de distribuição ou de franquia nada disponha acerca da sua duração ou cessação e o agente, distribuidor ou franqueado realize investimentos avultados, ele tem direito a que a relação perdure por um período de tempo suficiente para os poder recuperar". Trata-se aqui de um período razoável ("*reasonable time*") para essa recuperação (Pinto, Fernando A. Ferreira. *Contratos de distribuição*: da tutela do distribuidor integrado em face da cessação do vínculo. Lisboa: Universidade Católica Editora, 2013, pp. 763-764).

[454] Lorenzetti, por exemplo, ao tratar da denúncia de contratos vigentes a prazo indeterminado, sustenta o que chama de "tese dos dois tempos", ao afirmar que o exercício desse direito, para que não seja considerado abusivo, deve respeitar o tempo de duração da relação, que justifique sua existência e que seja suficiente a permitir a amortização dos investimentos e a obtenção de ganhos razoáveis à parte que os fez, além do tempo da denúncia em si, isto é, do pré-aviso, em intervalo razoável a permitir a oportunidade de recolocação do denunciado (Lorenzetti, Ricardo Luis. *Tratado de los contratos.* Tomo I. Buenos Aires: Rubinzal – Culzoni, 1999, pp. 560 e 569). Ainda na Argentina, Carlos Ghersi também entende que investimentos relevantes têm o efeito de inserir no contrato um "prazo tácito mínimo", correspondente ao período necessário à sua recuperação – durante o qual o exercício da denúncia é intempestivo – e que, não obstante já transcorrido esse prazo, cabe ao denunciante observar o dever de conceder pré-aviso para que a denúncia não seja considerada abusiva (Ghersi, Carlos Alberto. *Contratos*: problemática moderna. Mendoza: Cuyo, 1996. vol. 1, pp. 70 e 80). Nesse mesmo sentido, Jonás Bergstein, autor uruguaio, qualifica a duração mínima do contrato, compatível com os investimentos realizados, como "outra manifestação do princípio da boa-fé", ao lado do pré-aviso razoável (Bergstein, Jonás. *La extinción del contrato de distribución.* Montevidéu: Fundación de Cultura Universitaria, 1996, pp. 94 e 129-130).

do contrato de duração após curto período de vigência pode ter o efeito de frustrar por completo o adimplemento contratual, afetando a própria causa do contrato[455], e, por isso, se mostra disfuncional[456] e "contraditório com a própria finalidade do contrato"[457]. Segundo Leonardo Sperb de Paola, essa necessidade de manutenção do negócio por tempo mínimo necessário à sua finalidade vincula-se à própria ideia de base objetiva do negócio[458]. Para o autor, isso permite afirmar que há muitos contratos celebrados a prazo indeterminado que, na verdade, são por tempo determinável, isto é, que possuem uma duração mínima implícita, decorrente não de uma vontade presumida das partes, mas sim dos elementos intrínsecos que podem ser extraídos da natureza do contrato e de sua função legal ou socialmente típica[459].

Veja-se que isso decorre da natureza dos contratos de duração, tendo em vista a características dos interesses duradouros que eles pretendem satisfazer, e independe da existência de investimentos consideráveis por qualquer das partes. Mas, se, normalmente, a resilição unilateral precoce do contrato de duração já tem o potencial de retirar a utilidade que o denunciado pretendia extrair do vínculo, impedindo-o de atingir objetivos inerentes ao contrato, ainda mais evidente e necessária se mostra a manutenção da relação por um período mínimo quando o denunciado realiza investimentos consideráveis para sua execução. Pode-se dizer, nesse sentido, que os investimentos reforçam a utilidade da duração do contrato para a parte que os fez.

[455] LORENZETTI, Ricardo Luis. *Tratado de los contratos*. Tomo I. Buenos Aires: Rubinzal – Culzoni, 1999, p. 556.

[456] VIÉGAS, Francisco de Assis. *Denúncia contratual e dever de pré-aviso*. Belo Horizonte: Fórum, 2019, p. 178.

[457] LEONARDO, Rodrigo Xavier. *A denúncia e a resilição. Críticas e propostas hermenêuticas ao art. 473 do CC/20122 brasileiro*. Revista de Direito Civil Contemporâneo, São Paulo, vol. 7, n. 3, pp. 93-115, abr./jun. 2016, p. 109.

[458] PAOLA, Leonardo Sperb de. *Sobre a denúncia dos contratos de distribuição, concessão comercial e franquia*. Revista Forense, Rio de Janeiro, vol. 343, pp. 115-148, jul./set. 1998, p. 144.

[459] PAOLA, Leonardo Sperb de. *Contratos de Distribuição*: vida e morte da relação contratual. 2002. Tese (Dourado em Direito das Relações Sociais). Universidade Federal do Paraná, Curitiba, 2002. Disponível em: https://acervodigital.ufpr.br/handle/1884/57922. Acesso em 20.01.2019, pp. 177-178.

Sob a ótica da análise econômica do direito, nas palavras de Ricardo Luis Lorenzetti[460], há, nesses casos de contratos de duração em que uma das partes faz investimentos, "uma relação inversa entre a utilidade marginal das partes", no sentido de que aquele que investiu (geralmente o distribuidor, concessionário ou franqueado) "inicialmente tem muitos gastos e baixa utilidade, enquanto no prazo mediano ambas se equiparam e, mais adiante, tem mais utilidade que gastos porque o capital já foi amortizado"; já a outra parte (o fabricante, concedente ou franqueador) "obtém suas melhores utilidades no começo, e, à medida em que passa o tempo, elas decrescem, podendo chegar inclusive a assumir perdas, porque aumentam as demandas do concessionário e tende a diminuir sua produtividade". Assim, "há um ponto de intersecção nas curvas de utilidade no contrato de duração, no qual se produz o conflito, porque se cruzam as expectativas de utilidade de modo inverso". Portanto, o término antecipado e abrupto do vínculo contratual, que surpreende o denunciado no período inicial do vínculo, quando já suportou o gasto com os investimentos, mas ainda não teve tempo razoável de obter o retorno que esperava, gera uma transferência inesperada de custos ao denunciado[461].

Nesse contexto, a norma do art. 473, parágrafo único, do Código Civil, ao proteger o contratante que realizou investimentos consideráveis para a execução do contrato contra a denúncia precoce do vínculo, tem por finalidade assegurar uma estabilidade mínima à relação, que permita a esse contratante a chance de retirar a utilidade esperada do contrato. Vincula-se, portanto, à própria racionalidade dos contratos de duração, que demandam um adimplemento continuado no tempo, sob pena de frustração de seu escopo econômico[462].

O ordenamento jurídico nacional contém exemplos que demonstram a preocupação do legislador em estabelecer prazos mínimos de vigência necessários à concretização do objeto contratual, como forma de prote-

[460] Lorenzetti, Ricardo Luis. *Tratado de los contratos*. Tomo I. Buenos Aires: Rubinzal Culzoni, 1999, p. 564.

[461] Paola, Leonardo Sperb de. *Sobre a denúncia dos contratos de distribuição, concessão comercial e franquia*. Revista Forense, Rio de Janeiro, vol. 343, pp. 115-148, jul./set. 1998, p. 144.

[462] Viégas, Francisco de Assis. *Denúncia contratual e dever de pré-aviso*. Belo Horizonte: Fórum, 2019, p. 145.

ger um dos contratantes. Veja-se, nesse sentido, o art. 581 do Código Civil, segundo o qual, não havendo prazo convencional no contrato de comodato, "presumir-se-lhe-á o necessário para o uso concedido", durante o qual o comodante, "salvo necessidade imprevista e urgente, reconhecida pelo juiz", não poderá "suspender o uso e gozo da coisa emprestada". Já o art. 592, que trata do contrato de mútuo, prevê que, na ausência de convenção de prazo de vigência, este será (i) "até a próxima colheita, se o mútuo for de produtos agrícolas, assim para o consumo, como para semeadura"; ou (ii) de trinta dias, pelo menos, se for de dinheiro. O art. 21, parágrafo único, da Lei Ferrari, que trata do contrato de concessão comercial, prevê que, se as partes celebrarem contrato a prazo determinado, devem respeitar o prazo mínimo de vigência de cinco anos e que, ao final desse prazo, se o concedente se recusar a prorrogá-lo, fica obrigado perante o concessionário a (i) "readquirir-lhe o estoque de veículos automotores e componentes novos, estes em sua embalagem original, pelo preço de venda à rede de distribuição, vigente na data de reaquisição"; e a (ii) "comprar-lhe os equipamentos, máquinas, ferramental e instalações à concessão, pelo preço de mercado correspondente ao estado em que se encontrarem e cuja aquisição o concedente determinara ou dela tivera ciência por escrito sem lhe fazer oposição imediata e documentada, excluídos desta obrigação os imóveis do concessionário".

Isso acontece também nos contratos agrários, regidos pela Lei nº 4.504/64 (Estatuto da Terra) e pelo Decreto nº 59.566/66, tendo em vista o reconhecimento da necessidade de "conservação dos recursos naturais e a proteção social e econômica dos arrendatários e dos parceiros-outorgados" (art. 13 do Decreto). Assim, a legislação de regência estabelece prazo mínimo de vigência de três anos para os contratos de parceria e prazos mínimos variáveis para os contratos de arrendamento, a depender da atividade objeto do contrato, da seguinte forma: de três anos, nos casos de exploração de lavoura temporária e ou de pecuária de pequeno e médio porte; de cinco anos, nos casos de exploração de lavoura permanente ou de pecuária de grande porte para cria, recria, engorda ou extração de matérias primas de origem animal; e de sete anos, nos casos em que ocorra atividade de exploração florestal. Além disso, em qualquer caso, a legislação estabelece que os prazos terminarão sempre depois de ultimada a colheita.

Pode-se extrair, como elemento comum das normas supracitadas, a preocupação do legislador em garantir que os contratos aos quais elas se aplicam permaneçam vigentes por um período mínimo, necessário à própria execução de seu objeto, a fim de proteger um dos contratantes que, no caso de denúncia antes desse prazo mínimo, ver-se-ia privado da utilidade que pretendia retirar do contrato. Seria o caso, por exemplo, do contrato de arrendamento que, por estar vigente a prazo indeterminado, pudesse ser denunciado após o arrendatário ter feito os investimentos necessários ao plantio, mas antes que tivesse a chance de efetuar a colheita.

Além de atentar, de uma forma objetiva, contra a causa do contrato e a possibilidade de concretização do programa contratual visado pelas partes, a denúncia precoce, feita antes de tempo mínimo de vigência, compatível com os investimentos realizados pelo denunciado, pode violar, do ponto de vista subjetivo, a legítima confiança que o denunciado tinha na continuidade do vínculo. De fato, a parte que realiza investimentos consideráveis para a execução do contrato, quando eles são exigidos pela própria natureza do contrato (que, sem esses investimentos, não poderia ser executado) ou pelo outro contratante, somente o faz confiando que a relação terá duração suficiente a permitir ao menos a chance de recuperar esses investimentos. Nesse contexto, a denúncia intempestiva e apressada defrauda a confiança e a legítima expectativa que o denunciado depositou na manutenção da relação contratual no tempo ao realizar os investimentos, "obstando a obtenção de vantagens, ganhos e proveitos que haviam sido projetados"[463].

O ilícito da denúncia imotivada, nesse caso, decorre da proibição de *venire contra factum proprium*[464], figura parcelar da boa-fé objetiva que veda

[463] Leonardo, Rodrigo Xavier. *A denúncia e a resilição. Críticas e propostas hermenêuticas ao art. 473 do CC/20122 brasileiro.* Revista de Direito Civil Contemporâneo, São Paulo, vol. 7, n. 3, pp. 93-115, abr./jun. 2016, pp. 100-101.

[464] Bonini, Paulo Rogério. *Resilição contratual – relações civis – empresariais – interpretação do art. 473, parágrafo único, CC – consequências do exercício da resilição unilateral – indenização x prolongamento do contrato.* Cadernos Jurídicos, São Paulo, vol. 16, n.39, pp. 191-199, jan./mar. 2015, p. 194; Urbano, Hugo Evo Magro Corrêa. *A tutela da confiança e os limites éticos para a denúncia do contrato.* Revista Síntese de Direito Civil e Processual Civil, Porto Alegre, vol. 12, n. 69, pp. 109-125, jan./fev. 2011, p. 121; Viégas, Francisco de Assis. *Denúncia contratual*

o "exercício deslealmente contraditório de posições jurídicas", como explica Judith Martins-Costa:

> Há um *dever de coerência* consistente em manter-se a palavra dada ou o comportamento manifestado, agindo segundo os fins do contrato, e corresponder à expectativa legitimamente criada pelos próprios atos, assim impedindo surpresas desleais, visto que a contradição, a instabilidade comportamental, a inconstância afetam um vínculo que o Ordenamento jurídico pretende dotar de estabilidade[465].

Trata-se de instituto em que a boa-fé e a confiança – "ideias já unidas etimologicamente pela noção de *fides*"[466] – se sobrepõem e atuam conjuntamente, com a finalidade de proteger "especiais situações de confiança", coibindo condutas que as defraudem[467]. Enquanto a confiança atua para assegurar expectativas, a boa-fé objetiva, como *standard* jurídico, em sua função de baliza de licitude, tem por finalidade direcionar o comportamento dos contratantes, indicando "as variadas possibilidades técnicas de coibição do exercício de direitos e poderes formativos (dimensão negativa) quando violadores de uma confiança legitimamente suscitada"[468]. Para caracterização do *venire contra factum proprium* exigem-se, em síntese,

e dever de pré-aviso. Belo Horizonte: Fórum, 2019, p. 131; Haical, Gustavo. Apontamentos sobre o direito formativo extintivo de denúncia no contrato de agência. *In*: Martins-Costa, Judith. *Modelos de direito privado*. São Paulo: Marcial Pons, 2014. pp. 294-331, p. 320; Lorenzetti, Ricardo Luis. *Tratado de los contratos*. Tomo I. Buenos Aires: Rubinzal – Culzoni, 1999, p. 561; Leonardo, *op. cit.*, pp. 100-101.

[465] Martins-Costa, Judith. *A boa-fé no direito privado*: critérios para a sua aplicação. 2. ed. São Paulo: Saraiva Educação, 2018, p. 254 (grifos no original).

[466] Martins-Costa, Judith. Os avatares do abuso do direito e o rumo indicado pela boa-fé. *In*: Tepedino, Gustavo José Mendes (org.). *Direito civil contemporâneo*: novos problemas à luz da legalidade constitucional: anais do Congresso Internacional de Direito Civil-Constitucional. São Paulo: Atlas, 2008. pp. 57-95, p. 83.

[467] Martins-Costa, Judith. *A boa-fé no direito privado*: critérios para a sua aplicação. 2. ed. São Paulo: Saraiva Educação, 2018, pp. 256-257.

[468] Martins-Costa, Judith. Os avatares do abuso do direito e o rumo indicado pela boa-fé. *In*: Tepedino, Gustavo José Mendes (org.). *Direito civil contemporâneo*: novos problemas à luz da legalidade constitucional: anais do Congresso Internacional de Direito Civil-Constitucional. São Paulo: Atlas, 2008. pp. 57-95, p. 83.

duas condutas do agente, lícitas em si e diferidas no tempo, porém contraditórias entre si, de forma que a primeira conduta (o "fato próprio") seja contraditada pela segunda. Exige-se também que, com base na primeira conduta, a outra parte faça um legítimo investimento de confiança, traduzido em atos ou atividades, que seja posteriormente frustrado, de maneira injustificada e desleal, pela segunda conduta[469]. Assim, não é qualquer confiança que é protegida, mas apenas a qualificada como legítima, "derivada da lei, do negócio, dos usos ou do comportamento alheio", e não de mera representação mental do contratante, que não possa ser racionalmente controlada ou comprovada[470], nem qualquer contradição que é vedada, mas tão somente aquela que "mine a *relação de confiança recíproca* minimamente necessária para o bom desenvolvimento do tráfico negocial"[471].

Neste caso específico da resilição unilateral de contratos de duração, o *factum proprium* do denunciante é exigir a realização de investimentos pelo denunciado, ou celebrar contrato que, sabidamente, só possa ser executado mediante a realização desses investimentos, o que desperta, no denunciado, a legítima expectativa de que o contrato permanecerá vigente por prazo razoável, compatível com esses investimentos, a fim de que possa ter a oportunidade de obter o retorno esperado. Essa confiança é exteriorizada mediante a realização dos investimentos. Já o *venire*, isto é, a conduta posterior, que contradiz a primeira e frustra a legítima expectativa anteriormente suscitada na outra parte, é a denúncia imotivada do contrato em tempo exíguo após sua celebração (ou após a realização dos investimentos), sem permitir que o denunciado tenha a chance de recuperar seu capital[472-473]. Nas palavras de Paulo Rogério Bonini:

[469] MARTINS-COSTA, Judith. *A boa-fé no direito privado*: critérios para a sua aplicação. 2. ed. São Paulo: Saraiva Educação, 2018, pp. 674-675.
[470] *Ibidem*, p. 256.
[471] *Ibidem*, p. 676 (grifos no original).
[472] URBANO, Hugo Evo Magro Corrêa. *A tutela da confiança e os limites éticos para a denúncia do contrato*. Revista Síntese de Direito Civil e Processual Civil, Porto Alegre, vol. 12, n. 69, pp. 109-125, jan./fev. 2011, p. 121.
[473] A ilicitude do exercício de resilição unilateral em virtude da caracterização de comportamento contraditório do denunciante foi expressamente reconhecida pelo Tribunal de Justiça de São Paulo no julgamento de caso envolvendo a resilição unilateral de contrato

> Investimentos exigidos pela outra parte geram presunção de ciência de que serão realizados, além de previsão de duração do contrato por tempo suficiente a permitir sua amortização. A resilição em tempo insuficiente para a amortização de tais investimentos, exigidos pela própria parte – comuns em contratos como de franquia – indicam comportamento contraditório (*venire contra factum proprium*), pois traduzem exercício do direito subjetivo em contrariedade com o comportamento anteriormente adotado pelo seu titular, caracterizando ofensa à boa-fé objetiva[474].

Portanto, ao condicionar a eficácia da denúncia ao transcurso de prazo de vigência compatível com a natureza e o vulto dos investimentos consideráveis realizados pelo denunciado, a norma do art. 473, parágrafo único, do Código Civil tem por fundamento também proteger a legítima expectativa do denunciado na continuidade do vínculo, e evitar comportamento contraditório do denunciante, contrário ao *standard* imposto pelo princípio da boa-fé objetiva.

de prestação de serviços educacionais. No caso, o contratante confirmou a outra parte que o contrato seguiria vigente para o ano letivo seguinte, enviando-lhe os materiais correspondentes, o que fez com que o contratado iniciasse a divulgação do curso e matriculasse alunos. Posteriormente, o contratante, contrariando sua manifestação anterior, denunciou o contrato, o que levou o contratado a buscar indenização. Destaca-se o seguinte trecho do voto do Desembargador Relator: "Não se desconhece que o contrato celebrado entre as partes possibilitava à ré promover a rescisão unilateral imotivada do negócio jurídico. No entanto, tal previsão contratual não autoriza o exercício abusivo do direito de resilição, tal como se observa no caso em exame. Com efeito, a ré rescindiu o contrato após confirmar expressamente à autora o prosseguimento da parceria para o ano letivo de 2018 e de lhe encaminhar o respectivo material publicitário de fls.182-205, produzido pela própria ré, e no qual é mencionada expressamente a parceria entre as partes. Evidente, portanto, que a conduta da ré havia gerado na autora uma legítima expectativa de que a parceria seria mantida para o ano de 2018; evidente também que a subsequente resilição unilateral imotivada configurou conduta contraditória por parte da ré, em violação à boa-fé objetiva, como bem concluiu o i.magistrado de primeiro grau" (SÃO PAULO. Tribunal de Justiça do Estado de São Paulo. Apelação Cível nº 1026913-82.2018.8.26.0224, 13ª Câmara de Direito Privado, Relatora: Ana de Lourdes Coutinho Silva da Fonseca, julgado em 30/09/2020).

[474] Bonini, Paulo Rogério. *Resilição contratual – relações civis – empresariais – interpretação do art. 473, parágrafo único, CC – consequências do exercício da resilição unilateral – indenização x prolongamento do contrato*. Cadernos Jurídicos, São Paulo, vol. 16, n.39, pp. 191-199, jan./mar. 2015, p. 194.

Por outro lado, a realização de investimentos também tem o potencial de sujeitar o denunciado a uma situação de dependência econômica em relação ao outro contratante, a depender da natureza desses investimentos e de outras circunstâncias concretas, como sustenta Paula Forgioni, no contexto de contratos de distribuição, afirmando que se trata, no caso, de manifestação do poder relacional do fabricante[475]. Isso ocorre especialmente nos casos em que os investimentos são específicos (*relation-specific investments*) ou idiossincráticos, na nomenclatura adota pela autora[476], isto é, quando são direcionados a uma transação específica e – ao contrário do que ocorre com investimentos genéricos – não possuem valor alternativo fora do contrato (ou quando esse valor alternativo, se existente, é significativamente menor). Em outras palavras, quando os investimentos, por somente poderem ser utilizados dentro da relação contratual estabelecida entre as partes, são de certa maneira infungíveis e perdem seu valor quando a relação termina.

O contrato de franquia é um bom exemplo de caso no qual invariavelmente existem investimentos específicos. Brickley, Misra e Van Horn lembram que o franqueado precisa fazer investimentos iniciais em equipamentos, desenvolvimento de ponto comercial, taxa de franquia e treinamento para si próprio e seus funcionários, sendo que esses investimentos, em sua maioria, por terem relação direta com a marca, produtos, *know-how* e procedimentos internos exclusivos do franqueador, são específicos para a relação em questão e não podem ser utilizados fora dela, até mesmo em razão das cláusulas de não concorrência impostas ao franqueado[477]. Outro exemplo, citado por Jeff Makholm, é o caso de um contratante que constrói trilhos para o transporte de carvão de uma mina até determinada usina de geração de energia elétrica, os quais não

[475] FORGIONI, Paula Andrea. *Contrato de distribuição*. 3. ed. rev., atual. e ampl. São Paulo: Revista dos Tribunais, 2014, pp. 227-228.

[476] *Ibidem*, p. 232.

[477] BRICKLEY, James A; MISRA, Sanjog; e VAN HORN, R. Lawrence. *Contract Duration*: Evidence from Franchise Contracts. Simon School of Business Working Paper No. FR 03-08, fev. 2003. Disponível em: https://ssrn.com/abstract=383700. Acesso em: 05.01.2019, p. 8.

têm valor nem uso alternativo se a usina encerrar o contrato de compra de carvão[478].

A parte que realiza tais investimentos específicos torna-se, de certa forma, refém do cumprimento do contrato, já que apenas com a continuidade da relação por tempo suficiente é que poderá recuperar o valor investido, uma vez que não há uso alternativo para os investimentos fora dessa relação. Assim, quem investiu acaba ficando vulnerável e economicamente dependente da outra parte[479], à mercê de sua colaboração. Quanto maior o investimento, e quanto maior a especificidade do investimento, maior será a dependência, porque maiores serão também as perdas decorrentes da extinção do contrato[480]. Além disso, aquele que investe de forma específica fica sujeito ao comportamento estratégico da outra parte, que, a depender das circunstâncias, terá incentivos para apropriar-se do valor dos investimentos feitos[481]. Há diversas maneiras pela qual um dos contratantes pode, de forma oportunista, tirar vantagem da situação de dependência em que se encontra a outra parte após ter feito investimentos específicos, como, por exemplo, aumentar o custo de produtos vendidos à outra parte (ou forçar uma redução dos custos

[478] Makholm, Jeff. D. The Theory of Relationship-Specific Investments, Long-Term Contracts and Gas Pipeline Development in United States. *In*: *Workshop on Energy Economics and Technology*. Dresden University of Technology, Dresden, 2006, p. 6. Disponível em: https://tu-dresden.de/bu/wirtschaft/ee2/ressourcen/dateien/lehrstuhlseiten/ordner_veranstaltungen_alt/ordner_enerday/ordner_enerday_2006/ordner_download_enerday_06/Makholm_paper.pdf?lang=en. Acesso em: 15.08.2019.

[479] Gómez Pomar, Fernando. *Compensation after Termination of Long-Term Distribution Contracts*: An Economic Perspective of EU Law. InDret, n. 4, 2006, p. 23. Disponível em: https://www.researchgate.net/publication/47786545_Compensation_after_Termination_of_Long-Term_Distribution_Contracts_An_Economic_Perspective_of_EU_Law/download. Acesso em: 08.01.2019.

[480] Forgioni, Paula Andrea. *Contrato de distribuição*. 3. ed. rev., atual. e ampl. São Paulo: Revista dos Tribunais, 2014, p. 233.

[481] Golobardes, Mireia Artigot i; Gómez Pomar, Fernando. Long-term Contracts in the Law and Economics Literature. *In*: Geest, Gerrit de (Ed.). *Contract Law and Economics* (Encyclopedia of Law and Economics) 2. ed., vol. 6. Cheltenham, Inglaterra: Edward Elgar Publishing Limited, 2011. pp. 314-360, p. 314.

dos produtos adquiridos dela)[482], além de denunciar o contrato de forma antecipada (ou simplesmente ameaçar denunciá-lo)[483].

Na literatura da análise econômica do direito, essa situação de vulnerabilidade e dependência gerada pelos investimentos específicos e pela possibilidade da expropriação, pela outra parte, dos retornos sobre esses investimentos, é denominada *hold-up*, problema que, segundo Klein[484], surge com a combinação de três fatores: (a) investimento em ativos específicos por uma das partes; (b) incompletude contratual (por exemplo, contrato vigente a prazo indeterminado, em razão da ausência de previsão expressa do prazo); e (c) a presença de condições em que o *hold-up* é vantajoso e maximizador de bem estar para a outra parte, considerando os ganhos de curto prazo que ele trará e os potenciais custos a longo prazo[485].

[482] BRICKLEY, James A; MISRA, Sanjog; e VAN HORN, R. Lawrence. *Contract Duration*: Evidence from Franchise Contracts. Simon School of Business Working Paper No. FR 03-08, fev. 2003. Disponível em: https://ssrn.com/abstract=383700. Acesso em: 05.01.2019, p. 6.

[483] GURCAYLILAR-YENIDOGAN, Tugba; DUDEN, Sibel; SARVAN, Fulya. *The Role of Relationship-specific Investments in Improving Performance*: Multiple Mediating Effects of Opportunism and Cooperation. Procedia – Social and Behavioral Sciences, volume 99, pp. 976-985, 2013. Disponível em: https://core.ac.uk/download/pdf/82542791.pdf Acesso em: 02.02.2019, p. 977.

[484] KLEIN, Benjamin. The Hold-Up Problem. *In*: NEWMAN, Peter (ed.). *The New Palgrave Dictionary Of Economics And The Law*. Macmillan Reference Limited, 1998. pp. 241-244, p. 241. Disponível em: https://ssrn.com/abstract=1872208. Acesso em: 02.02.2019.

[485] Um exemplo clássico de situação geradora de potencial *hold-up* mencionado por Klein é o ocorrido entre as empresas Fisher Body e General Motors em 1919. Em razão do contrato de fornecimento firmado entre as partes, a Fisher Body realizou investimentos em maquinário específico para a produção de peças automotivas para a GM, que não podia ser utilizado com nenhuma outra montadora. Como resultado, a GM viu-se em uma posição de maior poder de barganha, em que potencialmente poderia exercer comportamento estratégico no sentido de forçar uma redução de preço das peças, inclusive mediante ameaça de extinção do contrato, caso em que, tratando-se de contrato suficientemente incompleto (que não previsse preço fixo e critérios objetivos de reajuste e revisão ou prazo determinado de duração mínima), a Fisher Body seria forçada a aceitar os termos que lhe fossem impostos unilateralmente, considerando que os investimentos já realizados não teriam valor fora da relação. No caso, o que impediu o comportamento estratégico da GM foi o fato de o contrato prever um período de exclusividade de dez anos (*Ibidem*, p. 241). Francesco Panetti reconhece a possibilidade de *hold-up* decorrente da resilição unilateral

Como reconhece Paula Forgioni, a situação de dependência econômica de uma parte em relação a outra é, em si, apenas um fato, não reprimido pelo direito, que inclusive tem sua utilidade dentro da racionalidade de alguns contratos, como o de distribuição, ao permitir a unidade e identidade da rede e do sistema de distribuição[486]. O que o ordenamento reprime é o abuso dessa posição dominante, que traga prejuízo à parte economicamente mais fraca da relação. Assim, em alguns casos, nos quais se vislumbra desequilíbrio econômico entre as partes, o legislador atua impondo restrições à autonomia dos contratantes, a fim de atenuar essa desigualdade e tutelar os interesses daquele que, por algum motivo, encontra-se em situação mais frágil. Esse "dirigismo contratual" ocorre, por vezes, mediante a determinação coativa *ex lege* de prorrogação ou de renovação de contratos[487].

Pode-se pensar, por exemplo, nas disposições da Lei do Inquilinato que estabelecem a presunção de prorrogação de contratos de locação, por prazo indeterminado, quando o locatário permanecer no imóvel por mais de trinta dias após o termo final ajustado, sem oposição do locador. Outro exemplo é o do art. 27, §3º, da Lei nº 4.886/65, segundo o qual se considera vigente por prazo indeterminado todo contrato de representação comercial que suceder, dentro de seis meses, a outro contrato, com ou

do contrato, nos seguintes termos: "aquela situação que se cria no momento em que um sujeito empresário, inserido, por meio de um contrato, em uma rede produtiva alheia, se encontra diante da impossibilidade de recuperar os investimentos que não podem ser convertidos para utilização fora daquele dado contexto produtivo, particularmente quando decida desvincular-se, ou quando seja forçado a se desvincular (e daí a importância do tema da resilição unilateral)" (Panetti, Francesco. *Buona fede, recesso ad nutum e investimenti non recuperabili dell'affiliato nella disciplina dei contratti di distribuzione*: in margine a Cass., 18 settembre 2009, n. 20106. Rivista Di Diritto Civile, Pádua, vol. 56, n. 6, pp. 653-687, nov. /dez. 2010, pp. 656-657 – tradução nossa). No original: "*quella situazione che si crea nel momento in cui un soggetto imprenditoriale, inserito attraverso un contratto in una rete produttiva o distributiva altrui, si trovi nell'impossibilità di recuperare gli investimenti non riconvertibili al di fuori di quel dato contesto produttivo, in particolare quando decida di, o sia spinto a, sottrarsi al vincolo (ed ecco l'importanza del tema del recesso)*".

486 Forgioni, Paula Andrea. *Contrato de distribuição*. 3. ed. rev., atual. e ampl. São Paulo: Revista dos Tribunais, 2014, p. 227.

487 Leães, Luiz Gastão Paes de Barros. *Denúncia de contrato de franquia por tempo indeterminado (Parecer)*. Revista dos Tribunais, São Paulo, vol. 719, pp. 83-96, set. 1995, p. 86.

sem determinação de prazo, com o fim de proteger o representante contra estipulações fraudulentas de prazo impostas pelo representado. Não deixa de ser esse também o caso da norma do art. 473, parágrafo único, do Código Civil, que, ao determinar a suspensão da eficácia da denúncia até o transcurso de prazo compatível com a natureza e o vulto dos investimentos realizados, está – ao menos em uma interpretação literal – compelindo o denunciante a permanecer vinculado e, portanto, prorrogando a vigência do contrato[488], tendo em vista que a parte apanhada de surpresa com a denúncia geralmente é a que depende economicamente da outra[489]. Com efeito, a situação de dependência econômica e a preocupação decorrente de seu abuso foram consideradas na norma do art. 473 do Código Civil, como explica o próprio Miguel Reale, ao justificar sua inclusão no Código Civil de 2002:

> u) Limitação do poder de denúncia unilateral dos contratos por tempo indeterminado, quando exigidos da outra parte investimentos de vulto, pressupondo ela poder dispor de prazo razoável, compatível com as despesas feitas. Esta sugestão, por mim feita e acolhida pela Comissão, é um dos tantos exemplos da preocupação que tivemos no sentido de coarctar os abusos do poder econômico[490].

A análise da norma do parágrafo único do art. 473 do Código Civil pode ser feita também por outro viés, a partir da ótica da análise econômica do direito, no sentido de verificar que incentivos a norma gera (ou pode gerar) às partes de um contrato e se ela pode gerar resultados eficientes na proteção dos investimentos. Embora seja uma norma que trate especificamente da extinção do contrato, sua influência no comportamento dos contratantes não se resume necessariamente a esse momento,

[488] Bdine Júnior, Hamid Charaf. *Resilição contratual e o art. 473 do CC*. Revista do Advogado, São Paulo, n. 116, pp. 98-104, jul. 2012, p. 99.

[489] Martins-Costa, Judith. *A boa-fé no direito privado*: critérios para a sua aplicação. 2. ed. São Paulo: Saraiva Educação, 2018, p. 412.

[490] BRASIL. *Novo Código Civil. Exposição de motivos e texto sancionado*. 2. ed. Brasília: Senado Federal, Subsecretaria de Edições Técnicas, 2005. p. 44. Disponível em: https://www2.senado.leg.br/bdsf/handle/id/70319. Acesso em: 27.12.2019.

sendo, na verdade, mais ampla, especialmente se se partir do pressuposto de que os contratantes são agentes racionais e respondem aos incentivos que lhes são dados pelo ordenamento jurídico e pelas decisões judiciais. De fato, como ressalta Fernando Pomar, as consequências do término da relação são relevantes porque influenciam o comportamento das partes desde o início do contrato, afetando como elas elaborarão as cláusulas contratuais e como se comportarão durante a execução do contrato, tanto na decisão sobre a realização de investimentos quanto na avaliação sobre resilir o contrato[491].

Como afirma Shavell, após o contrato ser celebrado, as partes precisarão decidir sobre o nível de confiança que adotarão para a realização de investimentos, e essa decisão é influenciada pelas regras contratuais e legais que disciplinam as hipóteses de extinção do contrato e a correspondente indenização[492]. Como exposto, a parte que faz investimentos (especialmente quando são específicos) depende da continuidade do contrato por tempo suficiente para que possa ter retorno. Portanto, para investir em nível eficiente, precisa confiar que o contrato será cumprido por esse tempo suficiente ou precisa contar com proteção contratual ou legal contra eventual comportamento estratégico ou oportunista da outra parte (como a denúncia precoce) após a realização dos investimentos. Caso contrário, tenderá a investir em patamar abaixo do eficiente. Isto é, quanto mais segurança a parte tiver no cumprimento do contrato e na proteção dos investimentos que fizer, maior será sua confiança e disponibilidade para realizar esses investimentos[493].

Como ressalta Fernando Ferreira Pinto, "a proteção dos investimentos é, antes de mais, um problema que compete *às próprias partes* acau-

[491] Gómez Pomar, Fernando. *Compensation after Termination of Long-Term Distribution Contracts*: An Economic Perspective of EU Law. InDret; Núm.: 4/2006, p. 4. Disponível em: https://www.researchgate.net/publication/47786545_Compensation_after_Termination_of_Long-Term_Distribution_Contracts_An_Economic_Perspective_of_EU_Law/download. Acesso em: 08.01.2019.

[492] Shavell, Steven. *Damage Measures for Breach of Contract*. Bell Journal of Economics, vol. 11, n. 2, pp. 466-490, 1980, p. 470. Disponível em: www.jstor.org/stable/3003374. Acesso em: 15.12.2018.

[493] Forgioni, Paula Andrea. *Contrato de distribuição*. 3. ed. rev., atual. e ampl. São Paulo: Revista dos Tribunais, 2014, pp. 233-234.

telar, mediante adequada conformação convencional da sua relação contratual"[494]. Existem diversas soluções contratuais para garantir maior segurança à parte que investe contra o risco de resilição unilateral do contrato em período inferior ao necessário para a recuperação dos investimentos. É possível fazer isso de forma expressa e direta, como, por exemplo, disciplinando os investimentos que serão necessários, a repartição de responsabilidade pelos custos e riscos entre as partes e parâmetros para a amortização, ou então prevendo a indenização ou a obrigação de recompra do investimento não amortizado pelo denunciante, ao final do contrato[495]-[496]. Há também mecanismos indiretos de proteção dos investimentos, dentre os quais se destaca a fixação de um prazo determinado de vigência, adequado ao nível de investimento que foi realizado ou que se pretende realizar[497]. Isso porque o prazo determinado de vigência precisa ser respeitado pela outra parte, que não poderá denunciar o contrato imotivadamente antes de atingido seu termo final, sob pena de ser configurado seu inadimplemento, como visto acima. Ao ter garantida a continuidade do vínculo até a data pré-fixada – salvo, é claro, hipóteses outras, como a de inadimplemento contratual – a parte responsável pelos investimentos pode estimar com razoável segurança o retorno que

[494] Pinto, Fernando A. Ferreira. *Contratos de distribuição*: da tutela do distribuidor integrado em face da cessação do vínculo. Lisboa: Universidade Católica Editora, 2013, p. 741 (grifos no original).

[495] Costa, André Brandão Nery. *Protection of specific contractual investments in Italian and Brazilian law*. Tese (Dottorato in Autonomia Privata, Impresa, Lavoro e Tutela dei Diritti nella Prospettiva Europea ed Internazionale) – Facoltà di Giurisprudenza, Università Degli Studi di Roma "La Sapienza", 2019, p. 153.

[496] Foi o que fizeram, por exemplo, as partes de um contrato de prestação de serviços, ao disporem que o valor de R$ 182.372,19, gastos pela contratada a título de "esforço adicional da equipe no início do projeto (*Set-up free único*)" deveria ser-lhe integralmente reembolsado no caso de resilição unilateral promovida pela contratante antes do prazo de 36 meses (SÃO PAULO. Tribunal de Justiça do Estado de São Paulo. Apelação Cível nº 1000160-14.2019.8.26.0011, 11ª Câmara de Direito Privado, Relator: Gil Coelho, julgado em 16/07/2020).

[497] Ellman, Matthew. *The optimal length of contracts with application to outsourcing*. Economics Working Papers 965, Department of Economics and Business, Universitat Pompeu Fabra, pp. 1-42, fev. 2006, p. 31. Disponível em https://ssrn.com/abstract=1002305. Acesso em: 02.02.2019.

terá com a execução do contrato, possibilitando um nível adequado de investimento, proporcional a esse retorno. O contrato cumpre, assim, sua função de incentivar o nível ótimo de confiança[498].

Contudo, embora uma maior completude contratual traga maior segurança à parte que faz o investimento específico, ela nem sempre é uma solução fácil ou até mesmo possível ou desejável na prática. Quanto maiores o tempo e o esforço gastos na negociação e elaboração do contrato, e quanto maior sua complexidade, maiores os custos de transação. Além disso, a assunção de custos e riscos pelos investimentos não é algo desejável para o franqueador, concedente ou fabricante, justamente porque a finalidade do contrato é repassá-los à outra parte, pela racionalidade da operação[499]. Há que se considerar também que a incompletude contratual muitas vezes é proposital e tem o benefício de permitir a adaptação do contrato aos novos riscos e contingências que surgirem após sua assinatura e que não podiam ser adequadamente previstos *ex ante* pelas partes, que optam por preencher as lacunas em momento futuro. Assim, uma maior completude contratual traz consigo uma maior rigidez do vínculo[500], dificultando a adaptação das partes a circunstâncias supervenientes, de modo que "a duração contratual ótima envolve um conflito de

[498] Araújo, Fernando Borges Correia de. *Uma análise económica dos contratos*. Parte I: a abordagem económica, a responsabilidade e a tutela dos interesses contratuais. Revista de Direito Público da Economia, Belo Horizonte, vol. 5, n. 18, pp. 69-160, abr./jun. 2007, p. 111.

[499] "Mais raramente, instituem-se mecanismos de *partilha* dos *custos* e *riscos* associados à aquisição de bens de capital, prevendo-se, ora a concessão de financiamentos por parte dos fabricantes ou fornecedores, ora a repartição dos custos e despesas entre os parceiros negociais, ora mesmo o compromisso de o fornecedor *readquirir* os equipamentos específicos anteriormente vendidos aos seus distribuidores. É assim porque os distribuidores não se encontram normalmente em condições de impor essa partilha de riscos, abrindo-se-lhes apenas uma opção entre aceitar corrê-los ou, pura e simplesmente, não ingressar na relação. Além de que, como se observou, constitui precisamente uma das principais funções econômicas dos contratos de distribuição proceder à translação para o distribuidor do risco do investimento exigido pela atividade distributiva, pelo que se revelaria contranatura admitir um arranjo negocial marcadamente diverso" (Pinto, Fernando A. Ferreira. *Contratos de distribuição*: da tutela do distribuidor integrado em face da cessação do vínculo. Lisboa: Universidade Católica Editora, 2013, p. 743).

[500] Golobardes, Mireia Artigot i; Gómez Pomar, Fernando. Long-term Contracts in the Law and Economics Literature. *In*: Geest, Gerrit de (Ed.). *Contract Law and Econom-*

escolha (*trade-off*) entre proteger as partes contra um potencial *hold-up* de investimentos específicos e reduzir a flexibilidade que as partes têm para responder a mudanças em seu ambiente"[501]. Há também os problemas referentes ao momento de elaboração contratual e da definição dos seus termos. Como referido por Mireia Golobardes e Fernando Pomar, os termos contratuais devem ser redigidos ou antes da realização dos investimentos específicos ou depois de já estarem realizados. Em qualquer caso, há desvantagens: no primeiro cenário, é possível que nem todas as informações sobre os investimentos estejam disponíveis; no segundo, o cenário já pode estar distorcido, pois a parte que realizou os investimentos já está envolvida e talvez já não se encontre em posição ideal para negociar os termos contratuais[502].

Além disso, a regra da liberdade de forma dos negócios jurídicos presente em nosso ordenamento, aliada à rapidez e à informalidade de alguns setores empresariais, faz com que as partes, por vezes, mantenham relações contratuais sem qualquer formalização (ou ao menos sem uma formalização que abranja esses aspectos mais específicos relacionados aos investimentos e à resilição unilateral). Por esses e outros motivos é que, na prática, verifica-se a existência de diversas relações que, embora demandem a realização de investimento, não venham acompanhadas de um contrato completo no que se refere à estipulação do prazo determinado de vigência[503]. São também frequentes os casos em que o contrato é

ics (Encyclopedia of Law and Economics) 2. ed., vol. 6. Cheltenham, Inglaterra: Edward Elgar Publishing Limited, 2011. pp. 314-360, p. 332.

[501] Brickley, James A; Misra, Sanjog; e Van Horn, R. Lawrence. *Contract Duration*: Evidence from Franchise Contracts. Simon School of Business Working Paper No. FR 03-08, fev. 2003, p. 1. Disponível em: https://ssrn.com/abstract=383700. Acesso em: 05.01.2019 (tradução nossa). No original: "*the optimal contract duration involves a tradeoff between protecting the parties against potential hold-up of relationship-specific investment and reducing the flexibility that the parties have to respond to environmental changes*".

[502] Golobardes, *op. cit.*, p. 332.

[503] É o que afirma Fernando Ferreira Pinto: "A experiência revela, porém, que, ressalvadas hipóteses setoriais e muito pontuais (geralmente associadas a negócios com significativo relevo econômico, que implicam a concretização de elevadas despesas com a aquisição de ativos fixos), os contratos de distribuição não incluem *mecanismos negociais específicos*, endereçados à salvaguarda do *risco de inutilização* dos investimentos realizados pelo distribuidor" (Pinto, Fernando A. Ferreira. *Contratos de distribuição*: da tutela do distribuidor

firmado por prazo determinado, ao final do qual acaba sendo prorrogado tacitamente pelas partes, que permanecem executando seu objeto sem, contudo, aditar o instrumento prevendo um novo prazo, o que faz com que a relação permaneça vigente por prazo indeterminado.

Nesse cenário de incompletude contratual (em que não tenha sido fixado prazo determinado de vigência), não haveria o correto incentivo a que o contratante atendesse às exigências da outra parte e realizasse investimentos consideráveis na ausência de qualquer norma legal protetiva contra a denúncia precoce, já que ele ficaria exposto ao risco de ser surpreendido com a resilição unilateral antes do tempo necessário à recuperação desses valores, perdendo o investimento feito. É nesse momento que ganha relevo a norma do art. 473, parágrafo único, do Código Civil, a qual, ao condicionar o exercício do direito de denúncia ao transcurso de prazo contratual compatível com a natureza e o vulto dos investimentos feitos pelo denunciado, sob pena de ele ser considerado ilícito, fornece a esse contratante uma garantia de que – preenchidos os devidos pressupostos – ele pode investir e de que sua confiança será protegida e, assim, incentiva a realização de investimentos. Com efeito, no que se refere à matéria de investimentos específicos e do problema do *hold-up*, reconhece-se que "penalidades são frequentemente necessárias para induzir investimento eficiente"[504]. Segundo Sloof, Oosterbeek, Riedl e Sonnemans, por exemplo, todos os remédios contra o descumprimento contratual – em raciocínio que entendemos ser aplicável também a remédios contra o exercício ilícito da denúncia – aumentam significativamente o nível de investimentos, porque protegem o investidor contra a apropriação do retorno sobre esse investimento, e, assim, contribuem para a superação do problema de subinvestimento decorrente do *hold-up*[505].

integrado em face da cessação do vínculo. Lisboa: Universidade Católica Editora, 2013, p. 741 – grifos no original).

504 EDLIN, Aaron; SCHWARTZ, Alan. *Optimal Penalties in Contracts.* Chicago Kent Law Review, vol. 78, I, pp. 33-54, abr. 2003, p. 37.

505 SLOOF, Randolph; OOSTERBEEK, Hessel; RIEDL, Arno M; e SONNEMANS, Joep. *Breach Remedies, Reliance, and Renegotiation.* International Review of Law and Economics: Elsevier, 2006, vol. 26 (3), pp. 263-296., pp. 264 e 291. Disponível em https://ssrn.com/abstract=294803. Acesso em: 12.01.2019.

Portanto, do ponto de vista da parte que faz o investimento, a norma do art. 473, parágrafo único, do Código Civil, pode mitigar o problema do *hold-up*, pois garante maior segurança de que os investimentos serão recuperados. Já do ponto de vista da parte que contempla a decisão de resilir o contrato, a norma, embora lhe garanta esse direito, protegendo-a contra a vinculação perpétua, impõe-lhe a necessidade de contabilizar, em seu processo decisório, o prejuízo que a extinção causaria ao outro contratante – e que acabaria sendo internalizado por ela, caso fosse obrigada a pagar indenização – e, assim, tende a promover um comportamento eficiente quanto à resilição[506].

Nesse sentido é que a Paula Forgioni afirma que a proteção concedida ao distribuidor que se encontra em situação de dependência econômica, desde que em patamar adequado (como se verá adiante), longe de ser apenas uma questão de equidade ou de refletir um "protecionismo infantil", é benéfica para todos, porque incentiva a realização de investimentos idiossincráticos e "gera, em última instância, estímulo à distribuição indireta"[507]. Nas palavras da autora, "os agentes econômicos são atraídos para a atividade de revenda, na medida em que o ordenamento jurídico lhes assegura que não serão prejudicados por comportamentos oportunistas de seus parceiros comerciais"[508] e que "deverão apenas suportar as áleas regulares de sua atividade"[509].

506 Shavell, Steven. *Damage Measures for Breach of Contract.* Bell Journal of Economics, vol. 11, n. 2, pp. 466-490, 1980, p. 472. Disponível em: www.jstor.org/stable/3003374. Acesso em: 15.12.2018; e CHE, Yeon-Koo; Tai-Yeong, Chung. *Contract Damages and Cooperative Investments.* The RAND Journal of Economics, vol. 30, no. 1, 1999, pp. 84–105, p. 85. Disponível em: www.jstor.org/stable/2556047. Acesso em: 03.02.2019, p. 85; Raújo, Fernando Borges Correia de. *Uma análise económica dos contratos. Parte I: a abordagem económica, a responsabilidade e a tutela dos interesses contratuais.* Revista de Direito Público da Economia: RDPE, Belo Horizonte, v. 5, n. 18, p. 69-160, abr./jun. 2007, p. 99.

507 Forgioni, Paula Andrea. *Contrato de distribuição.* 3. ed. rev., atual. e ampl. São Paulo: Revista dos Tribunais, 2014, pp. 234 e 317.

508 *Ibidem*, p. 317.

509 *Ibidem*, p. 317.

3.3.2 Pressupostos de incidência da norma do parágrafo único do art. 473 do Código Civil

Se o dever geral de pré-aviso incide em todos os casos, sempre que se esteja diante de uma relação contratual passível de denúncia vazia, o dever de respeitar o transcurso de um período mínimo de vigência, compatível com a natureza e o vulto dos investimentos realizados pelo destinatário da denúncia, incide apenas em situações específicas, nas quais estejam preenchidos os pressupostos delineados no parágrafo único do art. 473 do Código Civil. É preciso, portanto, identificar quais são esses pressupostos, a fim de definir com clareza o campo de aplicação da norma, para, em seguida, tratar das consequências de sua inobservância pelo denunciante. A tarefa é dificultada pela intrincada redação do dispositivo, que contém elementos que dão margem a diferentes interpretações, o que resulta na ausência de uniformidade de critérios, tanto por parte da doutrina que aborda o tema quanto da jurisprudência. O objetivo é buscar uma sistematização dos principais critérios apontados, indicando também os pontos de divergência em relação a cada um deles. O ponto de partida é o texto do parágrafo único do art. 473, do qual se depreende ser necessário que o denunciado (i) tenha feito investimentos consideráveis, (ii) para a execução do contrato, (iii) dada a sua natureza.

Primeiro, a norma exige que o denunciado tenha feito *investimentos consideráveis*, o que demanda analisar (i) o que são investimentos e (ii) quando eles podem ser qualificados como consideráveis. Em linhas gerais, a doutrina que trata do tema define investimento como a aplicação de recursos financeiros em meios que levem ao aumento da capacidade produtiva do agente, com o propósito de obter lucro a partir de sua exploração[510]-[508]. Esses investimentos podem ser dos mais variados tipos, englobando tanto bens corpóreos (ou materiais), como máquinas, equi-

[510] COSTA, André Brandão Nery. *Os contratos que viabilizam o processo de distribuição e os efeitos de sua denúncia unilateral.* 2013. Dissertação (Mestrado em Direito) – Faculdade de Direito, Universidade do Estado do Rio de Janeiro, 2013, pp. 131-132; REQUIÃO, Rubens Edmundo. *O contrato de representação comercial e o novo Código Civil. O contrato de agência e distribuição. O poder de denunciar o contrato sem prazo determinado e o dever de indenizar os investimentos realizados pelo representante ou pelo agente.* Revista do Instituto dos Advogados do Paraná, Curitiba, n. 31, pp. 206-221, 2001, p. 213; BONINI, Paulo Rogério. *Resilição contratual – relações civis – empresariais – interpretação do art. 473, parágrafo único, CC – consequências do*

pamentos, veículos e reformas em instalações físicas, quanto incorpóreos (ou imateriais), como a realização de pesquisas, a seleção e treinamento de funcionários e o desenvolvimento de programas de computador. Entende-se que todas as modalidades de investimento estão igualmente englobadas pela norma do art. 473, parágrafo único, do Código Civil, já que não se vislumbra qualquer motivo para excluir determinado investimento em razão de sua natureza corpórea ou incorpórea.

Por outro lado, não entram no conceito de investimento (e, portanto, não devem ser consideradas para fins de aplicação da norma) as despesas normais e corriqueiras do denunciado, isto é, os valores gastos por ele para a regular manutenção e funcionamento de sua atividade empresarial, incluindo salários de seus funcionários, aluguéis, tributos, custos de comunicação e de transporte, material de expediente, entre outros[512]. Ao

exercício da resilição unilateral – indenização x prolongamento do contrato. Cadernos Jurídicos, São Paulo, vol. 16, n.39, pp. 191-199, jan./mar. 2015, p. 194.

[511] Veja-se a definição trazida por Fernando Ferreira Pinto: "Em linguagem econômica, o termo *investimento* designa geralmente a aquisição de bens duradouros (ativos), na perspectiva da obtenção de rendimentos derivados da sua exploração ou de mais-valias na sua alienação. O conceito abrange, quer o investimento *real* – a direta aquisição de bens de capital, que são bens produzidos e duráveis que, por sua vez, são usados como fatores produtivos, gerando um fluxo de rendimentos ao longo do tempo (bens instrumentais) –, quer o investimento *financeiro* – ou seja, o que se concretiza em ativos puramente financeiros. Os *bens de capital*, por seu turno, subdividem-se em *capital fixo* (imóveis, bens de consumo duráveis e equipamentos) e em *capital circulante* (existências, *stocks* de produtos e de fatores de produção), pelo que o investimento pode ser qualificado, em função do seu objeto, como investimento em *capital fixo* ou em *capital circulante.* Mais latamente, os investimentos podem recair sobre bens materiais tangíveis (investimentos físicos) ou sobre bens imateriais (entrando nesta categoria o investimento intelectual ou no conhecimento, em capital humano, as despesas de investigação e desenvolvimento em publicidade)" (Pinto, Fernando A. Ferreira. *Contratos de distribuição*: da tutela do distribuidor integrado em face da cessação do vínculo. Lisboa: Universidade Católica Editora, 2013, p. 791 – grifos no original).

[512] Costa, André Brandão Nery. *Os contratos que viabilizam o processo de distribuição e os efeitos de sua denúncia unilateral.* 2013. Dissertação (Mestrado em Direito) – Faculdade de Direito, Universidade do Estado do Rio de Janeiro, 2013, p. 132; Requião, Rubens Edmundo. *O contrato de representação comercial e o novo Código Civil. O contrato de agência e distribuição. O poder de denunciar o contrato sem prazo determinado e o dever de indenizar os investimentos realizados pelo representante ou pelo agente.* Revista do Instituto dos Advogados do Paraná, Curitiba,

contrário do que ocorre com os investimentos, as despesas não visam ao aumento da capacidade produtiva do contratante, tampouco se espera delas que tragam lucro; elas são estáticas, destinadas à mera manutenção da atividade econômica. Assim, a exemplo do que prevê expressamente o art. 713 do Código Civil em relação ao contrato de agência, entende-se que são custos que devem ser assumidos exclusivamente pelo contratante que os faz, por serem parte do próprio exercício de sua atividade. Não se deve esquecer que, por mais que haja integração econômica entre as partes em virtude do contrato, elas ainda mantêm sua autonomia jurídica, e cada uma delas deve assumir os custos de sua atividade[513].

n. 31, pp. 206-221, 2001, pp. 218-219; BONINI, Paulo Rogério. *Resilição contratual – relações civis – empresariais – interpretação do art. 473, parágrafo único, CC – consequências do exercício da resilição unilateral – indenização x prolongamento do contrato.* Cadernos Jurídicos, São Paulo, vol. 16, n.39, pp. 191-199, jan./mar. 2015, p. 194; TEPEDINO, Gustavo. *Comentários ao Novo Código Civil*, vol. X: das várias espécies de contrato, do mandato, da comissão, da agência e distribuição, da corretagem, do transporte. Coordenador: Sálvio de Figueiredo Teixeira. Rio de Janeiro: Forense, 2008, pp. 376-378; PINTO, *op. cit.*, p. 791.

513 Veja-se, nesse sentido, caso julgado pelo Tribunal de Justiça de São Paulo, envolvendo a denúncia de contrato de prestação de serviços, em que se decidiu que os gastos do contratante denunciado com a constituição e encerramento da pessoa jurídica (emolumentos da Junta Comercial) não caracterizam investimentos capazes de atrair a aplicação da norma do art. 473, parágrafo único, do Código Civil, sendo, na verdade, meras despesas, imprescindíveis ao exercício da atividade empresarial do contratante (SÃO PAULO. Tribunal de Justiça do Estado de São Paulo. Apelação Cível nº 0073245-21.2012.8.26.0100, 19ª Câmara de Direito Privado, Relatora: Claudia Grieco Tabosa Pessoa, julgado em 20/11/2016). Em outro caso, o tribunal paulista entendeu que "os gastos mensais e ordinários, as despesas com informática, suporte técnico, locação, salários de funcionários [...] não merecem ser indenizados. Trata-se de investimentos (sic) ínsitos à atividade empresarial escolhida pela autora, sobretudo os de caráter trabalhista, que decorrem de lei". No acórdão, ficou consignado que "nenhum dos outros gastos apontados nos autos merece repetição, uma vez que se referem a gastos necessários para o regular exercício da atividade comercial, como compra de papéis, manutenção em equipamentos, contas de água, luz, telefone e os repasses à licenciante-ré, conforme os termos pactuados entre as partes. Tais gastos compunham o regular exercício da atividade da autora, e eram previstos, não podendo a autora pretender sua devolução, pois a viabilidade de seu negócio pressupunha a superação destas despesas mensais inevitáveis pelos ganhos com o capital ingressante". (SÃO PAULO. Tribunal de Justiça do Estado de São Paulo. Apelação Cível nº 0154094-82.2009.8.26.0100, 15ª Câmara de Direito Privado, Relator: Castro Figliolia, julgado em 21/01/2015).

Não basta, contudo, caracterizar a aplicação de valores pelo denunciado como investimentos; é necessário também que eles sejam *consideráveis*. Dessa adjetivação se depreende a preocupação do legislador em atribuir o efeito de limitação ao exercício do direito de resilição unilateral apenas àqueles investimentos que tenham certo vulto, excluindo investimentos de menor representatividade, embora não se tenha consignado expressamente os critérios que permitam precisar o que exatamente são investimentos consideráveis, ou qual o valor que eles devam ter para assim serem considerados. De uma forma geral, há autores que entendem como vultosos aqueles investimentos que exijam a longa duração do contrato para sua recuperação, sob pena de causar danos ao contratante que os realizou[514]. Nesse sentido, para Paulo Rehder de Araújo, são aqueles investimentos em nível suficiente para colocar a parte que os fez "em posição de dependência econômica em relação ao próprio contrato ou à outra parte"[515]. Essa definição vai ao encontro de um dos fundamentos da norma apontados anteriormente, de proteger a parte que, pela realização de investimentos, se torne economicamente dependente da outra. Para Paulo Bonini, a noção de investimento considerável está atrelada aos investimentos que "saiam de uma esfera de normalidade e previsibilidade à atividade empresarial desenvolvida pela parte" [516] e, portanto, que saiam da álea comum de sua atividade. Parece-nos, contudo, que o conceito de "considerável" está mais ligado ao valor do investimento em si do que ao fato de ser ou não previsível ou comum. Assim, para um

[514] Haical, Gustavo. Apontamentos sobre o direito formativo extintivo de denúncia no contrato de agência. *In*: Martins-Costa, Judith. *Modelos de direito privado*. São Paulo: Marcial Pons, 2014. pp. 294-331, p. 323; Aguiar Júnior, Ruy Rosado de. Extinção dos contratos. *In*: Fernandes, Wanderley (Coord.). *Contratos empresariais*: fundamentos e princípios dos contratos empresariais. 2. ed. São Paulo: Saraiva, 2012. (Série GVlaw). pp. 475-518, p. 500; BONINI, Paulo Rogério. *Resilição contratual – relações civis – empresariais – interpretação do art. 473, parágrafo único, CC – consequências do exercício da resilição unilateral – indenização x prolongamento do contrato*. Cadernos Jurídicos, São Paulo, vol. 16, n.39, pp. 191-199, jan./mar. 2015, p. 195.

[515] Araújo, Paulo Dóron Rehder de. *Prorrogação compulsória de contratos a prazo*: pressupostos para sua ocorrência. 2011. Tese (Doutorado em Direito Civil) – Faculdade de Direito, Universidade de São Paulo, São Paulo, 2011. Disponível em: http://www.teses.usp.br/teses/disponiveis/2/2131/tde-03092012-095124/pt-br.php. Acesso em: 29.06.2019, p. 388.

[516] Bonini, *op. cit.*, p. 194.

franqueado, o investimento em taxa inicial de franquia e em adequação de estrutura física de seu imóvel certamente é ordinário, previsível e está conectado ao que normalmente se espera de sua atividade, mas nem por isso nos parece que deixam de ser consideráveis, para fins de aplicação da norma, se o seu valor for relevante.

Na prática, a qualificação do investimento dependerá necessariamente do exame das circunstâncias concretas e dos usos do tráfico. A doutrina costuma apontar, como elementos que devem ser levados em conta pelo intérprete, a capacidade econômica das partes, o lugar em que o contrato está sendo executado e a relação entre o valor do investimento feito e o valor total do negócio[517]. O fato de o denunciado ter obtido financiamento bancário para a realização do investimento, por exemplo, pode demonstrar que seu valor estava além de sua capacidade econômica naquele momento. Assim há de ser, já que um mesmo valor de investimento, embora possa ser tido como considerável para uma empresa com atuação local, recém constituída, pode não necessariamente o ser para uma empresa multinacional, com atuação já consolidada.

Além de serem consideráveis, os investimentos devem ter sido realizados pelo contratante *para a execução do contrato*. Com isso, pode-se dizer que a norma do parágrafo único do art. 473 do Código Civil exige que haja um nexo de causalidade entre os investimentos e o contrato[518].

[517] Boulos, Daniel Martins. Breves Comentários ao Artigo 473 do Código Civil brasileiro. *In*: Araken de Assis, Eduardo Pellegrini de Arruda Alvim, Nelson Nery Jr., Rodrigo Reis Mazzei, Teresa Arruda Alvim Wambier e Thereza Celina Diniz de Arruda Alvim. (Org.). *Direito Civil e Processo*: Estudos em homenagem ao Prof. Arruda Alvim. 1. ed. São Paulo: Revista dos Tribunais, 2007, v. 1. pp. 25-35, p. 33.

[518] Haical, Gustavo. Apontamentos sobre o direito formativo extintivo de denúncia no contrato de agência. *In*: Martins-Costa, Judith. *Modelos de direito privado*. São Paulo: Marcial Pons, 2014. pp. 294-331, p. 323; Forgioni, Paula Andrea. *Contrato de distribuição*. 3. ed. rev., atual. e ampl. São Paulo: Revista dos Tribunais, 2014, p. 313; Requião, Rubens Edmundo. *O contrato de representação comercial e o novo Código Civil. O contrato de agência e distribuição. O poder de denunciar o contrato sem prazo determinado e o dever de indenizar os investimentos realizados pelo representante ou pelo agente*. Revista do Instituto dos Advogados do Paraná, Curitiba, n. 31, pp. 206-221, 2001, pp. 219-220; Moreira, Carlos Roberto Barbosa. *Contrato de fornecimento de mercadoria em consignação. Considerações genéricas sobre o art. 473 do Código Civil de 2002 (Parecer)*. Revista Forense, Rio de Janeiro, v. 416, p. 305-322, jul./dez. 2012, p. 312.

Exige-se, em outras palavras, que o investimento se dê em razão da execução do contrato e que se esgote exclusivamente nessa execução[519]. Como resume Daniel Boulos, "se foram feitos investimentos, ainda que vultosos, mas para outro fim que não especificamente o de cumprir o contrato em questão, tais investimentos, apesar de *consideráveis*, não poderão ser *considerados*"[520]. Assim, por um lado, o investimento deve ter sido uma novidade para quem os realizou[521], ou seja, não serão considerados os investimentos feitos antes da celebração do contrato, para atender outras necessidades do denunciado, relacionadas a outros negócios, ainda que eles sejam utilizados posteriormente na execução do contrato em questão. É o caso, por exemplo, do transportador que já possuía veículos em sua frota suficientes para atender um novo contratante, sem a necessidade de quaisquer alterações específicas[522], ou do agente que "já dispunha de estabelecimento adequado para a execução do novo contrato de agência ou distribuição, nada tendo que investir para cumprir suas obrigações"[523]. Por outro lado, também não serão considerados os investimentos que, ainda quando feitos na vigência do contrato, não se relacionem exclusivamente à sua execução. Veja-se, nesse sentido, o caso trazido por Paula Forgioni, do distribuidor de sapatos que abre e reforma um novo ponto comercial para anteder às diversas marcas que comercializa, de igual importância[524], ou o exemplo mencionado por Rubens Edmundo Requião, do agente que constrói loja, depósito, oficinas e escritório para atender aos diversos contratos que mantém com diferentes produtores de equipamentos agrícolas[525].

519 Requião, *op. cit.*, pp. 219-220.

520 Boulos, Daniel Martins. Breves Comentários ao Artigo 473 do Código Civil brasileiro. *In*: Araken de Assis, Eduardo Pellegrini de Arruda Alvim, Nelson Nery Jr., Rodrigo Reis Mazzei, Teresa Arruda Alvim Wambier e Thereza Celina Diniz de Arruda Alvim. (Org.). *Direito Civil e Processo*: Estudos em homenagem ao Prof. Arruda Alvim. 1. ed. São Paulo: Revista dos Tribunais, 2007, v. 1. pp. 25-35, p. 33 (grifos no original).

521 Haical, *op. cit.*, p. 324.

522 Mamede, Gladston. *Teoria geral dos contratos*. 2. ed. São Paulo: Atlas, 2014, pp. 440-441.

523 Requião, *op. cit.*, p. 218.

524 Forgioni, *op. cit.*, pp. 313-314.

525 Requião, *op. cit.*, pp. 219-220.

Em qualquer dessas hipóteses, não se pode dizer propriamente que o contratante tenha realizado os investimentos "para a execução do contrato", tampouco que os tenha feito na legítima expectativa de que fossem amortizados com um período mínimo de vigência do contrato ou que a denúncia do contrato lhe trará danos especificamente relacionados a esses investimentos. Isso porque, no primeiro cenário, o contrato não existia ao tempo da realização do investimento; no segundo, o investimento teve por finalidade permitir a atividade empresarial do denunciado como um todo, sendo "distribuído" entre seus diversos contratos e podendo, assim, continuar a ser amortizado com a execução daqueles que não foram denunciados. Por esses motivos, não servem ao preenchimento do suporte fático do art. 473, parágrafo único, do Código Civil.

Essa necessidade de estreita vinculação dos investimentos à execução do contrato é reconhecida pela jurisprudência, que tende a afastar o pedido de prorrogação do contrato ou de indenização feito pelo denunciado[526] quando ela não for comprovada, seja porque os investimentos são anteriores ao contrato, seja porque são utilizados também em outros contratos[527]. Veja-se, por exemplo, o caso envolvendo contrato de presta-

[526] Como será tratado mais adiante, embora a redação literal do parágrafo único do art. 473 do Código Civil estabeleça, como consequência do descumprimento da norma, a suspensão da eficácia da denúncia – e, portanto, a manutenção do contrato por prazo compatível aos investimentos – essa solução não é aceita pela unanimidade dos autores que tratam da matéria e, por vezes, é rechaçada pelos tribunais, de modo que a tutela específica acaba sendo substituída pela via indenizatória. É por isso que, em diversos casos mencionados neste capítulo, fala-se em indenização pelos investimentos feitos.

[527] Nesse sentido: RIO GRANDE DO SUL. Tribunal de Justiça do Estado do Rio Grande do Sul. Apelação Cível nº 70075708933, Décima Segunda Câmara Cível, Relator: Guinther Spode, julgado em 12/12/2017; SANTA CATARINA. Tribunal de Justiça do Estado de Santa Catarina. Apelação Cível nº 2011.068262-4, Quinta Câmara de Direito Comercial, Relator: Jânio Machado, julgado em 19/09/2013; SÃO PAULO. Tribunal de Justiça do Estado de São Paulo. Apelação Cível nº 0168245-87.2008.8.26.0100, 25ª Câmara de Direito Privado, Relator: Antonio Benedito Ribeiro Pinto, julgado em 23/10/2012; SÃO PAULO. Tribunal de Justiça do Estado de São Paulo. Apelação Cível nº 0002873-98.2012.8.26.0374, 14ª Câmara de Direito Privado, Relator: Maurício Pessoa, julgado em 22/06/2015; SÃO PAULO. Tribunal de Justiça do Estado de São Paulo. Apelação Cível nº 0113113-17.2009.8.26.0001, 8ª Câmara Extraordinária de Direito Privado, Relator: Fábio Podestá, julgado em 01/10/2014; SÃO PAULO. Tribunal de Justiça do Estado de São Paulo.

ção de serviços mantido desde 1996 entre determinado convênio médico e uma clínica, tendo por objeto a realização de ultrassonografias por esta a associados daquele, o qual foi denunciado em 2003 pelo contratante, levando a contratada a pleitear indenização pelos investimentos feitos em 2001 na aquisição de equipamentos. Ao indeferir o pedido, o Tribunal de Justiça de São Paulo considerou que a denunciada atendia a diversos outros convênios médicos, além de realizar atendimentos particulares, e que não havia comprovação de o investimento ter sido feito especificamente para a execução do contrato em questão, o que, juntamente com a data da aquisição do equipamento, levava a crer que se tratava de investimento da contratada para atender a todos os seus pacientes, indistintamente[528].

Em outro caso, envolvendo contrato de transporte denunciado pelo contratante, a transportadora pretendeu a concessão de medida liminar para manutenção forçada do contrato, em razão de investimentos feitos na troca de sua frota de caminhões, adaptação de carrocerias e contratação de funcionários, que, segundo ela, foram feitos para atender exigências da contratante. O pedido foi indeferido em primeiro grau e, no julgamento do agravo de instrumento interposto pela transportadora, manteve-se a decisão, ao se reconhecer que não havia como imputar à contratante a realização dos investimentos, uma vez que não existia cláusula de exclusividade e diante da comprovação de que os caminhões da transportadora eram colocados à disposição de outros contratantes[529]. Em outro caso, envolvendo contrato verbal de prestação de serviços de assistência técnica a aparelhos de telefonia móvel, celebrado em dezembro de 2005 e denunciado pelo contratante em abril de 2009, o tribunal

Apelação Cível nº 0151808-97.2010.8.26.0100, 2ª Câmara de Direito Privado, Relator: José Carlos Ferreira Alves, julgado em 12/08/2014; SÃO PAULO. Tribunal de Justiça do Estado de São Paulo. Apelação Cível nº 0139796-93.2006.8.26.0002, 12ª Câmara de Direito Privado, Relator: Jacob Valente, julgado em 10/02/2021.

528 SÃO PAULO. Tribunal de Justiça do Estado de São Paulo. Apelação Cível nº 0112311-61.2005.8.26.0000, 33ª Câmara de Direito Privado, Relator: Sá Moreira de Oliveira, julgado em 14/09/2009.

529 SÃO PAULO. Tribunal de Justiça do Estado de São Paulo. Agravo de Instrumento nº 2157546-31.2016.8.26.0000, 13ª Câmara de Direito Privado, Relator: Nelson Jorge Júnior, julgado em 22/11/2016.

paulista entendeu que a estrutura física da contratada já existia à época da contratação e que, por isso, esses investimentos não poderiam ser imputados à contratante, tampouco ser indenizados por ela[530].

Diferentes são os casos do distribuidor que se vê obrigado a instalar um "showroom" específico de móveis de um determinado fabricante com quem contratou[531], do agente que é obrigado a se estabelecer em domicílio profissional diverso do que anteriormente possuía e montar equipe de vendas para fins de cumprir determinado contrato[532] ou a do distribuidor de calçados que reforma seu ponto comercial para atender com exclusividade determinado fabricante[533]. Nesses casos, os investimentos estão diretamente ligados ao contrato em questão, motivo pelo qual se vislumbra a possibilidade de o contratante sofrer danos pela ruptura imotivada abrupta do vínculo. Foi o que reconheceu o Tribunal de Justiça do Rio de Janeiro ao conceder indenização a determinada empresa que, para execução de contrato de construção e manutenção civil em subestações – denunciado pelo contratante após três meses de sua celebração – fora obrigada a investir em equipamentos específicos (como ferramentas e

530 SÃO PAULO. Tribunal de Justiça do Estado de São Paulo. Apelação Cível nº 0148753-75.2009.8.26.0100, 29ª Câmara de Direito Privado, Relator: Hamid Bdine, julgado em 22/10/2013.

531 REQUIÃO, Rubens Edmundo. *O contrato de representação comercial e o novo Código Civil. O contrato de agência e distribuição. O poder de denunciar o contrato sem prazo determinado e o dever de indenizar os investimentos realizados pelo representante ou pelo agente.* Revista do Instituto dos Advogados do Paraná, Curitiba, n. 31, pp. 206-221, 2001, p. 220. Esse foi justamente o caso, julgado pelo Tribunal de Justiça de São Paulo, de distribuidora que realizou investimentos para remodelar sua loja a fim de receber o *showroom* da fabricante, entre julho de setembro de 2012 e, em setembro de 2003, teve o contrato denunciado. O Tribunal reconheceu que houve investimento considerável e condenou a fabricante a indenizar a distribuidora por parte desse investimento, por entender que parte já havia sido amortizada (SÃO PAULO. Tribunal de Justiça do Estado de São Paulo. Apelação Cível nº 0002339-78.2004.8.26.0296, 30ª Câmara de Direito Privado, Relator: Marcos Ramos, julgado em 29/08/2012)

532 HAICAL, Gustavo. Apontamentos sobre o direito formativo extintivo de denúncia no contrato de agência. *In*: MARTINS-COSTA, Judith. *Modelos de direito privado*. São Paulo: Marcial Pons, 2014. pp. 294-331, p. 324.

533 FORGIONI, Paula Andrea. *Contrato de distribuição*. 3. ed. rev., atual. e ampl. São Paulo: Revista dos Tribunais, 2014, p. 314.

uniformes e tintas antichamas), que não seriam utilizados em nenhum outro contrato[534].

Pela redação do dispositivo ora em análise, os investimentos não devem apenas ter sido feitos para a execução do contrato, mas também *dada a natureza do contrato*. À primeira vista, poder-se-ia entender que "natureza" faz referência a determinados *tipos* contratuais – legais ou sociais –, abstratamente considerados, que estariam *a priori* no âmbito de aplicação da norma (como contratos de franquia e de distribuição, por exemplo), enquanto outros (como contratos de representação comercial) estariam fora de seu alcance[535]. Parece-nos, contudo, que a análise não deva se esgotar aí, e que é preciso dar interpretação mais ampla ao termo, a fim de levar em consideração não só a natureza em abstrato da relação, mas também seus elementos concretos e sua racionalidade econômica, verificados na prática[536]. Conclui-se, dessa forma, que não há apenas um (ou mais de um) tipo contratual específico, previamente determinado, que esteja protegido pela norma do parágrafo único do art. 473[537], e que tudo dependerá da análise do caso concreto. De fato, mesmo em negócios da mesma espécie contratual, as exigências para o seu cumprimento, decorrentes de sua natureza e características concretas, podem ser diversas. Como exemplifica Ruy Rosado de Aguiar Júnior, a prestação de serviço de corretagem relacionado a grande empreendimento imobiliário exi-

[534] RIO DE JANEIRO. Tribunal de Justiça do Estado do Rio de Janeiro. Apelação Cível nº 0192569-64.2016.8.19.0001, Décima Sétima Câmara Cível, Relator Edson Aguiar de Vasconcelos, julgado em 06/02/2019.

[535] Vale lembrar, contudo, como já tratado acima, a tendência de excluir do âmbito da aplicação dessa norma aqueles contratos que possuem regulamentação própria, em legislação especial, como os de representação comercial, locação e concessão comercial, por entender-se que estão submetidos a uma racionalidade própria e a outras normas protetivas específicas. O que se quer deixar claro aqui é que a expressão "natureza do contrato" não deve ser lida simplesmente como uma referência a determinado tipo contratual.

[536] Costa, André Brandão Nery. *Os contratos que viabilizam o processo de distribuição e os efeitos de sua denúncia unilateral*. 2013. Dissertação (Mestrado em Direito) – Faculdade de Direito, Universidade do Estado do Rio de Janeiro, 2013, p. 273, nota de rodapé nº 871.

[537] *Ibidem*, p. 274; Mamede, Gladston. *Teoria geral dos contratos*. 2. ed. São Paulo: Atlas, 2014, pp. 440-441. Em análise referente a dispositivo legal espanhol, mas com conclusões que também podem ser aplicadas a este caso, ver também Klein, Michele. *El desistimiento unilateral del contrato*. Madrid: Civitas, 1997, pp. 202-203.

girá do corretor contratado a locação de espaços, aquisição de veículos e equipamentos e contratação de servidores, enquanto a intermediação de compra e venda de uma única casa não justificaria mais do que investimento em alguns anúncios e em acompanhamentos de visitas[538].

O que a redação parece sugerir é que o legislador, ao exigir que os investimentos tenham sido feitos "dada a natureza do contrato", não se preocupou apenas com a finalidade dos investimentos (no sentido de estarem direcionados direta e exclusivamente à execução do contrato), mas também com a justificativa ou causa de sua realização. Em outras palavras, o que se exige é que eles tenham sido feitos em razão dessa natureza, isto é, como condição indispensável à execução do contrato, levando em conta as características técnicas e econômicas inerentes ao negócio[539]. Nessa mesma linha, Evelyn Balassiano entende que a menção à natureza do contrato faz referência à sua causa jurídico-econômica, com a finalidade (i) de proteger apenas aqueles investimentos intrínseca e objetivamente necessários para a efetivação do negócio, "como meio de alcance das consequências em comum visadas pelas partes ao pactuarem", e, por outro lado, (ii) de excluir os investimentos feitos pelo denunciado "para a perseguição de interesses eminentemente particulares"[540]. Ou seja, ficam de fora da proteção da norma os investimentos que não

[538] Aguiar Júnior, Ruy Rosado de. Extinção dos contratos. *In*: Fernandes, Wanderley (Coord.). *Contratos empresariais*: fundamentos e princípios dos contratos empresariais. 2. ed. São Paulo: Saraiva, 2012. (Série GVlaw). pp. 475-518, p. 500.

[539] Bonini, Paulo Rogério. *Resilição contratual – relações civis – empresariais – interpretação do art. 473, parágrafo único, CC – consequências do exercício da resilição unilateral – indenização x prolongamento do contrato*. Cadernos Jurídicos, São Paulo, vol. 16, n.39, pp. 191-199, jan./mar. 2015, p. 195; Miranda, Custódio de Piedade Ubaldino. Comentários ao código civil: dos contratos em geral (Arts. 421 a 480). São Paulo: Saraiva, 2013, pp. 420-421; Costa, *op. cit.*, p. 137; Paola, Leonardo Sperb de. *Contratos de Distribuição*: vida e morte da relação contratual. 2002. Tese (Dourado em Direito das Relações Sociais). Universidade Federal do Paraná, Curitiba, 2002. Disponível em: https://acervodigital.ufpr.br/handle/1884/57922. Acesso em 20.01.2019, p. 211.

[540] Balassiano, Evelyn. *Acordo de acionistas: possibilidade de resilição unilateral e suas restrições*. Revista Trimestral de Direito Civil, Rio de Janeiro, vol. 8, n. 30, pp. 27-52, abr./jun., 2007, pp. 42-44.

sejam estritamente necessários à realização do contrato[541], que estejam "além do que seria normalmente esperado do revendedor diligente (= ativo e probo), atuante naquele mercado"[542] ou que tenham sido realizados "com base exclusivamente em expectativa de lucro dissociada da realidade contratual"[543], ou "por deleite, arbítrio ou imprudência"[544].

[541] Veja-se, por exemplo, o caso de um prestador de serviço, contratado para a produção de camisas com a marca da contratante, que decidiu mudar sua sede para um local maior, prevendo o crescimento de suas atividades para o ano seguinte. Posteriormente, o contrato veio a ser denunciado pela contratante. Neste caso, reconheceu-se que a decisão de investir em uma nova sede partiu espontaneamente do contratado, para atender desejo seu, já que não ficou comprovada qualquer exigência da contratante (ou do contrato) nesse sentido, tampouco qualquer promessa de continuidade do contrato ou de aumento na produção, o que levou ao indeferimento dos pedidos (SÃO PAULO. Tribunal de Justiça do Estado de São Paulo. Apelação Cível nº 0151808-97.2010.8.26.0100, 2ª Câmara de Direito Privado, Relator: José Carlos Ferreira Alves, julgado em 12/08/2014). O tribunal chegou à mesma conclusão em caso envolvendo contrato de confecção de uniformes, que previa, para a contratante, a obrigação de realizar pedidos indicando os produtos e as quantidades pretendidas, sempre no valor mínimo de R$ 1.000,00 e, para a contratada, a obrigação de manter estoque de segurança que lhe permitisse entregar os produtos em até 30 dias, a fim de abastecer as 94 lojas da contratante. Desde a conclusão do contrato, a média dos pedidos girava em torno de R$ 80.000,00 mensais, o que levou a contratada a optar por manter estoque avaliado em R$ 164.226,70, suficiente para dois meses, quando o contrato foi denunciado pelo contratante. Alegando ter adequado seu estoque com fundamento na legítima expectativa de que os pedidos seguiriam no mesmo patamar, a contratada ajuizou ação cobrando o ressarcimento pelas peças, que, por serem personalizadas, não poderiam ser vendidas a terceiros. O tribunal paulista entendeu que o volume médio de pedidos não era suficiente para induzir, na contratada, a legítima expectativa de que poderia fabricar uniformes nesse patamar, já que o contrato era claro ao estipular pedidos mínimos de apenas R$ 1.000,00, e considerando que, no mês anterior à denúncia, o pedido ficou em R$ 7.715,84. Assim, entendeu que a contratada assumiu o risco por manter estoque elevado, por sua própria decisão, quando deveria ter aguardado os pedidos expressos da contratante, motivo pelo qual indeferiu o pedido de ressarcimento (SÃO PAULO. Tribunal de Justiça do Estado de São Paulo. Apelação Cível nº 1126941-42.2018.8.26.0100, 32ª Câmara de Direito Privado, Relator: Ruy Coppola, julgado em 18/09/2019).

[542] FORGIONI, Paula Andrea. *Contrato de distribuição*. 3. ed. rev., atual. e ampl. São Paulo: Revista dos Tribunais, 2014, p. 314.

[543] COSTA, André Brandão Nery. *Os contratos que viabilizam o processo de distribuição e os efeitos de sua denúncia unilateral*. 2013. Dissertação (Mestrado em Direito) – Faculdade de Direito, Universidade do Estado do Rio de Janeiro, 2013, p. 138.

[544] MAMEDE, Gladston. *Teoria geral dos contratos*. 2. ed. São Paulo: Atlas, 2014, pp. 440-441.

Para Rubens Requião, quando o investimento decorre da própria natureza do contrato, tem-se, de certa forma, uma exigência implícita do denunciante para a sua realização, porque é de se presumir que ele conhece o seu negócio e as condições técnicas e investimentos inerentes à execução adequada do contrato[545], bem como a situação da contraparte, e, por isso, ao celebrar o negócio, está anuindo com os investimentos necessários ao seu cumprimento e vinculando-se a eles[546-547]. Embora seja certo que o denunciante conheça sua atividade, as exigências técnicas que dela decorram e os elementos materiais necessários à sua realização, é também verdade que nem sempre ele conhece, com detalhes, a situação concreta da outra parte e que nem sempre espera ou deseja que

[545] REQUIÃO, Rubens Edmundo. *O contrato de representação comercial e o novo Código Civil. O contrato de agência e distribuição. O poder de denunciar o contrato sem prazo determinado e o dever de indenizar os investimentos realizados pelo representante ou pelo agente*. Revista do Instituto dos Advogados do Paraná, Curitiba, n. 31, pp. 206-221, 2001, pp. 218-219.

[546] Nessa mesma linha, pode-se citar Hamid Bdine Junior, que afirma ser necessário levar em conta os investimentos inerentes ao próprio negócio (como ocorre com as franquias), já que, exatamente por serem essenciais ao ajuste, são conhecidos e previstos também pelo franqueador, que, portanto, precisará respeitar o prazo necessário para que seja possível recuperá-los (BDINE JÚNIOR, Hamid Charaf. *Resilição contratual e o art. 473 do CC*. Revista do Advogado, São Paulo, n. 116, pp. 98-104, jul. 2012, p. 100).

[547] Em sentido contrário, Fernando Ferreira Pinto entende que a mera celebração de um contrato que exija investimentos não é suficiente para gerar a crença na sua permanência por tempo compatível com esses investimentos, sendo necessários elementos adicionais para sua configuração: "não se aceita que o problema possa ser singelamente deslocado para o campo da *integração do negócio* ou para o domínio das *declarações tácitas ou concludentes*, lobrigando-se na celebração de um contrato de duração indefinida, que requeira a realização de investimentos por qualquer das partes, uma *declaração tácita* relativa à *duração* do mesmo. Não pode, sem mais, extrair-se da mera concretização de um negócio desse gênero a conclusão de que o mesmo comporta uma *lacuna* que deva ser integrada mediante o estabelecimento de um prazo de duração correspondente às expectativas individuais de cada um dos respectivos sujeitos. Tal como não se pode integrar ou complementar o seu conteúdo com pretensos acordos tácitos (ou '*implied terms*' impostos pela boa-fé), o que redundaria em admitir autênticas ficções de vontade negocial, dado que da simples consumação de um acordo de duração indefinida não decorre qualquer tácita assunção de uma obrigação em dar continuidade ao vínculo pelo período necessário ao retorno de todos os investimentos que a execução do mesmo exija ou implique" (PINTO, Fernando A. Ferreira. *Contratos de distribuição*: da tutela do distribuidor integrado em face da cessação do vínculo. Lisboa: Universidade Católica Editora, 2013, p. 784 – grifos no original).

ela faça investimentos para o cumprimento do contrato. Ou seja, dizer que uma atividade econômica exige a realização de investimentos não significa necessariamente dizer que, naquela determinada relação concreta, a parte precisará efetivamente realizar esse investimento, pois é possível que já tenha, previamente à celebração do contrato, as condições de executá-lo. Pense-se, por exemplo, em uma empresa que contrate uma transportadora para a realização de serviços de transporte de suas mercadorias. Não se duvida que, para a realização da atividade de transporte, genericamente considerada, sejam necessários investimentos em veículos, mas também é razoável supor que o contratante, na ausência de outros elementos que indiquem o contrário, presuma que a transportadora já possua meios de cumprir o contrato sem a realização de novos investimentos, por tratar-se justamente de sua atividade empresarial e por ser um serviço genérico, que ela presta a outros contratantes.

Por isso, para que o denunciante esteja vinculado aos investimentos, e para que eles possam ser considerados para fins de aplicação da norma do parágrafo único do art. 473, parece-nos que não basta simplesmente que tenham sido realizados em razão de uma necessidade imposta pela natureza do contrato, sendo imprescindível também que tenham sido feitos com a ciência e a anuência do denunciante. Assim, garante-se a ele a possibilidade de se manifestar quanto à efetiva necessidade do investimento, ao mesmo tempo e que se evita sua surpresa no momento do exercício do direito de denúncia[548], coibindo-se eventual

[548] Esse ponto foi abordado pelo Tribunal de Justiça de São Paulo no julgamento de caso envolvendo contratos de prestação de serviços firmado pela Anhanguera Educacional Ltda. com entidades vinculadas à Associação Nacional Rede de Educação a Distância. Por meio desses contratos, vigentes a prazo indeterminado, a Anhanguera disponibilizava os cursos por ela desenvolvidos às entidades associadas, que, em contrapartida, garantiam a estrutura física para que os alunos pudessem usufruir dos cursos. A partir do momento em que a contratante passou a denunciar diversos desses contratos, a Associação ajuizou ação sustentando que as associadas haviam realizado investimentos consideráveis, os quais ainda não haviam sido amortizados, e que, portanto, as denúncias eram abusivas, requerendo a manutenção dos contratos até que os cursos iniciados fossem concluídos, bem como a condenação da contratante a ressarcir os investimentos feitos. O Tribunal julgou improcedentes os pedidos, entre outros motivos, porque entendeu que, como os investimentos foram feitos de forma espontânea pelas associadas – já que não havia demonstração de que a contratante, momentos antes de resilir os contratos, teria adotado

abuso pelo denunciado[549]. Para Hamid Bdine Júnior, a anuência não precisa necessariamente ser expressa ou formal, podendo ser implícita, como nos casos em que o denunciante, frequentando o local de cumprimento do contrato e visualizando a realização dos investimentos, não manifeste discordância[550]. Isto é, basta que a informação esteja disponí-

comportamento contraditório que pudesse despertar nelas a segurança de que poderiam continuar investindo na estrutura de seus serviços – deveriam ter sido feitos com o conhecimento da denunciante. Como não foram, julgou-se que não se poderia aplicar a regra do art. 473, parágrafo único, do Código Civil, nos seguintes termos: "Desse modo, a regra em exame deverá ser aplicada, em princípio, apenas aos casos em que os investimentos são feitos com conhecimento do contratante que haverá de respeitar o prazo para sua recuperação (o denunciante). E isso deve ser para que não haja surpresas à denunciante, ora apelada, o que poderia viabilizar abuso de direito por parte do denunciado, os associados, pois bastaria que efetuasse investimentos sem ciência do denunciante, para obter a prorrogação do contrato. Hipótese em que a boa-fé que se pretende impor ao denunciante não encontraria correspondência na atuação do denunciado. A apelante, entretanto, não demonstrou a ciência da apelada no que se refere aos investimentos de seus associados" (SÃO PAULO. Tribunal de Justiça do Estado de São Paulo. Apelação Cível nº 0005760-95.2015.8.26.0650, 1ª Câmara Reservada de Direito Empresarial, Relator: Hamid Bdine, julgado em 01/08/2018).

549 Bonini, Paulo Rogério. *Resilição contratual – relações civis – empresariais – interpretação do art. 473, parágrafo único, CC – consequências do exercício da resilição unilateral – indenização x prolongamento do contrato*. Cadernos Jurídicos, São Paulo, vol. 16, n.39, pp. 191-199, jan./mar. 2015, p. 194; Bdine Júnior, Hamid Charaf. *Resilição contratual e o art. 473 do CC*. Revista do Advogado, São Paulo, n. 116, pp. 98-104, jul. 2012, pp. 99-100. Em sentido contrário, André Costa entende que a ausência de conhecimento do denunciante quanto aos investimentos não deve impedir que sejam considerados para fins do art. 473, parágrafo único, porque pode não existir o dever contratual da parte de prestar contas em relação a esses investimentos (Costa, André Brandão Nery. *Os contratos que viabilizam o processo de distribuição e os efeitos de sua denúncia unilateral*. 2013. Dissertação (Mestrado em Direito) – Faculdade de Direito, Universidade do Estado do Rio de Janeiro, 2013, p. 139).

550 Veja-se, nesse sentido, a norma do art. 23, II, da Lei Ferrari, que obriga o concedente, no caso de não prorrogação do contrato firmado a prazo determinado, a comprar, do concessionário, os equipamentos, máquinas, ferramental e instalações à concessão, cuja aquisição determinara *ou que dela tivera ciência por escrito sem lhe fazer oposição imediata e documentada* (grifo acrescido). Percebe-se aqui a vinculação do concedente não apenas aos investimentos que exigiu expressamente, mas também àqueles dos quais tomou ciência e aprovou (ainda que tacitamente). A possibilidade de consentimento tácito é admitida também por Daniel Boulos: "Ora, entre as circunstâncias que deverão ser consideradas, os investimentos levados a efeito por uma das partes ocupam lugar de destaque, mormente se

vel ao denunciante[551]. Nas palavras do autor, "cuida-se, exclusivamente, de manter a lealdade e a confiança exigidas nos contratos, e não proteger aquele que desatende tais imperativos comportamentais"[552]. Entende-se que é possível presumir a anuência e concordância do denunciante, sem maiores inquirições, quando se tratar de investimentos idiossincráticos, isto é, que sejam específicos daquela relação e que só apresentem utilidade dentro dela (como "a aquisição de máquinas especiais para prestação de assistência a veículos de determinada marca" ou "a realização de obras de adaptação de um imóvel às exigências funcionais ou estéticas de um fabricante"[553]), uma vez que, nesse caso, "não pode haver dúvidas de que o fornecedor *tem sempre de contar* com a sua efetivação por parte do distribuidor, já que este não os faria se não houvesse passado a integrar a sua rede de distribuição"[554]. Como resume Fernando Ferreira Pinto, a própria natureza dos investimentos idiossincráticos "dispensa qualquer exigência suplementar para se poder considerar justificada a crença na perduração do contrato por um período de tempo que razoavelmente permita a respectiva amortização"[555].

Nessa linha de exposição, ficam fora do âmbito de proteção da norma aqueles investimentos que, embora decorram da natureza do contrato, tenham sido feitos pelo denunciado sem a anuência do denunciante

incentivados ou *consentidos* – expressa ou tacitamente – pela contraparte". (BOULOS, Daniel Martins. Breves Comentários ao Artigo 473 do Código Civil brasileiro. *In*: Araken de Assis, Eduardo Pellegrini de Arruda Alvim, Nelson Nery Jr., Rodrigo Reis Mazzei, Teresa Arruda Alvim Wambier e Thereza Celina Diniz de Arruda Alvim. (Org.). *Direito Civil e Processo*: Estudos em homenagem ao Prof. Arruda Alvim. 1. ed. São Paulo: Revista dos Tribunais, 2007, v. 1. pp. 25-35, p. 34 – grifos no original).

551 BDINE JÚNIOR, Hamid Charaf. *Resilição contratual e o art. 473 do CC*. Revista do Advogado, São Paulo, n. 116, pp. 98-104, jul. 2012, pp. 99-100.

552 *Ibidem*, pp. 99-100.

553 PINTO, Fernando A. Ferreira. *Contratos de distribuição*: da tutela do distribuidor integrado em face da cessação do vínculo. Lisboa: Universidade Católica Editora, 2013, p. 801.

554 *Ibidem*, p. 801 (grifos no original).

555 *Ibidem*, p. 801. É necessário referir que o autor tem entendimento mais restrito do que o aqui exposto, já que entende que o denunciante deverá respeitar prazo compatível com os investimentos exigidos pelo contrato apenas quando estes possuírem natureza idiossincrática.

ou até mesmo contra sua expressa indicação[556]. Portanto, é indispensável analisar o caso concreto e as circunstâncias nas quais foram feitos os investimentos, a fim de verificar se eles eram efetivamente necessários e desejados. Contudo, é importante a ressalva que faz Gabriel de Figuei-

[556] Veja-se, por exemplo, o caso que teve por pano de fundo o "Projeto Berlim", promovido pela Unilever em 2005, pelo qual a empresa promoveu certame para a contratação de transportadores, com o objetivo de melhorar seu processo logístico e potencializar a disponibilidade de seus produtos para o consumidor. A Transportadora Riopardense Ltda. sagrou-se vencedora do certame, e as partes celebraram contrato, posteriormente denunciado pela Unilever, o que levou a transportadora a buscar indenização pelos investimentos feitos para a execução do contrato, no valor de R$ 6.000.000,00. No referido contrato, a transportadora declarou possuir "a capacidade para cumprir integralmente o previsto no presente documento, sem necessitar para tanto, a realização de consideráveis investimentos", e obrigou-se "a não realizar quaisquer investimentos consideráveis e diretamente relacionados a estas condições sem a prévia concordância, por escrito, da Unilever". O Tribunal de Justiça de São Paulo afastou a aplicação do art. 473, parágrafo único, do Código Civil e julgou improcedente o pedido indenizatório, sob o fundamento de que o investimento não era desejável pela Unilever, conforme constou expressamente do contrato, e que a transportadora, portanto, ao primeiro declarar que possuía a estrutura necessária para, depois, realizar os investimentos, agiu em contrariedade ao princípio da boa-fé objetiva (SÃO PAULO. Tribunal de Justiça do Estado de São Paulo. Apelação Cível nº 0124250-82.2012.8.26.0100, 21ª Câmara de Direito Privado, Relator: Silveira Paulilo, julgado em 12/02/2017). Caso semelhante, julgado pelo Tribunal de Justiça do Espírito Santo, envolveu a BRF S/A e a Transportadora Viola Ltda., vinculadas por contrato de prestação de serviço de transporte vigente desde 03.12.2007 e denunciado pela BRF em 12.08.2013, sem a concessão de aviso prévio. A transportadora, alegando ter feito investimentos na aquisição de diversos caminhões (alguns antigos, cinco adquiridos em 2012 e três comprados em 2013), ajuizou ação postulando a manutenção do contrato, por períodos distintos, dependendo da data de aquisição dos veículos. O pedido liminar foi deferido em primeiro grau, porém revertido parcialmente pelo Tribunal de Justiça, que, embora tenha reconhecido que a aquisição dos caminhões em 2012 foi feita com a esperança concreta de continuidade do contrato pelo período de mais trinta e seis meses – conforme declaração de gerente da BRF juntada aos autos – consignou que a compra dos caminhões em 2013 foi feita após reunião da BRF com as transportadoras, na qual aquela fez ressalva expressa para que estas suspendessem os investimentos em novos caminhões para substituição das frotas. Assim, em relação a esses caminhões, revogou-se a liminar concedida, por entender-se ter sido um investimento feito por conta e risco exclusivos do transportador (ESPÍRITO SANTO. Tribunal de Justiça do Estado do Espírito Santo. Agravo de Instrumento nº 035139004242, Quarta Câmara Cível, Relatora: Eliana Junqueira Munhos Ferreira, julgado em 25/11/2013).

redo, no sentido de que eventual objeção do denunciante quanto à não realização do investimento deve ser manifestada de boa-fé, não se admitindo "o comportamento cínico do denunciante que sabe serem os recursos indispensáveis para a consecução do fim contratual"[557] e, mesmo assim, negue sua realização.

Há quem entenda, entretanto, que somente se deva considerar os investimentos decorrentes da natureza do contrato quando eles forem excepcionais, ou seja, quando estiverem fora da normalidade ou além do usualmente imposto pelo tráfico[558]. Trata-se de entendimento que se observa também na jurisprudência, havendo diversos casos em que se afastou a proteção do parágrafo único do art. 473 justamente quando se entendeu que os investimentos decorriam da própria natureza do contrato, e daquilo que normalmente se exige para sua execução, sob o argumento de que, nesses casos, a não amortização dos investimentos faz parte do risco empresarial do denunciado.

Veja-se, por exemplo, o caso julgado pelo Tribunal de Justiça de São Paulo[559], em que a denunciada alegou ter feito investimentos consideráveis na aquisição de máquinas e equipamentos e no treinamento de funcionários, a fim de criar a estrutura necessária para o cumprimento do contrato, o qual veio a ser posteriormente resilido unilateralmente, em tempo que a denunciada sustentou ser incompatível com os investimentos. O tribunal negou aplicação do parágrafo único do art. 473 do Código

[557] Figueiredo, Gabriel Seijo Leal de. *Denúncia imotivada dos contratos civis e suspensão de sua eficácia*. 2016. Tese (Doutorado em Direito Civil) – Pontifícia Universidade Católica de São Paulo, São Paulo, 2016, pp. 149-150.

[558] Haical, Gustavo. Apontamentos sobre o direito formativo extintivo de denúncia no contrato de agência. *In*: Martins-Costa, Judith. *Modelos de direito privado*. São Paulo: Marcial Pons, 2014. pp. 294-331, p. 323; Costa, André Brandão Nery. *Os contratos que viabilizam o processo de distribuição e os efeitos de sua denúncia unilateral*. 2013. Dissertação (Mestrado em Direito) – Faculdade de Direito, Universidade do Estado do Rio de Janeiro, 2013, pp. 136-137; Araújo, Paulo Dóron Rehder de. *Prorrogação compulsória de contratos a prazo*: pressupostos para sua ocorrência. 2011. Tese (Doutorado em Direito Civil) – Faculdade de Direito, Universidade de São Paulo, São Paulo, 2011. Disponível em: http://www.teses.usp.br/teses/disponiveis/2/2131/tde-03092012-095124/pt-br.php. Acesso em: 29.06.2019, p. 391.

[559] SÃO PAULO. Tribunal de Justiça do Estado de São Paulo. Apelação Cível nº 0023449-85.2008.8.26.0590, 13ª Câmara de Direito Privado, Relator: Heraldo de Oliveira, julgado em 28/09/2011.

Civil, por entender, principalmente, que o prazo de vigência foi razoável para a amortização dos investimentos. Mas, no que interessa ao ponto ora tratado, vale notar que o tribunal reconheceu expressamente que os investimentos feitos decorreram da própria natureza do contrato e eram necessários para a execução do seu objeto, e, *justamente por isso*, não deveriam ensejar a aplicação da referida norma, porque a denunciada "como empresa, está sujeita aos riscos da sua atividade empresarial, e deve arcar com os investimentos para implementação e aprimoramento do negócio". Em situação análoga, o Tribunal de Justiça de Pernambuco[560] reconheceu que o denunciado fez significativos investimentos em maquinários, que eram necessários para executar o contrato e atender à demanda do denunciante, mas entendeu que, por serem inerentes à atividade do denunciado, fazem parte do risco do seu negócio[561].

[560] Cabe ressaltar o seguinte trecho do acórdão: "A despeito disso, não se pode deixar de considerar que houve significativo aporte de capital e aumento da estrutura da empresa para atender à demanda de produção exigida pelo apelado. Isso porque, consoante esclarecido pelo laudo pericial, no momento em que se iniciou a relação jurídica entre as partes, o apelante precisou efetuar a aquisição de alguns maquinários necessários à atividade. Contudo, além de inexistir prova de exigência formal neste sentido, entendo que tais aquisições são inerentes à atividade, fazendo parte do risco do negócio, não podendo o apelado ser condenado a restituir o apelante por esses investimentos" (PERNAMBUCO. Tribunal de Justiça do Estado de Pernambuco. Apelação Cível nº 259790-40622707-96.1999.8.17.0001, 2ª Câmara Cível, Relator: Cândido José da Fonte Saraiva de Moraes, julgado em 12/11/2013)

[561] Outro caso similar, julgado pelo Tribunal de Justiça do Rio Grande do Sul, envolveu contrato de transporte de suínos vivos, denunciado pela contratante, o que levou o denunciado a ajuizar ação buscando indenização pelos investimentos feitos (sustentando que teria havido promessa verbal de manutenção do contrato por mais cinco anos). Dentre outros motivos para julgar improcedentes os pedidos feitos pelo denunciado (ausência de comprovação de que os investimentos foram feitos especificamente para o cumprimento desse contrato e entendimento de que eles poderiam ser reutilizados para outra atividade), o tribunal gaúcho fez constar que "os investimentos realizados pela parte autora para a consecução dos serviços contratados são ínsitos a sua própria atividade comercial, na medida em que, desempenhando o transporte rodoviário de suínos vivos, nada mais lógico que proceda à renovação de sua frota veicular a fim de atender as exigências estabelecidas não só no contrato, mas na própria legislação pertinente, mormente quanto à segurança e ao perfeito estado de uso dos caminhões" (RIO GRANDE DO SUL. Tribunal de Justiça do

Percebe-se, portanto, uma (ao menos aparente) dissonância entre o significado que se buscou aqui atribuir ao texto do dispositivo, no que se refere à expressão "dada a natureza do contrato" e a interpretação doutrinária e jurisprudencial que por vezes se dá a ele, o que exige algumas considerações. Não se pode negar, como expressado no julgamento dos casos citados acima, que o risco geral de frustração da recuperação dos investimentos, deve, em regra, ser suportado pela parte que os faz, que, por mais que esteja vinculada contratualmente e economicamente à outra parte, ainda mantém sua autonomia. Todo contrato empresarial, em maior ou menor grau, está cercado de riscos que lhe são inerentes e que podem causar impactos negativos nas expectativas dos contratantes e na recuperação dos investimentos realizados. Faz parte do jogo e do risco do negócio não recuperar investimentos feitos para a execução do contrato, tanto por fatores negativos do mercado e do cenário econômico quanto por fatores relacionados à própria parte, como má administração, erros de cálculo, incompetência ou superdimensionamento do potencial econômico do contrato[562]. Tratando-se de partes empresárias, presume-se que, ao contratar, exercendo sua liberdade econômica e negocial, elas sopesaram a natureza e o valor dos investimentos necessários com os riscos inerentes à contratação e que, mesmo assim, entenderam que o negócio seria vantajoso e que poderia lhes trazer o retorno esperado. Não existe garantia de lucro em decorrência da realização de investimentos, seja pela outra parte, seja pelo ordenamento jurídico, o qual, como afirma Roppo, "salvo os casos de ilicitude, não interfere no mérito das escolhas e das iniciativas econômicas assumidas pelos operadores privados"[563].

Seguindo essa linha de raciocínio, poder-se-ia argumentar que, entre os riscos assumidos pela parte que faz os investimentos – quando estes são realizados no contexto de um contrato vigente a prazo indeterminado

Estado do Rio Grande do Sul. Apelação Cível nº 70075708933, Décima Segunda Câmara Cível, Relator: Guinther Spode, julgado em 12/12/2017).

562 Boulos, Daniel Martins. Breves Comentários ao Artigo 473 do Código Civil brasileiro. *In*: Araken de Assis, Eduardo Pellegrini de Arruda Alvim, Nelson Nery Jr., Rodrigo Reis Mazzei, Teresa Arruda Alvim Wambier e Thereza Celina Diniz de Arruda Alvim. (Org.). *Direito Civil e Processo*: Estudos em homenagem ao Prof. Arruda Alvim. 1. ed. São Paulo: Revista dos Tribunais, 2007, v. 1. pp. 25-35, p. 34.

563 Roppo, Enzo. *O Contrato*. Coimbra: Livraria Almedina, 1988, p. 259.

– está o de frustração de sua recuperação em razão da resilição unilateral do vínculo pelo outro contratante, já que a própria natureza desses contratos permite a denúncia a qualquer tempo. Assim, a parte que investe nessa situação precária o faria por sua conta e risco, porque deveria contabilizar o fato de não haver garantia contratual de que a relação perdurará por tempo suficiente à recuperação do valor investido, ao contrário do que ocorre em contratos com prazo determinado, em que normalmente se espera a duração até o termo final, salvo inadimplemento ou outra circunstância superveniente[564]-[565]. Contudo, essa argumentação deve ser

[564] É justamente esse o entendimento de Fernando Ferreira Pinto, à luz do Direito português: "não se deve reconhecer como justificada uma expectativa de continuidade desses contratos [de duração indefinida] que vá para além da *duração determinada pela possibilidade de denúncia*. O reconhecimento de uma tal expectativa exige, para além da comprovação da existência de uma situação de confiança, que ela se encontre suportada em fatos que a justifiquem. No simples consenso e na promessa de realização de uma prestação no futuro não se pode fundar a existência de uma tal situação de confiança, porque a promessa só se estende à realização da prestação, *durante a vigência* da relação, e não à *continuidade* desta". (Pinto, Fernando A. Ferreira. *Contratos de distribuição*: da tutela do distribuidor integrado em face da cessação do vínculo. Lisboa: Universidade Católica Editora, 2013, p. 799 – grifos no original). O autor refere que as partes são livres para optar por uma contratação com prazo determinado ou com prazo indeterminado e que "se se decidirem antes por uma vinculação de duração indefinida, *ceteris paribus* (i.e., na falta de elementos que inculquem conclusão diversa) não se deve reconhecer como justificada uma *expectativa de continuidade que vá para além da duração determinada pela possibilidade de denúncia*" (*Ibidem*, p. 775 – grifos no original).

[565] Há, na jurisprudência, casos que foram decididos justamente a partir dessa premissa. Em um deles, julgado pelo Tribunal de Justiça de São Paulo, considerou-se lícita a denúncia imotivada de contrato de distribuição vigente a prazo indeterminado, promovida pelo fabricante (negando-se, portanto, a pretensão do distribuidor ao recebimento de indenização), a partir do reconhecimento (i) de que o pré-aviso de 90 dias, contratualmente previsto, foi respeitado pela fabricante, (ii) de que havia cláusula contratual pela qual as partes expressamente declararam ser esse prazo suficiente para adaptarem ou redirecionarem suas atividades, sem qualquer compensação financeira pela resilição, e, no que é relevante para este tópico em específico, (iii) de que a distribuidora assumiu os riscos pelos investimentos, ao fazê-los na vigência de contrato sem prazo determinado. Veja-se relevante trecho do acórdão nesse sentido: "[...] cabível a rescisão unilateral imotivada do contrato de distribuição pelas rés, sendo de amplo conhecimento das autoras, desde 2011, quando anuiu (sic) a relação empresarial de grande porte, que a relação poderia ser contratualmente desfeita mediante denúncia imotivada, o que reclamava dela uma

afastada, porque, como bem pontua Paula Forgioni, o ordenamento considera que a denúncia precoce, notificada ao denunciado enquanto ainda não transcorrido prazo compatível com os investimentos por ele realizados, situa-se fora da álea normal do contrato e, justamente por isso, garante a proteção do denunciado por meio da norma do parágrafo único do art. 473 do Código Civil:

> Poder-se-ia argumentar que o risco da denúncia imotivada é assumido pelo distribuidor, no momento da contratação. No entanto, é obrigatório considerar que o art. 473 estipula uma *garantia*, verdadeira proteção contra a denúncia abrupta, tratando-a como *álea extraordinária*. Destarte, o Código considera a denúncia abrupta como *risco que ultrapassa a moldura típica do contrato e causa sacrifício econômico desnecessário*, contrário à boa-fé. O poder de denúncia (inclusive quando previsto expressamente no texto contratual), se exercido nesses termos, contrastaria com a função econômica, jurídica e social que lhe é própria[566].

Esse foi o entendimento adotado pela Ministra Nancy Andrighi no julgamento do Recurso Especial nº 1.580.278, quando fez constar expressamente que "não sendo respeitado esse prazo mínimo [do parágrafo único do art. 473] [...], a resilição se mostra abusiva e capaz de gerar prejuízos

gestão de negócios profissional, de modo a se planejar estrategicamente para esta possibilidade, não se vislumbrando a propalada abusividade [...]" (SÃO PAULO. Tribunal de Justiça do Estado de São Paulo. Apelação Cível nº 1107148-54.2017.8.26.0100; 36ª Câmara de Direito Privado, Relator: Walter Exner, julgado em 22/10/2020). Em caso semelhante, porém tendo por objeto contrato de parceria avícola, o Tribunal de Justiça de Minas Gerais também negou a pretendida indenização pela resilição unilateral do vínculo, fazendo constar que "[a]o contratar com a ré por prazo indeterminado, o autor assumiu o risco do contrato, beneficiando-se dos bônus que dele vieram e suportando os ônus que eventualmente surgiram" (MINAS GERAIS. Tribunal de Justiça do Estado de Minas Gerais. Apelação Cível nº 1.0720.14.002586-0/001, 17ª Câmara Cível, Relatora: Aparecida Grossi julgado em 04/06/2020).

566 FORGIONI, Paula Andrea. *Contrato de distribuição*. 3. ed. rev., atual. e ampl. São Paulo: Revista dos Tribunais, 2014, p. 317. No mesmo sentido: HAICAL, Gustavo. Apontamentos sobre o direito formativo extintivo de denúncia no contrato de agência. *In*: MARTINS-COSTA, Judith. *Modelos de direito privado*. São Paulo: Marcial Pons, 2014. pp. 294-331, p. 320 (grifos no original).

que excedem aqueles aceitos como normais pela natureza do negócio estabelecido"[567].

Ou seja, reconhecer que o risco de frustração na recuperação dos investimentos deve ser suportado, regra geral, pela parte que os faz, não impede que se reconheça, por outro lado, que a norma do parágrafo único do art. 473 protege o contratante contra o risco específico da denúncia precoce – isto é, da conduta da outra parte que leve à extinção imotivada do contrato "após período tão curto de execução que a sua duração, por si só, já inviabilize o retorno dos investimentos empenhados"[568]. Tem-se aqui uma transferência específica do risco à outra parte em razão de um critério de imputação, representado por sua conduta abusiva que causou diretamente a frustração na recuperação dos investimentos[569]. É preciso ficar claro que a proteção conferida ao denunciado não consiste em tutelar uma expectativa sua de lucro, nem em transferir ao denunciante os riscos pela não recuperação dos investimentos em quaisquer casos, sob quaisquer circunstâncias, como uma espécie de salvo conduto ou de imunização completa. Pretende-se somente evitar a hipótese em que a frustração na recuperação dos investimentos decorra do próprio denunciante, por meio da ruptura prematura do vínculo obrigacional (e não de outros fatores). Como expõe Leonardo Sperb de Paola, "embora seja próprio do sistema capitalista a assunção de risco pelo empreendedor, isso não está a permitir que uma das partes, ausente qualquer justificativa plausível, venha a provocar a extinção da relação contratual sem mostrar qualquer consideração pelos esforços pessoais e financeiros da outra"[570].

[567] BRASIL. Superior Tribunal de Justiça. Recurso Especial nº 1.580.278/SP, Terceira Turma, Relatora: Ministra Nancy Andrighi, julgado em 21/08/2018.

[568] VIÉGAS, Francisco de Assis. *Denúncia contratual e dever de pré-aviso*. Belo Horizonte: Fórum, 2019, pp. 187-188.

[569] MIRAVALLS, Jaume Martí. *Desistimiento unilateral e indemnización por daños en los contratos de distribución*: estudio de la naturaleza jurídica de la indemnización por inversiones no amortizadas. Revista de Derecho Mercantil, n. 285, pp. 95-136, jul/set 2012, p. 100.

[570] PAOLA, Leonardo Sperb de. *Limites ao exercício do poder de denúncia e não-renovação nos contratos de distribuição, concessão comercial e franquia*. Repertório IOB de Jurisprudência, São Paulo, 3/13901, pp. 496-493, 1997, p. 495.

Por isso é que se entende não haver contradição em proteger os investimentos indispensáveis à execução do contrato, quando consideráveis, já que este é justamente o objeto da norma. Assim, a natureza do contrato de franquia fatalmente exige investimentos do franqueado na adaptação do imóvel conforme os padrões do franqueador, enquanto um contrato de distribuição com obrigação de assistência técnica possivelmente demandará do distribuidor investimentos na aquisição de ferramental específico. Não se pode dizer que qualquer desses investimentos seja excepcional (no sentido de fugir do que normalmente ocorre), porque geralmente estão presentes em contratos dessa natureza. Mas, nem por isso, devem ser excluídos da proteção legal. O que ocorre, muitas vezes, é que esses investimentos são excluídos da proteção do parágrafo único do art. 473 sob o argumento de que as *despesas* necessárias à execução do contrato devem ser assumidas pelo denunciado. Há, portanto, mais do que uma discordância quanto à possibilidade de proteção de investimentos ordinários, uma confusão conceitual entre investimentos e despesas, que, como visto, deve ser evitada: estas realmente fazem parte da atividade do contratante e devem ser por eles assumidas; aqueles, por outro lado, estão expressamente protegidos pela norma do parágrafo único do artigo 473.

Se, conforme exposto, entende-se que o denunciante está vinculado aos investimentos feitos pelo denunciado em decorrência da natureza do contrato, quando deles tiver ciência e com eles anuir, apresenta-se com ainda mais força o fundamento de sua vinculação e de sua responsabilidade quando ele exigir expressamente do denunciado a realização do investimento. Nesses casos, é natural supor que o contratante que realize investimentos com fundamento em instrução da outra parte tenha a legítima expectativa de que o contrato não será denunciado imotivadamente em tempo incompatível com esses investimentos, pela mesma parte que acabara de exigi-los. Se isso ocorrer, estar-se-á diante de conduta claramente contraditória, que viola o padrão exigido pela boa-fé objetiva, mais especificamente a proibição de *venire contra factum proprium*, um dos fundamentos do art. 473, parágrafo único, do Código Civil. O elemento de imputação de responsabilidade ao denunciante, neste caso, é essa contradição ilícita entre a exigência que manifestou inicialmente (e que constitui o *factum proprium*) e a conduta posterior de denúncia prematura do contrato em tempo incompatível com o investimento exigido[571]. Nesses casos, não é necessário que os investimentos sejam indispensáveis à execução do contrato, considerada a sua natureza. De fato, há muitos investimentos que não são propriamente indispensáveis à execução do objeto contratual em si, mas que, ainda assim, são exigidos pelo denunciante, por exemplo, para manter a identidade visual da rede, para promover sua marca ou para estabelecer um padrão de qualidade unificado entre todos os seus distribuidores ou franqueados. Assim, muito embora, em tese, determinado franqueado pudesse desenvolver suas atividades e comercializar seus produtos em um imóvel pequeno, é possível que o franqueador tenha exigido um local com determinada área mínima, além da que seria indispensável, e que respeite um padrão construtivo específico. Tais investimentos, embora representem vantagem também para quem os faz, estão intimamente (e principalmente) ligados a benefícios buscados pelo denunciante. Basta, portanto, a exigência expressa.

Esse critério é levado em consideração em diversos julgados de tribunais estaduais como fator determinante para caracterizar como abusivo o encerramento da relação. Um desses casos, julgado pelo Tribunal de Justiça da Paraíba[572], envolveu contrato de distribuição mantido entre a

[571] Veja-se, nesse sentido, trechos de dois precedentes do Superior Tribunal de Justiça, ambos extraídos de votos do Ministro Luis Felipe Salomão: "a meu juízo, a recorrente agiu em flagrante comportamento contraditório, ao exigir, por um lado, elevados investimentos da autora para se adequar ao famigerado 'Projeto Excelência 2.000', e por outro, após três anos, sem qualquer justificativa juridicamente relevante, rescindir unilateralmente o contrato" (BRASIL. Superior Tribunal de Justiça. Recurso Especial nº 1.112.796/PR, Quarta Turma, Relator: Ministro Luis Felipe Salomão, Relator para o Acórdão: Ministro Honildo Amaral de Mello Castro (Desembargador Convocado do TJ/AP), julgado em 10/08/2010); "Com efeito, no caso ora examinado, a meu juízo, a recorrida agiu em flagrante comportamento contraditório, ao exigir, por um lado, investimentos necessários à prestação dos serviços, condizentes com envergadura das empresas que os recorrentes representariam, e por outro, após 11 (onze) meses, sem qualquer justificativa juridicamente relevante, a rescisão unilateral do contrato" (BRASIL. Superior Tribunal de Justiça. Recurso Especial nº 1.555.202/SP, Quarta Turma, Relator: Ministro Luis Felipe Salomão, julgado em 13/12/2016).

[572] PARAÍBA. Tribunal de Justiça do Estado da Paraíba. Apelação Cível nº 0000766-69.2017.815.0000, 1ª Câmara Especializada Cível, Relator Leandro dos Santos, julgado em 05/03/2018.

Pepsico do Brasil Ltda. e empresário individual, que havia sido celebrado inicialmente em 26.01.2002, por um prazo determinado de 2 anos, renovado em 29.11.2005, pelo prazo de 12 meses, e posteriormente prorrogado duas vezes por igual período, por meio de aditivos contratuais. Ao final do prazo, passou a vigorar por tempo indeterminado, já que as partes continuaram executando suas obrigações, até ser denunciado pela Pepsico em 29.06.2009, com aviso prévio de 60 dias, como previa o contrato. O distribuidor ajuizou ação indenizatória, alegando que, em 07.11.2017, havia feito investimento com a assinatura de contrato de aluguel de um galpão, relacionado à execução do contrato, pelo prazo de três anos. À primeira vista, poder-se-ia dizer que o investimento do distribuidor com o aluguel do galpão foi feito por sua conta e risco, já que o prazo de três anos do contrato de locação que firmou (até 05.11.2010) excedia em dois anos o prazo do contrato mantido com a Pepsico (que findaria em 30.11.2008). Foi isso que reconheceu a juíza de primeiro grau, indeferindo o pedido. Contudo, o Tribunal reverteu a sentença, por entender, diante dos elementos levados aos autos, que o distribuidor realizou o investimento com a legítima expectativa de continuidade do contrato por tempo compatível com o aluguel do galpão, tanto em razão das sucessivas renovações que vinham sendo feitas com a Pepsico ao longo dos anos, quanto pela prova testemunhal de que a exigência do galpão partiu da própria Pepsico, que garantiu ao distribuidor a manutenção do contrato após o prazo previsto no segundo aditivo.

O segundo caso diz respeito a contrato verbal de fornecimento de leite mantido pela Danone com três produtores pessoas físicas, em que ela, em abril de 2006, depois de três anos de vigência do contrato, impôs a esses fornecedores algumas exigências para a continuidade do vínculo, dentre as quais estava a aquisição de tanques de refrigeração. Os contratados acataram a exigência e, em maio de 2006, adquiriram os tanques mediante empréstimo, mas, já no mês seguinte, para sua surpresa, foram notificados pela Danone de que, a partir de agosto de 2006, ela não mais coletaria leite dos produtores que não atingissem a meta de 100 litros diários, a qual, para eles, não era viável, tendo em vista tratar-se de produtores de pequeno porte. No mesmo mês, receberam "Comunicado de Desligamento de Produtor", tendo por objeto a resilição dos contratos. Os fornecedores ajuizaram ação requerendo indenização pelos investimentos, afirmando que apenas os fizeram pela garantia de continuidade do vínculo e que, se houvessem sido alertados da meta, não teriam adquirido os tanques. O Tribunal de Justiça de São Paulo deferiu o pedido, concluindo que a denúncia do contrato dois meses após a aquisição dos equipamentos foi incompatível com o investimento, que havia gerado nos fornecedores a legítima expectativa de continuidade do contrato[573].

Terceiro caso, julgado pelo Tribunal de Justiça do Mato Grosso do Sul[574], versou sobre contratos de transporte de frangos vivos mantidos pela Avipal – Avicultura Agropecuária Ltda. com a Transportadora Lazarotto Ltda. e Diomir Lazarotto, aos quais cabia recolher as aves dos aviários conveniados à contratante e transportá-los até sua unidade no

[573] SÃO PAULO. Tribunal de Justiça do Estado de São Paulo. Apelação Cível nº 9122513-36.2008.8.26.0000, 30ª Câmara de Direito Privado, Relator: Marcos Ramos, julgado em 19/10/2010. Caso semelhante, também julgado pelo tribunal paulista, teve por objeto contrato de prestação de serviços celebrado entre a Unimed e um laboratório, vigente a prazo indeterminado e denunciado pela Unimed em 15.07.2005, com aviso prévio de 30 dias. Consta do acórdão que, em reunião realizada entre as partes no mês seguinte à denúncia, a Unimed concedeu prazo, a escoar no final do mês de setembro daquele ano, para que a contratada efetuasse uma série de alterações estruturais em seu estabelecimento, as quais seriam posteriormente averiguadas em visita técnica. Não obstante, em novembro de 2005, a Unimed novamente encaminhou notificação de denúncia do contrato e, contranotificada pela contratada, afirmou que procederia ao seu recadastramento, desde que aderisse a um novo contrato, com novas disposições, o que não foi aceito pela contratada, que pleiteou judicialmente indenização pelos valores despendidos na reforma, entre outros. O tribunal julgou procedente o pedido de ressarcimento, por entender que os investimentos somente foram feitos por exigência expressa da Unimed, para execução do contrato (SÃO PAULO. Tribunal de Justiça do Estado de São Paulo. Apelação Cível nº 0189292-20.2008.8.26.0100, 1ª Câmara de Direito Privado, Relator: Rui Cascaldi, julgado em 10/06/2014).

[574] MATO GROSSO DO SUL. Tribunal de Justiça do Estado do Mato Grosso do Sul. Apelação Cível nº 2009.010009-1/0000-00, Segunda Turma Cível, Relator: Julizar Barbosa Trindade, julgado em 01/06/2010. O seguinte trecho da sentença é especialmente relevante: "É o que ocorreu no caso destes autos, já que a parte ré que possuía, em princípio, o direito de desfazer a relação contratual, desde que notificasse previamente a parte autora, o fez de forma abusiva, pois exigiu desta que adequasse seus caminhões para atender a política da empresa, esperou que ela providenciasse tais alterações (que não se faz da noite para o dia) e, depois que os veículos estavam praticamente prontos para atender as exigências da empresa, ela rompe unilateralmente o vínculo contratual entre as partes através de um simples comunicado. Isso, na realidade, trata-se de uso abusivo de um direito que vulnera, às escâncaras, os limites impostos pelo fim econômico ou social do contrato".

distrito industrial de Dourados (MS). A contratante, em novembro de 2005, quando os contratos estavam vigentes a prazo indeterminado, informou aos contratados que deveriam adequar a carroceria dos seus dois caminhões, a fim de alongar o eixo e colocar piso especial, tendo sido orientados de como realizar essa reforma. Em dezembro de 2005, os contratados adquiriram mais um caminhão e, depois disso, a contratante exigiu a colocação de carrocerias de alumínio. Os contratados anuíram e chegaram a adquirir essas novas carrocerias, mas, antes de efetuarem o pagamento, a contratante informou à vendedora que não fizesse a entrega, pois romperia os contratos com os contratados. Assim, diante dessa notícia, os contratados readaptaram seus caminhões, encurtando-os novamente para que voltassem ao tamanho normal. Depois disso, contudo, voltaram a transportar aves para a contratante, até que, no dia 11.01.2006, foram notificados do rompimento contratual, no prazo de 30 dias, motivo pelo qual postularam indenização pelos investimentos feitos. O tribunal considerou a denúncia abusiva, diante do reconhecimento de que as exigências de investimento feitas pela contratante geraram, nos contratados, a legítima expectativa de continuidade do vínculo, e condenou a contratante a ressarcir os gastos comprovados pelos contratados. Um elemento que contribuiu para a decisão foi o fato de que a contratante enviou os contratos à concessionária que vendeu o caminhão aos contratados, para fins de comprovação de renda, o que demonstrou que ela estava ciente da aquisição e de acordo com o investimento feito.

Pode-se resumir o que foi dito até aqui a respeito dos requisitos para aplicação da norma do parágrafo único do art. 473 do Código Civil, extraídos do texto do dispositivo, com a conclusão de que, além de o investimento ser considerável e de ter sido feito para a execução do contrato, é necessário que sua realização tenha sido de alguma forma exigida do denunciado[575]-[576], interpretando-se essa exigência em sentido amplo, a

[575] Em outras palavras, para Leonardo Sperb de Paola, deve-se considerar a "obrigatoriedade do investimento". (PAOLA, Leonardo Sperb de. *Contratos de Distribuição*: vida e morte da relação contratual. 2002. Tese (Dourado em Direito das Relações Sociais). Universidade Federal do Paraná, Curitiba, 2002. Disponível em: https://acervodigital.ufpr.br/handle/1884/57922. Acesso em 20.01.2019, p. 212).

[576] É verdade que a redação do parágrafo único do art. 473 do Código Civil não fala

fim de abarcar não só a imposição expressa, que conste do instrumento contratual ou que seja comunicada ao denunciado, mas também a indução e o estímulo à realização dos investimentos[577]. Assim, estão abrangi-

expressamente em exigência dos investimentos como pressuposto à incidência da norma, mas esse elemento está presente implicitamente (na locução "dada a natureza do contrato"), como inclusive se depreende da exposição de motivos para a criação da norma, já mencionada: "u) Limitação do poder de denúncia unilateral dos contratos por tempo indeterminado, quando *exigidos* da outra parte investimentos de vulto [...]" (BRASIL. *Novo Código Civil. Exposição de motivos e texto sancionado.* 2. ed. Brasília: Senado Federal, Subsecretaria de Edições Técnicas, 2005, p. 44. Disponível em: https://www2.senado.leg.br/bdsf/handle/id/70319. Acesso em: 27.12.2019 – grifos acrescidos). Gustavo Haical parece compartilhar do entendimento de que a exigência pode ser lida também como *exigência pela natureza do contrato*, embora, como já dito, entenda que, neste caso, a proteção deva ser restrita àqueles investimentos que estejam além dos usualmente impostos pelo tráfico: "por natureza dos investimentos, há de se compreender os gastos efetuados [...] para atender aos específicos interesses *exigidos pelo outro* à conclusão do contrato de agência *ou pelas especificidades técnicas que o contrato concluído exige* à sua diligente execução, as quais estão além das usualmente impostas pelo tráfico". (HAICAL, Gustavo. Apontamentos sobre o direito formativo extintivo de denúncia no contrato de agência. *In*: MARTINS-COSTA, Judith. *Modelos de direito privado.* São Paulo: Marcial Pons, 2014. pp. 294-331, p. 323 – grifos acrescidos). André Costa também vincula a proteção aos investimentos ao requisito de que eles tenham sido exigidos pelo denunciante ou que guardem um vínculo com o cumprimento do contrato (ou seja, que tenham sido exigidos pelo contrato), embora entenda serem necessários outros pressupostos, como a especificidade do investimento, quando decorrerem da natureza do contrato, ou a natureza "tendencialmente extraordinária", além do normalmente exigido em casos semelhantes, quando forem exigidos pela outra parte (COSTA, André Brandão Nery. *Os contratos que viabilizam o processo de distribuição e os efeitos de sua denúncia unilateral.* 2013. Dissertação (Mestrado em Direito) – Faculdade de Direito, Universidade do Estado do Rio de Janeiro, 2013, pp. 136-137). Ademais, a exigência é elemento que consta expressamente da redação do art. 720 do Código Civil, que obriga o proponente a respeitar "o transcurso de prazo compatível com a natureza e o vulto do investimento *exigido* do agente" antes de denunciar o contrato de agência vigente a prazo indeterminado. Como já se sustentou anteriormente, há uma racionalidade comum nos dois dispositivos, motivo pelo qual se entende que o art. 720 (mesmo sendo norma especial) possa servir de norte (ou de chave de leitura) para aplicação da norma geral do art. 473.

[577] PAOLA, *op. cit.*, p. 212. Para Miravalls, a interpretação ampla de "investimentos exigidos" permite incluir também os casos de investimentos feitos espontaneamente pelo denunciado, mas que tenham sido aprovados pelo denunciante (MIRAVALLS, Jaume Martí. *Desistimiento unilateral e indemnización por daños en los contratos de distribución*: estudio de

dos pela proteção da norma: (i) os investimentos exigidos do denunciado pela própria natureza do contrato, isto é, aqueles que sejam estritamente indispensáveis ao seu cumprimento, consideradas as suas características técnicas e econômicas, desde que tenham sido feitos com a ciência e anuência expressa ou tácita do denunciante, o que se presume quando se tratar de investimentos idiossincráticos; e (ii) os investimentos exigidos expressamente pelo próprio denunciante.

Tem-se, por esse critério, um elemento de imputação de responsabilidade ao denunciante, que, por ter exigido o investimento, cria, no denunciado, a expectativa legítima de que o contrato permanecerá vigente por prazo razoável, minimamente compatível com esses investimentos. A denúncia prematura do vínculo, posterior à exigência de realização do investimento, e em tempo insuficiente para que o denunciado tenha a oportunidade de recuperá-lo, defrauda a confiança nele gerada, atraindo, assim, a responsabilidade do denunciante:

> O que fundamenta e justifica a responsabilidade do fornecedor, o que poderá conduzir à sua constituição no dever de indenizar os investimentos afundados, é o fato de *a cessação do vínculo ocorrer em circunstâncias que defraudem expectativas legítimas na prossecução da relação*, para além desse ponto. A *tutela das expectativas* é aí o elemento determinante da responsabilidade, o vero fundamento da proteção requerida e da consequente imputação dos danos ao fabricante[578].

la naturaleza jurídica de la indemnización por inversiones no amortizadas. Revista de Derecho Mercantil, n. 285, pp. 95-136, jul/set 2012, p. 1160.

[578] Pinto, Fernando A. Ferreira. *Contratos de distribuição*: da tutela do distribuidor integrado em face da cessação do vínculo. Lisboa: Universidade Católica Editora, 2013, p. 778 (grifos no original). Veja-se, nesse exato sentido, trecho do voto do Ministro Luis Felipe Salomão no REsp nº 1.555.202, que julgou caso envolvendo a denúncia de contrato de prestação de serviços, levada a efeito 11 meses depois da realização, pelo denunciado, de investimentos consideráveis: "Com efeito, fica claro, nos autos ora em exame, que o comportamento das recorridas, consistente na exigência de investimentos certos e determinados como condição para a realização da avença, somado ao excelente desempenho das obrigações pela recorrente, que alavancaram os negócios de ambas as partes, gerou legítima expectativa na autora de que aquela não acionaria, naquele momento, e tão cedo, a cláusula contratual que permitia a qualquer dos contratantes a resilição imotivada do contrato mediante denúncia, fatos que juntos à curtíssima duração do contrato enfraqueceram o direito de

Não se pode dizer que exista essa legítima expectativa nos casos de investimentos feitos espontaneamente pelo distribuidor, por sua própria iniciativa, que não decorram de exigência da natureza do contrato ou do denunciante, ou então que tenham sido feitos sem a ciência do denunciante. Por isso, esses investimentos devem ficar fora da proteção da norma. Protegem-se, portanto, os *investimentos de confiança*[579].

Com isso, impõe-se um dever de conduta, derivado da boa-fé objetiva, também à parte que faz os investimentos, forçando-a a ponderar a necessidade de cada investimento e a alinhar suas expectativas quanto à continuidade do contrato à situação concreta e ao comportamento da outra parte, sob pena de assumir os riscos por sua conduta e pelos investimentos que não tenham fundamento. Como coloca Fernando Araújo, trata-se de "uma forma de incentivar o credor a gerir prudentemente a sua confiança, forçando-o a assumir uma conduta diligente que se mantenha dentro das fronteiras da 'razoabilidade' que possa ser abarcada no conhecimento ou na previsão da contraparte"[580]. Na ótica da análise econômica do direito, pode-se dizer que se trata de incentivar o nível ótimo de confiança da parte que investe, evitando o risco moral (*moral hazard*) do contratante que, confiando excessivamente na regra de prote-

resilição unilateral. Nessa esteira, no caso sob análise, a empresa recorrente deparou-se com o surpreendente e inesperado exercício do direito potestativo, consistente na denúncia unilateral promovida pela outra parte. Surpreendente e inesperado, porque, diante das circunstâncias fáticas e de valores de justeza, lealdade, retidão, entre outros, acreditava que o comportamento adverso seria um comportamento que os levaria a realizar o investimento na relação contratual. Se não acreditasse nisso, não faria tais investimentos. *A denúncia vazia realizada pelas recorridas consubstancia, deveras, quebra da confiança, decorrente esta de uma realidade criada por ela própria, mediante comportamento que sinalizava, de fato, a continuidade da avença, ao menos durante um prazo razoável para a recuperação dos investimentos*" (BRASIL. Superior Tribunal de Justiça. Recurso Especial nº 1.555.202/SP, Quarta Turma, Relator: Ministro Luis Felipe Salomão, julgado em 13/12/2016 – grifos acrescidos).

579 "É nossa opinião convicta a de que a tutela dos investimentos do distribuidor deverá ser ponderada à luz da *doutrina da responsabilidade pela confiança*" (PINTO, *op. cit.*, p. 777 – grifos no original).

580 ARAÚJO, Fernando Borges Correia de. *Uma análise económica dos contratos*. Parte I: a abordagem económica, a responsabilidade e a tutela dos interesses contratuais. Revista de Direito Público da Economia, Belo Horizonte, vol. 5, n. 18, pp. 69-160, abr./jun. 2007, p. 123.

ção contra a denúncia imotivada, adote nível de confiança que exceda o adequado e faça investimentos extraordinários e ineficientes, isto é, além daqueles estritamente necessários, seja para frustrar o direito de denúncia da outra parte[581], seja para obter "mais do que aquilo que podia esperar obter através do cumprimento espontâneo do contrato"[582].

Consegue-se, assim, uma adequada alocação de risco entre as partes, já que, por um lado, imputa-se corretamente ao denunciante a responsabilidade pela ausência de recuperação dos investimentos que ele mesmo exigiu – expressa ou implicitamente – e cuja possibilidade foi obstada por ato posterior seu, contraditório à exigência, e, por outro lado, evita-se que lhe sejam indevidamente transferidos os riscos de não recuperação dos investimentos desnecessários feitos pelo denunciado, que não lhe foram exigidos, com os quais não anuiu, e dos quais não se beneficiou[583].

581 Santolim, Cesar Viterbo Matos. *A proteção dos investimentos específicos na resilição unilateral do contrato e o risco moral*: uma análise do artigo 473, parágrafo único, do código civil. Revista Síntese de Direito Empresarial, São Paulo, vol. 6, n. 35, pp. 9-13, nov./dez. 2013, p.12.

582 Araújo, *op. cit.*, p. 115.

583 Há um caso julgado pelo Tribunal de Justiça do Rio de Janeiro que, embora não verse especificamente sobre resilição unilateral, ilustra bem a questão ora exposta. Tratou-se de contrato de franquia que vigeu por quatorze meses, período no qual a franqueada acumulou prejuízos, até encerrar suas atividades. Demandada judicialmente pela franqueadora, a fim de que cumprisse obrigações decorrentes do encerramento (como abstenção de uso da marca e devolução de material promocional), a franqueada buscou imputar seu insucesso a inadimplemento contratual da franqueadora, que teria falhado em prestar-lhe o apoio necessário. A controvérsia posta nos autos, em si, é menos relevante, para este estudo, do que a pormenorizada análise feita pelo desembargador relator quanto aos motivos do insucesso empresarial da franqueada (a fim de enfrentar as alegações de inadimplemento e excessiva onerosidade superveniente), na qual fez constar que "as opções pouco conservadoras feitas, *sponte propria*, pela franqueada repercutiram na rentabilidade de seu investimento e nos riscos que seu negócio originalmente representava". Essa afirmação foi ilustrada pelo fato de que, enquanto na Circular de Oferta de Franquia, a franqueadora estimava um investimento inicial de aproximadamente R$ 260.000,00, tomando por base a implantação de uma unidade de 60m², a franqueada optou por estabelecer-se em um imóvel de três andares, com mais de 300m², em área nobre de Brasília, o que, segundo o relator, "a toda evidência, elevava sobremaneira o custo fixo da atividade e destacava tal empreendimento de qualquer projeção ilustrativa média apresentada pela franqueadora". Fica claro, neste caso, que a decisão quanto a estabelecer-se em um imóvel maior e mais caro do que aquele necessário ao estrito cumprimento do contrato partiu exclusivamente

Essa é, portanto, a interpretação que se dá aos requisitos constantes da redação do parágrafo único do art. 473. Contudo, há autores que vão além e exigem, para aplicação da norma, que os investimentos consideráveis, feitos em razão da natureza do contrato e para o seu cumprimento, sejam também específicos (ou idiossincráticos)[584]. Como exposto anteriormente, investimentos específicos são aqueles intimamente ligados a aspectos próprios da relação na qual foram feitos e que, por isso, não podem ser efetivamente reaproveitados em usos alternativos, fora dessa relação (ou que somente o possam ser com significativa perda para o investidor), nem facilmente alienados e convertidos em dinheiro[585]. Em

da franqueada. Embora a franqueadora certamente tenha anuído com a localização, não foi uma exigência sua e não estava vinculada a uma exigência decorrente da natureza do contrato (RIO DE JANEIRO. Tribunal de Justiça do Estado do Rio de Janeiro. Apelação Cível nº 0462605-89.2012.8.19.0001, Segunda Câmara Cível, Relatora: Elisabete Filizzola Assunção, julgado em 26.11.2014).

[584] BONINI, Paulo Rogério. *Resilição contratual – relações civis – empresariais – interpretação do art. 473, parágrafo único, CC – consequências do exercício da resilição unilateral – indenização x prolongamento do contrato*. Cadernos Jurídicos, São Paulo, vol. 16, n.39, pp. 191-199, jan./mar. 2015, p. 195; COSTA, André Brandão Nery. *Os contratos que viabilizam o processo de distribuição e os efeitos de sua denúncia unilateral*. 2013. Dissertação (Mestrado em Direito) – Faculdade de Direito, Universidade do Estado do Rio de Janeiro, 2013, p. 273.

[585] Williamson identifica quatro tipos distintos de especificidade de investimentos: (a) especificidade local (*site specificity*): quando as duas partes optam por estabelecer suas operações em determinado local, a fim de reduzir custo com inventário e transporte e, uma vez que os investimentos são feitos neste local, não podem ser movidos, ou então somente podem ser movidos com alto custo (por exemplo, o caso de usinas que são estabelecidas próximas a minas de carvão); (b) especificidade física de ativos (*physical asset specificity*): quando uma das partes investe em equipamentos, maquinário, ferramental, *software* ou outros bens desenvolvidos para um único propósito, impossibilitando sua utilização fora da relação contratual; (c) especificidade de destinação (*dedicated assets*): investimento feito por uma das partes em determinado ativo (em uma planta fabril, por exemplo) com vistas a satisfazer um contratante específico, que somente tem valor nesse local e que somente foi feito tendo em vista a expectativa na continuidade da relação e na realização de número considerável de transações com a outra parte; e (d) especificidade de ativos humanos (*human asset specitivity*): investimento em especialização de habilidades humanas físicas ou mentais que não podem ser colocadas a serviço de outro propósito fora da relação contratual (WILLIAMSON, Oliver E. *Credible Commitments: Using Hostages to Support Exchange*. American Economic Review, September 1983, 73, 519-40, *apud* JOSKOW, Paul. *Contract Duration and Relationship-Specific Investments*: Empirical Evidence from Coal

razão de sua especificidade[586], os investimentos se perdem com o fim da relação para a qual foram feitos. São, portanto, irrecuperáveis (*sunk costs*). Argumenta-se, assim, que essas particularidades dos investimentos específicos justificam a proteção da parte que os faz, pelo prejuízo que ela necessariamente sofrerá com a denúncia prematura, ao passo que os investimentos ditos genéricos (ou de mercado[587]) – como veículos, por exemplo – que podem ser aproveitados em usos alternativos ou simplesmente vendidos, não geram prejuízo ou dano indenizável ao denunciado com a extinção do contrato, motivo pelo qual ficariam fora da proteção do parágrafo único do art. 473[588].

O critério da especificidade do investimento, capaz de torná-lo irrecuperável, já foi mencionado expressamente pelo STJ no julgamento do REsp nº 1.580.278:

> Ademais, 'os investimentos, para servirem de causa à eficácia do parágrafo único do art. 473, CC, devem ser irrecuperáveis, já que a possibilidade de

Markets. American Economic Review, **77** (1), pp. 168-85, 1987. Disponível em: https://www.researchgate.net/publication/4900866_Contract_Duration_and_Relationship-Specific_Investments_Empirical_Evidence_From_Coal_Markets. Acesso em: 08.02.2019).

586 Cabe ressaltar que a impossibilidade de utilização posterior do investimento pode decorrer não apenas de sua natureza (i.e., de sua especificidade), mas também de fatores negociais, como a cláusula de proibição de concorrência por determinado período após a extinção do contrato (PAOLA, Leonardo Sperb de. *Contratos de Distribuição*: vida e morte da relação contratual. 2002. Tese (Dourado em Direito das Relações Sociais). Universidade Federal do Paraná, Curitiba, 2002. Disponível em: https://acervodigital.ufpr.br/handle/1884/57922. Acesso em 20.01.2019, pp. 212-213).

587 Miravalls, Jaume Martí. *Desistimiento unilateral e indemnización por daños en los contratos de distribución*: estudio de la naturaleza jurídica de la indemnización por inversiones no amortizadas. Revista de Derecho Mercantil, n. 285, pp. 95-136, jul/set 2012, p. 116.

588 O critério da especificidade (ou da impossibilidade de recuperação) está presente, por exemplo, no §454 do UGB (Código Comercial da Áustria), já mencionado, que condiciona a indenização devida ao denunciado aos investimentos que não tenham sido amortizados até a extinção do contrato e que, depois dela, não sejam mais utilizáveis. Em Portugal, Fernando Ferreira Pinto coloca a especificidade do investimento como condição para que ele seja protegido, quando sua realização decorrer da própria natureza do contrato, embora dispense esse requisito quando a realização decorrer de exigência expressa do denunciante (Pinto, Fernando A. Ferreira. *Contratos de distribuição*: da tutela do distribuidor integrado em face da cessação do vínculo. Lisboa: Universidade Católica Editora, 2013, pp. 801-802).

> reversão de seu uso para outra atividade, ou o fato da parte possuir outros parceiros comerciais cuja atividade possa ser desenvolvida em função dos investimentos realizados, ou, ainda, sua fácil alienação e conversão em dinheiro, não permitiram a extensão do vínculo contratual'. Esses limites devem, assim, corresponder: a) aos investimentos irrecuperáveis - assim entendidos aqueles que não possam ser reavidos pela cessão do objeto do contrato a terceiros - realizados pelo contratante inocente; b) aos prejuízos extraordinários, que não alcançam a expetativa de lucro e não envolvem a assunção dos riscos do negócio pelo contratante desistente, pois perdas financeiras fazem parte da própria álea negocial; e c) ao prazo do exercício do direito potestativo - que deve ser hábil à recuperação dos citados valores pelo contratante subsistente[589].

Além disso, há diversos julgados que mostram que os tribunais estaduais utilizam esse critério de diferenciação dos investimentos para fins de aplicação do parágrafo único do art. 473, negando a manutenção do contrato ou a indenização ao denunciando quando se trata de investimentos genéricos, que possam ser revertidos a outra atividade, ainda que não utilizem expressamente a nomenclatura de investimentos específicos ou idiossincráticos[590]. Ao negar indenização ao denunciado que havia feito investimentos em estrutura para prestar serviço de assistência técnica a aparelhos de telefonia móvel, o Tribunal de Justiça de São Paulo, dentre outros motivos, entendeu que "tal estrutura se amolda à prestação de serviços para terceiros, de modo que a apelante [denunciada] poderá fazê-lo e, assim, dar continuidade à consecução de seu objeto social"[591].

[589] BRASIL. Superior Tribunal de Justiça. Recurso Especial nº 1.580.278/SP, Terceira Turma, Relatora: Ministra Nancy Andrighi, julgado em 21/08/2018.

[590] A maioria dos casos analisados trata de investimentos feitos na aquisição de veículos para a consecução do objeto contratual. Veja-se, nesse sentido: MINAS GERAIS. Tribunal de Justiça do Estado de Minas Gerais. Apelação Cível nº 1.0079.09.942123-6/001, 15ª Câmara Cível, Relator: Carlos Henrique Perpétuo Braga, julgado em 23/08/2018; RIO GRANDE DO SUL. Tribunal de Justiça do Estado do Rio Grande do Sul. Apelação Cível nº 70075708933, Décima Segunda Câmara Cível, Relator: Guinther Spode, julgado em 12/12/2017.

[591] SÃO PAULO. Tribunal de Justiça do Estado de São Paulo. Apelação Cível nº 0148753-75.2009.8.26.0100, 29ª Câmara de Direito Privado, Relator: Hamid Bdine, julgado em 22/10/2013.

O tribunal chegou à mesma conclusão em caso envolvendo denúncia de contrato de representação comercial, ao afirmar que "a resilição do contrato não acarretará à autora a perda da totalidade de seus investimentos, já que [...] todos os bens adquiridos (imóvel, veículos e computador) podem ser facilmente empregados em outras atividades ou simplesmente vendidos"[592]. Veja-se também caso julgado pelo Tribunal de Justiça da Paraíba, em que se decidiu que "em relação aos veículos adquiridos, [...] o Apelante pode redirecioná-los para uma nova atividade no mesmo ramo, não havendo que se falar em indenização específica quanto a estes se tem a possibilidade de continuar a usufrui-los ou desfazer-se destes"[593].

Por um lado, o argumento para essa restrição faz sentido, pois os investimentos específicos à determinada relação, por perderem seu valor fora dela, dependem da continuidade do contrato para sua amortização e, assim, geram, na parte que os faz, maior confiança na continuidade do contrato, além de colocá-la em situação de maior dependência econômica, o que justifica a proteção conferida pelo parágrafo único do art. 473 do Código Civil. Em sentido diametralmente oposto, um investimento que não perca nada do seu valor fora do contrato não parece demandar a tutela da norma, já que a denúncia não trará qualquer prejuízo ao contratante que os fez[594]. Por outro lado, contudo, há que se reconhecer que,

[592] SÃO PAULO. Tribunal de Justiça do Estado de São Paulo. Apelação Cível nº 0000761-11.2011.8.26.0369, 30ª Câmara de Direito Privado, Relator: Andrade Neto, julgado em 01/10/2014. Ainda que já se tenha dito que o contrato de representação comercial se submete a regras próprias, e não ao regime do parágrafo único do art. 473 do Código Civil, o acórdão serve para ilustrar o entendimento quanto à relação entre a natureza do investimento e a referida norma.

[593] PARAÍBA. Tribunal de Justiça do Estado da Paraíba. Apelação Cível nº 0000766-69.2017.815.0000, 1ª Câmara Especializada Cível, Relator Leandro dos Santos, julgado em 05/03/2018.

[594] Veja-se, por exemplo, o caso envolvendo a denúncia de contrato de distribuição de produtos estéticos, em que a denunciada postulou a manutenção do vínculo sob o argumento de que havia feito investimentos consideráveis na aquisição de estoque de produtos. Ao julgar o caso, o Tribunal de Justiça de São Paulo indeferiu o pedido, pois entendeu que a extinção do contrato não trouxe prejuízo à denunciada, que poderia continuar comercializado os produtos adquiridos, os quais qualificou como "de natural escoamento no mercado" (SÃO PAULO. Tribunal de Justiça do Estado de São Paulo. Apelação Cível nº 0003877-19.2012.8.26.0004, 20ª Câmara de Direito Privado, Relator: Alberto Gosson,

entre esses dois extremos, há uma zona intermediária, na qual os investimentos não são inteiramente específicos, mas também, apesar de serem genéricos, não podem ser comercializados ou revertidos para outra atividade de forma fácil ou sem custo. Há investimentos que, por mais que sejam genéricos e possam, teoricamente, ser reaproveitados pelo denunciado, perdem parte do seu valor ou demandam gasto adicional para esse reaproveitamento. Por isso, não se vê motivo para excluir a responsabilidade do denunciante pelos investimentos que ele exigiu (especialmente nos casos de exigência expressa) apenas pela natureza do investimento, já que, mesmo assim, eles podem representar prejuízo ao denunciado[595].

Por isso, discordamos desse posicionamento e entendemos que a proteção da norma não deve se guiar pela natureza do investimento (se idiossincrática ou se geral ou de mercado) e, portanto, pela possibilidade de uso alternativo posterior à extinção do contrato, mas sim pelo fato de ser ou não um "investimento de confiança", na linha da conclusão exposta anteriormente[596]. É importante perceber que são conceitos diversos:

julgado em 27/04/2015). De fato, neste caso, afora a possibilidade de discutir se a compra do estoque configura ou não investimento considerável, há que se reconhecer que, se os produtos adquiridos pela denunciada poderiam ser revendidos por ela mesmo após a extinção do contrato, por inexistir qualquer cláusula que a impedisse de assim proceder, a continuidade do contrato não era necessária para a amortização desse investimento.

595 Pode-se pensar, por exemplo, no caso já citado acima, do transportador que foi obrigado a adaptar seu caminhão, reduzindo seu tamanho, e que, com o encerramento do contrato, precisou investir para readaptá-lo. Nesse mesmo caso, o transportador havia sido instruído a adquirir um novo caminhão e, com a extinção do vínculo, precisou revendê-lo meses depois, arcando com o prejuízo da depreciação natural do bem.

596 Esse é o entendimento de Miravalls em relação à norma do artigo 29 da Lei nº 12/1992, do ordenamento jurídico espanhol, onde essa questão quanto à especificidade do investimento também se coloca. Vejam-se as palavras do autor: "A nosso juízo, essa abordagem [isto é, de limitar a aplicação aos investimentos específicos] não é a adequada e não é a que deriva da natureza jurídica da instituição. Essa posição se concentra na qualificação do investimento, quando, em contratos de distribuição de duração indeterminada – dada a sua especial natureza – o relevante para o reconhecimento da indenização por investimentos não amortizados é o caráter instruído dos mesmos quando são necessários para a correta execução do contrato – 'investimentos de confiança' – independentemente de seu possível uso alternativo ou não" (tradução nossa). No original: "*A nuestro juicio, este planteamiento no es el adecuado y no es el que se deriva de la naturaleza jurídica de la institución. Esta posición se centra en la calificación de la inversión, cuando, en los contratos de distribución de*

enquanto todo investimento específico, por não ter valor fora da relação na qual é feito, é necessariamente um investimento de confiança (porque a parte está confiando que o contrato permanecerá vigente por tempo suficiente para amortizá-lo), nem todo investimento de confiança é específico[597]. Tem-se, assim, uma aplicação mais abrangente da proteção, já que estarão incluídos todos os investimentos que tenham sido exigidos do denunciado, independentemente de serem ou não específicos, isto é, de poderem ou não ser redirecionados para outra atividade após a extinção do contrato[598]. Parece-nos que o entendimento contrário, no sentido de limitar a aplicação da norma apenas aos investimentos específicos, seria restringir demasiadamente seu âmbito de incidência. Na prática, o dispositivo – que, por sua colocação no Código Civil, é aplicável aos contratos em geral – acabaria sendo aplicado apenas a contratos que tenham por objeto atividade bastante específica ou que impliquem uma integração quase completa entre as partes, como o de franquia.

Isso não significa dizer que a distinção entre investimentos específicos e genéricos não seja relevante e que eles devam ser tratados de maneira idêntica, mas apenas que não se deve excluir *a priori* os investimentos genéricos do âmbito de aplicação da norma. Como visto, o fato de o investimento ser idiossincrático induz à presunção de que foi feito com a ciência e concordância do denunciante, justamente por ser específico à relação. Além disso, parece-nos que a diferença em relação à natureza do investimento se faz relevante menos na análise da incidência da norma e mais na definição das consequências de sua aplicação, assunto que será visto mais adiante. De fato, embora haja entendimento de que a "natu-

duración indeterminada – dada su especial naturaleza –, lo relevante para el reconocimiento de la indemnización por inversiones no amortizadas es el carácter instruido de las mismas cuando son necesarias para la correcta ejecución del contrato – «inversiones de confianza» -, con independencia de su uso posible uso alternativo o no" (Miravalls, Jaume Martí. *Desistimiento unilateral e indemnización por daños en los contratos de distribución*: estudio de la naturaleza jurídica de la indemnización por inversiones no amortizadas. Revista de Derecho Mercantil, n. 285, pp. 95-136, jul/set 2012, p. 117).

[597] Miravalls, Jaume Martí. *Desistimiento unilateral e indemnización por daños en los contratos de distribución*: estudio de la naturaleza jurídica de la indemnización por inversiones no amortizadas. Revista de Derecho Mercantil, n. 285, pp. 95-136, jul/set 2012, p. 124.

[598] *Ibidem*, p. 117.

reza" do investimento, no parágrafo único do art. 473, faça referência à sua especificidade[599], tendo como consequência a exclusão dos investimentos genéricos do seu âmbito de aplicação, parece-nos que a menção à natureza dos investimentos não diz respeito aos pressupostos de aplicação da norma (que estão no trecho inicial da redação do parágrafo único), mas sim aos efeitos de sua aplicação, como critério para definição do prazo compatível ("a denúncia unilateral só produzirá efeito depois de transcorrido *prazo compatível com a natureza* e o vulto dos investimentos"). Isto é, a natureza dos investimentos serviria principalmente como critério para definir a função do prazo e a sua extensão – ou então a indenização devida, a depender da solução adotada[600].

Nesse sentido, já adiantando brevemente o que será tratado adiante, é de grande valia a divisão que faz Paula Forgioni, ao afirmar que a duração mínima do contrato deve ser suficiente (i) para *amortizar* os investimentos irrecuperáveis (dentre os quais se incluem os idiossincráticos), considerados os proveitos auferidos desde o momento de realização do investimento até a extinção do vínculo, incluindo o período de pré-aviso, e (ii) para *permitir a recuperação* dos investimentos recuperáveis, mediante sua comercialização ou redirecionamento a outras aditividades, a contar da notificação de denúncia, quando o denunciado é cientificado de que o contrato não permanecerá vigente e que, portanto, precisará dar outra destinação aos objetos do investimento[601]. Pode-se sustentar também que a tutela específica de manutenção do contrato é cabível apenas quando se estiver diante de investimentos específicos, que são os únicos que necessariamente dependem do contrato para amortização. Já em

599 Costa, André Brandão Nery. *Os contratos que viabilizam o processo de distribuição e os efeitos de sua denúncia unilateral.* 2013. Dissertação (Mestrado em Direito) – Faculdade de Direito, Universidade do Estado do Rio de Janeiro, 2013, p. 275.

600 Parece ser o que sustenta também Francisco Viégas, ao dizer que "deve variar o período de pré-aviso conforme se esteja diante de contrato cuja execução tenha demandado (i) a aquisição de veículos automotores com potencial de revenda favorável ou (ii) a aquisição de maquinário agrícola utilizado exclusivamente na plantação de certo fruto típico de determinada região do país" (Viégas, Francisco de Assis. *Denúncia contratual e dever de pré-aviso.* Belo Horizonte: Fórum, 2019, p. 201).

601 Forgioni, Paula Andrea. *Contrato de distribuição.* 3. ed. rev., atual. e ampl. São Paulo: Revista dos Tribunais, 2014, pp. 314-315.

eventual solução indenizatória, o *quantum* devido em relação a investimentos específicos tenderá a ser o total do investimento ainda não amortizado, porque ele não poderá ser reaproveitado de modo real e efetivo em usos alternativos, enquanto para investimentos genéricos a determinação do valor dependerá de análise mais cuidadosa do caso concreto, a fim de verificar se a extinção do contrato representa ou não perda ao denunciado, e qual a extensão dessa perda. Assim, em determinado caso concreto, pode-se chegar à conclusão de que foram realizados investimentos consideráveis para a execução do contrato, que eles foram exigidos do denunciado, mas que, por sua natureza absolutamente fungível e genérica, não representam qualquer dano ao denunciado[602]. Nesse caso, não haverá prorrogação do contrato ou indenização, mas não porque esses investimentos, por sua natureza, estejam *a priori* fora do âmbito de aplicação da norma, e sim porque, no caso concreto, não houve dano que demandasse a tutela do denunciado[603].

3.3.3 Critérios para definição do prazo compatível com a natureza e o vulto dos investimentos

Presentes os pressupostos delineados acima, o parágrafo único do art. 473 do Código Civil determina que a denúncia "só produzirá efeito depois de transcorrido prazo compatível com a natureza e o vulto dos investimentos". Como visto, a norma tem por finalidade "imunizar" temporariamente o contratante que fez investimentos consideráveis contra a denúncia intempestiva da relação pela outra parte. Assim, entende-se

[602] "De igual modo, nada haverá a compensar (desta feita, por completa ausência de dano) se os investimentos tiverem sido totalmente financiados e pagos pelo fornecedor: só as despesas *efetivamente suportadas* pelo distribuidor entram para o cálculo da indenização. Pela mesma razão, nenhuma indenização será devida se os investimentos forem *reversíveis*, podendo ser anulados sem qualquer prejuízo para o distribuidor, ou se os mesmos se encontrarem completamente *amortizados*, isto é, se já tiver decorrido o '*pay-off period*' necessário à completa recuperação do respectivo valor" (PINTO, Fernando A. Ferreira. *Contratos de distribuição*: da tutela do distribuidor integrado em face da cessação do vínculo. Lisboa: Universidade Católica Editora, 2013, p. 808 – grifos no original).

[603] MIRAVALLS, Jaume Martí. *Desistimiento unilateral e indemnización por daños en los contratos de distribución*: estudio de la naturaleza jurídica de la indemnización por inversiones no amortizadas. Revista de Derecho Mercantil, n. 285, pp. 95-136, jul/set 2012, p. 118.

que a realização de investimentos, de certa forma, impõe ao contrato um prazo mínimo implícito de vigência, compatível com esses investimentos, que deve ser observado pelo contratante que pretenda denunciar imotivadamente o vínculo.

Surge então a questão de saber, na prática, qual é esse prazo e quais os critérios para sua fixação. A redação do dispositivo limita-se a dizer que o prazo deve ser compatível com a natureza e o vulto dos investimentos, o que, à primeira vista, permite concluir apenas que, quanto maior o vulto (valor) dos investimentos, maior deverá ser o prazo. Contudo, não há outros elementos que possam guiar o intérprete. Essa opção do legislador por uma norma genérica, de maior abertura semântica, traz consigo maior dificuldade de aplicação, como ressalta Rubens Edmundo Requião ao tratar do art. 720 do Código Civil – em exame que pode ser aplicado também ao art. 473, em razão da semelhança na redação dos dois artigos. Segundo o autor, melhor seria se o legislador houvesse desde já adotado técnica objetiva para definição do prazo necessário ao exercício da denúncia, vinculando-o, por exemplo, ao tempo transcorrido do contrato, de maneira inversamente proporcional, a fim de evitar disputas entre as partes e sua dependência quanto a pronunciamento judicial, mesmo com o risco de gerar alguma injustiça[604]. Francisco Viégas[605] e Hamid Bdine Júnior[606], por outro lado, sustentam a impossibilidade de uma definição *a priori* do prazo pelo legislador, diante da variedade de situações envolvendo contratos de duração indeterminada e investimentos que possam se apresentar, e, com isso, da necessidade de se ter uma norma com expressões abertas, que garanta maior flexibilidade e liberdade ao intérprete, para que possa determinar a razoabilidade do prazo em vista da relação contratual concretamente considerada.

[604] Requião, Rubens Edmundo. *O contrato de representação comercial e o novo Código Civil. O contrato de agência e distribuição. O poder de denunciar o contrato sem prazo determinado e o dever de indenizar os investimentos realizados pelo representante ou pelo agente*. Revista do Instituto dos Advogados do Paraná, Curitiba, n. 31, pp. 206-221, 2001, p. 210.

[605] Viégas, Francisco de Assis. *Denúncia contratual e dever de pré-aviso*. Belo Horizonte: Fórum, 2019, pp. 155-156.

[606] Bdine Júnior, Hamid Charaf. *Resilição contratual e o art. 473 do CC*. Revista do Advogado, São Paulo, n. 116, pp. 98-104, jul. 2012, p. 99.

A definição, então, necessariamente será feita de forma casuística, o que não significa dizer que não se possa buscar alguns critérios objetivos para auxiliar o intérprete. À semelhança do que ocorre com o prazo referente ao dever geral de pré-aviso, entende-se que a definição do prazo mínimo de vigência do contrato, bem como o exame de sua razoabilidade, no caso concreto, deve ser feita à luz de sua finalidade própria. Assim, enquanto a quantificação do prazo da limitação temporal genérica ao exercício do direito de denúncia leva em conta o tempo razoável para a organização do denunciado e para o redirecionamento de sua atividade econômica, a fim de protegê-lo da denúncia abrupta, essa restrição específica do parágrafo único do art. 473 do Código Civil deve ser fixada tendo em vista o interesse do denunciado na recuperação dos investimentos consideráveis feitos em razão do contrato, com o intuito de protegê-lo da denúncia inoportuna do vínculo que o impeça de obter a vantagem esperada. Naturalmente, tendo em vista a diversidade de interesses tutelados por cada uma das duas exigências temporais impostas ao denunciante, serão diferentes também os critérios para a definição do prazo razoável em cada uma delas[607].

Veja-se que aqui também a finalidade é específica, sem a pretensão de evitar todos os prejuízos que a extinção do contrato possa trazer ao denunciado, mas apenas aqueles estritamente relacionados à realização dos investimentos[608]. Nesse sentido, à primeira vista, poder-se-ia entender que o prazo mínimo de vigência do contrato, compatível com os investimentos realizados, é aquele suficiente, em cada caso concreto, para que o denunciado, com a execução do contrato, possa efetivamente se ressarcir das quantias despendidas com os investimentos, amortizando-os, e obter o retorno (lucro) esperado[609]. Contudo, como já exposto ante-

[607] Viégas, *op. cit.*, pp. 179-180.

[608] Bonini, Paulo Rogério. *Resilição contratual – relações civis – empresariais – interpretação do art. 473, parágrafo único, CC – consequências do exercício da resilição unilateral – indenização x prolongamento do contrato.* Cadernos Jurídicos, São Paulo, vol. 16, n.39, pp. 191-199, jan./mar. 2015, p. 196.

[609] Miranda, Custódio de Piedade Ubaldino. Comentários ao código civil: dos contratos em geral (Arts. 421 a 480). São Paulo: Saraiva, 2013, pp. 420-421; Tepedino, Gustavo. *Comentários ao Novo Código Civil*, vol. X: das várias espécies de contrato, do mandato, da comissão, da agência e distribuição, da corretagem, do transporte. Coordenador: Sálvio de

riormente, a lógica dos contratos empresariais não permite conceber que a norma do parágrafo único do art. 473 – ao condicionar a eficácia extintiva da denúncia ao transcurso de prazo compatível com os investimentos realizados pelo denunciado – seja uma garantia, ao contratante investidor, de efetiva recuperação desses investimentos em todo e qualquer caso, diante de quaisquer circunstâncias, muito menos uma garantia de obtenção de lucro, a ponto de configurar proteção ampla e irrestrita do denunciado, capaz de imunizá-lo contra todos os riscos que possam minar seus investimentos, inclusive aqueles que compõem a própria álea normal do contrato[610].

Como visto, uma norma que garanta determinado grau de estabilidade ao vínculo contratual, em razão da realização de investimentos consideráveis, é benéfica ao contratante, porque viabiliza um período mínimo necessário ao cumprimento do contrato, protege suas legítimas expectativas e evita que a outra parte abuse de sua situação de dependência econômica. Além disso, é benéfica também para o sistema como um todo, porque estimula os agentes econômicos a contratar e a realizar investimentos. Por outro lado, uma proteção irrestrita ao contratante que realiza investimentos, que o libere dos riscos normais do contrato, inerentes à atividade econômica na qual está inserido, vai de encontro à lógica de mercado e dos contratos empresariais[611]. Ademais, uma trans-

Figueiredo Teixeira. Rio de Janeiro: Forense, 2008, p. 375; REQUIÃO, Rubens Edmundo. *O contrato de representação comercial e o novo Código Civil. O contrato de agência e distribuição. O poder de denunciar o contrato sem prazo determinado e o dever de indenizar os investimentos realizados pelo representante ou pelo agente.* Revista do Instituto dos Advogados do Paraná, Curitiba, n. 31, pp. 206-221, 2001, p. 216.

[610] FORGIONI, Paula Andrea. *Contrato de distribuição.* 3. ed. rev., atual. e ampl. São Paulo: Revista dos Tribunais, 2014, pp. 316-317; PAOLA, Leonardo Sperb de. *Contratos de Distribuição*: vida e morte da relação contratual. 2002. Tese (Dourado em Direito das Relações Sociais). Universidade Federal do Paraná, Curitiba, 2002. Disponível em: https://acervodigital.ufpr.br/handle/1884/57922. Acesso em 20.01.2019, p. 178; VIÉGAS, Francisco de Assis. *Denúncia contratual e dever de pré-aviso.* Belo Horizonte: Fórum, 2019, pp. 187-188.

[611] "[uma garantia de rentabilidade] se revela absolutamente incompatível com o perfil de risco e a função econômica característicos dos contratos de distribuição. Em última análise, a proceder essa orientação, o distribuidor faria repercutir sobre o fornecedor a álea própria da atividade a que se dedica (pelo retardamento da recuperação dos seus investimentos, em consequência do ambiente econômico ou das características da respectiva empresa e

ferência desses riscos integralmente ao outro contratante, que denuncia o contrato (geralmente o fabricante ou o franqueador), significaria impor-lhe um custo tão alto a ponto de tornar essas formas indiretas de escoamento da produção antieconômicas, desestimulando sua contratação, o que prejudicaria a sociedade como um todo[612]. Como pontua Paula Forgioni, "a atividade empresarial implica riscos, que não podem ser indevidamente neutralizados pelo ordenamento jurídico, sob pena de comprometermos o funcionamento do mercado"[613].

O *telos* da norma deve ser outro, mais restrito: proteger o denunciado do risco específico (e considerado fora da álea normal do contrato) de não ter sequer a possibilidade de recuperar seus investimentos em decorrência direta da conduta da outra parte, que denuncie imotivadamente o contrato "após período tão curto de execução que a sua duração, por si só, já inviabilize o retorno dos investimentos empenhados"[614]. Trata-se, em outras palavras, de garantir que o denunciado disponha do tempo

das suas próprias qualidades empresariais), sem que este pudesse controlar a gestão de aspectos essenciais dessa mesma atividade" (Pinto, Fernando A. Ferreira. *Contratos de distribuição*: da tutela do distribuidor integrado em face da cessação do vínculo. Lisboa: Universidade Católica Editora, 2013, pp. 796-797).

612 Forgioni, *op. cit.*, p. 316.

613 *Ibidem*, p. 316. Fernando Ferreira Pinto, ao tratar do contrato de distribuição, também vê com cautela a questão da tutela dos investimentos feitos pelo distribuidor para a execução do contrato, ressaltando que ela não pode chegar ao ponto de inverter a lógica da contratação: "Está assim, fora de causa qualquer solução que implique a *transmissão global para o fornecedor do risco da frustração econômica de todos os investimentos efetuados pelos seus distribuidores*. Mesmo considerando as características muito peculiares da cooperação empresarial objetivada por tais contratos e a influência, por vezes muito extensa, exercida pelo fornecedor na estruturação de algumas empresas de distribuição, seria absolutamente *antinômico* acolher no ordenamento jurídico a categoria dos contratos de distribuição, com o seu perfil próprio, à luz do princípio da autonomia privada e, simultaneamente, admitir a referida translação do risco sem um fundamento muito particular, ancorado em argumentos jurídicos robustos, que a justifiquem. O ponto de partida deverá ser antes o oposto: o de que o *distribuidor*, enquanto empresário autônomo, *suporta o risco global do seu negócio* e, por isso, também o *risco da frustração* dos investimentos que realize" (Pinto, Fernando A. Ferreira. *Contratos de distribuição*: da tutela do distribuidor integrado em face da cessação do vínculo. Lisboa: Universidade Católica Editora, 2013, pp. 771-772 – grifos no original).

614 Viégas, Francisco de Assis. *Denúncia contratual e dever de pré-aviso*. Belo Horizonte: Fórum, 2019, p. 188.

mínimo indispensável à execução do objeto do contrato e que seja suficiente para que tenha ao menos a *oportunidade* razoável[615] de amortizar os investimentos feitos, e que não seja tolhido dessa chance por ato do denunciante, contrário à boa-fé objetiva[616].

Portanto, ao se analisar, em determinado caso, a razoabilidade do tempo de vigência contratual transcorrido desde a realização dos investimentos, a fim de verificar se ele é ou não compatível com a natureza e o vulto desses investimentos e, portanto, se o direito de resilição unilateral pode ou não ser licitamente exercido, a mera ausência da efetiva recuperação dos investimentos feitos pelo denunciado até então será, por si só, insuficiente[617]. É necessário que se verifique se foi concedido ao denunciado tempo razoável de vigência contratual para que tivesse a possibilidade de ter obtido o retorno esperado dos investimentos, considerando a atividade exercida.

Assim, por exemplo, determinado franqueado que realizou investimentos consideráveis para a execução do contrato pode não ter obtido o retorno desejado desses investimentos mesmo depois de transcorrido

[615] PAOLA, Leonardo Sperb de. *Contratos de Distribuição*: vida e morte da relação contratual. 2002. Tese (Dourado em Direito das Relações Sociais). Universidade Federal do Paraná, Curitiba, 2002. Disponível em: https://acervodigital.ufpr.br/handle/1884/57922. Acesso em 20.01.2019, p. 187, nota de rodapé nº 591.

[616] VIÉGAS, *op. cit.*, pp. 146-147 e 179-180; BERGSTEIN, Jonás. *La extinción del contrato de distribución*. Montevidéu: Fundación de Cultura Universitaria, 1996, p. 132; MOREIRA, Carlos Roberto Barbosa. *Contrato de fornecimento de mercadoria em consignação. Considerações genéricas sobre o art. 473 do Código Civil de 2002 (Parecer)*. Revista Forense, Rio de Janeiro, v. 416, p. 305-322, jul./dez. 2012, p. 311; PAOLA, Leonardo Sperb de. *Limites ao exercício do poder de denúncia e não-renovação nos contratos de distribuição, concessão comercial e franquia*. Repertório IOB de Jurisprudência, São Paulo, 3/13901, pp. 496-493, 1997, p. 495. Nas palavras de Fernando Ferreira Pinto, "o que importa é que o distribuidor haja disposto de um *prazo razoável* para a recuperação das despesas de investimento que consumou; se, dentro desse prazo, não logrou consegui-lo, só poderá reclamar compensação do respectivo valor, comprovando que o défice de recuperação é exclusivamente imputável à contraparte (e na medida dessa imputabilidade)". (PINTO, Fernando A. Ferreira. *Contratos de distribuição*: da tutela do distribuidor integrado em face da cessação do vínculo. Lisboa: Universidade Católica Editora, 2013, pp. 808-809 – grifos no original).

[617] BERGSTEIN, Jonás. *La extinción del contrato de distribución*. Montevidéu: Fundación de Cultura Universitaria, 1996, p. 132.

longo prazo de vigência da relação, em virtude de diversos fatores, como erro na escolha da localização do ponto comercial, crescimento inesperado da concorrência na sua área de atuação, má gestão do negócio ou eventual crise econômica que atinja o país[618]. Nesse caso, desde que o prazo de vigência transcorrido tenha sido suficiente para que o franqueado tivesse a possibilidade de recuperar os investimentos feitos, a denúncia será lícita. O insucesso do empreendimento e o fato de os investimentos não terem sido recuperados como se esperava não podem servir para bloquear indefinidamente o direito de denúncia do franqueador, já que esses fatores, como visto, fazem parte do risco do negócio e devem ser assumidos pelo franqueado, não podendo ser transferidos a outra parte[619]. Caso contrário, estar-se-ia premiando a ineficiência do franqueado, e o franqueador estaria obrigado a manter-se vinculado sem limitação de tempo a um contrato que talvez nunca trará o retorno inicialmente esperado. Como coloca Paulo Bonini, "a finalidade do dispositivo não é garantir à parte uma eventual extensão sem limites do contrato, o que significaria a supressão absoluta do direito potestativo de resilir"[620].

Por outro lado, se o período de vigência transcorrido até então for tão curto que a denúncia estará retirando do franqueado a própria possibilidade de recuperar seu investimento, seu exercício será ilícito. Ou seja, haverá ilicitude quando se puder estabelecer um nexo de causalidade entre a frustração da possibilidade de recuperação do investimento e o exercício prematuro da denúncia, contrário às legítimas expectativas do

[618] Vide caso julgado pelo Tribunal de Justiça do Estado do Rio de Janeiro, já mencionado anteriormente: RIO DE JANEIRO. Tribunal de Justiça do Estado do Rio de Janeiro. Apelação Cível nº 0462605-89.2012.8.19.0001, Segunda Câmara Cível, Relatora: Elisabete Filizzola Assunção, julgado em 26.11.2014.

[619] Paola, Leonardo Sperb de. *Contratos de Distribuição*: vida e morte da relação contratual. 2002. Tese (Dourado em Direito das Relações Sociais). Universidade Federal do Paraná, Curitiba, 2002. Disponível em: https://acervodigital.ufpr.br/handle/1884/57922. Acesso em 20.01.2019, p. 213.

[620] Bonini, Paulo Rogério. *Resilição contratual – relações civis – empresariais – interpretação do art. 473, parágrafo único, CC – consequências do exercício da resilição unilateral – indenização x prolongamento do contrato*. Cadernos Jurídicos, São Paulo, vol. 16, n.39, pp. 191-199, jan./mar. 2015, p. 195.

denunciado[621]. É essa a racionalidade que deve guiar o intérprete na avaliação e na determinação do prazo mínimo de vigência do contrato que deve ser observado pelo denunciante diante da existência de investimentos consideráveis feitos pelo denunciado.

Do ponto de vista concreto, portanto, o primeiro elemento a ser considerado será o tempo de duração do contrato, a contar da realização dos investimentos, já que é a partir desse momento que o contratante tem a oportunidade de recuperar o valor investido[622]. Geralmente, a realização dos investimentos será próxima à celebração do contrato e ao início de sua execução, especialmente quando se trata de investimentos que servem para viabilizar a própria execução. Contudo, esse nem sempre será o caso, sendo possível pensar em situações nas quais, mesmo após anos de vigência do contrato, uma das partes seja compelida a realizar

[621] Costa, André Brandão Nery. *Os contratos que viabilizam o processo de distribuição e os efeitos de sua denúncia unilateral.* 2013. Dissertação (Mestrado em Direito) – Faculdade de Direito, Universidade do Estado do Rio de Janeiro, 2013, pp. 135-136; e Miravalls, Jaume Martí. *Desistimiento unilateral e indemnización por daños en los contratos de distribución*: estudio de la naturaleza jurídica de la indemnización por inversiones no amortizadas. Revista de Derecho Mercantil, n. 285, pp. 95-136, jul/set 2012, p. 109. Nesse sentido já se manifestou o STJ: "Não se trata, é bom que se diga, da assunção, por uma das partes, dos infortúnios que porventura sejam experimentados pela outra, por quaisquer razões, pela influência de quaisquer elementos. A responsabilidade que se atribui ao contratante que se utiliza da faculdade de romper o pacto diz respeito apenas aos danos experimentados diretamente, ligados ao fato de não mais subsistir o que fora avençado, quando as condições da avença apontavam para destino diametralmente diverso" (BRASIL. Superior Tribunal de Justiça. Recurso Especial nº 1.555.202/SP, Quarta Turma, Relator: Ministro Luis Felipe Salomão, julgado em 13/12/2016). Veja-se, nesse sentido, também fazendo referência a um nexo de causalidade, o que diz Fernando Ferreira Pinto, em relação à denúncia de contratos de distribuição: "pode perfeitamente acontecer que este [distribuidor] não haja logrado recuperar os investimentos que realizou, dentro do prazo considerado razoável, por razões que sejam inteiramente atribuíveis ao contexto econômico ou a outros fatores externos. Em tais casos, não se pode dizer que a frustração das expectativas decorra de ato imputável ao fornecedor" (Pinto, Fernando A. Ferreira. *Contratos de distribuição*: da tutela do distribuidor integrado em face da cessação do vínculo. Lisboa: Universidade Católica Editora, 2013, p. 804).

[622] Moreira, Carlos Roberto Barbosa. *Contrato de fornecimento de mercadoria em consignação. Considerações genéricas sobre o art. 473 do Código Civil de 2002 (Parecer).* Revista Forense, Rio de Janeiro, v. 416, p. 305-322, jul./dez. 2012, p. 311.

novos investimentos, seja em razão do crescimento do negócio, seja por exigência da outra parte, por exemplo[623]. Nesses casos, a contagem do prazo de duração contratual compatível com os investimentos deve ser reiniciada[624]. Assim, ao contrário do que ocorre na determinação do prazo referente ao dever geral de pré-aviso, a análise, para fins de amortização dos investimentos, não será mais prospectiva, mas sim retrospec-

[623] A realização de investimentos durante a execução dos contratos, especialmente naqueles que têm por objeto a formação de uma cadeia de comercialização de produtos, é bastante comum, como ressalta Miravalls: "[...] a especial configuração destas redes contratuais – especialmente seu caráter duradouro e *intuitu* – comporta que a necessidade de adaptar-se às diferentes exigências do mercado por parte de todos os seus membros, para tornar mais eficiente e competitiva a própria rede, requer, na maioria dos casos, a realização de novos investimentos, o que, em princípio, tratar-se-ia de uma '*consequência de acordo com a natureza deste tipo de contratos e de acordo com o princípio da boa-fé*'. Com efeito, a criação de novos produtos – ou a evolução dos antigos – pode gerar a necessidade de realizar investimentos em equipamento e máquinas por parte do membro da rede para seguir oferecendo determinados serviços contratualmente previstos, como, por exemplo, os serviços de pós-venda. Ademais, a coordenação de todos os canais de comercialização e a realização de uma atuação conjunta uniforme dos membros da rede, para que se gerem as sinergias esperadas, é um interesse legítimo e comum tanto para o controlador da rede como para os seus membros, o que requer a atribuição a ele das faculdades necessárias para preservar o correto funcionamento da mesma com a finalidade de proteger e assegurar o *good-will* da rede (tradução nossa). No original: "[...] *la especial configuración de estos contratos de red – en especial su carácter duradero e intuitu – comporta que la necesidad de adaptarse a las diferentes exigencias del mercado por parte de todos los miembros de la misma, para hacer más eficiente y competitiva a la propia red, requiera en la mayoría de ocasiones afrontar nuevas inversiones, por lo que, en principio, se trataría de una 'consecuencia acorde con la naturaleza de este tipo de contratos y conforme al principio de buena fe'. En efecto, la creación de nuevos productos – o la evolución de los antiguos – puede generar la necesidad de afrontar inversiones en equipamiento y maquinaría por parte del miembro de la red para seguir ofreciendo determinados servicios contractualmente previstos, como por ejemplo los servicios postventa. Además, la coordinación de todos los canales de comercialización y el logro de una actuación conjunta uniforme de los miembros de la red, para que se generen las sinergias esperadas, es un interés legítimo y común tanto para el cabeza de red como para los miembros de la misma, lo que requiere de la atribución a éste de las facultades necesarias para preservar el correcto funcionamiento de la misma con la finalidad de proteger y asegurar el good-will de la red*". (Miravalls, Jaume Martí. *Desistimiento unilateral e indemnización por daños en los contratos de distribución*: estudio de la naturaleza jurídica de la indemnización por inversiones no amortizadas. Revista de Derecho Mercantil, n. 285, pp. 95-136, jul/set 2012, p. 120).
[624] Viégas, Francisco de Assis. *Denúncia contratual e dever de pré-aviso*. Belo Horizonte: Fórum, 2019, p 194.

tiva, no sentido de olhar para trás e verificar se o período de execução contratual transcorrido até então foi ou não suficiente e se o contrato já pode ou não ser denunciado regularmente[625]. Ou seja, o prazo mínimo a ser observado pelo contratante para o exercício lícito da denúncia será inversamente proporcional ao período de duração do contrato, como bem resume Francisco Viégas:

> Nesta hipótese, não será a longa duração do contrato a determinar que o prazo razoável seja dilatado, mas, ao reverso, a curta duração do contrato – *vis-à-vis* do programa contratual implementado, seja no momento da conclusão do contrato, seja no curso de sua execução – será determinante para impor a observância de prazo razoável mais amplo antes de o contrato se extinguir. Aqui também, portanto, o tempo de duração do contrato afigura-se relevante para o controle funcional, embora invertido o sinal: se, no pré-aviso *stricto sensu*, a maior duração do contrato exige prazo mais amplo, no prazo estabilizador é a curta duração da relação contratual, associada aos altos investimentos realizados, a exigir que a denúncia não leve à extinção do contrato antes de decorrido o período imprescindível à execução do programa contratual[626].

De fato, quanto mais curto houver sido o prazo cumprido até então, maiores as chances de que a parte não tenha tido ainda a chance de amortizar os investimentos; por outro lado, o extenso período de duração do contrato indica a probabilidade de que essa oportunidade já foi concedida, afastando a aplicação da regra do art. 473, parágrafo único, do Código Civil[627].

Além da duração do contrato, deve-se ter em conta outros elementos, como o valor dos investimentos, sua taxa mensal de amortização, o

[625] COSTA, André Brandão Nery. *Os contratos que viabilizam o processo de distribuição e os efeitos de sua denúncia unilateral.* 2013. Dissertação (Mestrado em Direito) – Faculdade de Direito, Universidade do Estado do Rio de Janeiro, 2013, p. 117.

[626] VIÉGAS, *op. cit.*, p. 187.

[627] BONINI, Paulo Rogério. *Resilição contratual – relações civis – empresariais – interpretação do art. 473, parágrafo único, CC – consequências do exercício da resilição unilateral – indenização x prolongamento do contrato.* Cadernos Jurídicos, São Paulo, vol. 16, n.39, pp. 191-199, jan./mar. 2015, pp. 195-196.

volume de negócios que o contrato gerava (ou o volume que era esperado pelas partes, o que se pode medir, por exemplo, pelas previsões contratuais referentes às aquisições ou vendas mínimas mensais de produtos), entre outros[628]. Como salientam Mamede e Paulo Bonini, a análise é complexa e provavelmente dependerá de perícia técnica contábil[629]. A partir dessa análise, poder-se-á verificar se os investimentos já foram amortizados (integral ou parcialmente) pela execução do contrato ou, caso contrário, qual seria o prazo necessário para essa amortização. Como já referido, há casos em que os investimentos não terão sido amortizados não pela falta do tempo necessário para isso, mas por outros fatores. Por isso, a análise deve estar focada não apenas na relação em concreto (i.e., no prazo de que efetivamente necessita o denunciado daquela relação específica), mas principalmente no prazo "*em tese* suficiente para o retorno dos investimentos"[630]. Isto é, no prazo que seria razoavelmente necessário a "um homem ou empresa médio, *standard*"[631], de idêntica categoria, para que tivesse a possibilidade de amortizar os investimentos feitos, levando em conta a natureza e vulto dos investimentos, a espécie e a complexidade do negócio, os usos do local e daquele mercado específico, a conjuntura econômica ao tempo da vigência do contrato, bem

[628] Veja-se, por exemplo, a análise feita pelo Tribunal de Justiça de Santa Catarina, que comparou o valor total dos investimentos feitos – R$ 900.000,00 – com o faturamento médio mensal que o contrato gerava ao denunciado – R$ 233.000,00 – para concluir que o transcurso de prazo de cinco anos foi o suficiente para amortização do investimento (SANTA CATARINA. Tribunal de Justiça do Estado de Santa Catarina. Apelação Cível nº 2011.068262-4, Quinta Câmara de Direito Comercial, Relator: Jânio Machado, julgado em 19/09/2013).

[629] MAMEDE, Gladston. *Teoria geral dos contratos*. 2. ed. São Paulo: Atlas, 2014, p. 441; BONINI, *op. cit.*, pp. 195-196.

[630] THEODORO JÚNIOR, Humberto; MELLO, Adriana Mandim Theodoro de. *Responsabilidade civil da denúncia dos contratos de distribuição, franquia e concessão comercial*: apontamentos. Revista Magister de Direito Empresarial, Concorrencial e do Consumidor, Porto Alegre, vol. 3, n. 15, pp. 54-97, jun./jul. 2007, p. 76. No mesmo sentido: PAOLA, Leonardo Sperb de. *Contratos de Distribuição*: vida e morte da relação contratual. 2002. Tese (Dourado em Direito das Relações Sociais). Universidade Federal do Paraná, Curitiba, 2002. Disponível em: https://acervodigital.ufpr.br/handle/1884/57922. Acesso em 20.01.2019, pp. 177-178.

[631] BERGSTEIN, Jonás. *La extinción del contrato de distribución*. Montevidéu: Fundación de Cultura Universitaria, 1996, pp. 133-134.

como o prazo de duração usual de contratos da mesma natureza, em contexto similar[632]. Com efeito, nesses casos, como refere Fernando Ferreira Pinto, "a própria convicção do distribuidor será, quando muito, a de que a relação venha a perdurar pelo período de tempo por que *normalmente* vigoram relações semelhantes"[633], sem prejuízo de que ele possa comprovar que existem "elementos adicionais que, em face da situação concreta, justifiquem que as suas aspirações excedam aquilo que é razoável admitir, segundo padrões de normalidade"[634].

Neste ponto, tem relevância também a natureza do investimento, um dos critérios mencionados no texto do parágrafo único do art. 473 para a definição do prazo. Como já adiantado no capítulo anterior, entendemos que deve ser levado em conta, na análise dessa natureza, o caráter recuperável ou irrecuperável do investimento. Tratando-se de investimento irrecuperável ("*sunk cost*"), isto é, correspondente a um bem que não possa ser utilizado pelo denunciado após a extinção do contrato, seja por sua especificidade, seja por restrição contratual, por exemplo, a análise do prazo deve ter em vista o tempo razoavelmente necessário à sua amortização, considerando os proveitos recebidos durante a contratação[635]. Por outro lado, tratando-se de investimentos recuperáveis, correspondentes a bens que podem ter utilização alternativa, deve-se ou garantir o tempo suficientemente razoável para sua amortização ou conceder período de pré-aviso (contado desde o recebimento da denúncia) suficiente para permitir o redirecionamento desses bens, evitando que o denunciado tenha que suportar o prejuízo do investimento que lhe foi exigido pelo denunciante. Ou seja, o "prazo compatível" com a natureza

[632] Costa, André Brandão Nery. *Os contratos que viabilizam o processo de distribuição e os efeitos de sua denúncia unilateral*. 2013. Dissertação (Mestrado em Direito) – Faculdade de Direito, Universidade do Estado do Rio de Janeiro, 2013, pp. 139-140; Bergstein, *op. cit.*, p. 109; Viégas, Francisco de Assis. *Denúncia contratual e dever de pré-aviso*. Belo Horizonte: Fórum, 2019, pp. 146-147.

[633] Pinto, Fernando A. Ferreira. *Contratos de distribuição*: da tutela do distribuidor integrado em face da cessação do vínculo. Lisboa: Universidade Católica Editora, 2013, p. 801 (grifos no original).

[634] *Ibidem*, p. 801.

[635] Forgioni, Paula Andrea. *Contrato de distribuição*. 3. ed. rev., atual. e ampl. São Paulo: Revista dos Tribunais, 2014, pp. 314-315.

desses investimentos pode ser o prazo que seja necessário ao seu redirecionamento, quando possível[636]. Veja-se, por consequência, que os investimentos recuperáveis, quando não inteiramente amortizados, podem influenciar não apenas no período mínimo da relação como um todo, mas também no cálculo específico do pré-aviso. Ainda assim, como já sustentado, devem ser considerados na aplicação da norma do parágrafo único do art. 473, até mesmo porque, em qualquer caso, mantém-se a responsabilidade do denunciante pelos eventuais custos necessários a permitir a reutilização desses investimentos, quando corresponderem a bens que não sejam inteiramente genéricos ou de mercado, já que esses custos são irrecuperáveis[637].

Pelo que se verifica da jurisprudência dos tribunais, muitas vezes a análise não chega na minúcia da perícia técnica relacionada ao caso em questão, e esgota-se em um exame teórico de qual seria o prazo adequado, ou em uma presunção de que o tempo transcorrido foi suficiente. Em dois casos, o Tribunal de Justiça de São Paulo considerou, sem maior esforço argumentativo, que os períodos de vigência de quatro anos[638] e de doze anos[639] foram suficientes para se presumir a amortização dos investimentos.

636 Nesse caso, para Fernando Ferreira Pinto, desde que concedido o período razoável para essa reconversão, caberá ao denunciado "procurar ativamente e aproveitar as alternativas que se lhe deparem para a rentabilização desses investimentos" e, "se não o fizer, não poderá depois deduzir qualquer pretensão contra o fornecedor, com base na sua inutilização, dado que os danos procedem aí de culpa sua, ou, pelo menos, não terão sido causados pela cessação do contrato" (PINTO, *op. cit.*, p. 811).

637 Essa distinção entre os custos recuperáveis e irrecuperáveis foi expressamente utilizada, pelo magistrado de primeiro grau, no julgamento de caso envolvendo denúncia de contrato verbal de distribuição (inclusive na elaboração de quesitos à perícia), conforme se depreende dos trechos citados no acórdão (SÃO PAULO. Tribunal de Justiça do Estado de São Paulo. Apelação Cível nº 1029750-70.2013.8.26.0100, 34ª Câmara de Direito Privado, Relator: L. G. Costa Wagner, julgado em 23/11/2020)..

638 SÃO PAULO. Tribunal de Justiça do Estado de São Paulo. Apelação Cível nº 0148753-75.2009.8.26.0100, 29ª Câmara de Direito Privado, Relator: Hamid Bdine, julgado em 22/10/2013.

639 SÃO PAULO. Tribunal de Justiça do Estado de São Paulo. Apelação Cível nº 0112498-89.2007.8.26.0100, 28ª Câmara de Direito Privado, Relator: Cesar Lacerda, julgado em 28/01/2013.

Tende-se a admitir que as partes, no exercício de sua autonomia privada, estipulem contratualmente o prazo mínimo de duração do contrato que entendem ser compatível com os investimentos a serem realizados (ou que foram realizados) e que deva ser respeitado pelo figurante que pretender denunciar o contrato[640]. Segundo Rubens Edmundo Requião, presume-se, neste caso, que "as partes serão criteriosas ao fixar o prazo, estimando-o corretamente para permitir a amortização do investimento realizado"[641]. Para Gabriel Leal de Figueiredo, uma vez estipulado o prazo contratualmente, a boa-fé objetiva passa a operar em favor do denunciante que o respeitou, cabendo à parte que investe ser previdente ao calcular o risco de realizar os investimentos necessários considerando o prazo acordado[642]. Para André Costa, uma estipulação com esse conteúdo afasta a proteção legal[643]. Nesse sentido, veja-se o caso julgado pelo Tribunal de Justiça de Minas Gerais, envolvendo contrato de prestação de serviços firmado em 2004 entre Matrix Sistemas Audiovisuais Ltda. e Hotelaria Accor PDB Ltda., pelo prazo determinado de 36 meses, pelo qual aquela comprometeu-se a prestar a esta o serviço de locação de equipamentos de áudio, vídeo e informática, a serem instalados nas dependências do hotel, que depois os disponibilizaria aos hóspedes e demais interessados em utilizá-los, mediante pagamento. Constou, no contrato, cláusula prevendo que, em razão dos investimentos feitos pela contratada, o vínculo somente poderia ser denunciado após o prazo mínimo de 24 meses. Contudo, após dez meses de vigência, o hotel denunciou o

[640] Haical, Gustavo. Apontamentos sobre o direito formativo extintivo de denúncia no contrato de agência. *In*: Martins-Costa, Judith. *Modelos de direito privado*. São Paulo: Marcial Pons, 2014. pp. 294-331, p. 324.

[641] Requião, Rubens Edmundo. *O contrato de representação comercial e o novo Código Civil. O contrato de agência e distribuição. O poder de denunciar o contrato sem prazo determinado e o dever de indenizar os investimentos realizados pelo representante ou pelo agente*. Revista do Instituto dos Advogados do Paraná, Curitiba, n. 31, pp. 206-221, 2001, p. 220.

[642] Figueiredo, Gabriel Seijo Leal de. *Denúncia imotivada dos contratos civis e suspensão de sua eficácia*. 2016. Tese (Doutorado em Direito Civil) – Pontifícia Universidade Católica de São Paulo, São Paulo, 2016, p. 157.

[643] Costa, André Brandão Nery. *Protection of specific contractual investments in Italian and Brazilian law*. Tese (Dottorato in Autonomia Privata, Impresa, Lavoro e Tutela dei Diritti nella Prospettiva Europea ed Internazionale) – Facoltà di Giurisprudenza, Università Degli Studi di Roma "La Sapienza", 2019, p. 161.

contrato, e a Matrix buscou judicialmente a manutenção do vínculo até o implemento do prazo de 36 meses contratualmente fixado[644]. O Tribunal considerou que havia expressa fixação do prazo necessário para amortização dos investimentos e, com isso, entendeu que deveria ser respeitado, motivo pelo qual concedeu a prorrogação até que se completassem os 24 meses (e não até o final dos 36 meses). Vale ressaltar o seguinte trecho do acórdão:

> Nesse contexto, conquanto grandes investimentos realizados, é certo que, ao contrário do que sustenta o apelante principal, não é cabível o restabelecimento do contrato por 36 meses, já que, a cláusula 3.4 acima citada, foi livremente estipulada entre as partes, a qual serviu como parâmetro para a autora, ora apelante principal, avaliar os investimentos e contratações inerentes a prestação de serviços que desenvolvida[645].

Na verdade, parece-nos que delimitar contratualmente o período mínimo de vigência de um contrato a prazo indeterminado, que deva ser respeitado antes que ele possa ser licitamente denunciado, não difere da hipótese de estabelecer prazo determinado de vigência à avença e, por isso, em regra, não haveria por que reputar ilícito esse ajuste.

3.4 Possibilidade de incidência das regras procedimentais para o exercício lícito do direito de resilição unilateral nas situações de interrupção de contratos de duração com prazo determinado

Até aqui, discorreu-se sobre o dever geral de pré-aviso e sobre a observância de prazo compatível com os investimentos consideráveis feitos pelo

[644] Previsão semelhante fizeram as partes de contrato de prestação de serviço, em caso julgado pelo Tribunal de Justiça de São Paulo, ao estabelecerem que, se o contratante denunciasse o vínculo durante os 36 primeiros meses de vigência, deveria reembolsar integralmente os investimentos feitos pelo contratado a título de "esforço adicional da equipe no início do projeto" (SÃO PAULO. Tribunal de Justiça do Estado de São Paulo. Apelação Cível nº 1000160-14.2019.8.26.0011, 11ª Câmara de Direito Privado, Relator: Gil Coelho, julgado em 16/07/2020).

[645] MINAS GERAIS. Tribunal de Justiça do Estado de Minas Gerais. Apelação Cível nº 1.0024.07.792587-3/001, 11ª Câmara Cível, Relatora: Shirley Fenzi Bertão julgado em 22/11/2017.

denunciado como regras procedimentais aplicáveis à denúncia imotivada de contratos de duração vigentes a prazo indeterminado. É nesses contratos, que não possuem termo final e que têm a potencialidade de durar indefinidamente, que a denúncia aparece como instrumento necessário à extinção do vínculo e à recuperação da liberdade das partes que, se não fosse por isso, ficaria comprometida. Portanto, logicamente, é neles também que incidem os mecanismos de controle do exercício do direito de denúncia. Nos contratos a prazo determinado, por outro lado, a proteção da liberdade das partes fica a cargo do próprio termo final, que, uma vez implementado, extingue a relação. Nesse contexto, não se vislumbra, à primeira vista, a possibilidade (ou necessidade) de incidência do dever de pré-aviso – já que a extinção virá naturalmente, e o momento em que isso ocorrerá já é de conhecimento das partes desde a celebração do contrato – , tampouco a necessidade de tutela dos investimentos feitos por uma das partes, que se presumem compatíveis com o prazo com o qual ela mesma anuiu.

Contudo, a separação entre as categorias de contratos a prazo determinado e contratos a prazo indeterminado nem sempre é tão clara, e a prática negocial muitas vezes acaba revelando algumas hipóteses intermediárias, que mesclam elementos de ambas as categorias e que poderiam ser classificadas como "híbridas"[646]. É o caso, por exemplo, de contratos a prazo determinado com previsão de prorrogação automática, a critério de uma das partes ou então salvo manifestação em sentido contrário de uma ou de qualquer das partes; e de contratos a prazo determinado (geralmente curto) que sucedem um ao outro ininterruptamente e fazem com que a relação se prolongue no tempo[647]. Além disso, já se

[646] Azéma, Jacques. *La durée des contrats successifs.* Paris: Librairie Générale de Droit et de Jurisprudence, 1969, pp. 192-193; Costa, André Brandão Nery. *Protection of specific contractual investments in Italian and Brazilian law.* Tese (Dottorato in Autonomia Privata, Impresa, Lavoro e Tutela dei Diritti nella Prospettiva Europea ed Internazionale) – Facoltà di Giurisprudenza, Università Degli Studi di Roma "La Sapienza", 2019, p. 158.

[647] Como já reconhecia Jacques Azéma, ao longo do tempo o regime aplicável aos contratos a prazo determinado e aquele aplicável a contratos a prazo indeterminado foram sendo de certa forma aproximados pela atuação legislativa e jurisprudencial, que atenuou as características de cada um deles. Assim, por um lado, muitas vezes o termo final de um contrato a prazo determinado pode ficar sem efeito em razão da proteção conferida

definiu a denúncia não só como o negócio que coloca termo final em contratos de duração a prazo indeterminado, mas também como a manifestação de vontade contrária à continuidade da relação vigente a prazo determinado, que contenha a possibilidade de prorrogação, renovação ou recondução tácita[648]. Apresentado o problema dessa forma, mostra-se cabível questionar se haveria casos de aplicação das regras procedimentais estudadas acima, mesmo diante de contratos vigentes a prazo determinado.

Via de regra, ausente estipulação negocial em sentido contrário, a doutrina entende que o aviso prévio é estranho a contratos vigentes a prazo determinado, em razão de o momento da extinção da relação já ser de conhecimento das partes desde o seu início, sem que se possa falar em surpresa de qualquer uma delas pelo implemento do termo final[649]. Assim, o aviso prévio perderia sua função e utilidade, que seria preparar a parte para o fim do contrato. Nesse cenário, segundo Michele Klein, o pré-aviso poderia ser considerado no máximo uma manifestação de cortesia entre os contratantes (para lembrá-los do que já deveriam, de qualquer forma, saber), mas de nenhum modo um dever cujo descumprimento pudesse levar a qualquer consequência jurídica[650]. Não obstante esse entendimento, deve-se considerar que os contratos de duração, por sua natureza, acabam gerando nas partes a expectativa de sua continuidade, ainda quando exista termo final preestabelecido, até mesmo em razão da possibilidade – já comentada – de prorrogação tácita do prazo

pela lei a um dos contratantes, não sendo exagerado falar em uma relativa ineficácia do termo; por outro lado, desenvolveram-se os limites e regras de conduta para o exercício do direito de resilição unilateral de contratos a prazo indeterminado, a fim de mitigar sua instabilidade, também como proteção a determinados contratantes e a certas situações (Azéma, *op. cit.*, pp. 186-188)

648 Aguiar Júnior, Ruy Rosado de. *Comentários ao Código Civil*, vol. VI, tomo II: da extinção do contrato. Rio de Janeiro: Forense, 2011, pp. 285-287.

649 Leães, Luiz Gastão Paes de Barros. *Denúncia de contrato de franquia por tempo indeterminado (Parecer)*. Revista dos Tribunais, São Paulo, vol. 719, pp. 83-96, set. 1995, p. 87; Haical, Gustavo. Apontamentos sobre o direito formativo extintivo de denúncia no contrato de agência. *In*: Martins-Costa, Judith. *Modelos de direito privado*. São Paulo: Marcial Pons, 2014. pp. 294-331, p. 316.

650 Klein, Michele. *El desistimiento unilateral del contrato*. Madrid: Civitas, 1997, p. 196.

contratual, quando as partes seguem cumprindo normalmente suas obrigações. Por isso, pode-se sustentar que, mesmo nessas situações, o aviso prévio é necessário como uma imposição da boa-fé objetiva e em consideração aos interesses da outra parte – sendo mais do que mera cortesia – especialmente quando houver qualquer outro elemento que crie, na outra parte, a expectativa da continuidade do vínculo para além do termo final fixado. Ou seja, deve-se analisar, além do texto do contrato, o contexto da relação. Há situações específicas nas quais essa expectativa pode ser verificada com mais clareza.

Por exemplo, Klein reconhece que a situação é especialmente diferente quando se está diante de um contrato que, embora esteja em vigor por prazo determinado, preveja hipótese de prorrogação automática, salvo manifestação em sentido contrário de qualquer das partes. Nesses casos, segundo a autora, surge a necessidade de pré-aviso, impondo-se à parte que não deseja prorrogar o vínculo para além de seu termo final o dever de manifestar sua vontade ao outro contratante com a devida antecedência, para que ele não seja surpreendido e tenha tempo suficiente para se preparar para o término da relação. A função do pré-aviso, portanto, seria análoga àquela que cumpre em contratos a prazo indeterminado, motivo pelo qual pode-se sustentar sua exigência mesmo à míngua de expressa previsão contratual[651]. A diferença (sutil), neste caso, é que não há falar propriamente em suspensão da eficácia da denúncia durante o prazo do pré-aviso, mas sim em transcurso normal do contrato até o seu termo final já estabelecido. A denúncia apenas impedirá a prorrogação para além desse ponto[652].

Lorezentti defende a necessidade de aviso prévio também quando um dos contratantes não mais deseje dar seguimento à relação formalizada

[651] Paola, Leonardo Sperb de. *Sobre a denúncia dos contratos de distribuição, concessão comercial e franquia.* Revista Forense, Rio de Janeiro, vol. 343, pp. 115-148, jul./set. 1998, p. 142.

[652] Klein, *op. cit.*, pp. 190-191. No mesmo sentido: Leães, Luiz Gastão Paes de Barros. *Denúncia de contrato de franquia por tempo indeterminado (Parecer)*. Revista dos Tribunais, São Paulo, vol. 719, pp. 83-96, set. 1995, p. 87; Paola, Leonardo Sperb de. *Limites ao exercício do poder de denúncia e não-renovação nos contratos de distribuição, concessão comercial e franquia.* Repertório IOB de Jurisprudência, São Paulo, 3/13901, pp. 496-493, 1997, p. 494.

por sucessivos contratos com prazo determinado[653]. Segundo Paula Forgioni, não é incomum, especialmente em relações em que há evidente disparidade de poder entre as partes, que aquela que se encontre em posição de superioridade imponha à outra a celebração de ajustes por prazo determinado, com a dupla finalidade de, de tempos em tempos, poder optar pela cessação da relação, evitando as consequências decorrentes do término imotivado de uma relação a prazo indeterminado, e de manter a outra parte em situação de dependência, diante da reiterada necessidade de celebração de novos contratos para continuidade da relação[654]. Os dois autores reconhecem, nesse caso, que a formalização por prazo determinado pode estar encobrindo uma verdadeira relação continuada, que, de uma perspectiva negocial, pode ser considerada, na prática, vigente a prazo indeterminado, capaz de atrair a aplicação do regime específico dessa modalidade contratual[655]. Dessa constatação surgem duas consequências: (i) a possibilidade de se exigir pré-aviso razoável da parte que não mais pretenda manter a relação (ou seja, que não pretenda firmar novo contrato)[656]; e (ii) a possibilidade de se considerar abusiva a

[653] Lorenzetti, Ricardo Luis. *Tratado de los contratos*. Tomo I. Buenos Aires: Rubinzal – Culzoni, 1999, pp. 548-549. Foi o que aconteceu, por exemplo, no caso julgado no REsp nº 766.012, em que a Pepsico informou ao distribuidor sua intenção de não renovar o contrato, que vigia por prazo determinado, com um ano e meio de antecedência do seu término. Assim, a corte reconheceu que "Não houve resilição unilateral e desmotivada. O contrato chegou ao seu fim natural, atingindo o termo fixado pelas partes. Nem se pode dizer que a autora foi surpreendida com a decisão das rés: sabia que o pacto não seria renovado com mais de ano e meio de antecedência. É prazo suficiente para se reorganizar e mitigar eventual dependência econômica do fornecedor" (BRASIL. Superior Tribunal de Justiça. Recurso Especial nº 766.012/RJ, Terceira Turma, Relator: Ministro Humberto Gomes de Barros, julgado em 23/08/2005).

[654] Forgioni, Paula Andrea. *Contrato de distribuição*. 3. ed. rev., atual. e ampl. São Paulo: Revista dos Tribunais, 2014, pp. 322-323.

[655] No mesmo sentido: Costa, André Brandão Nery. *Protection of specific contractual investments in Italian and Brazilian law*. Tese (Dottorato in Autonomia Privata, Impresa, Lavoro e Tutela dei Diritti nella Prospettiva Europea ed Internazionale) – Facoltà di Giurisprudenza, Università Degli Studi di Roma "La Sapienza", 2019, p. 159.

[656] Lorenzetti, *op. cit.*, pp. 548-549. Essa é a hipótese de um caso julgado pelo Judiciário argentino, comentado por Celia Weingarten. O caso girou em torno de contrato de concessão comercial firmado pela Esso com Marquínez y Perotta em 1971, com prazo determinado de um ano, o qual foi sucessivamente renovado até que, em 1987, a Esso optou

recusa injustificada em celebrar novo contrato, por violação à boa-fé[657]. Vale ressaltar, contudo, que o reconhecimento da abusividade na não contratação é excepcional e depende da verificação de elementos concretos que indiquem a violação à boa-fé (especialmente a conduta prévia das partes)[658], mantendo-se a regra de que, em princípio, o término do prazo contratual extingue a relação, sem que haja obrigação de qualquer dos contratantes de renová-la[659].

por denunciá-lo. A concessionária ajuizou ação buscando a prorrogação compulsória do vínculo ou, sucessivamente, a indenização pelo dano sofrido. O Judiciário entendeu que, ainda que a contratação fosse por prazo determinado, estava, na verdade, encobrindo um vínculo estável, e sua sucessiva renovação converteu o ajuste em contrato a prazo indeterminado. Concluiu, assim, que a decisão da Esso de extingui-lo deveria ter sido precedida de pré-aviso (calculado, no caso, em 12 meses, tendo em conta o tempo pelo qual durou a relação), e que o término abrupto foi abusivo (Weingarten, Celia. *Efectos jurídicos de las sucesivas renovaciones de un contrato de concesión de plazo cierto y determinado.* Revista La Ley, n. 190, p. 2, 1995).

657 Neste caso, para Paula Forgioni, a solução preferencial deve ser pela indenização dos prejuízos causados pela não renovação do vínculo, e não a obrigação de contratação (Forgioni, *op. cit.*, p. 324). Para Lorenzetti, trata-se de hipótese de responsabilidade pré-contratual, que dá lugar à responsabilidade *in contrahendo*, devendo indenizar-se o interesse de confiança (negativo), e não o interesse de cumprimento (positivo) (Lorenzetti, *op. cit.*, pp. 549-550).

658 Bergstein, Jonás. *La extinción del contrato de distribución.* Montevidéu: Fundación de Cultura Universitaria, 1996, p. 32.

659 O Tribunal de Justiça do Paraná julgou caso envolvendo relação de prestação de serviço mantida há 11 anos pela Brasil Telecom S/A com a Objetiva Prestadora de Serviços SC Ltda, formalizada por sucessivos contratos com prazo determinado de vigência (primeiro de 12 meses e, a partir de certo momento, de 6 meses). Em determinado momento, com o término do prazo contratual então vigente, a Brasil Telecom recusou-se a formalizar novo contrato ou aditivo, conduta que a contratada considerou abusiva pela ausência de pré-aviso e pela impossibilidade de amortizar os investimentos feitos, argumentando que a estipulação de prazo era fraudulenta e que se tratava, na verdade, de relação a prazo indeterminado, motivo pelo qual tinha a expectativa em sua continuidade. O tribunal entendeu que não havia fraude e que se estava diante de contrato a prazo determinado, que teve seu término com o natural escoamento do prazo e implemento do termo, sem que se pudesse falar em necessidade de aviso prévio ou em qualquer irregularidade na conduta da contratante. Para o tribunal, a continuidade pelo período de 11 anos não era elemento suficiente para gerar, na contratada, a expectativa de continuidade para além do término do prazo do último instrumento contratual, devendo ela ter se preparado para a possibilidade de não renovação. Quanto aos investimentos, entendeu-se que "quando da ratificação do

Uma dessas hipóteses de possível abuso na não renovação dos contratos está ligada à realização de investimentos e, portanto, à aplicação do art. 473, parágrafo único, do Código Civil. A doutrina é unânime em considerar que os investimentos iniciais feitos para a execução de um contrato a prazo determinado não estão protegidos pela referida norma, e que o prazo estipulado deve ser respeitado, ainda que se mostre insuficiente ou incompatível com os investimentos levados a cabo por uma das partes, não havendo falar em prorrogação do vínculo para além do seu termo final ou em indenização pela não amortização[660]. De fato, nesse caso, presume-se que o prazo foi negociado de comum acordo pelas partes e que o responsável pelos investimentos, antes de celebrar o contrato, tinha ciência de que ele se extinguiria em seu termo final e fez o cálculo econômico quanto à razoabilidade do prazo em relação ao valor investido, já que tinha os elementos necessários para fazê-lo. Presume-se também que, ao se vincular, a parte assumiu o risco pela eventual insuficiência do prazo para a efetiva recuperação do valor investido[661]. Nesse contexto, a

acordo, a parte apelante [contratada] possuía conhecimento acerca do prazo de vigência, pelo que se investiu de forma expansiva no referido negócio, o fez assumindo o risco da atividade desenvolvida". Afastou expressamente a aplicação do parágrafo único do art. 473 do Código Civil (PARANÁ. Tribunal de Justiça do Estado do Paraná. Apelação Cível nº 993484-3, 7ª Câmara Cível, Relatora Denise Kruger Pereira, julgado em 25/03/2014).

[660] Em Portugal, Fernando Ferreira Pinto tem entendimento no mesmo sentido: "caso optem pela celebração de um contrato de duração determinada, na ausência de elementos sólidos que permitam excluir essa inferência, as partes não poderão contar com a perduração do vínculo para além do horizonte temporal que tenham definido, mostrando-se infundada qualquer pretensão de prorrogação do mesmo, em função da insuficiência do prazo convencionado para permitir a recuperação dos investimentos e despesas que hajam realizado" (PINTO, Fernando A. Ferreira. *Contratos de distribuição*: da tutela do distribuidor integrado em face da cessação do vínculo. Lisboa: Universidade Católica Editora, 2013, p. 775).

[661] FORGIONI, Paula Andrea. *Contrato de distribuição.* 3. ed. rev., atual. e ampl. São Paulo: Revista dos Tribunais, 2014, p. 323; BDINE JÚNIOR, Hamid Charaf. *Resilição contratual e o art. 473 do CC.* Revista do Advogado, São Paulo, n. 116, pp. 98-104, jul. 2012, pp. 100-101; THEODORO JÚNIOR, Humberto; MELLO, Adriana Mandim Theodoro de. *Responsabilidade civil da denúncia dos contratos de distribuição, franquia e concessão comercial*: apontamentos. Revista Magister de Direito Empresarial, Concorrencial e do Consumidor, Porto Alegre, vol. 3, n. 15, pp. 54-97, jun./jul. 2007, p. 74; COSTA, André Brandão Nery. *Protection of specific contractual investments in Italian and Brazilian law.* Tese (Dottorato in Autonomia

ausência de amortização faz parte de seu risco empresarial[662]. Como bem

Privata, Impresa, Lavoro e Tutela dei Diritti nella Prospettiva Europea ed Internazionale) – Facoltà di Giurisprudenza, Università Degli Studi di Roma "La Sapienza", 2019, p. 160, nota de rodapé nº 489; PAOLA, Leonardo Sperb de. *Contratos de Distribuição*: vida e morte da relação contratual. 2002. Tese (Dourado em Direito das Relações Sociais). Universidade Federal do Paraná, Curitiba, 2002. Disponível em: https://acervodigital.ufpr.br/handle/1884/57922. Acesso em 20.01.2019, pp. 179 e 187-188; BERGSTEIN, Jonás. *La extinción del contrato de distribución*. Montevidéu: Fundación de Cultura Universitaria, 1996, p. 41; MIRAVALLS, Jaume Martí. *Desistimiento unilateral e indemnización por daños en los contratos de distribución*: estudio de la naturaleza jurídica de la indemnización por inversiones no amortizadas. Revista de Derecho Mercantil, n. 285, pp. 95-136, jul/set 2012, p. 101.

[662] Julgando caso envolvendo contrato de prestação de serviços agrícolas celebrado com prazo determinado, o Tribunal de Justiça de São Paulo afastou o pedido de indenização pelos investimentos feitos para a execução do contrato sob o argumento de que "se houve investimento vultoso por parte dos apelantes [denunciados] em decorrência da expectativa de que o contrato permaneceria em vigor por maior tempo, o fizeram por sua conta e risco, pois constava nos contratos o termo final em 31/03/2009" (SÃO PAULO. Tribunal de Justiça do Estado de São Paulo. Apelação Cível nº 0002873-98.2012.8.26.0374, 14ª Câmara de Direito Privado, Relator: Maurício Pessoa, julgado em 22/06/2015). Em outro caso, analisou-se contrato de prestação de serviços de transporte de mercadorias firmado em 28.07.2003, com prazo determinado de 12 meses, o qual seguiu sendo executado após o decurso do prazo, até ser denunciado pela contratante em 05.01.2005, observando o aviso prévio pactuado. A contratada, alegando ter feito investimentos consideráveis no momento da assinatura do contrato, sustentou que o aviso prévio foi insuficiente. Além de entender que os investimentos não ficaram devidamente comprovados, o tribunal ressaltou que a denúncia ocorreu após o termo final previsto, o que faz presumir que, se os investimentos foram feitos no início do contrato, foram compatíveis com o prazo original (SÃO PAULO. Tribunal de Justiça do Estado de São Paulo. Apelação Cível nº 0033091-11.2005.8.26.0001, 20ª Câmara de Direito Privado, Relator: Rebello Pinho, julgado em: 25/07/2011). Em um terceiro caso, envolvendo contrato de franquia celebrado pelo prazo determinado de um ano, o tribunal entendeu que a franqueada não tinha direito a indenização pela alegada ausência de recuperação do investimento feito para a sua execução, especialmente porque o negócio foi mantido por dois anos além do inicialmente previsto e foi posteriormente denunciado, pela franqueadora, na forma prevista. Merecem destaque os seguintes trechos do acórdão: "se prejuízo experimentou, é porque mal mensurou as despesas com as projeções de ganhos no período de um ano" [...] "tendo em vista que o prazo de vigência do contrato e a sua forma de resilição foram livremente pactuados pelas partes, que são empresárias e sabiam avaliar os riscos e as condições do negócio, irrazoável a invocação do parágrafo único do artigo 473 do Código Civil" (SÃO PAULO. Tribunal de Justiça do Estado de São Paulo. Apelação Cível nº 1121631-89.2017.8.26.0100, 1ª Câmara Reservada de Direito Empresarial, Relator: Azuma Nishi, julgado em 12/06/2019).

coloca Fernando Ferreira Pinto, "na hipótese de o prazo se revelar insuficiente para a recuperação dos investimentos que se mostrem exigidos pelo cumprimento do programa prestacional delineado, ou não aceita celebrá-lo, recusando-se a efetuar tais investimentos, ou corre o risco da respectiva irrecuperabilidade"[663].

Entretanto, tende-se a admitir exceção a essa regra geral quando, no curso do contrato a prazo determinado, um dos contratantes exige do outro a realização de novos investimentos ("investimentos sucessivos"[664]), que não estavam inicialmente previstos, levando-o a crer legitimamente na continuidade do vínculo para além do termo final estabelecido, e, depois, informa que não tem interesse na continuidade da relação[665]. Entende-se a exigência aqui também em sentido amplo, a ponto de abarcar o estímulo ou a indução a realizar os investimentos[666]. Nesse caso, reputa-se contraditória – e, portanto, contrária à boa-fé – a conduta do denunciante de não dar seguimento ao contrato após o termo final previamente estabelecido, por tempo compatível aos novos investimentos que estimulou ou exigiu, o que em tese permitiria a aplicação do parágrafo único do art. 473, com a prorrogação compulsória do contrato ou indenização do denunciado[667]. Paula Forgioni traz o exemplo de contrato

[663] Pinto, Fernando A. Ferreira. *Contratos de distribuição*: da tutela do distribuidor integrado em face da cessação do vínculo. Lisboa: Universidade Católica Editora, 2013, p. 798.

[664] *Ibidem*, p. 803.

[665] Bdine Júnior, Hamid Charaf. *Resilição contratual e o art. 473 do CC*. Revista do Advogado, São Paulo, n. 116, pp. 98-104, jul. 2012, pp. 100-101; Paola, Leonardo Sperb de. *Contratos de Distribuição*: vida e morte da relação contratual. 2002. Tese (Dourado em Direito das Relações Sociais). Universidade Federal do Paraná, Curitiba, 2002. Disponível em: https://acervodigital.ufpr.br/handle/1884/57922. Acesso em 20.01.2019, p. 211; Bergstein, Jonás. *La extinción del contrato de distribución*. Montevidéu: Fundación de Cultura Universitaria, 1996, p. 35.

[666] Leonardo Sperb entende que basta o silêncio do denunciante diante de investimentos feitos espontaneamente pelo denunciado para vinculá-lo à prorrogação do contrato (Paola, Leonardo Sperb de. *Sobre a denúncia dos contratos de distribuição, concessão comercial e franquia*. Revista Forense, Rio de Janeiro, vol. 343, pp. 115-148, jul./set. 1998, p. 143). Em sentido contrário, Bergstein afirma ser necessário atos positivos e um comportamento efetivamente ativo do denunciante na exigência de investimentos (Bergstein, *op. cit.*, p. 133).

[667] A prorrogação forçada de contrato vigente a prazo determinado não é estranha ao ordenamento brasileiro, valendo lembrar a hipótese de ação renovatória conferida ao

celebrado pelo prazo de oito anos em que, no último ano de vigência, o fornecedor exija do distribuidor a realização de novos investimentos consideráveis, criando a legítima expectativa na renovação. Para a autora, a exigência de investimento configura comportamento social típico, apto a produzir efeitos jurídicos e a gerar, para a parte que investe, a expectativa na continuidade do vínculo, "com aquele grau de 'probabilidade que baste na prática para as pessoas sensatas tomarem suas decisões", motivo pelo qual o ordenamento deve protegê-lo[668]. Segundo ela, nesse caso, o contrato "pode e deve ser considerado por prazo indeterminado", para fins de aplicação do disposto no art. 473, parágrafo único[669].

É esse também o entendimento de Fernando Ferreira Pinto, para quem, quando se trata de investimentos sucessivos, não há razão para distinguir entre vínculos com prazo certo e com prazo indeterminado de vigência:

> ainda que o contrato celebrado preveja um prazo certo de duração, se o fornecedor efetuar exigências *suplementares* de investimento ao seu distribuidor (que reúnam os requisitos acima apontados) ou este se vir forçado a fazer dispêndios *extraordinários* em função de alterações *supervenientemente introduzidas* por aquele na sua política comercial ou no seu sistema de distribuição, o distribuidor contará decerto e justificadamente, em qualquer dessas situações, com uma duração do vínculo que seja suficiente para, em condições normais, vir a compensar esses gastos com o esperado fluxo de rendimentos futuros do seu negócio. Pelo que se o vínculo cessar, por *caducidade*, antes do decurso desse período razoável, os danos que sofra em consequência do revés causado nas expectativas que legitimamente concebeu, em função das circunstâncias imputáveis à contraparte, deverão ser por esta compensados.

locatário que preencha os requisitos do art. 51 da Lei nº 8.245/91, como medida de proteção ao seu fundo de comércio.

668 Forgioni, Paula Andrea. *Contrato de distribuição*. 3. ed. rev., atual. e ampl. São Paulo: Revista dos Tribunais, 2014, p. 325.

669 *Ibidem*, p. 325.

E o mesmo se passará se o contrato vier a extinguir-se por *denúncia* ou *oposição à prorrogação*[670].

Com efeito, é razoável afirmar que a nova exigência de investimentos altera por completo a economia do contrato e a valoração e gestão de risco feitas inicialmente pelo contratante investidor[671]. Por outro lado, poder-se-ia, é verdade, argumentar que o contratante que aceita realizar o investimento adicional, mesmo sabendo ser incompatível com o prazo que resta do contrato, está assumindo o risco por sua conduta e deveria ter sido mais diligente, por exemplo negociando a extensão do prazo de vigência[672]. Contudo, é preciso reconhecer também que a realidade das relações nem sempre se mostra tão clara e que o contexto da relação por vezes se afasta do texto do instrumento que a formalizou, não sendo raras as ocasiões em que a exigência dos investimentos venha acompanhada de promessas verbais de extensão do vínculo que depois não se concretizam[673]. Em um contexto de contratos de duração, em que a confiança entre as partes deve ser mais acentuada, essas promessas adquirem contornos mais vinculativos. Além disso, muitas vezes a parte não tem opção

[670] PINTO, Fernando A. Ferreira. *Contratos de distribuição*: da tutela do distribuidor integrado em face da cessação do vínculo. Lisboa: Universidade Católica Editora, 2013, p. 803 (grifos no original).

[671] MIRAVALLS, Jaume Martí. *Desistimiento unilateral e indemnización por daños en los contratos de distribución*: estudio de la naturaleza jurídica de la indemnización por inversiones no amortizadas. Revista de Derecho Mercantil, n. 285, pp. 95-136, jul/set 2012, p. 121.

[672] Essa foi a conclusão a que chegou o Tribunal de Justiça do Rio de Janeiro ao negar pedido de indenização feito por clínica médica contra o Bradesco Saúde S/A, em razão dos alegados danos sofridos pela denúncia de contrato vigente a prazo determinado, após a aquisição de um novo equipamento (a aquisição foi feita em 28.03.2014, sob a vigência de um contrato com termo final em 13.05.2014, que acabou sendo automaticamente renovado por mais um ano e denunciado em 19.11.2014, com aviso prévio de 60 dias, conforme facultava o contrato). Segundo o Tribunal, a denunciada, "sabedora da possibilidade de eventual descredenciamento", deveria "ter feito os investimentos com cautela, com a negociação de um credenciamento por período mais longo, antes de fazer as aquisições" (RIO DE JANEIRO. Tribunal de Justiça do Estado do Rio de Janeiro. Apelação Cível nº 0033717-73.2015.8.19.0001, Décima Nona Câmara Cível, Relator Lúcio Durante, julgado em 19/12/2017).

[673] Veja-se, por exemplo, o caso envolvendo a Pepsico, já relatado anteriormente, em que a instrução probatória demonstrou que o investimento exigido do distribuidor com a locação de um novo galpão foi precedido da promessa de que o contrato seguiria vigente.

senão acatar a exigência de investimento, sob pena de incorrer em descumprimento contratual, a depender do que foi ajustado.

Cabe a ressalva, contudo, de que a interpretação, nesses casos, precisa ser restritiva. Assim, se o investimento adicional já era previsto desde o início[674], ou então se não havia elementos para que se configurasse a legítima expectativa do denunciado na continuidade do vínculo, em razão do investimento, não se poderá aplicar a regra do parágrafo único do art. 473[675]. Além disso, em qualquer caso, deverão estar presentes os pressu-

[674] Bdine Júnior, Hamid Charaf. *Resilição contratual e o art. 473 do CC*. Revista do Advogado, São Paulo, n. 116, pp. 98-104, jul. 2012, p.101.

[675] Quanto a este ponto, é interessante mencionar o caso julgado pelo Tribunal de Justiça de São Paulo, envolvendo contrato de prestação de serviço celebrado pelo prazo determinado de 24 meses, com previsão de renovação automática, desde que nenhuma das partes se manifestasse em sentido contrário, com antecedência mínima de 30 dias do termo final estabelecido (01.01.2003). Conforme consta do relatório, o contratante informou o contratado de sua intenção de não renovar o contrato em 29.11.2002, respeitando, portanto, o pré-aviso contratualmente estabelecido. O contratado, sentindo-se prejudicado e alegando ter feito investimentos na expectativa de que o contrato seria renovado, ajuizou ação requerendo indenização pelas perdas e danos sofridos. O tribunal entendeu que, ao respeitar o prazo contratualmente previsto, o contratante agiu de boa-fé e que, portanto, a extinção foi lícita. Quanto aos investimentos, entendeu-se que foram feitos por conta e risco da própria contratante, que, ao realizá-los, considerou apenas a hipótese de que o contrato seria renovado, quando igualmente possível era o cenário de que ele não o fosse, como acabou ocorrendo: "vale ressaltar que o contrato tinha prazo determinado e sua renovação era uma possibilidade, não uma certeza, o que ficou bem claro nos termos das cláusulas contratuais e das comunicações da ré, que jamais asseguraram tal renovação. Ou seja, a autora sabia de antemão da possibilidade de o contrato não ser renovado, mas ainda assim optou por realizar os investimentos que descreve, assumindo o risco daí decorrente. Como cediço, tal risco faz parte da essência da atividade empresarial, cabendo ao empresário sopesar, dentro de sua experiência e de seu arbítrio, quais investimentos serão feitos. Se, avaliados os riscos, a autora optou por fazer todo o investimento, a perda não pode ser imputada à outra parte, a ré, que simplesmente fez valer o seu direito, previsto contratualmente, de não renovar o contrato direito este, diga-se de passagem, também colocado à disposição da autora". Neste caso, como não há, no acórdão, nada que indique que os investimentos foram feitos no curso do contrato, para atender exigência do contratante, nem que teria havido qualquer comportamento do contratante indicativo de sua intenção de renovar o vínculo, entende-se acertada a decisão (SÃO PAULO. Tribunal de Justiça do Estado de São Paulo. Apelação Cível nº 9144664-64.2006.8.26.0000, 20ª Câmara de Direito Privado, Relator: Álvaro Torres Júnior, julgado em 03/10/2011).

postos indicados no item anterior, dentre os quais o vulto considerável do investimento e sua relação com o cumprimento do contrato. É necessário que o investimento seja uma novidade, com fundamento em situações ou necessidades que não existiam à época do contrato e que, portanto, não podiam ser calculadas para fins de estimativa do prazo. Caso contrário, o risco recairá sobre o responsável por realizar os investimentos.

Assim, na linha do que sustenta também André Costa[676], entende-se razoável afirmar que as regras aplicáveis à resilição unilateral de contratos de duração com prazo indeterminado (o dever geral de pré-aviso e a exigência da norma do art. 473, parágrafo único, do Código Civil) possam e devam ser aplicadas também a outras situações de interrupção de relação contratual, ainda que submetidas (formalmente) a prazo determinado, sempre que as circunstâncias concretas autorizarem essa aplicação, por estar subjacente uma relação verdadeiramente continuada.

[676] Costa, André Brandão Nery. *Os contratos que viabilizam o processo de distribuição e os efeitos de sua denúncia unilateral*. 2013. Dissertação (Mestrado em Direito) – Faculdade de Direito, Universidade do Estado do Rio de Janeiro, 2013, p. 271.

4.
CONSEQUÊNCIAS DO EXERCÍCIO DO DIREITO DE RESILIÇÃO UNILATERAL ANTES DE TRANSCORRIDO O PRAZO COMPATÍVEL COM OS INVESTIMENTOS CONSIDERÁVEIS

4.1 A tutela específica: a suspensão da eficácia da denúncia

Estabelecida a premissa de que a norma do parágrafo único do art. 473 do Código Civil exige que o direito de resilição unilateral seja exercido com respeito à observância de um período mínimo de vigência da relação contratual, compatível com a natureza e o vulto dos investimentos consideráveis feitos pelo denunciado, a última parte do trabalho tem por objetivo analisar as consequências do descumprimento desse dever pelo denunciante. Em capítulo anterior, já se expôs brevemente que o exercício da denúncia sem a concessão de pré-aviso gera, ao denunciante, a obrigação de indenizar o denunciado, e que essa indenização, quando fixada judicialmente, geralmente corresponde aos ganhos que o denunciado razoavelmente teria auferido no período correspondente ao pré-aviso, considerando a média dos ganhos anteriores. O foco agora não está nessa consequência pelo descumprimento do dever geral de pré-aviso, mas sim na análise das consequências pelo descumprimento do dever específico do parágrafo único do art. 473, incidente nas hipóteses em que houver investimentos consideráveis realizados pelo denunciado.

O ponto de partida da análise é o texto do dispositivo, segundo o qual, se o denunciado, dada a natureza do contrato, houver feitos investimentos consideráveis para a sua execução, a denúncia unilateral "só produzirá efeito depois de transcorrido prazo compatível com a natureza e o vulto dos investimentos". A literalidade da redação não deixa dúvida de que a solução pensada pelo legislador, para este caso específico de denúncia prematura, é a suspensão temporária da eficácia extintiva da denúncia e, consequentemente, a manutenção da vigência da relação contratual até o transcurso de prazo compatível com os investimentos[677]. Isto é, desrespeitado esse prazo pelo denunciante, pode o denunciado postular judicialmente a suspensão da denúncia e a continuidade do contrato. Entende-se, com isso, que o legislador buscou prestigiar a tutela específica para a proteção dos investimentos feitos pelo denunciado, por meio da garantia do prazo necessário para a sua amortização, em detrimento da solução indenizatória[678].

Assim, na prática, obtida a suspensão da eficácia da denúncia, as partes permanecem obrigadas a continuar cumprindo suas obrigações contratuais normalmente, até o transcurso do prazo mencionado pelo parágrafo

[677] Nesse sentido, quanto à interpretação literal do parágrafo único do art. 473, vide, por exemplo: BOULOS, Daniel Martins. Breves Comentários ao Artigo 473 do Código Civil brasileiro. *In*: Araken de Assis, Eduardo Pellegrini de Arruda Alvim, Nelson Nery Jr., Rodrigo Reis Mazzei, Teresa Arruda Alvim Wambier e Thereza Celina Diniz de Arruda Alvim. (Org.). *Direito Civil e Processo*: Estudos em homenagem ao Prof. Arruda Alvim. 1. ed. São Paulo: Revista dos Tribunais, 2007, v. 1. pp. 25-35, p. 31, nota de rodapé nº 22; VIÉGAS, Francisco de Assis. *Denúncia contratual e dever de pré-aviso*. Belo Horizonte: Fórum, 2019, p. 206; FORGIONI, Paula Andrea. *Contrato de distribuição*. 3. ed. rev., atual. e ampl. São Paulo: Revista dos Tribunais, 2014, p. 312; HAICAL, Gustavo. Apontamentos sobre o direito formativo extintivo de denúncia no contrato de agência. *In*: MARTINS-COSTA, Judith. *Modelos de direito privado*. São Paulo: Marcial Pons, 2014. pp. 294-331, p. 325; BALASSIANO, Evelyn. *Acordo de acionistas: possibilidade de resilição unilateral e suas restrições*. Revista Trimestral de Direito Civil, Rio de Janeiro, vol. 8, n. 30, pp. 27-52, abr./jun., 2007, p. 50; PEREIRA, Caio Mário da Silva. *Instituições de Direito Civil*, vol. III: Contratos. 17. ed. rev. e atual. por Caitlin Mulholland. Rio de Janeiro: Forense, 2013, p. 135; BONINI, Paulo Rogério. *Resilição contratual – relações civis – empresariais – interpretação do art. 473, parágrafo único, CC – consequências do exercício da resilição unilateral – indenização x prolongamento do contrato*. Cadernos Jurídicos, São Paulo, vol. 16, n.39, pp. 191-199, jan./mar. 2015, p. 193; e LEONARDO, Rodrigo Xavier. *A denúncia e a resilição. Críticas e propostas hermenêuticas ao art. 473 do CC/20122 brasileiro*. Revista de Direito Civil Contemporâneo, São Paulo, vol. 7, n. 3, pp. 93-115, abr./jun. 2016, p. 111.

[678] PAOLA, Leonardo Sperb de. *Sobre a denúncia dos contratos de distribuição, concessão comercial e franquia*. Revista Forense, Rio de Janeiro, vol. 343, pp. 115-148, jul./set. 1998, p. 143; COSTA, André Brandão Nery. *Os contratos que viabilizam o processo de distribuição e os efeitos de sua denúncia unilateral*. 2013. Dissertação (Mestrado em Direito) – Faculdade de Direito, Universidade do Estado do Rio de Janeiro, 2013, pp. 120-121; FIGUEIREDO, Gabriel Seijo Leal de. *Denúncia imotivada dos contratos civis e suspensão de sua eficácia*. 2016. Tese (Doutorado em Direito Civil) – Pontifícia Universidade Católica de São Paulo, São Paulo, 2016, p. 139.

único do art. 473, à semelhança do que já se expôs anteriormente quanto ao cumprimento do prazo de pré-aviso. Veja-se, nesse sentido, o que diz Paula Forgioni, ao tratar especificamente do contrato de distribuição:

> Na prática, significa que o contrato continuará irradiando sua eficácia plena até o escoamento de tal prazo. As partes permanecem vinculadas ao cumprimento das obrigações avençadas e, consequentemente, o fabricante não poderá deixar de fornecer os bens para que o distribuidor os revenda. O Código impõe obrigação de realizar as vendas na forma estabelecida no contrato de distribuição denunciado até o transcurso do *prazo razoável* mencionado no parágrafo único do art. 473; consequentemente, o distribuidor tem *direito* ao fornecimento. O eventual descumprimento da obrigação comporta os remédios previstos no ordenamento jurídico para a satisfação dos interesses do credor (por exemplo, execução específica, com todos os meios de apoio que lhe são próprios, ou mesmo perdas e danos)[679].

Há decisões na jurisprudência que seguem justamente esse caminho, acolhendo pedidos de suspensão dos efeitos da resilição unilateral e de manutenção forçada do vínculo[680]. Evelyn Balassiano e Gabriel de Figuei-

[679] FORGIONI, Paula Andrea. *Contrato de distribuição*. 3. ed. rev., atual. e ampl. São Paulo: Revista dos Tribunais, 2014, pp. 312-313 (grifos no original).

[680] SÃO PAULO. Tribunal de Justiça do Estado de São Paulo. Agravo de Instrumento nº 0043072-04.2004.8.26.0000, 4ª Câmara (Extinto 1° TAC), Relator: J. B. Franco de Godoi, julgado em 01/09/2004; SÃO PAULO. Tribunal de Justiça do Estado de São Paulo. Agravo de Instrumento nº 0174717-74.2012.8.26.0000, 31ª Câmara de Direito Privado, Relator: Antonio Rigolin, julgado em 04/09/2012; SÃO PAULO. Tribunal de Justiça do Estado de São Paulo. Agravo de Instrumento nº 0200615-89.2012.8.26.0000, 34ª Câmara de Direito Privado, Relatora: Cristina Zucchi, julgado em 02/12/2012; SÃO PAULO. Tribunal de Justiça do Estado de São Paulo. Agravo de Instrumento nº 0036373-79.2013.8.26.0000, 25ª Câmara de Direito Privado, Relator: Walter Exner, julgado em 15/05/2013; SÃO PAULO. Tribunal de Justiça do Estado de São Paulo. Agravo de Instrumento nº 2121450-80.2017.8.26.0000, 24ª Câmara de Direito Privado, Relator: Salles Vieira, julgado em 25/10/2017; SÃO PAULO. Tribunal de Justiça do Estado de São Paulo. Apelação Cível nº 1015265-13.2019.8.26.0114, 11ª Câmara de Direito Privado, Relator: Marco Fábio Morsello, julgado em 30/03/2020; SÃO PAULO. Tribunal de Justiça do Estado de São Paulo. Agravo de Instrumento nº 2262364-29.2019.8.26.0000, 17ª Câmara de Direito Privado, Relator: Paulo Pastore Filho, julgado em 28/10/2020.

redo apontam que a solução estipulada pelo legislador tem a vantagem de evitar que o denunciado sofra danos com a denúncia prematura, em vez de se preocupar com a indenização desses danos (depois de já terem se efetivado, com a extinção do contrato), ao final de longo processo judicial[681]. Segundo Figueiredo, "o parágrafo único do art. 473 se insere em uma tendência de protagonismo da tutela específica, vista como um remédio juridicamente mais eficaz e socialmente mais desejável do que a tutela indenizatória"[682]. Como afirma Mota Pinto, "a execução específica visa eliminar a própria fonte ilícita do dano, prevenindo a sua produção e repetição, atuando, pois, sobre a *causa* do dano"[683].

A possibilidade de prevenir a ocorrência do dano ao denunciado é o que leva Michele Klein a cogitar da suspensão da eficácia da denúncia como remédio mais adequado, do ponto de vista teórico, ainda que o ordenamento jurídico espanhol não o preveja. A autora, contudo, reconhece que, na prática, a implementação dessa solução é bastante difícil e, por isso, de improvável admissão[684]. De fato, é essa dificuldade prática (ou até mesmo inviabilidade, na visão de alguns), aliada a objeções teóricas, que faz com que diversos autores critiquem a solução prevista pelo legislador no texto do parágrafo único do art. 473, propondo soluções alternativas para proteção do denunciado, conforme se verá a seguir.

4.2 Objeções à tutela específica

A suspensão da eficácia da denúncia representa, na prática, a manutenção forçada de uma relação contratual, contra a vontade de uma das partes, que já manifestara expressamente sua intenção de se libertar do vínculo. Por isso, é uma solução que naturalmente é vista com certa desconfiança ou com algumas restrições por parte da doutrina e também da jurispru-

681 Balassiano, Evelyn. *Acordo de acionistas: possibilidade de resilição unilateral e suas restrições.* Revista Trimestral de Direito Civil, Rio de Janeiro, vol. 8, n. 30, pp. 27-52, abr./jun., 2007, p. 50; Figueiredo, *op. cit.*, p. 138.

682 Figueiredo, Gabriel Seijo Leal de. *Denúncia imotivada dos contratos civis e suspensão de sua eficácia.* 2016. Tese (Doutorado em Direito Civil) – Pontifícia Universidade Católica de São Paulo, São Paulo, 2016, p. 139.

683 Mota Pinto, Paulo. *Interesse contratual negativo e interesse contratual positivo.* Vol. II. Coimbra: Coimbra, 2008, p. 1487.

684 Klein, Michele. *El desistimiento unilateral del contrato.* Madrid: Civitas, 1997, p. 223.

dência, porque implica em intervenção externa na esfera de liberdade e autonomia das partes. É certo que já não se enxerga mais o contrato como expressão sempre justa da vontade das partes e, assim, como território alheio a qualquer possibilidade de controle externo, nem se reconhece mais às partes irrestrita autonomia ou poder de disposição, mas, mesmo assim, a ideia de contratação forçada ainda gera desconforto. Isso é especialmente verdade quando se trata de relações contratuais empresariais, celebradas em ambiente dinâmico e, ao menos em princípio, entre partes iguais, com presunção de que ambas são profissionais e conhecem os riscos envolvidos na condução de seus negócios. Nesse contexto, a possibilidade de intervenção externa é vista sempre com maior cautela.

Argumenta-se também que, por mais que se deva considerar o interesse legítimo do denunciado na continuidade do contrato, para que não sofra danos desnecessários com uma extinção precoce e abrupta, a manutenção forçada do vínculo é remédio disfuncional para atingir esse objetivo, porque acaba impondo sacrifício exagerado e desproporcional ao denunciante, cujo interesse na liberação de uma relação com duração indeterminada deveria prevalecer, tendo em vista tratar-se de direito potestativo que lhe é conferido pelo ordenamento[685]. Nas palavras de Fernando Ferreira Pinto, a paralisação dos efeitos da denúncia é contraditória com o princípio do negócio jurídico e, ao conduzir a uma situação de contratação forçada, significa "desproporcionada compressão da liberdade de disposição e de autodeterminação individual"[686]. Essa oposição à solução prevista pelo legislador se percebe também na jurisprudência. Veja-se, por exemplo, como se manifestou o Tribunal de Justiça de São Paulo ao negar o pedido de suspensão da denúncia de contrato de prestação de serviço:

> É que, como observado anteriormente, o pedido da autora cinge-se exclusivamente à manutenção do contrato, o que não se deve admitir, por afrontar o princípio da liberdade dos contratos, bem como por causar, invariavelmente,

[685] Viégas, Francisco de Assis. *Denúncia contratual e dever de pré-aviso*. Belo Horizonte: Fórum, 2019, p. 213.

[686] Pinto, Fernando A. Ferreira. *Contratos de distribuição*: da tutela do distribuidor integrado em face da cessação do vínculo. Lisboa: Universidade Católica Editora, 2013, p. 806.

constrangimento e dissabores com alguma determinação nesse sentido. O distrato previsto contratualmente é direito potestativo, bilateralmente assegurado às partes, de cujo exercício, nos autos, não se vislumbra qualquer abusividade[687].

O Superior Tribunal de Justiça já se manifestou algumas vezes de forma contrária à possibilidade de concessão da tutela específica prevista no parágrafo único do art. 473[688]. No julgamento do REsp nº 1.517.201/RJ, que tratou do pedido de manutenção da vigência de contrato de prestação de serviços de agenciamento de passagens aéreas e reservas de hospedagem, o relator, Ministro Ricardo Villas Bôas Cueva, em seu voto, fazendo referência ao entendimento adotado pela corte em outros casos, afirmou que "havendo manifestação de uma das partes no sentido de rescindir o contrato, não pode o Poder Judiciário, em regra, impor a sua continuidade, sob pena de flagrante violação do princípio da autonomia da vontade"[689]. Decidiu-se no mesmo sentido no julgamento do AgRg

[687] SÃO PAULO. Tribunal de Justiça do Estado de São Paulo. Apelação Cível nº 0168245-87.2008.8.26.0100, 25ª Câmara de Direito Privado, Relator: Antonio Benedito Ribeiro Pinto, julgado em 23/10/2012.

[688] Por outro lado, a corte já se manifestou favoravelmente à prorrogação do contrato no REsp nº 972.436/BA, conforme se depreende do seguinte trecho, retirado do voto da Ministra Nancy Andrighi: "Na busca de solução razoável para o impasse, é relevante o exame do art. 473, par. único, do CC/02. Ali está estabelecido que a resilição unilateral, instituto que prestigia a autonomia das partes na definição do término contratual, não deve ter efeitos imediatos quando *'uma das partes houver feito investimentos consideráveis para a sua execução'*. Se for essa a hipótese, *'a denúncia unilateral só produzirá efeito depois de transcorrido prazo compatível com a natureza e o vulto dos investimentos'*. A regra deve ser tomada, por analogia, para solucionar litígios como o presente, onde uma das partes do contrato afirma, com plausibilidade, ter feito grande investimento e o Poder Judiciário não constata, em cognição sumária, prova de sua culpa a justificar a resolução imediata do negócio jurídico. Assim, a solução que melhor se amolda ao presente litígio é permitir a continuidade do negócio durante prazo razoável, para que as partes organizem o término de sua relação negocial. O prazo dá às partes a possibilidade de ampliar sua base de clientes, de fornecedores e de realizar as rescisões trabalhistas eventualmente necessárias" (BRASIL. Superior Tribunal de Justiça. Recurso Especial nº 972.436/BA, Terceira Turma, Relatora: Ministra Nancy Andrighi, julgado em 17/03/2009 – grifos no original).

[689] BRASIL. Superior Tribunal de Justiça. Recurso Especial nº 1.517.201/RJ, Terceira Turma, Relator: Ministro Ricardo Villas Bôas Cueva, julgado em 12/05/2015.

no Agravo de Instrumento nº 988.736, nos seguintes termos: "há precedentes desta Corte, em situações semelhantes, em que se uma das partes manifestou seu desejo de romper o contrato, não pode ser forçada a sustentar o vínculo, porquanto isso feriria a autonomia da vontade"[690]. Nesse caso, mencionou-se expressamente a adequação da via indenizatória para a solução do caso: "se houve ruptura abrupta, sem observância das formalidades exigidas, a questão deve ser resolvida em perdas e danos, a serem discutidos em ação própria"[691]. A mesma argumentação foi utilizada para negar a prorrogação de contrato no julgamento do REsp nº 534.105[692]. Já no REsp nº 1.555.202, em que estava em julgamento pedido de indenização, registrou-se também que a solução indenizatória é a forma viável de composição do litígio, no lugar da tutela específica[693].

[690] BRASIL. Superior Tribunal de Justiça. Agravo Regimental no Agravo de Instrumento nº 988.736/SP, Quarta Turma, Relator: Ministro Aldir Passarinho Junior, julgado em 23/09/2008.

[691] Deve-se observar, contudo, que o julgamento teve por objeto contrato de concessão comercial, submetido às disposições específicas da Lei Ferrari e, portanto, não necessariamente dentro do campo de incidência do art. 473, parágrafo único, do Código Civil, como se sustentou acima. De qualquer forma, o julgado ilustra o entendimento de que a prorrogação compulsória do contrato fere a autonomia da vontade.

[692] BRASIL. Superior Tribunal de Justiça. Recurso Especial nº 534.105/MT, Quarta Turma, Relator: Ministro Cesar Asfor Rocha, julgado em 16/09/2003. Destacam-se os seguintes trechos do acórdão: "Ademais, não se pode olvidar do princípio básico do direito contratual de relações continuativas, segundo o qual nenhum vínculo é eterno, não podendo nem mesmo o Poder Judiciário impor a sua continuidade quando uma das partes já manifestou a sua vontade de nela não mais prosseguir, sendo certo que, eventualmente, caracterizado o abuso da rescisão, quando for o caso, responderá quem o tiver praticado, mas tudo será resolvido no plano indenizatório"; "Não me parece possa a recorrida, ao ajuizar a ação principal, pretender que sejam mantidas indenes, até enquanto ela quiser, as relações comerciais entre as partes se elas vivificavam em decorrência de um contrato por tempo indeterminado e se a sua continuidade já não mais consulta aos interesses de um dos contratantes, no caso, da recorrente. A recorrida pode, quando muito, buscar reparação pelos danos acaso decorrentes de cogitada resilição, mas isso é questão a ser abordada em outro feito".

[693] BRASIL. Superior Tribunal de Justiça. Recurso Especial nº 1.555.202/SP, Quarta Turma, Relator: Ministro Luis Felipe Salomão, julgado em 13/12/2016. Destaca-se o seguinte trecho do acórdão: "Destarte, ainda que a intenção original do dispositivo do Código Civil seja converter a tutela genérica do ressarcimento de danos em uma tutela específica de conservação temporária do negócio jurídico, buscando fazer com que a

De forma mais específica, costuma-se sustentar que a suspensão da eficácia da denúncia, com a manutenção forçada do contrato, é solução inadequada especialmente quando se está diante de relação contratual na qual prepondere o caráter fiduciário, isto é, na qual a confiança entre as partes seja elemento essencial e nuclear do vínculo[694]. O exemplo muitas vezes utilizado para demonstrar essa incompatibilidade é o da extinção de contrato de mandato com cláusula de irrevogabilidade (embora se trate propriamente de revogação, e não de denúncia), hipótese que se resolve em perdas e danos, e não em execução específica, conforme previsão do artigo 683 do Código Civil, o que se atribui justamente ao intenso caráter fiduciário do vínculo[695]. Há diversos autores que estendem esse mesmo raciocínio aos contratos de colaboração empresária em geral.

Contratos de colaboração são aqueles nos quais os interesses das partes não são inteiramente antagônicos ou contrapostos, nem se resumem a uma transação pontual, como ocorre nos contratos de intercâmbio (a exemplo da compra e venda). Os interesses são, ao contrário, em grande medida compartilhados entre as partes, que precisam somar esforços

denúncia valha apenas após ultrapassado período mínimo de adequação do contrato ao importe dos investimentos, sabe-se que tal viés tem raízes na regra geral de que ninguém é obrigado a manter-se vinculado a outrem por contrato. Sendo assim, a previsão do ressarcimento dos danos provocados é, em muitos casos, a forma viável de composição dos prejuízos".

694 Veja-se, nesse sentido: FIGUEIREDO, Gabriel Seijo Leal de. *Denúncia imotivada dos contratos civis e suspensão de sua eficácia.* 2016. Tese (Doutorado em Direito Civil) – Pontifícia Universidade Católica de São Paulo, São Paulo, 2016, p. 154; VIÉGAS, Francisco de Assis. *Denúncia contratual e dever de pré-aviso.* Belo Horizonte: Fórum, 2019, p. 217; HAICAL, Gustavo. Apontamentos sobre o direito formativo extintivo de denúncia no contrato de agência. *In*: MARTINS-COSTA, Judith. *Modelos de direito privado.* São Paulo: Marcial Pons, 2014. pp. 294-331, p. 326; COSTA, André Brandão Nery. *Os contratos que viabilizam o processo de distribuição e os efeitos de sua denúncia unilateral.* 2013. Dissertação (Mestrado em Direito) – Faculdade de Direito, Universidade do Estado do Rio de Janeiro, 2013, p. 124; BONINI, Paulo Rogério. *Resilição contratual – relações civis – empresariais – interpretação do art. 473, parágrafo único, CC – consequências do exercício da resilição unilateral – indenização x prolongamento do contrato.* Cadernos Jurídicos, São Paulo, vol. 16, n.39, pp. 191-199, jan./mar. 2015, p. 195.

695 PEREIRA, Caio Mário da Silva. *Instituições de Direito Civil*, vol. III: Contratos. 17. ed. rev. e atual. por Caitlin Mulholland. Rio de Janeiro: Forense, 2013, p. 135; COSTA, *op. cit.*, p. 122.

e atuar em conjunto ao longo do tempo para atingi-los. Pense-se, por exemplo, em um contrato de distribuição, em que o distribuidor adquire mercadorias do fabricante para depois revendê-las aos clientes finais por um preço superior e, assim, obter sua remuneração. O interesse das partes não está apenas na consecução de cada uma das operações de compra e venda individualmente considerada, mas sim na repetição dessas operações ao longo do tempo, em escala. Ainda que, em certa medida, alguns interesses das partes sejam contrapostos (já que ao distribuidor interessará sempre adquirir os produtos pelo menor preço possível), preponderam os objetivos comuns, porque, quanto mais mercadorias forem vendidas, e quanto maior for o mercado consumidor dos produtos objeto do contrato, maiores serão os ganhos para ambas as partes. Portanto, em última análise, ambas se beneficiam de uma atuação conjunta, em prol do mesmo objetivo. Assim, pode-se dizer que os contratos de colaboração estão no meio do caminho entre contratos de intercâmbio (marcados pela contraposição de interesses entre os figurantes, nos quais "o incremento da vantagem econômica de uma parte leva à diminuição do proveito da outra"[696]) e contratos de sociedade (marcados por uma quase completa integração de interesses), mesclando elementos de ambas as categorias.

Por suas características, os contratos de colaboração normalmente exigem intensa proximidade e confiança entre as partes, a ponto de alguns autores fazerem referência à existência de uma *affectio contractus*[697], e acabam tornando-se relações com alta carga de pessoalidade. O fabricante que nomeia agente para captar clientes em determinado território e apresentar seus produtos à venda precisa necessariamente confiar nesse agente e em seu trabalho, e invariavelmente manterá com ele relação bastante próxima. Levando em conta todos esses fatores, sustenta-se que não há como manter a relação vigente de forma compulsória após a denúncia por um dos contratantes, porque essa solução exigiria, na prática, forçar as partes a cooperarem entre si e a confiarem uma na outra – quando

[696] FORGIONI, Paula Andrea. *Contratos empresariais*: teoria geral e aplicação. 2. ed. rev., atual. e ampl. São Paulo: Revista dos Tribunais, 2016, p. 179.

[697] VIÉGAS, Francisco de Assis. *Denúncia contratual e dever de pré-aviso*. Belo Horizonte: Fórum, 2019, pp. 208-209.

uma delas já manifestou expressamente seu interesse em se desvincular –, o que, além de não ser possível, não seria benéfico aos envolvidos e poderia trazer prejuízos graves, principalmente ao denunciante. Como afirma Bergstein, "uma relação de distribuição não desejada, forçada por decisão judicial, dificilmente poderia prosperar e seguramente haveria de traduzir-se em múltiplos inconvenientes"[698].

De fato, a convergência de interesses que está presente nos contratos de colaboração e o estreito vínculo que existe entre os objetivos de ambas as partes exigem esforços conjugados. O sucesso de uma das partes e o benefício que ela pretende retirar da relação dependem, em grande medida, dos esforços da outra. Com a denúncia, a perspectiva de continuidade do contrato, que antes animava a conduta ativa do denunciado e que era o principal incentivo à sua atuação colaborativa, deixa de existir. Sabendo que o fim da relação está próximo, o agente, por exemplo, não terá mais o mesmo incentivo em desbravar novos mercados e em captar novos clientes, já que não poderá usufruir dos resultados de seu trabalho no longo prazo. Além disso, a iminência da extinção do contrato pode incentivar condutas temerárias, desidiosas ou ineficientes por parte do denunciado que estiver insatisfeito com a denúncia, acentuando assim o risco moral presente na maioria desses contratos[699], como ressalta Viégas:

[698] Bergstein, Jonás. *La extinción del contrato de distribución*. Montevidéu: Fundación de Cultura Universitaria, 1996, p. 125 (tradução nossa). No original: "[...] una relación de distribución no querida, forzada por decisión judicial, difícilmente podría prosperar y seguramente habría de traducirse en múltiples inconvenientes".

[699] Veja-se o que disse, nessa linha, o Ministro Aldir Passarinho Junior, no julgamento do AgRg na Medida Cautelar nº 5.667/MT: "Srs. Ministros, também me inclino pela solução oferecida, porque são duas as situações, sendo que, em uma delas, se se mantiver a empresa concessionária, contra a vontade da fábrica, como distribuidor, enquanto dura a ação, o que pode corresponder a um, dois, três, dez ou quinze anos, poderá haver várias implicações. Em certos casos, as relações comerciais são de tal forma que fica difícil a manutenção de uma revendedora de veículos, por exemplo, ou de um representante, contra a vontade da empresa fornecedora, notadamente se feita, regularmente, a notificação ou a denúncia do contrato. [...] Com o passar do tempo, se mantidas as relações comerciais por ordem legal, a tendência é que a situação se deteriore. É importante que a relação de uma empresa com outra seja harmônica, até porque o consumidor é quem está na ponta final do produto, e ficará prejudicado. Admitamos que a fábrica comece a não fornecer determinado produto para a distribuidora; o cidadão tem um trator com defeito, cujas peças não podem ser

> Ilustrativamente, o agente ou o distribuidor que recebe a denúncia do contrato terá, em regra, menos incentivos para empenhar esforços na execução contratual. Incrementam-se, ao reverso, os riscos de que, antecipando a extinção do contrato, o agente ou o distribuidor se dedique menos, de modo a reduzir seu custo com a promoção dos interesses de um fornecedor que em breve deixará de ser seu parceiro comercial. Durante o período de cumprimento forçado estará em risco, ainda, a imagem do fornecedor ou de sua marca, que podem ser negativamente afetadas pela natural desídia do agente ou distribuidor após a denúncia ou, em cenário mais pessimista, pela atuação deliberada do agente ou distribuidor insatisfeito com a denúncia contratual. Da mesma forma, invertendo-se a situação, o agente ou distribuidor que denuncia o contrato poderá colocar-se em situação desvantajosa durante o período de pré-aviso, sendo obrigado a manter sua estrutura – com os respectivos custos – à disposição de um fornecedor que poderá, conforme o caso, redirecionar seus produtos para outro parceiro na mesma região, deixando o agente ou distribuidor com o volume mínimo de bens avençado no contrato[700].

A partir desses fundamentos, há quem sustente a impossibilidade ou ao menos a inadequação da aplicação da tutela específica prevista no parágrafo único do art. 473 a contratos como os de distribuição, de agência, de representação comercial, de franquia e de concessão comercial, em que se acentua o caráter fiduciário e colaborativo[701]. Percebe-se, portanto, que, por essa linha de raciocínio, o âmbito de aplicação da norma, ao menos no que se refere a sua aplicação literal, fica bastante restrito, tendo em vista que grande parte dos contratos de duração, que é a cate-

pedidas para a fábrica, mas para o representante; o representante não tem a peça porque a fábrica boicota. São situações que surgem da continuação forçada de um contrato. Estou apenas exemplificando as dificuldades que podem existir" (BRASIL. Superior Tribunal de Justiça. Agravo Regimental na Medida Cautelar nº 5.667/MT, Quarta Turma, Relator: Ministro Ruy Rosado de Aguiar Junior, julgado em 18/03/2003).

700 Viégas, Francisco de Assis. *Denúncia contratual e dever de pré-aviso*. Belo Horizonte: Fórum, 2019, pp. 210-211.

701 Costa, André Brandão Nery. *Os contratos que viabilizam o processo de distribuição e os efeitos de sua denúncia unilateral*. 2013. Dissertação (Mestrado em Direito) – Faculdade de Direito, Universidade do Estado do Rio de Janeiro, 2013, p. 124.

goria sujeita à denúncia imotivada, é marcada pela necessidade de confiança entre as partes, em menor ou maior grau. A tutela específica ficaria reservada a contratos com carga menor de pessoalidade, que possam ser cumpridos independentemente do grau de confiança que exista entre as partes e cuja execução não tenha o potencial de causar danos ao denunciante por eventual conduta do denunciado que esteja insatisfeito com a proximidade da extinção[702].

Pode-se pensar, por exemplo, em contratos de fornecimento denunciados pelo fornecedor, em que a manutenção forçada significaria obrigar o denunciante a continuar comercializando seus produtos ao denunciado por determinado período de tempo, pelo preço que já vinha sendo praticado, para evitar parada na linha de produção do denunciado, que dependa desses produtos fornecidos. O cumprimento das obrigações, neste caso, exige meramente a realização de reiteradas operações de compra e venda, pelo que não se vislumbra impossibilidade de aplicação da tutela específica prevista no parágrafo único do art. 473 do Código Civil. Veja-se, por exemplo, os casos de contrato verbal de fornecimento de espetos de carne[703] e de fornecimento de cereais[704], ou então os casos de denúncia de contratos de parceria rural, envolvendo o fornecimento de pintos para criação[705], nos quais a prorrogação foi deferida. Michele Klein entende que a prorrogação seria solução adequada também "naqueles casos em que o contratante que pretenda extinguir a relação não pode interromper sua própria prestação (por exemplo, o arrendador em um

[702] Aguiar Júnior, Ruy Rosado. *Comentários ao Código Civil*, volume VI, tomo II: da extinção do contrato. Rio de Janeiro: Forense, 2011, p. 247, nota de rodapé nº 143.

[703] SÃO PAULO. Tribunal de Justiça do Estado de São Paulo. Agravo de Instrumento nº 0043072-04.2004.8.26.0000, 4ª Câmara (Extinto 1° TAC), Relator: J. B. Franco de Godoi, julgado em 01/09/2004.

[704] SÃO PAULO. Tribunal de Justiça do Estado de São Paulo. Agravo de Instrumento nº 0036373-79.2013.8.26.0000, 25ª Câmara de Direito Privado, Relator: Walter Exner, julgado em 15/05/2013.

[705] Vide, por exemplo: SÃO PAULO. Tribunal de Justiça do Estado de São Paulo. Agravo de Instrumento nº 0174717-74.2012.8.26.0000, 31ª Câmara de Direito Privado, Relator: Antonio Rigolin, julgado em 04/09/2012; e SÃO PAULO. Tribunal de Justiça do Estado de São Paulo. Agravo de Instrumento nº 0200615-89.2012.8.26.0000, 34ª Câmara de Direito Privado, Relatora: Cristina Zucchi, julgado em 02/12/2012.

contrato de arrendamento)"[706]. Esse é um dos motivos pelos quais talvez se aceite com maior facilidade a renovação compulsória de contratos de locação, tendo em vista a natureza da prestação que se exige do locador – e também pelo fato da dificuldade de substituir a tutela específica (manutenção do locatário naquele ponto comercial específico) com uma indenização.

Outra objeção que se faz à tutela específica é de ordem processual. Sustenta-se que, diante da denúncia por uma das partes, o pedido de suspensão de sua eficácia e de manutenção do contrato somente terá efetividade se for deferido em tutela antecipada, ao início do processo de conhecimento, evitando qualquer ruptura de continuidade no contrato que vinha sendo executado e que foi prematuramente denunciado. Caso contrário, se a decisão determinando a manutenção da relação contratual vier somente ao final do processo (e, portanto, meses ou anos depois da notificação da denúncia), muito provavelmente será inócua e de difícil (ou impossível) implementação. De fato, considerando a dinamicidade dos negócios empresariais, depois de meses da denúncia a extinção já terá se consolidado, de modo que o cumprimento da decisão não exigiria mais propriamente a continuidade da relação, e sim sua retomada, após longo período, o que já não seria útil nem benéfico para nenhuma das partes envolvidas. Com efeito, "não se admitiria, sob o ponto de vista empresarial-econômico, a retomada de um contrato resilido unilateralmente, dois ou três anos após a propositura da ação, por haver nítida perda das características econômicas da prestação"[707]. Assim, se indeferido o pedido do denunciado em sede de tutela antecipada, ficaria esvaziada de sentido a tutela específica prevista na norma do parágrafo único

706 Klein, Michele. *El desistimiento unilateral del contrato*. Madrid: Civitas, 1997, p. 223 (tradução nossa). No original: "*en aquellos casos en que el contratante que pretende extinguir la relación no puede interrumpir su propria prestación (por ejemplo, el arrendador en un contrato de arrendamiento)*".

707 Bonini, Paulo Rogério. *Resilição contratual – relações civis – empresariais – interpretação do art. 473, parágrafo único, CC – consequências do exercício da resilição unilateral – indenização x prolongamento do contrato*. Cadernos Jurídicos, São Paulo, vol. 16, n.39, pp. 191-199, jan./mar. 2015, p. 196.

do art. 473[708], demandando a existência de uma alternativa. Prevendo esse cenário, o denunciado necessariamente precisará formular pedido subsidiário de ressarcimento por perdas e danos, caso a manutenção da vigência da relação não seja mais possível. Paulo Bonini resume bem a situação aqui descrita:

> Ou seja, a substituição da 'continuidade' do contrato pela 'retomada' do contrato, por conta do tempo entre o fim do contrato e a sentença judicial, é medida que não tutela de fato o direito de extensão do contrato por conta da existência de investimentos consideráveis. Assim ou se obtém o provimento de extensão em medida antecipatória, ao início do processo de conhecimento, como forma de garantir a continuidade imediata do contrato, apenas se apurando no decorrer do processo o *quantum* dos investimentos devem ser amortizados e sua taxa mensal de amortização, ou se opta, através de pedido alternativo, pela indenização por perdas e danos. O tempo, aqui, é fator essencial para o exercício e a eficácia do direito tutelado[709].

A crítica certamente tem fundamento, e pode ser ilustrada pelo caso citado anteriormente, envolvendo contrato de prestação de serviços mantido entre a Matrix Sistemas Audiovisuais Ltda. e Hotelaria Accor PDB Ltda., julgado pelo Tribunal de Justiça de Minas Gerais[710]. Relembrando a situação fática, o que ocorreu foi que, após denúncia imotivada, pelo hotel, do contrato de prestação de serviços que vinculava as partes, a Matrix buscou judicialmente a manutenção da relação, e teve seu pedido deferido em primeiro grau, com a determinação para que o denunciante mantivesse vigente o contrato até o transcurso do prazo total de 24 meses. Ocorre que o pedido somente foi deferido em sentença, proferida nove

[708] FIGUEIREDO, Gabriel Seijo Leal de. *Denúncia imotivada dos contratos civis e suspensão de sua eficácia*. 2016. Tese (Doutorado em Direito Civil) – Pontifícia Universidade Católica de São Paulo, São Paulo, 2016, p. 160; URBANO, Hugo Evo Magro Corrêa. *A tutela da confiança e os limites éticos para a denúncia do contrato*. Revista Síntese de Direito Civil e Processual Civil, Porto Alegre, vol. 12, n. 69, pp. 109-125, jan./fev. 2011, p. 125.

[709] BONINI, *op. cit.*, p. 196.

[710] MINAS GERAIS. Tribunal de Justiça do Estado de Minas Gerais. Apelação Cível nº 1.0024.07.792587-3/001, 11ª Câmara Cível, Relatora: Shirley Fenzi Bertão julgado em 22/11/2017.

anos depois do ajuizamento da ação, quando a maioria dos equipamentos eletrônicos de áudio, vídeo e informática adquiridos pela contratada para a execução do contrato, e que permaneceram na posse do contratante, já não existiam mais ou estavam obsoletos ou sucateados, tornando inviável a retomada do contrato inviável e inócua a determinação judicial[711]. Veja-se também o caso julgado pelo Tribunal de Justiça de Santa Catarina, envolvendo contrato de prestação de serviço de carregamento e de transporte de minério bruto extraído de mineradoras, denunciado pelo contratante quatro meses após ter exigido do contratado a aquisição de uma pá-carregadeira no valor de R$ 320.000,00[712]. O Tribunal, embora tenha reconhecido que a denúncia foi abusiva, tendo em vista o exíguo período pelo qual perdurou a relação após a realização do investimento, reconheceu que a manutenção da vigência do contrato, na esteira do previsto no art. 473, parágrafo único, do Código Civil, já não era mais possível, pois a mina da qual era retirado o minério já havia sido desativada, restando apenas a solução do caso pela via indenizatória.

Há, por fim, mais um precedente que merece ser citado, porque ilustra bem algumas das dificuldades que envolvem a tutela específica aqui exposta. Tratou-se de caso envolvendo a denúncia, pela Nokia do Brasil, de contrato de prestação de serviço mantido com empresa responsável

[711] É interessante mencionar os seguintes trechos das discussões ocorridas em plenário quando do julgamento do recurso de apelação, transcritos no acórdão: "Em que pese respeitarmos a sentença, não podemos concordar pelo seguinte: conforme a prova dos próprios autos, laudo pericial, páginas 370-372, os equipamentos que ficaram durante esses dez anos sob guarda da ré, simplesmente já não existem ou foram sucateados. Conforme se comprova da perícia, dos computadores que eram utilizados para a prestação dos serviços, restaram apenas a sucata. Todo o equipamento interno havia sido retirado. Os microfones já não existiam. Os equipamentos, que são o instrumento para a execução do contrato, já não existiam. Portanto, impossível o restabelecimento do contrato". [...] "Então, discordando dos termos da sentença, vejo que é impossível que seja executada, é inexequível, pelo seguinte: os equipamentos, ou não existem, partes deles, ou são sucateados, ou são obsoletos. [...] Os equipamentos a que se referem aqui eram modernos em 2004 a 2005 e nós estamos em 2017, já não se prestam mais. Quem irá adquirir esses novos equipamentos?".

[712] SANTA CATARINA. Tribunal de Justiça do Estado de Santa Catarina. Apelação Cível nº 2013.020467-7, Sexta Câmara de Direito Civil, Relator: Eduardo Mattos Gallo Júnior, julgado em 25/08/2015.

por serviços de assistência técnica aos consumidores de produtos por ela fabricados. O contrato foi denunciado em 15.02.2007, o que levou a prestadora, em ação distribuída em 04.05.2007, a buscar a declaração de nulidade da cláusula que permitia a resilição, sob o argumento de que o prazo previsto e concedido pela Nokia (30 dias) era incompatível com os investimentos feitos para execução do contrato. Postulou a manutenção do vínculo contratual por pelo menos 24 meses ou, subsidiariamente, a indenização pelos lucros cessantes referentes a esse período. A tutela antecipada, determinando a suspensão da eficácia da denúncia e a manutenção do contrato, até a prolação da sentença de primeiro grau, foi concedida apenas em segundo grau, em sede de agravo de instrumento (julgado em 13.06.2007)[713].

É interessante notar o desenrolar posterior do caso. Pelo que se verifica das decisões subsequentes, proferidas pelo magistrado de primeiro grau, a Nokia postulou, sem sucesso, a revogação da tutela antecipada, argumentando que o contrato já havia sido encerrado e que, para cumprir a decisão, precisaria retomá-lo, readequando novamente sua rede

[713] SÃO PAULO. Tribunal de Justiça do Estado de São Paulo. Agravo de Instrumento nº 0028522-96.2007.8.26.0000, 12ª Câmara de Direito Privado, Relator: Rui Cascaldi, julgado em 13/06/2007. Destacam-se os seguintes trechos da fundamentação do voto do Desembargador Relator: "É certo que a tese de que a cláusula contratual que permite a rescisão unilateral e imotivada do contrato pela agravada mediante um prazo exíguo de 30 dias (valor por extenso, expresso no contrato) viola a boa-fé objetiva e desrespeita a função social do contrato merece, por ora, acolhida diante da mudança na concepção da relação jurídica contratual operada com o novo Código Civil, que até então tinha um modelo liberal, vigendo os princípios do "pacta sunt servanda" e da autonomia da vontade, desde que observados à ordem pública e aos bons costumes, elegendo o princípio da boa-fé, que se traduz na ideia de que o contrato constituiu um meio para a consecução de fins previamente estabelecidos, aos interesses de ambas as partes, obtidos através da cooperação mútua". [...] "Pelo que até então se apurou, a postulação da agravante em obter um prazo maior para se operar a resilição do contrato encontra-se amparada em teses verossimilhantes, ou seja, perfeitamente capazes de ensejar o seu acolhimento pela decisão final, julgamento que não implica, ressalta-se, no reconhecimento da certeza do direito alegado. Assim, o deferimento da antecipação da tutela se justifica diante dos prejuízos que poderão advir do desfazimento abrupto do negócio, que, além de atingir a agravante, certamente atingirão terceiros (funcionários e prestadores de serviços que dela dependem)".

de assistência técnica. Após decisões que indicam o descumprimento da ordem de manutenção do contrato, a antecipação de tutela foi finalmente revogada, em junho de 2011 (portanto, quatro anos depois de ter sido concedida), a pedido da fabricante e também por renúncia da própria autora da ação, que noticiou a impossibilidade de continuar a relação contratual. Posteriormente, na sentença, reconheceu-se a licitude da denúncia, decisão que foi revertida na instância superior, que acolheu o pedido subsidiário da autora para condenar a Nokia ao pagamento de indenização correspondente a três meses de faturamento da autora com o contrato[714]. O caso demonstra a dificuldade prática que pode estar envolvida na tutela específica, especialmente se a decisão que determinar a manutenção da vigência contratual for tardia, bem como a necessidade do pedido subsidiário de indenização.

Percebe-se, portanto, que, embora existam vozes que considerem a solução prevista na literalidade do texto do parágrafo único do art. 473 como a mais adequada, ao menos do ponto de vista teórico, por ser capaz de impedir que o denunciado sofra danos em razão da denúncia, sua aplicação prática encontra sérios obstáculos. Ademais, mesmo nos casos em que ela se mostra possível, a demora em sua implementação ou a simples recusa do denunciante em cumprir a obrigação judicialmente determinada, especialmente quando ela possuir caráter personalista, deixaria o denunciado sem alternativa senão postular a substituição por perdas e danos. São esses fatores que levaram à construção de outras soluções.

4.3 A solução indenizatória e sua comparação com a tutela específica

Os autores que se insurgem quanto à inviabilidade ou inadequação da suspensão da eficácia da denúncia e da prorrogação forçada do contrato não derivam desse raciocínio a conclusão de que a norma do parágrafo único do art. 473 deva ser considerada letra morta e que não deva ser aplicada, mas sim que o resultado de sua aplicação (i.e., o remédio jurídico à disposição do denunciado em face do descumprimento do denunciante) deva ser distinto daquele previsto pelo legislador. Sustenta-se

[714] SÃO PAULO. Tribunal de Justiça do Estado de São Paulo. Apelação Cível nº 0139796-93.2006.8.26.0002, 12ª Câmara de Direito Privado, Relator: Jacob Valente, julgado em 10/02/2021.

que a literalidade do dispositivo não deve impedir que se extraia a *ratio* da norma – ou seja, a proteção dos investimentos consideráveis feitos pelo denunciado para a execução do contrato, que não puderam ser amortizados em virtude da denúncia precoce – e, com isso, construa-se uma solução alternativa, que permita atingir o mesmo objetivo, preservando o escopo da norma, porém sem os entraves e desvantagens atribuídos à tutela específica[715], como coloca Francisco de Assis Viégas:

> Tal conclusão, por sua vez, não nega efetividade à obrigação de conceder pré-aviso, antes evidenciando a necessidade de adequar o remédio previsto no art. 473, parágrafo único, ao suporte fático sobre o qual incide, harmonizando-o com a tutela dos interesses a que visa tutelar com a norma. A inviabilidade de manutenção do contrato denunciado não significa, portanto, ausência de proteção da parte que recebe a denúncia. Torna-se necessário investigar alternativas à prorrogação compulsória que preservem a efetividade do dever de pré-aviso como remédio destinado a tutelar o interesse no cumprimento do contrato após a denúncia por período razoável. O remédio adequado deverá, nessa perspectiva, garantir o interesse da parte que recebe a denúncia, sem, todavia, impor excessivo ônus ao titular do direito que requer legitimamente sua desvinculação da relação contratual[716].

Nesse sentido, o que se propõe como alternativa à manutenção forçada do contrato é a solução pela via indenizatória, cuja possibilidade de aplicação é reconhecida com bastante tranquilidade, tanto pela doutrina[717]

[715] Viégas, Francisco de Assis. *Denúncia contratual e dever de pré-aviso*. Belo Horizonte: Fórum, 2019, pp. 213-214; Costa, André Brandão Nery. *Os contratos que viabilizam o processo de distribuição e os efeitos de sua denúncia unilateral*. 2013. Dissertação (Mestrado em Direito) – Faculdade de Direito, Universidade do Estado do Rio de Janeiro, 2013, p. 130.

[716] Viégas, *op. cit*, p. 213.

[717] Nesse sentido, por exemplo: Martins-Costa, Judith. *A boa-fé no direito privado*: critérios para a sua aplicação. 2. ed. São Paulo: Saraiva Educação, 2018, p. 734; Aguiar Júnior, Ruy Rosado de. Extinção dos contratos. *In*: Fernandes, Wanderley (Coord.). *Contratos empresariais*: fundamentos e princípios dos contratos empresariais. 2. ed. São Paulo: Saraiva, 2012. (Série GVlaw). pp. 475-518, p. 501; Paola, Leonardo Sperb de. *Limites ao exercício do poder de denúncia e não-renovação nos contratos de distribuição, concessão comercial e franquia*. Repertório IOB de Jurisprudência, São Paulo, 3/13901, pp. 496-493, 1997, p. 496; Costa,

quanto pela jurisprudência[718], ainda que não haja previsão expressa nesse sentido no texto do parágrafo único do art. 473[716]. Com efeito, essa

op. cit., p. 130; Bdine Júnior, Hamid Charaf. *Resilição contratual e o art. 473 do CC*. Revista do Advogado, São Paulo, n. 116, pp. 98-104, jul. 2012, p. 103; Urbano, Hugo Evo Magro Corrêa. *A tutela da confiança e os limites éticos para a denúncia do contrato*. Revista Síntese de Direito Civil e Processual Civil, Porto Alegre, vol. 12, n. 69, pp. 109-125, jan./fev. 2011, p. 122.

718 Um caso envolvendo a resilição unilateral de contrato de distribuição, julgado pelo Tribunal de Justiça de São Paulo, é bastante ilustrativo dessa preferência pela via indenizatória e da possibilidade de aplicá-la em substituição à manutenção do contrato. Sustentando que o prazo de pré-aviso de 90 dias, concedido pelo fabricante na denúncia do contrato, era incompatível com a natureza e o vulto dos investimentos que lhe foram exigidos, o distribuidor requereu judicialmente a concessão de tutela antecipada para suspender os efeitos da resilição e restabelecer o contrato, o que foi negado pela magistrada. No julgamento do agravo de instrumento, o Relator manteve a decisão de primeiro grau, valendo-se dos argumentos nela lançados, nos seguintes termos: "[n]o mais, assiste razão à MM. Juíza a quo ao ponderar que 'não se pode compelir uma parte a manter-se vinculada a outra por força de contrato que não mais é do seu interesse', de modo que 'eventuais prejuízos decorrentes da rescisão, especialmente aqueles relatados como afetos à administração do estoque, podem e devem ser discutidos quando da instauração do contraditório mas tais prejuízos, se comprovados, geram o dever de INDENIZAR e não o dever de MANUTENÇÃO do vínculo contratual, como pretendido" (SÃO PAULO. Tribunal de Justiça do Estado de São Paulo. Agravo de Instrumento nº 2171016-90.2020.8.26.0000, 34ª Câmara de Direito Privado, Relator Gomes Varjão, julgado em 29/07/2020). Cabe mencionar ainda trecho do acórdão de outro julgado do Tribunal de Justiça de São Paulo, em que, diante do reconhecimento da ilicitude da resilição unilateral, também se entendeu pela possibilidade de solução pela via indenizatória: "[...] forçoso é reconhecer que a resilição contratual imotivada, denunciada pelas apeladas, ocorreu em abuso do exercício de direito potestativo, violando a boa-fé objetiva e frustrando, mormente após os investimentos consideráveis realizados pelas apelantes, as legítimas expectativas destas últimas na manutenção dos contratos firmados, de modo que, por ser inviável no caso concreto a suspensão da eficácia da referida resilição unilateral, mais adequado mostra-se que a questão seja resolvida em fase de liquidação de sentença, que deverá ser efetivada por arbitramento (art. 509, I, do CPC) para a apuração do fundo de empresa formado pelas apelantes, que ora resta reconhecido, para atender as exigências das apeladas, uma vez que a indenização com base no artigo 27, da Lei de Representação Comercial (Lei nº 4886/65) não se mostra razoável e proporcional, bem como e, em consequência, por liquidação pelo procedimento comum (artigo 509, inciso I, do CPC) para a verificação dos valores que as apelantes arcaram com os encargos trabalhistas e que possuam relação com a resilição contratual reconhecida na presente decisão, limitadas às verbas anteriormente mencionadas" (SÃO PAULO.

ausência não foi motivo para que se negasse a pretensão indenizatória do denunciado em nenhum dos casos analisados. Costuma-se fundamentar a possibilidade da tutela indenizatória na interpretação teleológica da norma do parágrafo único do art. 473, como dito acima, e na aplicação das normas de responsabilidade civil, nomeadamente aquelas dos artigos 187 e 927 do Código Civil[720]. Pode-se mencionar ainda que o parágrafo único do art. 720 do Código Civil, ao prever que, "no caso de divergência entre as partes, o juiz decidirá da razoabilidade do prazo e do valor devido", sugere a possibilidade de converter em indenização pecuniária a obrigação prevista no *caput* de respeitar "prazo compatível com a natureza e o vulto do investimento exigido do agente"[721], em lição que seria aplicável também, de forma genérica, aos casos submetidos ao art. 473, parágrafo único. Ademais, a Lei Ferrari também resolve a questão de proteção dos investimentos feitos pelo concessionário pela via indenizatória (artigos 23 e 24).

A solução indenizatória não só é aceita pelos autores que tratam do tema, como muitas vezes é apontada como a única solução possível ou então como a melhor solução, sob o argumento de que preserva da mesma forma os interesses do denunciado (tendo em vista que os danos que sofre pela denúncia abrupta podem ser quantificados e indenizados, sem a necessidade de uma tutela específica), ao mesmo tempo em que é mais benéfica ao denunciante, pois não lhe restringe a liberdade e lhe permite maior flexibilidade na reestruturação de sua rede, afastando os

Tribunal de Justiça do Estado de São Paulo. Apelação Cível nº 1011547-58.2016.8.26.0002, 22ª Câmara de Direito Privado, Relator: Roberto Mac Cracken, julgado em 12/12/2019).

719 A via indenizatória é também a solução prevista na legislação de outros países já citados neste trabalho, que também possuem regras semelhantes de proteção dos investimentos nos casos de denúncia (como Espanha e Áustria).

720 Urbano, Hugo Evo Magro Corrêa. *A tutela da confiança e os limites éticos para a denúncia do contrato.* Revista Síntese de Direito Civil e Processual Civil, Porto Alegre, vol. 12, n. 69, pp. 109-125, jan./fev. 2011, p. 122.

721 Costa, André Brandão Nery. *Os contratos que viabilizam o processo de distribuição e os efeitos de sua denúncia unilateral.* 2013. Dissertação (Mestrado em Direito) – Faculdade de Direito, Universidade do Estado do Rio de Janeiro, 2013, p. 125.

problemas trazidos pela manutenção coercitiva do contrato[722]. Nesse sentido, Mamede cita o exemplo do fabricante que denuncia contrato de agência e distribuição com a pretensão de assumir as vendas naquele território por meio da instalação de filial e sistema de distribuição próprios, caso em que a prorrogação forçada do vínculo iria de encontro aos planos do denunciante, enquanto a indenização lhe seria mais benéfica e satisfaria o denunciado da mesma forma[723]. Para Rubens Edmundo Requião, esta inclusive deveria ter sido a solução prevista pelo legislador, tanto no parágrafo único do art. 473 quanto no art. 720[724]. André Costa cita

722 Viégas, Francisco de Assis. *Denúncia contratual e dever de pré-aviso*. Belo Horizonte: Fórum, 2019, p. 218;

723 Mamede, Gladston. *Teoria geral dos contratos*. 2. ed. São Paulo: Atlas, 2014, pp. 441-442.

724 Requião, Rubens Edmundo. *O contrato de representação comercial e o novo Código Civil. O contrato de agência e distribuição. O poder de denunciar o contrato sem prazo determinado e o dever de indenizar os investimentos realizados pelo representante ou pelo agente*. Revista do Instituto dos Advogados do Paraná, Curitiba, n. 31, pp. 206-221, 2001, p. 212. Para Francisco Viégas, a solução indenizatória é a mais adequada "à dinâmica dos contratos suscetíveis de denúncia" (VIÉGAS, *op. cit.*, pp. 213-214). Na doutrina estrangeira, cabe citar o entendimento de Fernando Ferreira Pinto, que, ao comparar a solução de ineficácia da denúncia com a via indenizatória, concede preferência a esta última: "A tutela *puramente compensatória* da confiança é, pois, a que melhor se coaduna, não apenas com a preservação do sistema de fontes, mas também com a salvaguarda do espaço de liberdade dos sujeitos (dado que estabelece o adequado equilíbrio entre a liberdade de disposição do fornecedor e o interesse do distribuidor na estabilidade do vínculo), a natureza dos respectivos interesses e as características das relações de distribuição" (Pinto, Fernando A. Ferreira. *Contratos de distribuição*: da tutela do distribuidor integrado em face da cessação do vínculo. Lisboa: Universidade Católica Editora, 2013, p. 806 – grifos no original). Em sentido contrário, Hamid Bdine Júnior sustenta que a norma justifica preferencialmente a prorrogação contratual, cabendo indenização apenas nos casos em que a prorrogação não for possível – como, por exemplo, quando se estiver diante de um contrato fundado essencialmente na confiança, ou quando "a resilição significar proteção a valores mais importantes do que a prorrogação oriunda de investimentos elevados do denunciado", isto é, quando "ficar demonstrado que o denunciante do contrato tem razões mais importantes para desfazer o contrato do que dar ao denunciado tempo hábil para recuperar os investimentos que fez" (Bdine Júnior, Hamid Charaf. *Resilição contratual e o art. 473 do CC*. Revista do Advogado, São Paulo, n. 116, pp. 98-104, jul. 2012, pp. 102-103).

ainda a dificuldade de se definir, na prática, o prazo mínimo adequado de vigência do contrato, para fins de sua manutenção forçada[725].

Todavia, há que se citar também possíveis contrapontos à solução indenizatória. Primeiro, como referido, a solução *in natura* é, ao menos em teoria, mais eficaz na proteção dos interesses do denunciado, na medida em que não espera o dano acontecer para depois remediá-lo, mas visa justamente a evitar que o dano ocorra, com a manutenção do contrato por tempo adicional, compatível com os investimentos. Segundo, partindo-se do pressuposto de que a finalidade da norma é permitir ao denunciado a *possibilidade razoável* de obter retorno pelo seu investimento, e não necessariamente a *garantia* de obtê-lo, a tutela específica é a solução que com ela melhor se compatibiliza. Explica-se: com a suspensão da eficácia da denúncia, o contrato terá continuidade e o retorno do investimento pode vir como também pode não vir, em virtude de inúmeros outros fatores externos que influenciem a relação e as atividades do denunciado. Por outro lado, a indenização dos investimentos confere ao denunciado a garantia de sua amortização, imunizando-o contra esses fatores externos, ao menos no que se refere aos investimentos protegidos pela norma. Como afirma Rogério Tucci, a prorrogação do contrato permite à parte que investiu beneficiar-se do resultado real da execução contratual pelo prazo compatível com os investimentos realizados[726], o que não ocorre com a indenização. Ademais, da mesma forma como ocorre com a definição do período compatível com os investimentos realizados, a estipulação da indenização também não é tarefa fácil, seja por fatores ligados ao investimento em si, como a determinação de seu valor presente e o montante já amortizado, seja pelos diferentes métodos de amortização que se pode considerar, seja, por fim, pelas diversas formas possíveis de cálculo da indenização[727].

[725] Costa, André Brandão Nery. *Os contratos que viabilizam o processo de distribuição e os efeitos de sua denúncia unilateral.* 2013. Dissertação (Mestrado em Direito) – Faculdade de Direito, Universidade do Estado do Rio de Janeiro, 2013, p. 126.

[726] Tucci, Rogério Lauria Marçal. *Prorrogação compulsória dos contratos.* Salvador: JusPodivm, 2017, p. 174.

[727] Pinto, *op. cit.*, p. 773, nota de rodapé nº 2375.

Parece-nos que cada uma das soluções propostas para proteção do denunciado tem suas vantagens e desvantagens, o que não significa dizer, contudo, que as duas sejam sempre possíveis. O que se pode afirmar de antemão é que a solução indenizatória parece ser de aplicação mais ampla, já que, em princípio, não se vislumbra situação em que ela não poderia ser aplicada, desde que haja efetivamente um dano e que estejam presentes os demais pressupostos necessários. Já a tutela específica tem aplicação mais restrita, em virtude dos obstáculos já apontados. Por isso, a questão parece ser efetivamente determinar quando a tutela específica é possível e, nesse ponto, muito dependerá das circunstâncias do caso concreto.

Nesse sentido, entendemos que, confrontado com o pedido de prorrogação do contrato, caberá ao julgador sopesar os interesses concretos em jogo[728], avaliando fatores como (i) a natureza dos investimentos e a efetiva necessidade de manutenção do contrato para sua amortização; (ii) os danos que o denunciado terá com o encerramento do contrato naquele momento, antes de transcorrido o prazo compatível com os investimentos que realizou; (iii) a possibilidade de que esses danos sejam indenizados posteriormente; (iv) a viabilidade de manutenção forçada da relação, considerando suas características concretas, como a existência das condições práticas para continuidade do contrato, a natureza da prestação do denunciante e a maior ou menor carga de pessoalidade e de cooperação exigidas para execução das obrigações; (v) os interesses jurídicos e comerciais que motivaram o denunciante a extinguir o contrato; e (vi) os possíveis prejuízos que o denunciante terá em razão da extensão do contrato e da impossibilidade de se liberar do vínculo no tempo indicado na notificação de denúncia.

Tendo em vista esses fatores, parece-nos, em primeiro lugar, que, salvo no casos referidos abaixo, em que a demora tiver o potencial de agravar consideravelmente os danos do destinatário da denúncia, a prorrogação do contrato somente é possível quando se tratar de investimentos específicos, que não possuam valor fora da relação contratual em questão e que,

[728] FIGUEIREDO, Gabriel Seijo Leal de. *Denúncia imotivada dos contratos civis e suspensão de sua eficácia*. 2016. Tese (Doutorado em Direito Civil) – Pontifícia Universidade Católica de São Paulo, São Paulo, 2016, p. 158.

portanto, não possam ser redirecionados ou revendidos – isto é, quando o denunciado efetivamente precisar da relação para amortizar o valor investido. Em segundo lugar, entendemos que a prorrogação do contrato não é medida adequada para os contratos com intensa carga de colaboração ou de pessoalidade, que exigem forte cooperação entre as partes e nas quais a conduta desmotivada do denunciado possa causar prejuízo ao denunciante. Em terceiro lugar, a prorrogação somente deve ser deferida quando a demora tiver o potencial de agravar consideravelmente os danos do denunciado. Endossamos o posicionamento de Gabriel de Figueiredo, para quem a tutela específica da suspensão da eficácia da denúncia deve ser restrita, reservada aos casos em que os danos sofridos pelo denunciado com a extinção do contrato forem superiores aos danos que o denunciante sofrerá pela eventual manutenção forçada da relação, já que a resilição unilateral é um direito conferido pelo ordenamento e deve ser limitado apenas para evitar prejuízos extraordinários ao denunciado[729]. Além disso, como se viu, a efetividade da medida de suspensão da eficácia da denúncia depende de seu deferimento em medida de antecipação de tutela, sob pena de mostrar-se inócua. Ao conceder a medida, se for o caso, parece-nos recomendável que o juiz já o faça indicando o prazo que entende adequado, para que a relação não se mantenha além do necessário, motivo pelo qual os elementos para a determinação desse prazo, como "valor total do investimento, expectativa de retorno e tempo necessário"[730], já devem ser fornecidos pelo denunciado no ajuizamento da ação, como ressalta Hugo Urbano[731]. Contudo, considerando a possi-

[729] FIGUEIREDO, Gabriel Seijo Leal de. *Denúncia imotivada dos contratos civis e suspensão de sua eficácia*. 2016. Tese (Doutorado em Direito Civil) – Pontifícia Universidade Católica de São Paulo, São Paulo, 2016, p. 158.

[730] URBANO, Hugo Evo Magro Corrêa. *A tutela da confiança e os limites éticos para a denúncia do contrato*. Revista Síntese de Direito Civil e Processual Civil, Porto Alegre, vol. 12, n. 69, pp. 109-125, jan./fev. 2011, p. 125.

[731] Parece-nos que assim deve ser para evitar situações como aquela objeto do REsp nº 972.436/BA. No caso, o denunciado ajuizou ação cautelar buscando a suspensão dos efeitos da denúncia, e obteve o deferimento da medida liminar em primeiro grau. A sentença foi julgada procedente, ratificando a liminar, decisão posteriormente mantida em segundo grau. O que é interessante notar é que, quando o caso foi julgado pelo STJ, a liminar já estava em vigor há mais de cinco anos, e os contratos, que possuíam prazo determinado de

bilidade de que o pedido seja indeferido, é recomendável que o denunciado já formule pedido de indenização pelos danos sofridos.

Estabelecidas as duas possíveis consequências da aplicação da norma – prorrogação do contrato ou indenização – e partindo-se do pressuposto de que, no caso concreto, as duas são possíveis, não vemos ordem de preferência, *a priori*, de uma sobre a outra, ao contrário do que sustenta, por exemplo, Nelson Nery Junior, para quem "a resolução em perdas e danos é a segunda opção, de que também pode valer-se o destinatário da comunicação de denúncia, caso não seja possível a concessão de prazo"[732]. Sendo as duas possíveis, entendemos que a escolha caberá ao denunciado. Há quem sustente que a opção deva ser do denunciante, no momento de resilir unilateralmente o contrato[733]. Francisco Viégas, por exemplo, defende que se trata de uma obrigação alternativa conferida por lei ao denunciante, de modo que ele tem, à sua disposição, duas formas de exercer licitamente o direito de denúncia: manter vigente o contrato por período razoável ou efetuar o pagamento de indenização correspondente

vigência, já haviam alcançado o seu termo final no curso da demanda, inclusive antes do sentenciamento do feito pelo magistrado *a quo*. Portanto, a manutenção forçada do vínculo superou o período determinado inicialmente pelas próprias partes, ao contratarem. O STJ, reconhecendo que o período de cinco anos já havia sido suficiente, reformou o acórdão e determinou que a liminar deixasse de viger em 45 dias a contar da publicação do acórdão: "O TJ/BA não declarou se as partes ainda mantêm, ou não, vínculos negociais. Se já não mantêm qualquer relacionamento e se à recorrida não foi assegurado tempo suficiente para recuperar o investimento eventualmente realizado, essa é questão que deve ser abordada na esfera de reparação dos danos sofridos. Se ainda mantêm relacionamento comercial, tenho que o prazo de 5 anos de vigência da liminar foi mais que suficiente para que a recorrida organizasse sua saída do negócio, diversificasse sua clientela e ainda recuperasse o investimento eventualmente realizado. No entanto, pode haver rescisões trabalhistas a serem feitas e, nesse sentido, é razoável que o término das relações entre as partes ainda aguarde por 45 dias, para que não surpreenda esses trabalhadores" (BRASIL. Superior Tribunal de Justiça. Recurso Especial nº 972.436/BA, Terceira Turma, Relatora: Ministra Nancy Andrighi, julgado em 17/03/2009).

732 NERY JUNIOR, Nelson. Denúncia unilateral e imotivada de contratos de prestação de serviços médico-hospitalares. *In*: _____. *Soluções práticas de direito*, vol. 1, pp. 687-716, set. 2014.

733 MAMEDE, Gladston. *Teoria geral dos contratos*. 2. ed. São Paulo: Atlas, 2014, pp. 441-442; VIÉGAS, Francisco de Assis. *Denúncia contratual e dever de pré-aviso*. Belo Horizonte: Fórum, 2019, pp. 222-231.

a esse período[734]. Para o autor, a oferta do denunciante de pagar esse valor indenizatório antes da denúncia ou concomitantemente a ela constitui meio de cumprimento do dever que lhe é imposto pelo ordenamento, com efeito liberatório, e deve impedir o denunciado de buscar judicialmente a solução alternativa (prorrogação do vínculo)[735]. A indenização, por essa linha de raciocínio, seria uma prestação substitutiva à manutenção do contrato pelo tempo necessário. Por outro lado, se o denunciante não cumpre nem uma nem outra obrigação, então o cenário se inverte, passando a ser do denunciado a opção entre promover a execução específica da obrigação ou requerer a indenização correspondente[736].

Com respeito ao posicionamento exposto pelo autor, parece-nos que a redação do art. 473, *caput* e parágrafo único, não parece conceder a possibilidade dessa interpretação, já que a norma prevê apenas uma consequência (i.e., suspensão dos efeitos da denúncia), e não duas alternativas. Mesmo que se considere o parágrafo único do art. 720, que faz menção expressa a um "valor devido", não há definição prévia de qual é esse valor, de modo que não se tem uma obrigação líquida que possa ser satisfeita. Em segundo lugar, para afirmar que existe uma obrigação alternativa, cuja escolha de cumprimento cabe ao denunciante, seria necessário reconhecer que o denunciado é obrigado a aceitar qualquer oferta de pagamento de indenização que lhe for feita, independentemente do valor, e que, diante de sua recusa, o denunciante poderia inclusive realizar o pagamento forçado para se liberar de sua obrigação. Isso porque, se se admite, por outro lado, que o denunciado pode avaliar a oferta e decidir se a aceita ou não, então não se pode dizer que a escolha seja propriamente do denunciante, mas sim do denunciado.

O único cenário no qual se vislumbra efetiva alternativa à disposição do denunciante, capaz de liberá-lo, mediante o pagamento de uma indenização, do dever de cumprir o contrato por período compatível com os investimentos, é se houver expressa previsão legal ou contratual nesse

[734] Viégas, Francisco de Assis. *Denúncia contratual e dever de pré-aviso.* Belo Horizonte: Fórum, 2019, pp. 223 e 230.

[735] *Ibidem*, pp. 222 e 231.

[736] *Ibidem*, pp. 230-231.

sentido, e desde que o valor já esteja previamente fixado[737]. Imagine-se, por exemplo, o caso em que as partes prevejam contratualmente que qualquer delas, para denunciar o contrato, deve respeitar um período mínimo de vigência de um ano ou, alternativamente, pode optar por pagar indenização a outra parte, correspondente a um percentual sobre o faturamento decorrente do contrato até então[738]. Hipótese semelhante

[737] Veja-se, nesse sentido, o que diz Michele Klein, a respeito do dever geral de pré-aviso, mas em lição que se aplica também ao caso específico da indenização por investimentos: "Somente se efetivamente a lei ou, sobretudo, as partes tenham previsto uma quantidade a satisfazer no caso de descumprimento do pré-aviso, surgirá a questão de se quem desiste pode sem mais liberar-se deste dever pagando diretamente a indenização que deveria no caso de descumprimento" (tradução nossa). No original: "Sólo si efectivamente la ley o, sobre todo, las partes han previsto una cantidad a satisfacer en caso de que no se respete el preaviso, surgirá la cuestión de si quien desiste puede sin más liberarse de este deber pagando directamente la indemnización que debería en caso de incumplimiento" (KLEIN, Michele. *El desistimiento unilateral del contrato*. Madrid: Civitas, 1997, p. 233).

[738] O Tribunal de Justiça do Rio de Janeiro julgou caso envolvendo a denúncia imotivada de contrato de prestação de serviço que continha cláusula semelhante a essa. Previa o instrumento firmado pelas partes que, se a contratante denunciasse o vínculo antes de transcorrido o prazo de cinco anos, estaria obrigada a pagar multa correspondente ao valor total do investimento da contratada, reajustado pelo IGP-M e acrescido de juros de 12% ao ano, conforme planilha anexa, além do valor proporcional de receita que restasse até o final do referido prazo, correspondente aos contratos em curso. Denunciado o contrato após três anos de vigência, a questão foi levada ao Judiciário, e o tribunal fluminense, constatando tratar-se de contrato empresarial, com partes em situação de paridade, julgou que a cláusula livremente estipulada deveria prevalecer, condenando a denunciante a efetuar o pagamento da indenização conforme previsto no contrato (RIO DE JANEIRO. Tribunal de Justiça do Estado do Rio de Janeiro. Apelação Cível nº 0227872-13.2014.8.19.0001, Terceira Câmara Cível, Relatora Renata Machado Cotta, julgado em 30/09/2015). Neste caso, se o denunciante, de forma espontânea, houvesse oferecido o pagamento da indenização tal qual prevista no contrato, não vemos como sustentar que o denunciado pudesse pleitear em juízo a prorrogação forçada do contrato. Foi o que ocorreu em caso julgado pelo Tribunal de Justiça do Rio Grande do Sul, envolvendo a denúncia de contrato de parceria para produção avícola. Conforme se depreende do acórdão, o contrato previa a possibilidade de denúncia a qualquer momento, mediante a concessão de aviso prévio de sessenta dias ou mediante o pagamento de indenização equivalente à média dos pagamentos dos três últimos lotes de aves, a critério do denunciante. O contratante resiliu unilateralmente o contrato, efetuando o pagamento do valor contratualmente previsto, e o tribunal julgou regular a denúncia, afastando os pedidos indenizatórios formulados pelo denunciado (RIO GRANDE DO SUL. Tribunal de Justiça do Estado do Rio Grande do Sul. Apelação

é prevista no art. 34 da Lei nº 4.886/65, referente ao dever geral de pré-aviso, que confere a qualquer das partes, a seu critério, o direito de optar entre conceder pré-aviso de 30 dias ou pagar a outra importância igual a um terço das comissões auferidas pelo representante nos três meses anteriores. Nesses casos, o denunciante, pagando o valor previsto, pode liberar-se de sua obrigação, ainda que contra a vontade do denunciado. Nos demais casos, ausentes esses pressupostos, o máximo que se pode reconhecer é que existe uma faculdade do denunciante de oferecer ao denunciado um valor pela extinção do contrato, que pode ou não ser aceito. Sendo aceito, a hipótese se assemelha muito mais a um distrato, diante da convergência de vontade das partes.

O que se tem, portanto, não é uma obrigação alternativa à disposição do denunciante; a obrigação é uma só: respeitar o tempo de vigência contratual mínimo, compatível com a natureza e o vulto dos investimentos consideráveis feitos pelo denunciado para a execução do contrato, dada a sua natureza. Descumprida essa obrigação, o denunciado tem à sua disposição, ao menos em tese, dois possíveis remédios: a suspensão da eficácia da denúncia precoce ou a solução indenizatória por perdas e danos. Em outras palavras, o denunciante não tem propriamente uma opção entre respeitar o tempo de vigência do contrato compatível com os investimentos ou pagar indenização; a sua escolha recai entre cumprir seu dever ou então não o cumprir e, assim, expor-se ao pagamento de indenização[739]. Nesse contexto, a indenização não tem caráter autônomo e não é uma das possíveis prestações de uma obrigação alternativa, mas sim uma das possíveis consequências do descumprimento do dever imposto ao denunciante[740]. Na prática, portanto, a escolha cabe ao denunciado, quando as duas opções forem possíveis[741]. Veja-se, nesse sentido, as palavras de Paulo Rogério Bonini:

Cível nº 70068915321, Vigésima Câmara Cível, Relator: Carlos Cini Marchionatti, julgado em 27.04.2016).

[739] Bergstein, Jonás. *La extinción del contrato de distribución*. Montevidéu: Fundación de Cultura Universitaria, 1996, p. 97.

[740] Klein, Michele. *El desistimiento unilateral del contrato*. Madrid: Civitas, 1997, p. 232.

[741] Urbano, Hugo Evo Magro Corrêa. *A tutela da confiança e os limites éticos para a denúncia do contrato*. Revista Síntese de Direito Civil e Processual Civil, Porto Alegre, vol. 12, n. 69, pp. 109-125, jan./fev. 2011, p. 122; Figueiredo, Gabriel Seijo Leal de. *Denúncia imotivada dos*

a extensão de prazo deve ser considerada como regra alternativa ao direito de indenização decorrente da ruptura imotivada, permitindo à parte notificada, ao invés de pretender a extensão do contrato, a sua imediata resolução – ao menos ao final do aviso prévio – com indenização do valor que seria necessário para a amortização dos *investimentos consideráveis*. Neste ponto, deve-se considerar a alternatividade das perdas e danos em relação à manutenção compulsória do vínculo contratual como medida razoável e posta à disposição da parte notificada, pois eventualmente a manifestação da intenção de pôr fim à relação contratual pela outra parte indica risco econômico à continuação da exploração do objeto do contrato em si[742].

Por fim, quando a questão se resolver pela via indenizatória – seja por ter sido essa a escolha principal do denunciado, seja por ser a única alternativa viável, diante da impossibilidade de solução pela tutela específica –, há que se definir como essa indenização deve ser calculada. Parece razoável sustentar que a indenização, neste caso, tem função diferente da indenização devida pela denúncia abrupta, que não venha acompanhada do pré-aviso e que impeça o denunciado de se preparar para o fim do contrato, já que os interesses tutelados são distintos. Aqui, tem-se em vista exclusivamente os investimentos feitos pelo denunciado e o prejuízo que a denúncia lhe traz considerando especificamente esses investimentos que não puderam ser amortizados ou redirecionados a outra atividade[743]. Assim, cabe questionar se a sua forma de cálculo deve ser diferente da indenização devida pela falta de pré-aviso e se as duas podem ser cumuladas (e de que forma o podem ser), quando estiverem presentes os pressupostos necessários.

Da análise da doutrina e da jurisprudência, verifica-se que não há unicidade de critério. Por vezes, as questões são analisadas e tratadas de forma

contratos civis e suspensão de sua eficácia. 2016. Tese (Doutorado em Direito Civil) – Pontifícia Universidade Católica de São Paulo, São Paulo, 2016, pp. 118, 138 e 142.

742 Bonini, Paulo Rogério. *Resilição contratual – relações civis – empresariais – interpretação do art. 473, parágrafo único, CC – consequências do exercício da resilição unilateral – indenização x prolongamento do contrato*. Cadernos Jurídicos, São Paulo, vol. 16, n.39, pp. 191-199, jan./mar. 2015, p. 196.

743 Figueiredo, *op. cit.*, p. 142.

conjunta, enquanto em outras ocasiões se faz a separação em rubricas distintas. Quando se trata de forma específica da indenização pela resilição precoce, que não respeitou o prazo compatível com os investimentos realizados, há basicamente dois posicionamentos divergentes sobre a forma pela qual ela deve ser calculada, os quais, por vezes, são reconduzidos às noções de indenização pelo interesse positivo e indenização pelo interesse negativo[744], da seguinte forma: por uma das concepções (que estaria ligada ao interesse positivo), o denunciado deve ser colocado na situação em que estaria se o contrato não houvesse sido resilido e houvesse sido cumprido pelo prazo necessário para que o denunciado tivesse a oportunidade de recuperar seus investimentos; por outra concepção (que estaria ligada ao interesse negativo), o denunciado deve ser reconduzido ao estado em que estaria se não tivesse confiado na continuidade do contrato e, portanto, não houvesse feito o investimento.

[744] Na lição de Paulo Mota Pinto, a noção de interesse corresponde "à relação entre o sujeito lesado e a situação correspondente à não verificação do evento que, segundo a previsão de responsabilidade em causa, obriga a indenizar". Em outras palavras, "é a situação hipotética em que estaria o lesado sem o evento lesivo" – ou seja, a situação fática que existiria caso não houvesse o ato lesivo –, cuja determinação exige uma operação mental de "reconstrução de um curso hipotético dos acontecimentos", que deve partir da análise da causa ou do fundamento da obrigação de indenizar decorrente do ato lesivo em questão. Nessa concepção, o interesse contratual positivo, cujo termo hipotético é obtido pela adição de um elemento que, na prática, não se configurou, corresponde ao interesse no cumprimento – ou seja, o lesado deve ser colocado na situação que estaria se a obrigação houvesse sido cumprida; já o interesse contratual negativo, cujo termo hipotético é obtido pela abstração de um elemento que, na prática, aconteceu, corresponde ao interesse na confiança – ou seja, o lesado deve ser colocado na situação em que estaria "*se não tivesse confiado na validade* da declaração, no poder de representação" ou "se o contrato não tivesse sido celebrado". (MOTA PINTO, Paulo. *Interesse contratual negativo e interesse contratual positivo*. Vol. II. Coimbra: Coimbra, 2008, pp. 866-868 e pp. 876-878). A dificuldade, aqui, está no fato de que as noções de interesse positivo e interesse negativo estão usualmente ligadas a casos de descumprimento contratual ou de *culpa in contrahendo*, que não se amoldam à hipótese ora estudada, em que não há propriamente um descumprimento contratual de uma das partes, mas sim o exercício de um direito potestativo de resilição unilateral (que é permitido por lei), porém sem o respeito ao modo de exercício exigido para que seja considerado lícito. De qualquer forma, é assim que a questão vem, por vezes, tratada pela doutrina, que, contudo, não aprofunda o tema em todas as suas implicações.

Há autores que conectam a norma do parágrafo único do art. 473 à noção de interesse positivo, sem, contudo, aprofundar com maiores detalhes a análise a respeito do cálculo da indenização. César Santolim, por exemplo, entende que a norma consagra um princípio da garantia de recuperação do investimento e, assim, protege o interesse positivo (interesse no cumprimento)[745]. A análise do autor está centrada na preocupação de evitar a situação de risco moral que pode surgir em razão da aplicação da norma, motivo pelo qual sustenta que a indenização não deve levar em conta todos os investimentos feitos pelo denunciado, mas apenas aqueles estritamente necessários ao cumprimento do contrato – o que já foi abordado no capítulo referente aos pressupostos de aplicação da regra. Renata Steiner, ao tratar brevemente da norma do parágrafo único do art. 473, afirma que, com as devidas ressalvas, ela está mais próxima do interesse decorrente do cumprimento, embora com ele não se confunda, porque não tem por finalidade efetivamente reconduzir o lesado a uma situação de cumprimento do contrato, mas sim de minimizar os prejuízos sofridos pela ruptura[746]. Afirma também que as despesas do denunciado com investimentos frustrados pela denúncia ligam-se ao interesse positivo quando se estiver diante de uma contratação empresarial, em que essas despesas se presumem inseridas na perspectiva de lucro[747] (o qual seria, segundo a autora, o objeto de proteção da norma ao prever "prazo compatível com a natureza e o vulto dos investimentos")[748].

Leonardo Sperb de Paola, ao também sustentar que a indenização leva em conta o interesse contratual positivo, é mais específico e afirma que ela deve ser calculada tendo em vista os lucros cessantes que o denunciado deixou de auferir em razão da denúncia, considerando o tempo

[745] SANTOLIM, Cesar Viterbo Matos. *A proteção dos investimentos específicos na resilição unilateral do contrato e o risco moral*: uma análise do artigo 473, parágrafo único, do código civil. Revista Síntese de Direito Empresarial, São Paulo, vol. 6, n. 35, pp. 9-13, nov./dez. 2013, pp. 573, 574 e 578.

[746] STEINER, Renata Carlos. *Interesse positivo e Interesse negativo*: a reparação de danos no direito privado brasileiro. 2016. Tese (Doutorado em Direito Civil) – Faculdade de Direito, Universidade de São Paulo, São Paulo, 2016, pp. 232-233. Disponível em: http://www.teses.usp.br/teses/disponiveis/2/2131/tde-20082016-121314/pt-br.php. Acesso em: 09.01.2019.

[747] *Ibidem*, p. 316.

[748] *Ibidem*, p. 320.

pelo qual a relação ainda deveria perdurar para além do momento em que foi extinta, seja referente ao período de aviso prévio (se este não foi respeitado), seja referente ao termo implícito do contrato, que seria necessário à amortização dos investimentos realizados[749]. No mesmo sentido, Francisco Viégas sustenta que a parte que denunciar o contrato durante o prazo estabilizador (i.e., o prazo razoavelmente necessário para amortização dos investimentos), frustrando a legítima expectativa da contraparte, deve suportar o pagamento de indenização equivalente ao valor que o denunciado teria direito a receber com o cumprimento do contrato pelo período devido, "ainda que tal valor assuma proporções extraordinárias"[750]. Segundo o autor, "tal conclusão, além de garantir a efetividade ao princípio da boa-fé objetiva, representa desestímulo a que qualquer das partes denuncie o contrato antes de transcorrido o prazo estabilizador, tendo em vista que o *preço* de tal denúncia poderá representar custo altíssimo"[751].

Essa foi a solução adotada pelo Tribunal de Justiça da Paraíba[752] no caso já mencionado acima, envolvendo contrato de distribuição mantido entre a Pepsico do Brasil Ltda. e empresário individual. No caso, meses antes da denúncia pela Pepsico, o distribuidor havia feito investimento na contratação de locação de um galpão para execução do contrato, pelo prazo de três anos, o que se reconheceu ter ocorrido por exigência da Pepsico, que o levou a confiar na continuidade do contrato por tempo compatível com o contrato de locação firmado. Partindo dessa premissa, o tribunal condenou a Pepsico a indenizar o distribuidor pelo lucro que deixou de auferir pelo prazo de quatorze meses, período reputado como "razoável com o investimento por ele realizado", correspondente ao

[749] Paola, Leonardo Sperb de. *Contratos de Distribuição*: vida e morte da relação contratual. 2002. Tese (Dourado em Direito das Relações Sociais). Universidade Federal do Paraná, Curitiba, 2002. Disponível em: https://acervodigital.ufpr.br/handle/1884/57922. Acesso em 20.01.2019, p. 217.

[750] Viégas, Francisco de Assis. *Denúncia contratual e dever de pré-aviso*. Belo Horizonte: Fórum, 2019, p. 226.

[751] *Ibidem*, p. 226 (grifos no original).

[752] PARAÍBA. Tribunal de Justiça do Estado da Paraíba. Apelação Cível nº 0000766-69.2017.815.0000, 1ª Câmara Especializada Cível, Relator Leandro dos Santos, julgado em 05/03/2018.

tempo entre a denúncia do contrato de distribuição e o término previsto para o contrato de locação que havia firmado por exigência da Pepsico (tempo que se julgou que corresponderia a sua expectativa de duração do contrato de distribuição).

O Tribunal de Justiça de Santa Catarina seguiu essa mesma linha ao conceder indenização pela denúncia imotivada de contrato de prestação de serviço de carregamento e de transporte de minério bruto, quatro meses após o denunciante ter exigido, do denunciado, a aquisição de uma pá-carregadeira no valor de R$ 320.000,00[753]. No caso, as partes haviam inicialmente firmado contrato com prazo de vigência de um ano, que foi posteriormente aditado por mais dois anos e, depois, por outros quatro anos (período dentro do qual foi denunciado). Assim, diante do histórico da contratação, o tribunal entendeu que o período mínimo que as partes julgavam necessário para o adequado cumprimento do contrato, para que fosse vantajoso a ambas, era de um ano, conforme contrato inicial. Por isso, condenou o denunciante a indenizar o denunciado pelos lucros cessantes correspondentes a oito meses, período que faltava para o fechamento do prazo de um ano, calculados de acordo com o valor contratualmente previsto por tonelada de produto transportado, multiplicado pela média de viagens mensais realizadas no último ano de vigência contratual.

O Tribunal de Justiça de São Paulo seguiu a mesma linha ao julgar caso envolvendo contrato de prestação de serviços mantido entre a Sky Brasil Serviços Ltda. e uma empresa por ela credenciada para a prestação de assistência técnica aos seus assinantes[754]. O contrato estava vigente por prazo indeterminado e foi denunciado pela Sky, com pré-aviso de 30 dias, conforme previsto contratualmente. Alegando ter feito investimentos para a execução do contrato, a contratada sustentou a abusividade da cláusula e a insuficiência do prazo concedido, considerando-se a natu-

[753] SANTA CATARINA. Tribunal de Justiça do Estado de Santa Catarina. Apelação Cível nº 2013.020467-7, Sexta Câmara de Direito Civil, Relator: Eduardo Mattos Gallo Júnior, julgado em 25/08/2015.

[754] SÃO PAULO. Tribunal de Justiça do Estado de São Paulo. Apelação Cível nº 1023235-77.2017.8.26.0100, 34ª Câmara de Direito Privado, Relator: Tercio Pires, julgado em 22/06/2020.

reza e o vulto dos investimentos, estimando em seis meses o tempo que seria compatível com esses investimentos. A tese da contratada foi acolhida, e a Sky foi condenada a pagar-lhe indenização correspondente ao valor nominal que a contratada deixou de lucrar no período de seis meses após a extinção do contrato.

Pode-se analisar a questão também por outro viés. Escrevendo no contexto do Direito português, Fernando Ferreira Pinto afirma que os investimentos feitos pelo contratante com a legítima expectativa – posteriormente frustrada – de que o contrato permaneceria vigente por tempo suficiente para que pudesse recuperá-los devem ser tratados como *investimentos de confiança*. Assim, o interesse tutelado seria o negativo (dano de confiança ou dano *in contrahendo*), e não o positivo (dano de cumprimento ou *in contractu*), o que, para o autor, significa dizer que, com a indenização, o denunciado deve ser colocado na situação em que estaria se não tivesse confiado a ponto de realizar os investimentos. Isso porque, segundo ele, a indução do denunciante para que o denunciado fizesse investimentos não pode ser vista como "uma promessa juridicamente vinculante de manutenção ou prorrogação do contrato"[755], motivo pelo qual a resposta adequada não é vinculá-lo a uma promessa que não proferiu, mas impor-lhe a obrigação de ressarcir os danos. Assim, as perdas que devem ser indenizadas são aquelas "resultantes do desperdício ou inutilização do investimento realizado com base na confiança, e só essas"[756].

Por essa concepção, os danos emergentes devem corresponder às perdas patrimoniais sofridas pelo denunciado em razão da realização dos investimentos. É o que parece sustentar também Rubens Edmundo Requião, ao tratar do contrato de agência e, portanto, do art. 720 do Código Civil, afirmando que "haverá apenas a reposição do valor do investimento, mediante a devolução da importância que for estimada como própria para compensá-lo"[757]. Assim, tratando-se de investimen-

[755] PINTO, Fernando A. Ferreira. *Contratos de distribuição*: da tutela do distribuidor integrado em face da cessação do vínculo. Lisboa: Universidade Católica Editora, 2013, p. 807.

[756] *Ibidem*, p. 807.

[757] REQUIÃO, Rubens Edmundo. *O contrato de representação comercial e o novo Código Civil. O contrato de agência e distribuição. O poder de denunciar o contrato sem prazo determinado e o dever de indenizar os investimentos realizados pelo representante ou pelo agente*. Revista do Instituto

tos irrecuperáveis, que, com a extinção do contrato, deixam de ter qualquer utilidade para o denunciado, entende-se que a indenização deve corresponder ao montante ainda não amortizado desse investimento[758]. Nesse caso, quando o investimento estiver representado na aquisição de um bem (como uma máquina ou equipamento), Fernando Ferreira Pinto sustenta que ele deve ser transferido para o patrimônio do denunciante, já que a indenização corresponderá ao preço integral residual desse bem[759]. No mesmo sentido, afirma Leonardo Sperb de Paola que "o fornecedor, reembolsando os investimentos, terá direito a ficar com os bens"[760]. Ou seja, tem-se, na verdade, um dever de recompra, o que seria semelhante à solução prevista nos artigos 23 e 24 da Lei Ferrari. Com efeito, se assim não fosse, e se o denunciado, além de receber a indenização correspondente ao valor integral dos bens, mantivesse-os em seu patrimônio, teria um enriquecimento sem causa.

dos Advogados do Paraná, Curitiba, n. 31, pp. 206-221, 2001, p. 217. É interessante notar, contudo, que o autor entende que o "valor devido", mencionado no parágrafo único do art. 720, que corresponde ao valor para reposição do investimento feito pelo denunciado e que cuja expectativa de retorno ficou frustrada pelo rompimento do contrato, não tem caráter indenizatório: "Curioso que o legislador tenha se referido a 'valor devido' em face da natureza e vulto do investimento realizado para exercício do contrato de agência, afastando com isso a ideia de indenização. O legislador considerou que a resilição do contrato de agência sem prazo certo uma faculdade legítima, a ser exercida pela parte. De seu exercício, em princípio, não decorre ato ilícito, provocando o dever de indenizar" (Requião, Rubens Edmundo. *O contrato de representação comercial e o novo Código Civil. O contrato de agência e distribuição. O poder de denunciar o contrato sem prazo determinado e o dever de indenizar os investimentos realizados pelo representante ou pelo agente*. Revista do Instituto dos Advogados do Paraná, Curitiba, n. 31, pp. 206-221, 2001, p. 217).

758 Como coloca Fernando Ferreira Pinto, "se os bens de capital só se encontrarem parcialmente amortizados, só contará, para efeitos do cálculo da indenização, a parcela ainda não recuperada, pois só nessa medida ocorrerá um prejuízo para o distribuidor" (Pinto, Fernando A. Ferreira. *Contratos de distribuição*: da tutela do distribuidor integrado em face da cessação do vínculo. Lisboa: Universidade Católica Editora, 2013, p. 809).

759 *Ibidem*, p. 809, nota de rodapé nº 2468.

760 Paola, Leonardo Sperb de. *Contratos de Distribuição*: vida e morte da relação contratual. 2002. Tese (Dourado em Direito das Relações Sociais). Universidade Federal do Paraná, Curitiba, 2002. Disponível em: https://acervodigital.ufpr.br/handle/1884/57922. Acesso em 20.01.2019, pp. 214-215.

Por outro lado, quando se tratar de investimentos recuperáveis, que possam ser redirecionados pelo denunciado, deve-se levar em conta essa possibilidade, a fim de reduzir a indenização, a qual deve corresponder apenas ao valor necessário para converter o bem para outra atividade econômica[761-762]. Fernando Ferreira Pinto admite também, ao menos em teoria, a indenização pelos lucros cessantes dentro dessa perspectiva que ele liga ao interesse negativo, que corresponderiam aos benefícios que o denunciado obteria em uma aplicação alternativa dos valores que gastou com os investimentos. Contudo, o próprio autor conclui que, na prática, essa indenização não faz sentido e, na maioria dos casos, conduzirá a um resultado nulo, pois deve-se presumir que, naquelas circunstâncias contratuais, aquele era o melhor investimento que o denunciado poderia ter feito, e porque é preciso considerar que, durante o período de vigência do contrato, ele efetivamente obteve retorno pelo investimento e, uma vez recebida a indenização pela parte ainda não amortizada, poderá aplicá-la da forma como lhe convier[763-764].

Há diversos julgados – alguns já anteriormente mencionados – que seguem esse caminho de conceder ao denunciado indenização em valor equivalente ao investimento realizado, exclusivamente na perspectiva de dano emergente. Essa foi a solução dada pelo STJ ao caso envolvendo a denúncia, pela Caixa Econômica Federal, de contrato de permissão de serviços lotéricos, após quatorze meses do início de sua vigência, e depois do permissionário haver feito investimentos substanciais para instalação da casa lotérica, em que se decidiu que a indenização deveria correspon-

761 *Ibidem*, p. 213.

762 Pinto, *op. cit.*, p. 809.

763 Pinto, Fernando A. Ferreira. *Contratos de distribuição*: da tutela do distribuidor integrado em face da cessação do vínculo. Lisboa: Universidade Católica Editora, 2013, pp. 810-811.

764 Segundo Miravalls, é assim que a questão é colocada na Espanha, onde "em sede de indenização por investimentos não amortizados somente cabe o dano emergente, nunca o lucro cessante" (tradução nossa). No original: "*en cambio, en sede de indemnización por inversiones no amortizadas sólo cabe el daño emergente, nunca el lucro cesante*" (Miravalls, Jaume Martí. *Desistimiento unilateral e indemnización por daños en los contratos de distribución*: estudio de la naturaleza jurídica de la indemnización por inversiones no amortizadas. Revista de Derecho Mercantil, n. 285, pp. 95-136, jul/set 2012, p. 115).

der tão-somente aos valores gastos com essa instalação[765]. A corte decidiu no mesmo sentido ao julgar caso de denúncia de contrato de prestação de serviços de cobrança amigável e extrajudicial, denunciado após onze meses de sua celebração, e após a realização, pelo denunciado, de investimentos consideráveis para sua execução. Cabe ressaltar o seguinte trecho do voto do relator, Ministro Luis Felipe Salomão:

> Afasto, nesse caso específico, os lucros cessantes, por entender que o ressarcimento dos danos materiais será suficientemente abrangente, uma vez que, na origem, o pedido principal foi de prorrogação do contrato, firme no entendimento de que a manutenção das atividades estaria apta a recompor o prejuízo. No entanto, não tendo havido a prorrogação do contrato, nesse caso, resta ao recorrente a apuração dos valores investidos, com o consequente pagamento do numerário encontrado[766].

Veja-se, também, o caso julgado pelo Tribunal de Justiça do Mato Grosso do Sul[767], em que a indenização conferida ao transportador – que havia adquirido e modificado caminhões por exigência do contratante denunciante – foi dividida da seguinte forma: a indenização correspondente à ausência de pré-aviso (lucros cessantes) foi fixada tendo por base o que ele razoavelmente deixou de lucrar pelo período que se entendeu adequado de pré-aviso (quatro meses); já a indenização pelos investimentos feitos e não amortizados foi fixada em danos emergentes, correspondentes aos gastos efetuados pelo transportador para alterar os

[765] BRASIL. Superior Tribunal de Justiça. Recurso Especial nº 1.021.113/RJ, Segunda Turma, Relator: Ministro Mauro Campbell Marques, julgado em 11/10/2011.

[766] BRASIL. Superior Tribunal de Justiça. Recurso Especial nº 1.555.202/SP, Quarta Turma, Relator: Ministro Luis Felipe Salomão, julgado em 13/12/2016. É interesse notar, neste caso, que o Ministro relator manifestou expressamente o entendimento de que "o dispositivo do Código Civil pretende a indenização, tão somente, do 'interesse positivo', identificado pela doutrina como o interesse no cumprimento do contrato, ou seja, o montante que necessariamente deveria ter sido despendido para a execução do contrato e que, tendo em vista o abrupto desenlace, não se recompôs".

[767] MATO GROSSO DO SUL. Tribunal de Justiça do Estado do Mato Grosso do Sul. Apelação Cível nº 2009.010009-1/0000-00, Segunda Turma Cível, Relator: Julizar Barbosa Trindade, julgado em 01/06/2010.

caminhões por ordem do denunciante e, depois, para poder reutilizá-los em outros contratos: (a) R$ 3.200,00 gastos com o alongamento do chassi; (b) R$ 28.000,00 referentes à depreciação do caminhão desde o momento da compra até quando pôde ser revendido, seis meses depois; e (c) R$ 6.900,00 pelo custo de recolocar os caminhões em seu tamanho normal.

Em outro caso, julgado pelo Tribunal de Justiça de São Paulo[768], tratou-se de contrato de prestação de serviços celebrado entre a Unimed e um laboratório, vigente a prazo indeterminado e denunciado pela Unimed em 15.07.2005, com aviso prévio de 30 dias, após o laboratório haver realizado reformas em seu estabelecimento para atendimento das exigências da Unimed. O tribunal negou a indenização pelos lucros cessantes correspondentes ao cumprimento do contrato, mas condenou a Unimed a indenizar o denunciado pelos custos com a reforma. Situação semelhante ocorreu no julgamento de caso envolvendo contrato de distribuição firmado em 09.03.2016 e denunciado pelo fabricante em 30.11.2016, em que se reconheceu a licitude do aviso prévio concedido pelo denunciante, que, mesmo assim, foi condenada a indenizar a distribuidora pelos gastos que teve com seu ponto de venda e que não puderam ser amortizados[769]. Pode-se mencionar ainda outro caso, julgado pelo Tribunal de Justiça de São Paulo, de distribuidora que realizou investimentos para remodelar sua loja a fim de receber o showroom da fabricante, entre julho e setembro de 2012 e, em setembro de 2003, teve o contrato denunciado. O tribunal reconheceu que houve investimento considerável, no valor de R$ 32.789,24, mas também reconheceu que parte dele já havia sido amortizado, considerando o faturamento da distribuidora no período. Assim, condenou a fabricante a indenizar a distribuidora pela parte ainda não

[768] SÃO PAULO. Tribunal de Justiça do Estado de São Paulo. Apelação Cível nº 0189292-20.2008.8.26.0100, 1ª Câmara de Direito Privado, Relator: Rui Cascaldi, julgado em 10/06/2014.

[769] SÃO PAULO. Tribunal de Justiça do Estado de São Paulo. Apelação Cível nº 1001452-29.2017.8.26.0100, 34ª Câmara de Direito Privado, Relator: Nestor Duarte, julgado em 26/08/2019.

amortizada do investimento, no valor de R$ 16.394,62[770]-[771]. Por fim, no mesmo sentido, cabe referir ainda a decisão do Tribunal de Justiça do Rio de Janeiro, que concedeu indenização a determinada empresa que, para execução de contrato de construção e manutenção civil em subestações – denunciado pelo contratante após três meses de sua celebração – fora obrigada a investir em equipamentos específicos (como ferramentas e uniformes e tintas antichamas), que não seriam utilizados em nenhum outro contrato[772]. No caso, condenou-se o denunciante a ressarcir integralmente os valores gastos com os equipamentos[773].

[770] SÃO PAULO. Tribunal de Justiça do Estado de São Paulo. Apelação Cível nº 0002339-78.2004.8.26.0296, 30ª Câmara de Direito Privado, Relator: Marcos Ramos, julgado em 29/08/2012.

[771] Veja-se também trecho de acórdão de caso semelhante, tendo por objeto a denúncia de contrato de fornecimento de produtos: "Em face deste entendimento, julgo que deve a ré indenizar as autoras, não na forma pretendida, mas tão somente no ressarcimento dos gastos tidos com a instalação da loja ou das lojas em que se efetuaria a venda. Estes gastos devem ser ressarcidos, pois decorrem do que foi contratado. Não há como acolher o pedido de lucros cessantes, pois não há prova suficiente para sua indenização. Fica, assim, limitada a procedência no ressarcimento, por parte da requerida, nas despesas tidas pelas autoras com a instalação do ponto de venda" (SÃO PAULO. Tribunal de Justiça do Estado de São Paulo. Apelação Cível nº 1001784-58.2018.8.26.0068, 25ª Câmara de Direito Privado, Relator: Almeida Sampaio, julgado em 06/02/2020).

[772] RIO DE JANEIRO. Tribunal de Justiça do Estado do Rio de Janeiro. Apelação Cível nº 0192569-64.2016.8.19.0001, Décima Sétima Câmara Cível, Relator Edson Aguiar de Vasconcelos, julgado em 06/02/2019.

[773] O Tribunal de Justiça de São Paulo seguiu essa mesma linha ao julgar caso envolvendo contrato de prestação de serviços de fabricação e fornecimento de peças automotivas, denunciado pela contratante, adquirente dos produtos. O contrato previa ciclos de vigência de 1 ano – com início em 1º de julho de cada ano e término no dia 30 de junho do ano subsequente – sendo permitido a qualquer das partes denunciá-lo, evitando a renovação por mais um ciclo, desde que até 1º de maio de cada ano. A contratante, desrespeitando o previsto contratualmente, enviou a notificação de denúncia em 20.09.2017. Assim, a contratada ajuizou ação requerendo o pagamento de indenização, sob o argumento de que já havia se preparado para o novo ciclo contratual, adquirindo matéria-prima e fabricando peças, que agora se encontravam em seu estoque. Os pedidos da contratada foram parcialmente acolhidos: rejeitou-se a pretendida indenização pelos lucros cessantes, correspondente ao que a contratada teria deixado de ganhar com o ciclo contratual interrompido pela resilição, porém acolheu-se o pedido de indenização pelos custos despendidos por ela por conta das requisições feitas pela contratante. O seguinte trecho do acórdão é par-

Colocados os diferentes entendimentos sobre a matéria, o que se pretende não é determinar se eles podem, de fato (e em que medida), ser classificados segundo a noção de interesse positivo ou de interesse negativo, como por vezes vêm tratados pela doutrina – o que fugiria do escopo deste trabalho, dada sua limitação – mas sim tecer algumas considerações sobre cada uma dessas soluções e buscar parâmetros para a fixação da indenização no caso concreto. Nesse sentido, parece-nos que a norma do parágrafo único do art. 473 do Código Civil, em sua literalidade, efetivamente tutela o interesse do denunciado no cumprimento do contrato, isto é, na suspensão da eficácia da denúncia até momento em que tenha transcorrido prazo compatível com os investimentos consideráveis realizados. Contudo, como já dito, não se enxerga na norma uma garantia de recuperação dos investimentos, muito menos de obtenção de lucro em cima do valor investido, mas sim a garantia de que o denunciado tenha uma possibilidade razoável de buscar esse retorno e esse lucro, e que não seja tolhido dessa possibilidade por ato do denunciante que defraude a confiança que ele depositou na continuidade do vínculo ao realizar os investimentos. O remédio da prorrogação compulsória do vínculo fornece efetivamente ao denunciado essa possibilidade, e não mais do que

ticularmente relevante para este capítulo, pois aborda as duas formas de indenização aqui tratadas: "[i]sso porque, como bem frisado, o exercício de um direito previsto contratualmente, no caso o de resilição, não pode sujeitar seu titular ao pagamento de indenização em montante equivalente ao que a outra parte faria jus caso não encerrada a relação contratual. Dessa forma, não há mesmo que se dar guarida ao pleito principal formulado pela autora, de recebimento da quantia que receberia caso a ré não tivesse interrompido o pacto [...], já que a ré agiu no exercício regular de um direito que lhe era legítimo (art. 188, inciso I, do Código Civil). Raciocinar na forma pretendida pela autora implicaria na ocorrência de indevido enriquecimento sem causa em seu favor, o que é vedado pela lei (art. 884, do Código Civil). De outro lado, o prejuízo suportado pela autora em decorrência da abrupta rescisão da avença confere a ela direito ao recebimento de indenização, que na hipótese está vinculada aos custos desencadeados por conta das requisições feitas pela ré" (SÃO PAULO. Tribunal de Justiça do Estado de São Paulo. Apelação Cível nº 1017521-68.2018.8.26.0564, 30ª Câmara de Direito Privado, Relator: Marcos Ramos, julgado em 02/12/2020). Cabe ressaltar, por fim, a determinação constante da sentença e do acórdão de que, uma vez efetuado o pagamento pela fabricante denunciante, a propriedade das peças e produtos deveria ser-lhe transferida – na linha, portanto, do entendimento de Fernando Ferreira Pinto e Leonardo Sperb de Paola referido acima.

isso, já que, mantido o vínculo pelo prazo teoricamente suficiente para recuperação dos investimentos, considerando o que geralmente ocorre em contratos e situações análogas, ele efetivamente receberá aquilo que lhe seria devido pela continuidade da relação, e o retorno dos investimentos pode vir como também pode não vir, em razão dos mais diversos fatores.

Por outro lado, parece-nos inviável tentar obter idêntico resultado prático pela via indenizatória a partir da indenização dos lucros cessantes, equivalentes ao valor que vinha sendo recebido pelo denunciado, projetado para um período que se entenda compatível com os investimentos. Isso porque, nesse caso, não se estará concedendo ao denunciado somente a possibilidade de recuperar o investimento, e sim a garantia – não só de recuperação, mas também de lucro – neutralizando-se qualquer evento negativo que pudesse vir a impactar no cumprimento do contrato, o que não é propriamente o escopo da norma. Ainda assim, se esta for a solução adotada, entende-se que os lucros cessantes não devem ser fixados com base no lucro (muito menos na receita) integral que o denunciado vinha recebendo em razão do contrato, e sim apenas na parcela do lucro que seria destinada à amortização do investimento, sob pena de colocá-lo em situação mais vantajosa do que teria ao cumprir o contrato, pois, se não o estiver executando, não terá as despesas que vinha tendo e que também eram cobertas pela receita do contrato. Ou seja, seria necessário identificar o prazo que seria compatível com os investimentos feitos e determinar a margem de lucro que o denunciado receberia durante esse prazo e que serviria para amortização dos investimentos. Trata-se de hipótese diferente daquela decorrente da supressão ou insuficiência do pré-aviso, substituída pelos ganhos que o denunciado teria auferido pelo tempo que seria o adequado, já que aí tutela-se a possibilidade do denunciado encerrar de forma ordenada suas obrigações contratuais e redirecionar suas atividades e, portanto, tem-se em vista a totalidade da operação econômica do denunciado.

Além disso, neste caso, julgamos inadequado cumular os lucros cessantes com a indenização pelos danos emergentes (que seriam os gastos com o investimento), sob pena de *bis in idem*. Com efeito, se a intenção é colocar o denunciado no lugar que estaria se o contrato fosse regularmente cumprido, é necessário reconhecer que, mesmo nesse cenário, os investimentos seriam necessários, deveriam ser feitos e seu custo ficaria, de qualquer forma, a cargo do denunciado[774]. Ou seja, cumprido o contrato, o denunciado não seria ressarcido diretamente pelo valor despendido com os investimentos; a amortização viria indiretamente, por meio dos resultados auferidos com o cumprimento do contrato. Portanto, os lucros cessantes têm justamente a função de amortizá-los e, por isso, não podem ser cumulados com a indenização por danos emergentes. A inadequação de cumular as duas rubricas já foi reconhecida pelo TJRJ no julgamento de caso envolvendo a denúncia de contratos de distribuição de bebidas[775].

[774] Veja-se, nesse sentido, as palavras de Mota Pinto: "Quem tem direito ao interesse no cumprimento pode exigir ser colocado na situação em que estaria se a obrigação tivesse sido regularmente cumprida, o que inclui o lucro cessante pelo não cumprimento, mas não, em si mesmos, os gastos que o lesado realizou em confiança na prestação esperada, pois estes tinham igualmente de ser realizados no caso de ter havido cumprimento regular" (Mota Pinto, Paulo. *Interesse contratual negativo e interesse contratual positivo*. Vol. II. Coimbra: Coimbra, 2008, p. 1569).

[775] "Nesse tópico, assiste razão ao recorrente ao afirmar ser descabida a cumulação de lucros cessantes com outras verbas indenizatórias, visto que, caso o contrato fosse cumprido até o final, a recorrida não faria jus às indenizações reconhecidas na sentença. Com efeito, a sentença equivocou-se ao condenar o réu ao pagamento de verbas relativas ao conjunto de bens reunidos pela apelada distribuidora para a exploração de sua atividade econômica (seguros, aluguéis, uniformes, e fundo de comércio) juntamente com os lucros cessantes. A um, porque, em se tratando de contrato vigente desde 01/11/1999 (fls.46) e que iria se extinguir em 31/01/2007 (fls.53), todo o conjunto fls. 9 de bens e o investimento da sociedade-apelada, caso não houvesse a regular extinção do vínculo contratual não haveria de ser ressarcido. A dois, porque impor a indenização de bens que continuam a pertencer à apelada configura enriquecimento sem causa. A três, porque, cumular, neste caso, o pagamento dos lucros cessantes, como se o contrato estivesse em vigor entre o período da resilição antecipada e o termo normal de seu término (02.09.2006 a 31.01.2007), com o pagamento de despesas atinentes ao exercício da atividade empresarial é excessivo, pois se o contrato estivesse em vigor (cujo resultado prático equivalente se traduz no pagamento de lucros cessantes), tais despesas seriam encargo da apelada distribuidora. Assim, é induvidoso o seu locupletamento sem causa ao receber os lucros cessantes e também o valor relativo a despesas que seriam pagas com essa mesma verba. Desse modo, a sentença merece parcial reforma para que apenas seja devida a verba atinente aos lucros cessantes pelo período entre a resilição antecipada e o regular termo final do contrato (02.09.2006 a 31.01.2007), tendo como base a média mensal de produtos adquiridos pelo autor da ré, nos últimos seis meses, excluindo-se da condenação as demais

Parece-nos, portanto, que, por estar mais próxima da finalidade da norma e, também, pela maior facilidade de cálculo, a solução mais adequada é a indenização do denunciado pela compensação do valor gasto com o investimento e que não tenha sido ainda amortizado, ou seja, que considere exclusivamente os danos emergentes sofridos por ele em razão da realização dos investimentos e da impossibilidade de recuperá-los devido à descontinuidade precoce do contrato. Assim, cabe ao denunciado optar pela continuidade do contrato, por meio do remédio específico da suspensão da eficácia da denúncia, hipótese na qual se beneficiará dos reais proveitos que a relação trouxer, ou então pela extinção do contrato, hipótese na qual deve ser indenizado pelos valores gastos e ainda não amortizados, mas não pelos lucros cessantes decorrentes da expectativa de continuidade do contrato.

De qualquer forma, independentemente do caminho que se siga, não se vê óbice à cumulação da indenização pelos investimentos não amortizados do denunciado (referente ao parágrafo único do art. 473 do Código Civil) com a indenização substitutiva do dever geral de pré-aviso, se os pressupostos para cada uma delas estiverem presentes simultaneamente. Sustentou-se, desde o início, que o denunciante deve observar dois deveres distintos para resilir unilateralmente o contrato de forma lícita: o cumprimento de um período mínimo de vigência do contrato, compatível com os investimentos feitos pelo denunciado para sua execução, e a concessão de um prazo de pré-aviso, que permita ao denunciado encerrar de forma ordenada suas obrigações e redirecionar suas atividades. Cada um desses requisitos tem fundamento e objetivos diversos, como já se expôs, e, em caso de descumprimento, ambos podem ser substituídos pelo pagamento de indenização. Assim, no caso de descumprimento do dever geral de pré-aviso, o denunciante deve indenizar o denunciado pelos prejuízos que a denúncia abrupta lhe trouxe, o que geralmente inclui os benefícios que o denunciado teria auferido caso o contrato continuasse pelo tempo correspondente ao pré-aviso razoável, além de compensação pelas despesas que poderiam ter sido evitadas com

verbas" (RIO DE JANEIRO. Tribunal de Justiça do Estado do Rio de Janeiro. Apelação Cível nº 0000114-12.2007.8.19.0026, Décima Oitava Câmara Cível, Relatora Célia Maria Meliga Pessoa, julgado em 21/09/2010).

uma extinção planejada do contrato. Já a indenização pela denúncia precoce, que retire do denunciado a possibilidade de obter a recuperação dos valores investidos para a execução do contrato, deve ressarci-lo dos prejuízos ligados especificamente a essa oportunidade que não lhe foi dada.

Assim, se o denunciante exerceu seu direito de resilição unilateral antes do tempo razoável para que os investimentos pudessem ser recuperados, e sem observar o dever de pré-aviso, as duas indenizações serão devidas e poderão ser cumuladas, já que elas dizem respeitos a danos distintos, que não se confundem e não se sobrepõem[776]. A forma como essas duas indenizações serão conjugadas depende da linha que se adote entre as opções descritas acima. Entendendo-se que a indenização pela denúncia prematura do vínculo deve corresponder ao valor que o denunciado deixou de auferir pelo tempo considerado compatível com os investimentos, deve-se definir qual seria esse período e verificar o quanto deixou de ser cumprido, considerando o tempo integral de vigência do contrato, incluindo o do pré-aviso. A indenização deve então corresponder à parcela do lucro que o denunciado teria auferido nesse período adicional e que seria destinada à amortização dos investimentos. Assim, por exemplo, em um contrato que, ao final de dois anos, tenha sido denunciado com pré-aviso de três meses, se se entender que o período mínimo de vigência, compatível com os investimentos feitos no início do contrato, deveria ser de três anos, deve-se indenizar o denunciado tendo em vista o tempo faltante, de nove meses.

Por outro lado, entendendo-se que a indenização deva corresponder estritamente ao prejuízo que o denunciado teve com os investimentos realizados na confiança de que o contrato permaneceria vigente, reconduzindo-o ao estado em que estaria se não tivesse investido, deve-se considerar a parcela ainda não amortizada dos investimentos irrecuperáveis (ou então o custo de redirecionamento dos investimentos recuperáveis) ao final da vigência do contrato, também incluindo-se, nesse cálculo, o período de pré-aviso (seja o período efetivamente concedido, seja o valor monetário correspondente, quando ele não houver sido concedido

[776] Pinto, Fernando A. Ferreira. *Contratos de distribuição*: da tutela do distribuidor integrado em face da cessação do vínculo. Lisboa: Universidade Católica Editora, 2013, p. 812.

ou houver sido concedido de forma insuficiente). Ou seja, deve-se considerar o estado dos investimentos não no momento da notificação da denúncia, mas sim "*no fim do prazo de pré-aviso que deveria ter sido observado pelo fornecedor*"[777]. Em outras palavras, utilizando o exemplo acima, se o pré-aviso foi de três meses (ou se a indenização pela falta de pré-aviso for fixada no montante que o denunciado receberia por esses três meses), deve-se considerar o estado em que estariam os investimentos ao final do contrato como um todo, considerando inclusive a receita desse período de pré-aviso, para então indenizar a parcela que, ainda assim, deixou de ser amortizada.

Percebe-se, portanto que, em qualquer caso, o pré-aviso (ou a indenização pela ausência ou insuficiência do pré-aviso) contribuirá, ainda que indiretamente, para amortização dos investimentos, ainda que não seja essa sua função primordial[778], já que se deve levar em conta o período integral do contrato e o total dos valores recebidos pelo denunciado. Por fim, se o denunciante encerrar o contrato sem observar o pré-aviso, mas já em uma fase na qual os investimentos estejam integralmente amortizados, caberá apenas a indenização correspondente à falta do pré-aviso.

[777] Pinto, Fernando A. Ferreira. *Contratos de distribuição*: da tutela do distribuidor integrado em face da cessação do vínculo. Lisboa: Universidade Católica Editora, 2013, p. 812 (grifos no original).
[778] *Ibidem*, p. 812.

CONCLUSÕES

Buscou-se, neste trabalho, analisar o instituto da resilição unilateral dos contratos, especialmente nos casos em que o denunciado, dada a natureza do contrato, tenha feito investimentos consideráveis para a sua execução, a partir do estudo da norma do parágrafo único do artigo 473 do Código Civil. Para que se atingisse esse objetivo, fez-se necessária uma análise do instituto da resilição unilateral dos contratos como um todo, que foi dividida em duas partes. Na primeira delas, depois de se traçar um breve panorama da disciplina da extinção dos contratos, para fins de contextualização do assunto, tratou-se dos aspectos gerais da resilição unilateral, iniciando por sua definição, nomenclatura e distinção de figuras afins, para, em seguida, abordar sua natureza jurídica, pressupostos, âmbito de incidência, fundamentos e efeitos. Já a segunda parte do trabalho teve por foco a análise do exercício do direito de resilição unilateral e das restrições procedimentais a que está submetido para que seja considerado lícito quando o denunciado houver feito investimentos consideráveis. Cabe agora, de forma resumida, expor as conclusões a que se chegou a partir dessa exposição.

No que se refere à primeira parte do trabalho, a maior controvérsia que se percebeu na doutrina que trata do tema refere-se à própria nomenclatura do instituto, com posicionamentos divergentes quanto ao significado da resilição e sua relação com a denúncia. Neste trabalho, embora se reconheça o mérito dos posicionamentos divergentes, optou-se por superar a controvérsia pela adoção dos conceitos na forma em que estão estampados na redação do art. 473, *caput* e parágrafo único do Código Civil, entendendo-se que a resilição diferencia-se da resolução por seu fundamento, e não por seus efeitos, e que há, entre a denúncia e a resilição unilateral, uma relação de causa e efeito (i.e., a denúncia é manifestação de vontade unilateral de uma das partes que, notificada à outra, causa a resilição – extinção – do contrato).

Na concepção adotada, viu-se que a resilição unilateral pode ser definida como o modo de dissolução da relação contratual que decorre da simples manifestação de vontade de uma das partes – com justa causa (denúncia cheia) ou sem justa causa (denúncia vazia) –, independentemente da configuração de inadimplemento, que, atuando no plano da eficácia, encerra o vínculo para o futuro (com efeitos *ex nunc*), sem desconstituir o passado. Trata-se de instituto que tem natureza de direito potestativo e que, conforme a redação do *caput* do art. 473 do Código Civil, é cabível apenas nos casos em que a lei expressa ou implicitamente o permita, com a ressalva de que tanto a doutrina quanto a jurisprudência tendem a admitir também a permissão contratual da resilição. A permissão legal expressa para a resilição de determinados contratos típicos vem disciplinada em diversos artigos do Código Civil e da legislação esparsa, e a função que ela exerce nesses casos depende de cada hipótese individualmente considerada, servindo ora como instrumento para resguardar a liberdade dos contratantes (função liberatória), geralmente nos casos de denúncia vazia, ora como meio de proteção a outros interesses (função de autotutela), geralmente nos casos de denúncia cheia. Já a permissão legal implícita tem lugar quando se está diante de um contrato de duração com prazo indeterminado de vigência, hipótese em que a resilição unilateral exerce primordialmente uma função liberatória, permitindo que as partes se desvinculem de uma relação que, por não se encerrar nem pelo adimplemento nem pelo transcurso de tempo, teria potencial para durar indefinidamente.

A segunda parte do trabalho inicia da constatação de que a resilição unilateral, especialmente nos casos de denúncia vazia de contratos de duração vigentes a prazo indeterminado, é um poder de desligamento contundente, principalmente por depender exclusivamente da vontade do denunciante, desvinculada de qualquer outro pressuposto, pelo momento do seu exercício não poder ser antecipado pelo outro contratante, e pelo fato de pôr fim a contratos que, por sua natureza, estão destinados a durar no tempo para que as partes possam retirar deles a utilidade que esperavam. Assim, mesmo havendo permissão legal ou contratual para o exercício do direito de resilição unilateral, e ainda que se trate de hipótese natural de extinção desses contratos, ela pode ser fonte de danos ao contratante destinatário da denúncia e pode causar situações de notável injustiça, a depender das circunstâncias concretas. Viu-se, assim, que a permissão legal não significa autorização para que o direito de resilição unilateral seja exercido de qualquer maneira, e que há um padrão de conduta que deve ser seguido pelo denunciante, em consideração aos legítimos interesses do denunciado, sob pena de o exercício do direito – que, teoricamente, é possível – ser considerado, *in concreto*, ilícito.

Nesse sentido, defendeu-se que o ordenamento estabelece duas exigências distintas que devem ser observadas pelo denunciante para que o exercício do direito de resilição unilateral seja considerado lícito. A primeira delas, genérica, derivada diretamente do princípio da boa-fé objetiva e aplicável a todas as situações nas quais se permite a resilição unilateral imotivada, consiste na concessão de um pré-aviso, que postergue a eficácia extintiva da denúncia por período razoável após o seu recebimento pelo denunciado. A finalidade dessa exigência é evitar a denúncia abrupta, que tome o denunciado de surpresa, permitindo-lhe que tenha tempo de se preparar para o fim do contrato e de se adaptar para o futuro, redirecionando sua atividade econômica. A segunda exigência, prevista no parágrafo único do art. 473 do Código Civil, é aplicável especificamente aos casos em que o denunciado fez investimentos consideráveis para a execução do contrato, e consiste na observância de um prazo mínimo de vigência do contrato, compatível com a natureza e o vulto dos investimentos. A finalidade dessa segunda exigência é evitar a denúncia precoce, que retire do denunciado a possibilidade razoável de, com o cumprimento do contrato, recuperar o investimento feito.

Demonstrou-se que esse controle do modo de exercício do direito de resilição unilateral não tem por objetivo evitar todos os danos que possam surgir em razão da extinção do vínculo, mas tão somente tornar o término o menos traumático possível para o denunciado, evitando aqueles danos injustos relacionados a uma resilição abusiva, que seja abrupta ou precoce. Viu-se que, como regra geral, as duas exigências andam juntas e devem ser conciliadas, ressalvados os casos de contratos regulados por legislação específica, como os de concessão comercial, locação e representação comercial, aos quais se entende devam ser aplicadas exclusivamente as normas especiais que tratam de sua resilição unilateral, sem a incidência do parágrafo único do art. 473. Destacou-se também que, embora as duas exigências sejam, muitas vezes, tratadas de forma conjunta pela doutrina e pela jurisprudência – como se fossem uma só –, e que, por vezes, possa haver uma sobreposição entre o período de pré-aviso e o período mínimo de vigência do contrato, compatível com os investimentos feitos pelo denunciado, a distinção entre as duas exigências justifica-se do ponto de vista metodológico e prático, principalmente pelos fatos de elas terem pressupostos próprios de incidência, possuírem finalidade diversa e tutelarem interesses distintos do denunciado.

Após o estudo do dever geral de pré-aviso, que tratou especialmente de sua função e dos critérios que devem ser levados em conta na fixação do prazo, a análise chegou à restrição específica da norma do parágrafo único do art. 473, em relação à qual se percebeu intensa controvérsia doutrinária e jurisprudencial no que se refere aos seus fundamentos, à sua finalidade e, principalmente, aos seus pressupostos de incidência e aos seus efeitos, o que se reflete na disparidade de decisões judiciais sobre o tema. No que se refere à justificativa da norma, sustentou-se que sua existência se deve ao reconhecimento, pelo legislador, de que os investimentos invariavelmente estão presentes em contratos de duração e de que, uma vez realizados, representam aspecto de profunda relevância no relacionamento entre as partes, já que aumentam a dependência do contratante que os fez em relação ao contrato e a outra parte e, por consequência, potencializam a importância que o vínculo e sua duração têm para ele – isto é, reforçam a utilidade do contrato para a parte que investe em sua execução. Por isso, a necessidade de tutelar-se esse contratante, protegendo-o da resilição unilateral precoce, e garantindo-lhe um período de vida mínimo do contrato após o aporte financeiro exigido, que lhe permita a possibilidade de recuperação do investimento.

Em relação à racionalidade e à finalidade da norma, sustentou-se que ela não pode ser interpretada como uma garantia de recuperação do investimento, muito menos de obtenção de lucro, a ponto de significar uma anulação dos riscos de mercado inerentes a qualquer contrato empresarial e de transferir ao denunciante a integralidade desses riscos, o que iria de encontro à lógica jurídico-econômica dos contratos empresariais e tornaria economicamente inviável a celebração de certos contratos. Faz parte do risco do negócio perder o investimento feito, e o ordenamento jurídico, ao permitir que as partes exerçam sua liberdade econômica e negocial, não lhes garante a obtenção de lucro e, salvo nos casos de ilicitude, não interfere no mérito de suas escolhas. Assim, a norma visa tão somente a garantir, ao contratante que realizou os investimentos, uma possibilidade razoável de buscar o retorno do valor investido, protegendo-o contra o risco específico de que ele seja tolhido dessa possibilidade em decorrência direta de uma denúncia precoce do vínculo, por tratá-la como álea extraordinária, que excede o risco aceito como normal pela natureza do negócio.

Sustentou-se que a norma tem por fundamento (i) a própria racionalidade dos contratos de duração, que exige um adimplemento continuado no tempo, sob pena de frustração de seu escopo econômico; (ii) a proteção do contratante que, ao realizar investimentos, coloca-se em situação de dependência econômica em relação ao contrato e a outra parte; e (iii) a proibição de *venire contra factum proprium*, coibindo o comportamento contraditório da parte que exige investimentos e depois denuncia o contrato, defraudando a legítima expectativa do denunciado na continuidade do vínculo por tempo suficientemente compatível com o investimento que lhe havia sido exigido. Em complementação, sob a ótica da análise econômica do direito, sustentou-se que, em um cenário de incompletude contratual, isto é, na ausência de regras que, direta ou indiretamente, protejam o contratante responsável pelos investimentos, a norma do parágrafo único do art. 473 serve como um incentivo ao nível eficiente de investimento, por fornecer uma garantia de que, preenchidos os seus pressupostos, o contratante terá um mínimo de segurança contra um comportamento oportunista da outra parte, que lhe impeça de recuperar o investimento feito, e, assim, é benéfica para todos, já que estimula a celebração de contratos que exijam investimentos.

No que se refere aos pressupostos de incidência da norma, verificou-se, na doutrina, considerável variedade de posicionamentos e de critérios para definir os investimentos que se encontram sob a sua proteção, o que se repete também na aplicação da regra pelos tribunais, que está longe de ser uniforme. Atribui-se a discrepância de entendimentos principalmente à redação bastante aberta do dispositivo, que dá margem a diferentes interpretações. Diante desse cenário fragmentado, defendeu-se, em um esforço de sistematização da matéria, que a norma deve ter aplicação restrita aos casos em que o denunciado comprovar a realização de investimentos (excluindo-se, portanto, as despesas normais e corriqueiras, necessárias à regular manutenção e funcionamento de sua atividade) e desde que esses investimentos, cumulativamente: (i) sejam consideráveis – isto é, tenham certo vulto, considerando os aspectos concretos da relação, como o valor envolvido no negócio e a capacidade econômica das partes; (ii) tenham sido feitos especificamente para a execução do contrato em questão – não podendo ser preexistentes ou destinados a outros contratos mantidos pelo denunciado; e (iii) tenham sido de alguma forma exigidos do denunciado, seja pelo denunciante, expressamente, seja pela própria natureza do contrato (i.e., quando se tratar de investimentos que sejam estritamente indispensáveis ao seu cumprimento, consideradas as características técnicas e econômicas da relação), desde que, nesse último caso, tenham sido feitos com a ciência e anuência expressa ou tácita do denunciante, o que se presume quando se tratar de investimentos idiossincráticos.

Em relação aos efeitos da norma e às consequências do seu descumprimento, pelo denunciante, verificou-se que a literalidade do texto do parágrafo único do art. 473 prevê, no caso de denúncia precoce, a suspensão da eficácia da denúncia e a prorrogação do contrato por tempo compatível com os investimentos feitos pelo denunciado. Viu-se que há quem atribua, à tutela específica, a vantagem de evitar a ocorrência do dano e a necessidade de que se tenha que aguardar todo o transcurso de um processo judicial para que ele, depois de ocorrido, seja ressarcido, quando já poderá ser tarde demais. A despeito dessa constatação, identificou-se que tanto a doutrina quanto a jurisprudência apresentam restrições à tutela específica prevista textualmente na redação do dispositivo. Verificam-se tanto objeções teóricas, no sentido de que a solução prevista pelo legislador vai de encontro à autonomia das partes e à liberdade do denunciante de se desvincular, impondo-lhe sacrifício exagerado e desproporcional, quanto práticas, no sentido de que se trata de medida que somente tem eficácia quando concedida em antecipação de tutela e que, mesmo assim, é de difícil implementação, especialmente nos casos em que se exige intensa cooperação e confiança entre os contratantes.

Viu-se que os autores que se insurgem quanto à inviabilidade ou inadequação da tutela específica propõem, como alternativa, a solução pela via indenizatória, com fundamento na racionalidade da norma e nas regras gerais de responsabilidade civil, argumentando que a reparação em dinheiro preserva igualmente os interesses do denunciado, ao mesmo tempo em que é também mais benéfica ao denunciante, por não lhe restringir a liberdade de contratação, afastando os problemas trazidos pela manutenção coercitiva do contrato.

Na prática, o que se verifica é que a solução indenizatória tem ampla aceitação jurisprudencial, não tendo sido localizado nenhum caso em que o pedido de indenização tenha sido negado sob o argumento de que a única tutela possível seria a específica. A aceitação da tutela específica, por sua vez, apesar da expressa previsão legal, é mais controvertida, havendo tanto casos em que ela foi aceita, com a determinação de prorrogação compulsória do vínculo, quanto casos em que foi negada, pelas objeções mencionadas acima.

Neste ponto, concluímos que as duas soluções são, teoricamente, possíveis, mas que a situação concreta pode não aconselhar o deferimento da tutela específica, e sim sua substituição pela via indenizatória. Assim, defendeu-se que a prorrogação do contrato não é medida adequada para os contratos com intensa carga de colaboração ou de pessoalidade, que exigem forte cooperação entre as partes e nas quais a conduta desmotivada do denunciado possa causar prejuízo ao denunciante, e que somente é recomendável quando se tratar de investimentos específicos, que não possuam valor fora da relação contratual em questão e que, portanto, não possam ser redirecionados ou revendidos pelo denunciado – isto é, quando ele efetivamente precisar da relação para amortizar o valor investido. Além disso, a prorrogação somente deve ser deferida quando a demora tiver o potencial de agravar consideravelmente os danos do denunciado e, em qualquer caso, ao conceder a medida, é recomendável que o juiz já o faça indicando o prazo que entende adequado, para que a relação não se mantenha além do necessário. Por fim, quando a solução se dá pela via indenizatória, observou-se divergência na forma como a indenização é calculada: por vezes, indeniza-se o denunciado mediante o ressarcimento dos valores gastos por ele com os investimentos, deduzindo-se o que já foi amortizado, e, por outras vezes, mediante a concessão de indenização equivalente ao ganho que o denunciado razoavelmente deixou de ganhar pelo encerramento prematuro do contrato (isto é, indenizando-se os lucros cessantes), considerando-se o prazo de vigência que seria compatível com os investimentos feitos.

REFERÊNCIAS BIBLIOGRÁFICAS

AGUIAR JÚNIOR, Ruy Rosado de. *Comentários ao Código* Civil, vol. VI, tomo II: da extinção do contrato. Rio de Janeiro: Forense, 2011.

—. *Extinção dos contratos por incumprimento do devedor*. Rio de Janeiro: Aide, 1991.

—. Extinção dos contratos. *In*: FERNANDES, Wanderley (Coord.). *Contratos empresariais:* fundamentos e princípios dos contratos empresariais. 2. ed. São Paulo: Saraiva, 2012. (Série GVlaw). pp. 475-518.

AMORIM FILHO, Agnelo. *Critério científico para distinguir a prescrição da decadência e para identificar as ações imprescritíveis*. Revista dos Tribunais, São Paulo, vol. 836, pp. 733-763, jun. 2005.

ANDRADE, Darcy Bessone de Oliveira. *Do contrato*: teoria geral. 4. ed. São Paulo: Saraiva, 1997.

ARAÚJO, Fernando Borges Correia de. *Uma análise económica dos contratos*. Parte I: a abordagem económica, a responsabilidade e a tutela dos interesses contratuais. Revista de Direito Público da Economia, Belo Horizonte, vol. 5, n. 18, pp. 69-160, abr./jun. 2007.

ARAÚJO, Paulo Dóron Rehder de. *Prorrogação compulsória de contratos a prazo:* pressupostos para sua ocorrência. 2011. Tese (Doutorado em Direito Civil) – Faculdade de Direito, Universidade de São Paulo, São Paulo, 2011. Disponível em: http://www.teses.usp.br/teses/disponiveis/2/2131/tde-03092012-095124/pt-br.php. Acesso em: 29.06.2019.

ASSIS, Araken de. *Resolução do contrato por inadimplemento*. 4. ed. rev. e atual. São Paulo: Editora Revista dos Tribunais, 2004.

—; ANDRADE, Ronaldo Alves de; e ALVES, Francisco Glauber Pessoa. *Comentários ao Código Civil Brasileiro, vol. 5*: do direito das obrigações. Coordenadores Arruda Alvim e Thereza Alvim. Rio de Janeiro: Forense, 2007.

AZÉMA, Jacques. *La durée des contrats successifs*. Paris: Librairie Générale de Droit et de Jurisprudence, 1969, p. 183.

AZEVEDO, Álvaro Villaça. Contratos: disposições gerais, princípios e extinção. *In*: JUNQUEIRA DE AZEVEDO, Antonio; TÔRRES, Heleno Taveira; CARBONE, Paolo (coord.). *Princípios do Novo Código Civil Brasileiro e Outros Temas* – Homenagem a Túlio Ascarelli. 2. ed. São Paulo: Quartier Latin, 2010, pp. 47-77.

—. *Validade da denúncia em contrato de distribuição sem pagamento indenizatório (Parecer)*. Revista dos Tribunais, São Paulo, v. 737, pp. 97-111, mar. 1997.

AZEVEDO, Antonio Junqueira de. *Natureza jurídica do contrato de consórcio. Classificação dos atos jurídicos quanto ao número de partes e quanto aos efeitos. Os contratos relacionais. A boa-fé nos contratos relacionais. Contratos de duração. Alteração das circunstâncias e onerosidade excessiva. Sinalagma e resolução contratual. Resolução parcial do contrato. Função social do contrato (Parecer)*. Revista dos Tribunais, São Paulo, vol. 832, pp. 115-137, fev. 2005.

—. (Parecer) Contrato atípico, complexo, com elementos de contratos de know-how, de gestão e de mandato com administração. Indenunciabilidade de contrato de duração determinada. Apuração das perdas e danos a partir da efetiva resilição, e não de anterior denúncia revogada por comportamento concludente do denunciante. *In*: _______. *Novos estudos e pareceres de direito privado*. São Paulo: Saraiva, 2009. pp. 136-161.

—. (Parecer) Contrato de distribuição por prazo determinado com cláusula de exclusividade recíproca. Configuração de negócio jurídico per relationem na cláusula de opção de compra dos direitos do distribuidor pelo fabricante e consequente restrição da respectiva eficácia. Exercício abusivo do direito de compra, equivalente a resilição unilateral, sem a utilização do procedimento pactuado, com violação da boa-fé objetiva. *In*: _______. *Novos estudos e pareceres de Direito Privado*. São Paulo: Saraiva, 2009. pp. 287-310.

—. *Qualificação jurídica de 'acordo operacional' (contrato atípico, complexo, com fortes elementos dos contratos de know how e de mandato com administração) – contratos de duração e não denunciabilidade dos contratos de duração determinada – denúncia ilícita (Parecer)*. Revista Forense, Rio de Janeiro, vol. 380, pp. 239-255, jul. 2005.

BALASSIANO, Evelyn. *Acordo de acionistas: possibilidade de resilição unilateral e suas restrições*. Revista Trimestral de Direito Civil, Rio de Janeiro, vol. 8, n. 30, pp. 27-52, abr./jun., 2007.

BDINE JÚNIOR, Hamid Charaf. *Resilição contratual e o art. 473 do CC*. Revista do Advogado, São Paulo, n. 116, pp. 98-104, jul. 2012.

BERGSTEIN, Jonás. *La extinción del contrato de distribución*. Montevidéu: Fundación de Cultura Universitaria, 1996.

BETTI, Emilio. *Teoria generale del negozio giuridico.* Nápoles: Edizioni Scientifiche Italiane, 1994.

—. *Teoria generale delle obbligazioni.* Milão: Giuffrè, 1953.

BONINI, Paulo Rogério. *Resilição contratual – relações civis – empresariais – interpretação do art. 473, parágrafo único, CC – consequências do exercício da resilição unilateral – indenização x prolongamento do contrato.* Cadernos Jurídicos, São Paulo, vol. 16, n.39, pp. 191-199, jan./mar. 2015.

BOTREL, Sérgio. *Reflexos da teoria contratual contemporânea na resilição unilateral da representação comercial.* Revista de Direito Mercantil: Industrial, Econômico e Financeiro, São Paulo, vol. 44, n. 140, pp. 39-51, out./dez. 2005.

BOULOS, Daniel Martins. Breves Comentários ao Artigo 473 do Código Civil brasileiro. *In*: Araken de Assis, Eduardo Pellegrini de Arruda Alvim, Nelson Nery Jr., Rodrigo Reis Mazzei, Teresa Arruda Alvim Wambier e Thereza Celina Diniz de Arruda Alvim. (Org.). *Direito Civil e Processo*: Estudos em homenagem ao Prof. Arruda Alvim. 1. ed. São Paulo: Revista dos Tribunais, 2007, v. 1. pp. 25-35.

BRASIL. *Novo Código Civil. Exposição de motivos e texto sancionado.* 2. ed. Brasília: Senado Federal, Subsecretaria de Edições Técnicas, 2005. Disponível em: https://www2.senado.leg.br/bdsf/handle/id/70319. Acesso em: 27.12.2019.

BRICKLEY, James A; MISRA, Sanjog; e VAN HORN, R. Lawrence. *Contract Duration:* Evidence from Franchise Contracts. Simon School of Business Working Paper No. FR 03-08, fev. 2003. Disponível em: https://ssrn.com/abstract=383700. Acesso em: 05.01.2019.

CHE, Yeon-Koo; TAI-YEONG, Chung. *Contract Damages and Cooperative Investments.* The RAND Journal of Economics, vol. 30, no. 1, 1999, pp. 84–105, p. 85. Disponível em: www.jstor.org/stable/2556047. Acesso em: 03.02.2019

COSTA, André Brandão Nery. *Os contratos que viabilizam o processo de distribuição e os efeitos de sua denúncia unilateral.* 2013. Dissertação (Mestrado em Direito) – Faculdade de Direito, Universidade do Estado do Rio de Janeiro, 2013.

—. *Protection of specific contractual investments in Italian and Brazilian law.* Tese (Dottorato in Autonomia Privata, Impresa, Lavoro E Tutela Dei Diritti Nella Prospettiva Europea Ed Internazionale) – Facoltà di Giurisprudenza, Università Degli Studi di Roma "La Sapienza", 2019.

COSTA, Mário Júlio de Almeida. *Direito das obrigações.* 12. ed. rev. e atual. Coimbra: Almedina, 2011.

DEVOTO, Luigi. *L'obbligazione a esecuzione continuata.* Pádua: CEDAM, 1943.

EDLIN, Aaron; SCHWARTZ, Alan. *Optimal Penalties in Contracts*. Chicago Kent Law Review, vol. 78, I, pp. 33-54, abr. 2003.

ELLMAN, Matthew. *The optimal length of contracts with application to outsourcing*. Economics Working Papers 965, Department of Economics and Business, Universitat Pompeu Fabra, pp. 1-42, fev. 2006, p. 31. Disponível em https://ssrn.com/abstract=1002305. Acesso em: 02.02.2019.

FIGUEIREDO, Gabriel Seijo Leal de. *Denúncia imotivada dos contratos civis e suspensão de sua eficácia*. 2016. Tese (Doutorado em Direito Civil) – Pontifícia Universidade Católica de São Paulo, São Paulo, 2016.

FORGIONI, Paula Andrea. *Contrato de distribuição*. 3. ed. rev., atual. e ampl. São Paulo: Revista dos Tribunais, 2014.

—. *Contratos empresariais*: teoria geral e aplicação. 2. ed. rev., atual. e ampl. São Paulo: Revista dos Tribunais, 2016.

GEORGIN, Charles. *Notions élémentaires de droit civil*. Paris: Eyrolles, 1947.

GHERSI, Carlos Alberto. *Contratos*: problemática moderna. Mendoza: Cuyo, 1996. vol. 1.

GOLOBARDES, Mireia Artigot i; GÓMEZ POMAR, Fernando. Long-term Contracts in the Law and Economics Literature. *In*: GEEST, Gerrit de (Ed.). *Contract Law and Economics* (Encyclopedia of Law and Economics) 2. ed., vol. 6. Cheltenham, Inglaterra: Edward Elgar Publishing Limited, 2011. pp. 314-360.

GOMES, Orlando. *Contratos*. Rio de Janeiro: Forense, 2008.

GÓMEZ POMAR, Fernando. *Compensation after Termination of Long-Term Distribution Contracts*: An Economic Perspective of EU Law. InDret, n. 4, 2006. Disponível em: https://www.researchgate.net/publication/47786545_Compensation_after_Termination_of_Long-Term_Distribution_Contracts_An_Economic_Perspective_of_EU_Law/download. Acesso em: 08.01.2019.

GURCAYLILAR-YENIDOGAN, Tugba; DUDEN, Sibel; SARVAN, Fulya. *The Role of Relationship-specific Investments in Improving Performance:* Multiple Mediating Effects of Opportunism and Cooperation. Procedia – Social and Behavioral Sciences, volume 99, pp. 976-985, 2013. Disponível em: https://core.ac.uk/download/pdf/82542791.pdf. Acesso em: 02.02.2019.

JORGE JUNIOR, Alberto Gosson. *Direito dos contratos*. São Paulo: Saraiva, 2013.

—. *Resolução, rescisão, resilição e denúncia do contrato:* questões envolvendo terminologia, conceito e efeitos. Revista da Faculdade de Direito de São Bernardo do Campo, vol. 15, pp. 73-85, 2009. Disponível em: https://revistas.direitosbc.br/index.php/fdsbc/article/view/177/127. Acesso em: 13.04.2019.

JOSKOW, Paul. *Contract Duration and Relationship-Specific Investments*: Empirical Evidence from Coal Markets. American Economic Review, **77** (1), pp. 168-85, 1987. Disponível em: https://www.researchgate.net/publication/4900866_Contract_Duration_and_Relationship-Specific_Investments_Empirical_Evidence_From_Coal_Markets. Acesso em: 08.02.2019.

HAICAL, Gustavo. Apontamentos sobre o direito formativo extintivo de denúncia no contrato de agência. *In*: MARTINS-COSTA, Judith. *Modelos de direito privado*. São Paulo: Marcial Pons, 2014. pp. 294-331.

KLEIN, Benjamin. The Hold-Up Problem. *In*: NEWMAN, Peter (ed.). *The New Palgrave Dictionary Of Economics And The Law*. Macmillan Reference Limited, 1998. pp. 241-244. Disponível em: https://ssrn.com/abstract=1872208. Acesso em: 02.02.2019.

KLEIN, Michele. *El desistimiento unilateral del contrato*. Madrid: Civitas, 1997.

LARENZ, Karl. *Derecho de obligaciones*. Madrid: Revista de Derecho Privado, 1958. vol. 1.

—. *Derecho civil*: parte general. Madrid: Revista de Derecho Privado, 1978.

LE GAC-PECH, Sophie. *Rompre son contrat*. Revue Trimestrielle de Droit Civil, Paris, n. 2, pp. 223-251, abr./jun., 2005.

LEÃES, Luiz Gastão Paes de Barros. *Denúncia de contrato de franquia por tempo indeterminado (Parecer)*. Revista dos Tribunais, São Paulo, vol. 719, pp. 83-96, set. 1995.

LEONARDO, Rodrigo Xavier. *A denúncia e a resilição. Críticas e propostas hermenêuticas ao art. 473 do CC/20122 brasileiro*. Revista de Direito Civil Contemporâneo, São Paulo, vol. 7, n. 3, pp. 93-115, abr./jun. 2016.

LORENZETTI, Ricardo Luis. *Tratado de los contratos*. Tomo I. Buenos Aires: Rubinzal – Culzoni, 1999.

LOUREIRO, Francisco Eduardo. *Extinção dos contratos*. Disponível em: http://www.tjsp.jus.br/SecaoDireitoPrivado/Doutrina/Comunicado?codigoComunicado=669&pagina=3. Acesso em: 28.04.2019.

MAKHOLM, Jeff. D. The Theory of Relationship-Specific Investments, Long-Term Contracts and Gas Pipeline Development in United States. *In*: *Workshop on Energy Economics and Technology*. Dresden University of Technology, Dresden, 2006. Disponível em: https://tu-dresden.de/bu/wirtschaft/ee2/ressourcen/dateien/lehrstuhlseiten/ordner_veranstaltungen_alt/ordner_enerday/ordner_enerday_2006/ordner_download_enerday_06/Makholm_paper.pdf?lang=en. Acesso em: 15.08.2019.

MAMEDE, Gladston. *Teoria geral dos contratos*. 2. ed. São Paulo: Atlas, 2014.

MARTINS-COSTA, Judith. *Comentários ao novo Código Civil*, vol. V, tomo I: do adimplemento e da extinção das obrigações. Rio de Janeiro: Forense, 2003.

—. *Comentários ao novo Código Civil*, vol. V, tomo II: do inadimplemento das obrigações. Rio de Janeiro: Forense, 2003.

—. O caso dos produtos Tostines: uma atuação do princípio da boa-fé na resilição de contratos duradouros e na caracterização da supressio. *In*: FRAZÃO, Ana; TEPEDINO, Gustavo (coord.). *O Superior Tribunal de Justiça e a reconstrução do Direito privado*. São Paulo: Revista dos Tribunais, 2011. pp. 513-542.

—. *A boa-fé no direito privado*: critérios para a sua aplicação. 2. ed. São Paulo: Saraiva Educação, 2018.

—. Os avatares do abuso do direito e o rumo indicado pela boa-fé. *In*: TEPEDINO, Gustavo José Mendes (org.). *Direito civil contemporâneo*: novos problemas à luz da legalidade constitucional: anais do Congresso Internacional de Direito Civil-*Constitucional*. São Paulo: Atlas, 2008. pp. 57-95.

—; NITSCHKE, Guilherme Carneiro Monteiro. *Contratos duradouros lacunosos e poderes do árbitro*: questões teóricas e práticas. Revista Jurídica Luso-Brasileira, Lisboa, pp. 1247-1299, 2015.

MAZEAUD, Henri; MAZEAUD, Léon; MAZEAUD, Jean. *Leçons de droit civil*. Paris: Éditions Montchrestien, 1955. vol. 1.

MELLO, Adriana Mandim Theodoro de; THEODORO JÚNIOR, Humberto. *O regime do contrato (típico) de agência e distribuição (representação comercial) no novo Código Civil em cotejo com a situação jurídica do contrato (atípico) de concessão comercial. Indenizações cabíveis na extinção da relação contratual*. Revista dos Tribunais, São Paulo, vol. 825, pp. 35-74, jul. 2004.

MESSINEO, Francesco. *Doctrina general del contrato*. Buenos Aires: Ediciones Jurídicas Europa-América, 1952. Tomo II.

MIRANDA, Custódio de Piedade Ubaldino. *Comentários ao código civil*: dos contratos em geral (Arts. 421 a 480). São Paulo: Saraiva, 2013.

MIRAVALLS, Jaume Martí. *Desistimiento unilateral e indemnización por daños en los contratos de distribución*: estudio de la naturaleza jurídica de la indemnización por inversiones no amortizadas. Revista de Derecho Mercantil, n. 285, pp. 95-136, jul/set 2012.

MOREIRA, Carlos Roberto Barbosa. *Contrato de fornecimento de mercadoria em consignação. Considerações genéricas sobre o art. 473 do Código Civil de 2002 (Parecer)*. Revista Forense, Rio de Janeiro, vol. 416, pp. 305-322, jul./dez. 2012.

MOTA PINTO, Paulo. *Interesse contratual negativo e interesse contratual positivo*. Coimbra: Coimbra, 2008. Vol. 1.

—. *Interesse contratual negativo e interesse contratual positivo*. Coimbra: Coimbra, 2008. Vol. 2.

NERY JUNIOR, Nelson. Denúncia unilateral e imotivada de contratos de prestação de serviços médico-hospitalares. *In*: _______. *Soluções práticas de direito*, vol. 1, pp. 687-716, set. 2014.

OPPO, Giorgio. *I contratti di durata*. Rivista del Diritto Commerciale e de Diritto Generale delle Obbligazioni, Milão, vol. 41, pp. 143-250, 1943.

PANETTI, Francesco. *Buona fede, recesso ad nutum e investimenti non recuperabili dell'affiliato nella disciplina dei contratti di distribuzione*: in margine a Cass., 18 settembre 2009, n. 20106. Rivista Di Diritto Civile, Pádua, vol. 56, n. 6, pp. 653-687, nov. / dez. 2010.

PAOLA, Leonardo Sperb de. *Limites ao exercício do poder de denúncia e não-renovação nos contratos de distribuição, concessão comercial e franquia*. Repertório IOB de Jurisprudência, São Paulo, 3/13901, pp. 496-493, 1997.

—. *Contratos de Distribuição*: vida e morte da relação contratual. 2002. Tese (Dourado em Direito das Relações Sociais). Universidade Federal do Paraná, Curitiba, 2002. Disponível em: https://acervodigital.ufpr.br/handle/1884/57922. Acesso em: 20.01.2019.

—. *Sobre a denúncia dos contratos de distribuição, concessão comercial e franquia*. Revista Forense, Rio de Janeiro, vol. 343, pp. 115-148, jul./set. 1998.

PEREIRA, Caio Mário da Silva. *Instituições de Direito Civil*, vol. I: Introdução ao Direito Civil. Teoria Geral de Direito Civil. 22. ed. rev. e atual. por Maria Celina Bodin de Moraes. Rio de Janeiro: Forense, 2013.

—. *Instituições de Direito Civil*, vol. III: Contratos. 17. ed. rev. e atual. por Caitlin Mulholland. Rio de Janeiro: Forense, 2013.

PINTO, Fernando A. Ferreira. *Contratos de distribuição*: da tutela do distribuidor integrado em face da cessação do vínculo. Lisboa: Universidade Católica Editora, 2013.

PLANIOL, Marcel; RIPERT, Georges. *Traité pratique de droit civil français*. 2. ed. Paris: Librairie Générale de Droit et de Jurisprudence, 1954. Vol. 11, parte 2.

PONTES DE MIRANDA, Francisco Cavalcanti. *Tratado de direito privado*. 2. ed. Rio de Janeiro: Borsoi, 1955. t. V.

—. *Tratado de direito privado*. 2. ed. Rio de Janeiro: Borsoi, 1959. t. XXV.

—. *Tratado de direito privado*. 2. ed. Rio de Janeiro: Borsoi, 1962. t. XL.

REQUIÃO, Rubens Edmundo. *O contrato de representação comercial e o novo Código Civil. O contrato de agência e distribuição. O poder de denunciar o contrato sem prazo determinado e o dever de indenizar os investimentos realizados pelo representante ou pelo agente.* Revista do Instituto dos Advogados do Paraná, Curitiba, n. 31, pp. 206-221, 2001.

ROPPO, Enzo. *O contrato.* Coimbra: Almedina, 1988.

ROPPO, Vincenzo. *Il contratto.* 2. ed. Milão: Giuffrè, 2011.

SANTOLIM, Cesar Viterbo Matos. *A proteção dos investimentos específicos na resilição unilateral do contrato e o risco moral*: uma análise do artigo 473, parágrafo único, do código civil. Revista Síntese de Direito Empresarial, São Paulo, vol. 6, n. 35, pp. 9-13, nov./dez. 2013.

SHAVELL, Steven. *Damage Measures for Breach of Contract.* Bell Journal of Economics, vol. 11, n. 2, pp. 466-490, 1980. Disponível em: www.jstor.org/stable/3003374. Acesso em: 15.12.2018.

SAVATIER, René. *Cours de droit civil.* 2. ed. Paris: Librairie Générale de Droit et de Jurisprudence, 1949. vol. 2.

SILVA, Clovis Veríssimo do Couto e. *A obrigação como processo.* São Paulo: Bushatsky, 1976.

SIQUEIRA, Tania Bahia Carvalho. *O contrato de fornecimento em articulação com o tempo.* Revista de Direito Privado, São Paulo, vol. 18, n. 77, pp. 51-75, mai. 2017.

SLOOF, Randolph; OOSTERBEEK, Hessel; RIEDL, Arno M; e SONNEMANS, Joep. *Breach Remedies, Reliance, and Renegotiation.* International Review of Law and Economics: Elsevier, 2006, vol. 26 (3), pp. 263-296. Disponível em https://ssrn.com/abstract=294803. Acesso em: 12.01.2019.

SOUZA, Sylvio Capanema de. *Locação não residencial. Denúncia vazia. Duração centenária do contrato. Teoria do abuso de direito e da vedação dos atos emulativos. Figuras parcelares da boa-fé objetiva: venire contra factum proprium e supressio. Aplicação à espécie. Função social dos contratos, da propriedade e da empresa. Prazo para desocupação (Parecer).* Revista Semestral de Direito Empresarial, Rio de Janeiro, n. 5, pp. 351-383, jul./dez. 2009.

STEINER, Renata Carlos. *Interesse positivo e Interesse negativo*: a reparação de danos no direito privado brasileiro. 2016. Tese (Doutorado em Direito Civil) – Faculdade de Direito, Universidade de São Paulo, São Paulo, 2016. Disponível em: http://www.teses.usp.br/teses/disponiveis/2/2131/tde-20082016-121314/pt-br.php. Acesso em: 09.01.2019.

TEPEDINO, Gustavo. *Comentários ao Novo Código Civil*, vol. X: das várias espécies de contrato, do mandato, da comissão, da agência e distribuição, da corretagem, do transporte. Coordenador: Sálvio de Figueiredo Teixeira. Rio de Janeiro: Forense, 2008.

—; BARBOZA, Heloisa Helena; BODIN DE MORAES, Maria Celina. *Código Civil interpretado conforme a Constituição da República.* Vol. II. 2. ed. Rio de Janeiro: Renovar, 2012.

THEODORO JÚNIOR, Humberto; MELLO, Adriana Mandim Theodoro de. *Responsabilidade civil da denúncia dos contratos de distribuição, franquia e concessão comercial*: apontamentos. Revista Magister de Direito Empresarial, Concorrencial e do Consumidor, Porto Alegre, vol. 3, n. 15, pp. 54-97, jun./jul. 2007.

TOMASETTI JUNIOR, Alcides. *Abuso de poder econômico e abuso de poder contratual (Parecer).* Revista dos Tribunais, São Paulo, vol. 715, pp. 87-107, mai. 1995.

TUCCI, Rogério Lauria Marçal. *Prorrogação compulsória dos contratos.* Salvador: JusPodivm, 2017.

URBANO, Hugo Evo Magro Corrêa. *A tutela da confiança e os limites éticos para a denúncia do contrato.* Revista Síntese de Direito Civil e Processual Civil, Porto Alegre, vol. 12, n. 69, pp. 109-125, jan./fev. 2011.

VIÉGAS, Francisco de Assis. *Denúncia contratual e dever de pré-aviso.* Belo Horizonte: Fórum, 2019.

WEINGARTEN, Celia. *Efectos jurídicos de las sucesivas renovaciones de un contrato de concesión de plazo cierto y determinado.* Revista La Ley, n. 190, p. 2, 1995.

Jurisprudência citada

BRASIL. Superior Tribunal de Justiça. Agravo Regimental na Medida Cautelar nº 5.667/MT, Quarta Turma, Relator: Ministro Ruy Rosado de Aguiar Junior, julgado em 18/03/2003.

BRASIL. Superior Tribunal de Justiça. Recurso Especial nº 534.105/MT, Quarta Turma, Relator: Ministro Cesar Asfor Rocha, julgado em 16/09/2003.

BRASIL. Superior Tribunal de Justiça. Recurso Especial nº 766.012/RJ, Terceira Turma, Relator: Ministro Humberto Gomes de Barros, julgado em 23/08/2005.

BRASIL. Superior Tribunal de Justiça. Agravo Regimental no Agravo de Instrumento nº 988.736/SP, Quarta Turma, Relator: Ministro Aldir Passarinho Junior, julgado em 23/09/2008.

BRASIL. Superior Tribunal de Justiça. Recurso Especial nº 972.436/BA, Terceira Turma, Relatora: Ministra Nancy Andrighi, julgado em 17/03/2009.

BRASIL. Superior Tribunal de Justiça. Recurso Especial nº 620.787/SP, Quarta Turma, Relator: Ministro Luis Felipe Salomão, julgado em 15/06/2009.

BRASIL. Superior Tribunal de Justiça. Recurso Especial nº 1.112.796/PR, Quarta Turma, Relator: Ministro Luis Felipe Salomão, Relator para o Acórdão: Ministro Honildo Amaral de Mello Castro (Desembargador Convocado do TJ/AP), julgado em 10/08/2010.

BRASIL. Superior Tribunal de Justiça. Recurso Especial nº 1.021.113/RJ, Segunda Turma, Relator: Ministro Mauro Campbell Marques, julgado em 11/10/2011.

BRASIL. Superior Tribunal de Justiça. Recurso Especial nº 1.517.201/RJ, Terceira Turma, Relator: Ministro Ricardo Villas Bôas Cueva, julgado em 12/05/2015.

BRASIL. Superior Tribunal de Justiça. Recurso Especial nº 1.555.202/SP, Quarta Turma, Relator: Ministro Luis Felipe Salomão, julgado em 13/12/2016.

BRASIL. Superior Tribunal de Justiça. Recurso Especial nº 1.580.278/SP, Terceira Turma, Relatora: Ministra Nancy Andrighi, julgado em 21/08/2018.

BRASIL. Superior Tribunal de Justiça. Agravo Interno no Agravo em Recurso Especial nº 1.278.57/SP, Quarta Turma, Relator: Ministro Luis Felipe Salomão, julgado em 18/09/2018.

BRASIL. Superior Tribunal de Justiça. Agravo Interno no Agravo em Recurso Especial nº 1.329.000/RJ, Quarta Turma, Relatora: Ministra Maria Isabel Gallotti, julgado em 07/02/2019.

BRASIL. Superior Tribunal de Justiça. Recurso Especial nº 1.789.863/MS, Quarta Turma, Relator: Ministro Marco Buzzi, julgado em 10/08/2021.

DISTRITO FEDERAL. Tribunal de Justiça do Distrito Federal e dos Territórios. Apelação Cível nº 0715029-50.2018.8.07.0001, 3ª Turma Cível, Relator Alvaro Ciarlini, julgado em 18.11.2020.

ESPÍRITO SANTO. Tribunal de Justiça do Estado do Espírito Santo. Agravo de Instrumento nº 035139004242, Quarta Câmara Cível, Relatora: Eliana Junqueira Munhos Ferreira, julgado em 25/11/2013.

MATO GROSSO DO SUL. Tribunal de Justiça do Estado do Mato Grosso do Sul. Apelação Cível nº 2009.010009-1/0000-00, Segunda Turma Cível, Relator: Julizar Barbosa Trindade, julgado em 01/06/2010.

MINAS GERAIS. Tribunal de Justiça do Estado de Minas Gerais. Apelação Cível nº 1.0024.07.792587-3/001, 11ª Câmara Cível, Relatora: Shirley Fenzi Bertão julgado em 22/11/2017.

MINAS GERAIS. Tribunal de Justiça do Estado de Minas Gerais. Apelação Cível nº 1.0079.09.942123-6/001, 15ª Câmara Cível, Relator: Carlos Henrique Perpétuo Braga, julgado em 23/08/2018.

MINAS GERAIS. Tribunal de Justiça do Estado de Minas Gerais. Apelação Cível nº 1.0720.14.002586-0/001, 17ª Câmara Cível, Relatora: Aparecida Grossi julgado em 04/06/2020.

PARAÍBA. Tribunal de Justiça do Estado da Paraíba. Apelação Cível nº 0000766-69.2017.815.0000, 1ª Câmara Especializada Cível, Relator Leandro dos Santos, julgado em 05/03/2018.

PARANÁ. Tribunal de Justiça do Estado do Paraná. Apelação Cível nº 176131-7, 12ª Câmara Cível, Relator: Ivan Bortoleto, julgado em 15/03/2006.

PARANÁ. Tribunal de Justiça do Estado do Paraná. Apelação Cível nº 993484-3, 7ª Câmara Cível, Relatora Denise Kruger Pereira, julgado em 25/03/2014.

PERNAMBUCO. Tribunal de Justiça do Estado de Pernambuco. Apelação Cível nº 259790-40622707-96.1999.8.17.0001, 2ª Câmara Cível, Relator: Cândido José da Fonte Saraiva de Moraes, julgado em 12/11/2013.

RIO DE JANEIRO. Tribunal de Justiça do Estado do Rio de Janeiro. Apelação Cível nº 0016546-65.1999.8.19.0001, Décima Primeira Câmara Cível, Relator: Joé Carlos de Figueiredo, julgado em 28/05/2003.

RIO DE JANEIRO. Tribunal de Justiça do Estado do Rio de Janeiro. Apelação Cível nº 0192569-64.2016.8.19.0001, Décima Sétima Câmara Cível, Relator: Edson Aguiar de Vasconcelos, julgado em 06/02/2019.

RIO DE JANEIRO. Tribunal de Justiça do Estado do Rio de Janeiro. Apelação Cível nº 0000114-12.2007.8.19.0026, Décima Oitava Câmara Cível, Relatora: Célia Maria Meliga Pessoa, julgado em 21/09/2010.

RIO DE JANEIRO. Tribunal de Justiça do Estado do Rio de Janeiro. Apelação Cível nº 0462605-89.2012.8.19.0001, Segunda Câmara Cível, Relatora: Elisabete Filizzola Assunção, julgado em 26.11.2014.

RIO DE JANEIRO. Tribunal de Justiça do Estado do Rio de Janeiro. Apelação Cível nº 0227872-13.2014.8.19.0001, Terceira Câmara Cível, Relatora: Renata Machado Cotta, julgado em 30/09/2015.

RIO DE JANEIRO. Tribunal de Justiça do Estado do Rio de Janeiro. Apelação Cível nº 0033717-73.2015.8.19.0001, Décima Nona Câmara Cível, Relator: Lúcio Durante, julgado em 19/12/2017.

RIO GRANDE DO SUL. Tribunal de Justiça do Estado do Rio Grande do Sul. Apelação Cível nº 70019570597, Nona Câmara Cível, Relator: Tasso Caubi Soares Delabary, julgado em 02/07/2008.

RIO GRANDE DO SUL. Tribunal de Justiça do Estado do Rio Grande do Sul. Agravo de Instrumento nº 70042847327, Décima Sexta Câmara Cível, Relator: Marco Aurélio dos Santos Caminha, julgado em 19/05/2011.

RIO GRANDE DO SUL. Tribunal de Justiça do Estado do Rio Grande do Sul. Apelação Cível nº 70068915321, Vigésima Câmara Cível, Relator: Carlos Cini Marchionatti, julgado em 27.04.2016

RIO GRANDE DO SUL. Tribunal de Justiça do Estado do Rio Grande do Sul. Apelação Cível nº 70073604829, Décima Oitava Câmara Cível, Relatora: Marlene Marlei de Souza, julgado em 10/10/2017.

RIO GRANDE DO SUL. Tribunal de Justiça do Estado do Rio Grande do Sul. Apelação Cível nº 70075708933, Décima Segunda Câmara Cível, Relator: Guinther Spode, julgado em 12/12/2017.

RIO GRANDE DO SUL. Tribunal de Justiça do Estado do Rio Grande do Sul. Apelação Cível nº 70084025766, Vigésima Câmara Cível, Relator Dilso Domingos Pereira, julgado em 03/02/2021.

SANTA CATARINA. Tribunal de Justiça do Estado de Santa Catarina. Apelação Cível nº 2011.068262-4, Quinta Câmara de Direito Comercial, Relator: Jânio Machado, julgado em 19/09/2013

SANTA CATARINA. Tribunal de Justiça do Estado de Santa Catarina. Apelação Cível nº 2013.020467-7, Sexta Câmara de Direito Civil, Relator: Eduardo Mattos Gallo Júnior, julgado em 25/08/2015.

SÃO PAULO. Tribunal de Justiça do Estado de São Paulo. Apelação com Revisão nº 9146298-76.1998.8.26.0000, Nona Câmara de Direito Privado de Férias, Relator: Aldo Magalhães, julgado em 24/10/2000.

SÃO PAULO. Tribunal de Justiça do Estado de São Paulo. Agravo de Instrumento nº 0043072-04.2004.8.26.0000, 4ª Câmara (Extinto 1° TAC), Relator: J. B. Franco de Godoi, julgado em 01/09/2004.

SÃO PAULO. Tribunal de Justiça do Estado de São Paulo. Agravo de Instrumento nº 0028522-96.2007.8.26.0000, 12ª Câmara de Direito Privado, Relator: Rui Cascaldi, julgado em 13/06/2007.

SÃO PAULO. Tribunal de Justiça do Estado de São Paulo. Apelação Cível nº 0112311-61.2005.8.26.0000, 33ª Câmara de Direito Privado, Relator: Sá Moreira de Oliveira, julgado em 14/09/2009.

SÃO PAULO. Tribunal de Justiça do Estado de São Paulo. Apelação Cível nº 9122513-36.2008.8.26.0000, 30ª Câmara de Direito Privado, Relator: Marcos Ramos, julgado em 19/10/2010.

SÃO PAULO. Tribunal de Justiça do Estado de São Paulo. Apelação Cível nº 0033091-11.2005.8.26.0001, 20ª Câmara de Direito Privado, Relator: Rebello Pinho, julgado em: 25/07/2011.

SÃO PAULO. Tribunal de Justiça do Estado de São Paulo. Apelação Cível nº 0023449-85.2008.8.26.0590, 13ª Câmara de Direito Privado, Relator: Heraldo de Oliveira, julgado em 28/09/2011.

SÃO PAULO. Tribunal de Justiça do Estado de São Paulo. Apelação Cível nº 9144664-64.2006.8.26.0000, 20ª Câmara de Direito Privado, Relator: Álvaro Torres Júnior, julgado em 03/10/2011.

SÃO PAULO. Tribunal de Justiça do Estado de São Paulo. Apelação Cível nº 9101555-05.2003.8.26.0000, 23ª Câmara de Direito Privado, Relator: Rizzatto Nunes, julgado em 13/12/2011.

SÃO PAULO. Tribunal de Justiça do Estado de São Paulo. Apelação Cível nº 9158384-64.2007.8.26.0000, 28ª Câmara de Direito Privado, Relator: Mello Pinto, julgado em 21/11/2011.

SÃO PAULO. Tribunal de Justiça do Estado de São Paulo. Apelação Cível 0120801-55.2008.8.26.0004, 18ª Câmara de Direito Privado, Relator: Roque Antonio Mesquita de Oliveira, julgado em 29/11/2011.

SÃO PAULO. Tribunal de Justiça do Estado de São Paulo. Apelação Cível nº 0002339-78.2004.8.26.0296, 30ª Câmara de Direito Privado, Relator: Marcos Ramos, julgado em 29/08/2012.

SÃO PAULO. Tribunal de Justiça do Estado de São Paulo. Agravo de Instrumento nº 0200615-89.2012.8.26.0000, 34ª Câmara de Direito Privado, Relatora: Cristina Zucchi, julgado em 02/12/2012.

SÃO PAULO. Tribunal de Justiça do Estado de São Paulo. Agravo de Instrumento nº 0174717-74.2012.8.26.0000, 31ª Câmara de Direito Privado, Relator: Antonio Rigolin, julgado em 04/09/2012.

SÃO PAULO. Tribunal de Justiça do Estado de São Paulo. Apelação Cível nº 0168245-87.2008.8.26.0100, 25ª Câmara de Direito Privado, Relator: Antonio Benedito Ribeiro Pinto, julgado em 23/10/2012.

SÃO PAULO. Tribunal de Justiça do Estado de São Paulo. Apelação Cível nº 0112498-89.2007.8.26.0100, 28ª Câmara de Direito Privado, Relator: Cesar Lacerda, julgado em 28/01/2013.

SÃO PAULO. Tribunal de Justiça do Estado de São Paulo. Agravo de Instrumento nº 0036373-79.2013.8.26.0000, 25ª Câmara de Direito Privado, Relator: Walter Exner, julgado em 15/05/2013.

SÃO PAULO. Tribunal de Justiça do Estado de São Paulo. Apelação Cível nº 9120259-90.2008.8.26.0000, 32ª Câmara de Direito Privado, Relator: Hamid Bdine, julgado em 20/06/2013.

SÃO PAULO. Tribunal de Justiça do Estado de São Paulo. Apelação Cível nº 0148753-75.2009.8.26.0100, 29ª Câmara de Direito Privado, Relator: Hamid Bdine, julgado em 22/10/2013.

SÃO PAULO. Tribunal de Justiça do Estado de São Paulo. Apelação Cível nº 9146797-11.2008.8.26.0000, 3ª Câmara Extraordinária de Direito Privado, Relator: Hélio Nogueira, julgado em 27/11/2013.

SÃO PAULO. Tribunal de Justiça do Estado de São Paulo. Apelação Cível nº 0937371-38.1998.8.26.0100, 20ª Câmara de Direito Privado, Relator: Álvaro Torres Júnior, julgado em 02/06/2014.

SÃO PAULO. Tribunal de Justiça do Estado de São Paulo. Apelação Cível nº 0189292-20.2008.8.26.0100, 1ª Câmara de Direito Privado, Relator: Rui Cascaldi, julgado em 10/06/2014.

SÃO PAULO. Tribunal de Justiça do Estado de São Paulo. Apelação Cível nº 0151808-97.2010.8.26.0100, 2ª Câmara de Direito Privado, Relator: José Carlos Ferreira Alves, julgado em 12/08/2014.

SÃO PAULO. Tribunal de Justiça do Estado de São Paulo. Apelação Cível nº 0113113-17.2009.8.26.0001, 8ª Câmara Extraordinária de Direito Privado, Relator: Fábio Podestá, julgado em 01/10/2014.

SÃO PAULO. Tribunal de Justiça do Estado de São Paulo. Apelação Cível nº 0000761-11.2011.8.26.0369, 30ª Câmara de Direito Privado, Relator: Andrade Neto, julgado em 01/10/2014.

SÃO PAULO. Tribunal de Justiça do Estado de São Paulo. Apelação Cível nº 0154094-82.2009.8.26.0100, 15ª Câmara de Direito Privado, Relator: Castro Figliolia, julgado em 21/01/2015.

SÃO PAULO. Tribunal de Justiça do Estado de São Paulo. Apelação Cível nº 0003877-19.2012.8.26.0004, 20ª Câmara de Direito Privado, Relator: Alberto Gosson, julgado em 27/04/2015.

SÃO PAULO. Tribunal de Justiça do Estado de São Paulo. Apelação Cível nº 0002873-98.2012.8.26.0374, 14ª Câmara de Direito Privado, Relator: Maurício Pessoa, julgado em 22/06/2015.

SÃO PAULO. Tribunal de Justiça do Estado de São Paulo. Apelação Cível nº 9191011-87.2008.8.26.0000, 33ª Câmara de Direito Privado, Relator: Mario A. Silveira, julgado em 29/06/2015.

SÃO PAULO. Tribunal de Justiça do Estado de São Paulo. Apelação Cível nº 0134251-29.2012.8.26.0100, 31ª Câmara de Direito Privado, Relator: Francisco Casconi, julgado em 05/04/2016.

SÃO PAULO. Tribunal de Justiça do Estado de São Paulo. Apelação Cível nº 0073245-21.2012.8.26.0100, 19ª Câmara de Direito Privado, Relatora: Claudia Grieco Tabosa Pessoa, julgado em 20/11/2016.

SÃO PAULO. Tribunal de Justiça do Estado de São Paulo. Agravo de Instrumento nº 2157546-31.2016.8.26.0000, 13ª Câmara de Direito Privado, Relator: Nelson Jorge Júnior, julgado em 22/11/2016.

SÃO PAULO. Tribunal de Justiça do Estado de São Paulo. Apelação Cível nº 0124250-82.2012.8.26.0100, 21ª Câmara de Direito Privado, Relator: Silveira Paulilo, julgado em 12/02/2017.

SÃO PAULO. Tribunal de Justiça do Estado de São Paulo. Agravo de Instrumento nº 2121450-80.2017.8.26.0000, 24ª Câmara de Direito Privado, Relator: Salles Vieira, julgado em 25/10/2017.

SÃO PAULO. Tribunal de Justiça do Estado de São Paulo. Apelação Cível nº 1121631-89.2017.8.26.0100, 1ª Câmara Reservada de Direito Empresarial, Relator: Azuma Nishi, julgado em 12/06/2019.

SÃO PAULO. Tribunal de Justiça do Estado de São Paulo. Apelação Cível nº 0005760-95.2015.8.26.0650, 1ª Câmara Reservada de Direito Empresarial, Relator: Hamid Bdine, julgado em 01/08/2018.

SÃO PAULO. Tribunal de Justiça do Estado de São Paulo. Apelação Cível nº 1011710-45.2017.8.26.0344, 16ª Câmara de Direito Privado, Relator: Mauro Conti Machado, julgado em 02/08/2019.

SÃO PAULO. Tribunal de Justiça do Estado de São Paulo. Apelação Cível nº 1003150-41.2015.8.26.0100, 11ª Câmara de Direito Privado, Relator: Marino Neto, julgado em 12/08/2019.

SÃO PAULO. Tribunal de Justiça do Estado de São Paulo. Apelação Cível nº 1001452-29.2017.8.26.0100, 34ª Câmara de Direito Privado, Relator: Nestor Duarte, julgado em 26/08/2019.

SÃO PAULO. Tribunal de Justiça do Estado de São Paulo. Apelação Cível nº 1126941-42.2018.8.26.0100, 32ª Câmara de Direito Privado, Relator: Ruy Coppola, julgado em 18/09/2019.

SÃO PAULO. Tribunal de Justiça do Estado de São Paulo. Apelação Cível nº 1011547-58.2016.8.26.0002, 22ª Câmara de Direito Privado, Relator: Roberto Mac Cracken, julgado em 12/12/2019.

SÃO PAULO. Tribunal de Justiça do Estado de São Paulo. Apelação Cível nº 1001784-58.2018.8.26.0068, 25ª Câmara de Direito Privado, Relator: Almeida Sampaio, julgado em 06/02/2020.

SÃO PAULO. Tribunal de Justiça do Estado de São Paulo. Apelação Cível nº 1015265-13.2019.8.26.0114, 11ª Câmara de Direito Privado, Relator: Marco Fábio Morsello, julgado em 30/03/2020.

SÃO PAULO. Tribunal de Justiça do Estado de São Paulo. Apelação Cível nº 1023235-77.2017.8.26.0100, 34ª Câmara de Direito Privado, Relator: Tercio Pires, julgado em 22/06/2020.

SÃO PAULO. Tribunal de Justiça do Estado de São Paulo. Apelação Cível nº 1000160-14.2019.8.26.0011, 11ª Câmara de Direito Privado, Relator: Gil Coelho, julgado em 16/07/2020.

SÃO PAULO. Tribunal de Justiça do Estado de São Paulo. Agravo de Instrumento nº 2171016-90.2020.8.26.0000, 34ª Câmara de Direito Privado, Relator Gomes Varjão, julgado em 29/07/2020.

SÃO PAULO. Tribunal de Justiça do Estado de São Paulo. Apelação Cível nº 1026913-82.2018.8.26.0224, 13ª Câmara de Direito Privado, Relatora: Ana de Lourdes Coutinho Silva da Fonseca, julgado em 30/09/2020.

SÃO PAULO. Tribunal de Justiça do Estado de São Paulo. Apelação Cível nº 1107148-54.2017.8.26.0100; 36ª Câmara de Direito Privado, Relator: Walter Exner, julgado em 22/10/2020.

SÃO PAULO. Tribunal de Justiça do Estado de São Paulo. Agravo de Instrumento nº 2262364-29.2019.8.26.0000, 17ª Câmara de Direito Privado, Relator: Paulo Pastore Filho, julgado em 28/10/2020.

SÃO PAULO. Tribunal de Justiça do Estado de São Paulo. Apelação Cível nº 1029750-70.2013.8.26.0100, 34ª Câmara de Direito Privado, Relator: L. G. Costa Wagner, julgado em 23/11/2020.

SÃO PAULO. Tribunal de Justiça do Estado de São Paulo. Apelação Cível nº 1017521-68.2018.8.26.0564, 30ª Câmara de Direito Privado, Relator: Marcos Ramos, julgado em 02/12/2020.

SÃO PAULO. Tribunal de Justiça do Estado de São Paulo. Apelação Cível nº 0139796-93.2006.8.26.0002, 12ª Câmara de Direito Privado, Relator: Jacob Valente, julgado em 10/02/2021.

SÃO PAULO. Tribunal de Justiça do Estado de São Paulo. Apelação Cível nº 0139796-93.2006.8.26.0002, 12ª Câmara de Direito Privado, Relator: Jacob Valente, julgado em 10/02/2021.